文史

2001 年第 4 輯

總第五十七輯

全國古籍出版規劃領導小組資助出版

中華書局編輯部編

中華書局出版

編委會名單

主　編　宋一夫

編　委（依姓氏筆畫排列）

田餘慶　　任繼愈　　安平秋　　李學勤　　李家浩　　汪聖鐸
吳榮曾　　吳樹平　　宋一夫　　季羨林　　周紹良　　金開誠
岳慶平　　俞偉超　　胡平生　　徐蘋芳　　袁行霈　　陳金生
陳高華　　陳祖武　　陳鐵民　　啓　功　　張岱年　　張澤咸
張傳璽　　費振剛　　曹道衡　　崔高維　　董乃斌　　裘錫圭
楊牧之　　樓宇烈　　寧　可　　閻步克　　龔書鐸

目　　録

CONTENTS

《堯典》內的二大問題

顧頡剛遺著

(一)四 宅 説

(1)《堯典》和《山海經》裏的四宅説

中國爲一農業國家，政府和人民都應該知道農時，所以古代曆法多依農時而定，故有"農曆"之稱。傳説中的四宅就是指羲和所居的四個地方，代表着四個方向，同時也代表着四個季節。《山海經》謂羲和爲一女神，是太陽的母親；《離騷》內説她是一位駕御太陽的神。《離騷》：

        吾令羲和弭節兮，望崦嵫而勿迫。

照上兩説，羲和總與太陽發生關係，她是神而不是人。《堯典》內將羲和變成了人，使她成爲天文學家，但仍與太陽發生關係。《堯典》：

乃命羲和欽若昊天,曆象日月星辰,敬授民時。

這裏將羲與和分成兩個人,使其觀察天象,訂定農時。接着又將羲分成兩人,和也分成兩人,分命坐守四方,辦理關於氣象的事情,《堯典》:

分命羲仲,宅嵎夷,曰暘谷。寅賓出日,平秩東作。日中,星鳥,以殷仲春。厥民析,鳥獸孳尾。

暘谷是日出處,羲仲居於東方,測春時。

申命羲叔,宅南交,平秩南訛,敬致。日永,星火,以正仲夏。厥民因,鳥獸希革。

南交係指交趾,漢爲日南郡,羲叔居於南方,測夏時。

分命和仲,宅西,曰昧谷。寅餞納日,平秩西成。宵中,星虛,以殷仲秋。厥民夷,鳥獸毛毨。

昧谷爲日入處,和仲居於西方,測秋時。

申命和叔,宅朔方,曰幽都。平在朔易,日短,星昴,以正仲冬。厥民隩,鳥獸氄毛。

朔方爲北方,和叔居之,以測冬時。

帝曰:“咨,汝羲暨和,朞,三百有六旬有六日,以閏月定四時,成歲,允釐百工,庶績咸熙。”

全部《堯典》內容是由一種大一統的思想所構成,上面所云的四宅等於現今四個觀象台,散布於東、西、南、北四處,由羲仲、羲叔、和仲、和叔四人管理。這種半神話式的說法,當然不足徵信。可是,究竟東到何地? 西到何地? 北到何地? 南到何地? 是值得研究的問題。

胡厚宣先生的《甲骨學商史論叢》內有《四方風名說》,對於四宅問題,討論甚詳,只因在這裏找不出原文來,没法詳細列舉。關於“厥民析”(東),“厥民因”(南),“厥民夷”(西),“厥民隩”(北)的四個問題,《山海經》內有四種傳奇式的解說:

《大荒東經》:

大荒之中,有山名曰鞠陵于天。……日月所出,名曰折丹,東方曰析,來風曰俊,處東極以出入風。

《大荒南經》:

南海渚中,……有神名曰因因乎,南方曰因乎,夸風曰乎民,是處南極以出入風。

《大荒西經》:

有人名曰石夷,來風曰韋,處西北隅以司日月之長短。

《大荒東經》:

有女和月母之國,有人名曰鳧,北方曰鳧來之風,曰狻,是處東極隅以止日月,使無相間出没,司其長短。

這種模糊的解釋,尚不足説明東西南北四宅各在何處。下面四小節擬引用別的材料分別予以討論。

(2)四宅之探討
(a)朔　方

"朔方"二字最早見于《詩經·小雅·出車》篇:

> 王命南仲,往城于方,出車彭彭,旗旐央央,"天子命我,城彼朔方",赫赫南仲,玁允于襄。

又《詩經·六月》篇:

> 玁狁匪茹,整居焦穫。侵鎬及方,至于涇陽。織文鳥章,白斾央央。元戎十乘,以先啓行。

> 戎車既安,如輊如軒。四牡既佶,既佶且閑。薄伐玁狁,至于太原。文武吉甫,萬邦為憲。

周之京城爲鎬(今西安),由上文看,"方"應距鎬京不遠,而且在太原之南(非今之太原)。王國維《周荂京考》謂《井鼎》、《静彝》、《静敦》、《史懋壺》、《遹敦》上均有"王在荂"等語,因此王先生認爲"荂"即"方",且以爲"方"即爲山西蒲坂。《左傳》昭元年云:

> 臺駘能業其官,宣汾洮,障大澤,以處太原,帝用嘉之,封諸汾川……則臺駘汾神也。

由這段話内可知太原離汾水不遠,那麼朔方也應該濱着汾水。再由焦穫看,朔方也應距鎬很近。《水經·沁水注》:

> 漢澤水出漢澤城西,東逕漢澤,……得陽泉口水,……水歷嶕嶤山……,注漢澤水。

按嶕嶤山在山西南部,清代屬澤州府。又涇陽當在涇水之陽,渭水之北,那麼我們可以決定玁狁入侵的路線是由東而西,即由焦穫向朔方,而後至於鎬。被吉甫趕走的路線是由西向東北,即由鎬沿渭水渡黄河順汾水以至於太原。按其方向,焦穫、太原與鎬成一三角形,而"方"恰位於三角形之中間,據王國維攷證,朔方實在山西西南部,亦與上文所云之位置相彷彿。可是在朱熹《詩集傳》中,却認爲周之朔方應該爲今綏遠、寧夏地方。朱熹《詩集傳》:

> 方,朔方,今靈、夏等州之地。

我們要問,周朝能有漢的朔方麼? 當然不可能有,《左傳·昭公九年》:

> 王使詹桓伯辭于晋曰,"及武王克商,……肅慎、燕亳,吾北土也。"

此三地名中只知道燕是北平,肅慎及亳今不知指何地,然而,武王時的燕是否指北平而言,仍不得而知,不過由此可知古人所謂"北"並非真正的北,朔(北)方只是對鎬京而言。《詩·大雅·韓奕》:

> 王錫韓侯，其追其貊，奄受北國，因以其伯。

王既叫韓侯爲北國之長，則韓國應位於周朝疆土的正北方，可是觀其位置，韓國並非位於正北，韓即今陝西韓城縣，距鎬京僅四百餘里，由鎬京看韓國已在其北，故稱爲北國之邦，可見周朝的疆土並不遠。且《詩經》最古的文字爲《周頌》，其文字較《小雅》還要高古，即《六月》、《出車》之詩，亦當寫成於周宣時（西周末），西周末年雖犬戎侵略得很利害，但是，如叫宣王出師到寧夏打犬戎，真是不可能的事。所以朱熹認爲朔方即宋靈夏等州地，也是不可能的。

周幽王被犬戎殺後，周之都城東遷，西方的疆土爲秦所佔，秦穆公遂霸西戎。《左傳》有“霸西戎”三字，《史記》有“滅國十二”一語，十二國的國名，今雖不得而知，可是我們可以決定這些國家，都在今陝、甘境內，而且北不到陝北方面去。當時秦最大的敵人爲義渠，佔有今甘肅東部，陝西西部，其滅亡的年限，《史記》內這樣記載：

> 秦惠文王十一年（前三二七年）縣義渠。

秦滅義渠後，北設三郡，即隴西郡、北地郡、上郡。當時所謂隴西係指隴山以西之地而言，今天水一帶亦應屬之，隴西、北地二郡應在今甘肅境，上郡應在今陝西境，三郡所轄的地方均在涇、洛、渭諸水上游，由秦國説，北地已經是極北的地方，然而尚未及於河套。《禹貢》內雖有“導河積石，至于龍門”（龍門屬今陝西韓城縣）的話，而並未提及河套二字，可是對於河南地方，卻記得很詳細：

> 南至于華陰，東至于底柱，又東至于孟津，東過洛汭，至于大伾……（《禹貢》）

何以《禹貢》的作者只提到“導河積石”四字，便將中間所經的地方一概疏略，接着就是直“至于龍門”呢？這中間一定有原因在，原來當時的河套爲匈奴所佔據，河套內的情形很閉塞，非《禹貢》的作者不願知道，而是爲時勢所限，實無法明瞭，所以在寫書的時候，便一筆省略了。

河套的真正入於中國疆域，要等到秦始皇統一天下以後。《史記·秦始皇本紀》：

> 三十三年，始皇乃使將軍蒙恬發兵三十萬人北擊胡，略取河南地。

這裏所謂“河南”係指河套而言，所以指河套的朔方，是秦始皇時才開闢的。而河套之北，在秦以前已爲趙武靈王所開拓了。《史記·趙世家》：

> 武靈王二十六年（前三百年），復攻中山，攘地北至燕、代，西至雲中、九原。

九原在河套之北，河套南北均入於中國版圖，所以秦始皇在那裏設爲九原郡。後來漢武帝所置的朔方郡，正是趙武靈王和秦始皇早已開闢的河套南北地。

秦以前並無“河套”之稱，因之，秦得其地，不即名曰“朔方”，而稱“北河”，《漢書·主父偃傳》：

> 昔秦皇帝乘戰勝之威，……遂使蒙恬將兵而攻胡，却地千里……然後發天下丁男以守北河。

《漢書·嚴安傳》：

> 使蒙恬將兵以北攻强胡，辟地進境，戍于北河。

"北河"又稱"新秦"。《漢書·食貨志》：

> 乃徙貧民於(函谷)關以西，及充朔方以南新秦中。(武帝元狩三年)

應劭《注》：

> 秦始皇遣蒙恬攘却匈奴，得其河南造陽之北千里地甚好，於是為築城郭，徙民充之，名曰新秦。

足見秦始皇得到河套地，還不叫"朔方"，而名爲"北河"或"新秦"。似則周之"朔方"一定距京城很近，當無疑問。漢武帝才把這個古名詞搬向北去，用以稱呼河套。《漢書·衛青傳》：

> 明年(元朔二年，前一二七)，青復出雲中，西至高闕，遂至于隴西，捕首虜數千，畜百餘萬，走白羊、樓煩王，遂取河南地爲朔方郡。

秦末，河套又爲匈奴所佔，至漢武帝時才爲衛青所收回，始命名爲"朔方"。何以漢武帝要名河套爲朔方，有《史記》上的根據，《史記·衛青傳》：

> 天子曰："……《詩》不云乎，'薄伐玁狁，至于太原'，'出車彭彭，城彼朔方'。今車騎將軍青度西河至高闕……遂西定河南地，按榆谿舊塞，絕梓嶺，梁北河，討蒲泥，破符離，斬輕鋭之卒……"

這些衛青經過的地方，沒有一個叫"朔方"的，足徵"朔方"爲武帝所命定。因爲漢武帝受經學的教訓很深，他徵於周宣王北伐犬戎的故事，所以命河套爲"朔方"。因此，我們可以斷定朱熹注指周之朔方爲靈、夏一帶，是極錯誤的，而《堯典》上：

> 申命和叔，宅朔方，曰幽都。

等語，明明是漢武帝以後人的話。所以羲和四宅的假設，完全受了漢武帝的影響。

漢武帝最喜歡用古名詞命新拓之土地，如《史記·大宛傳》云：

> 而漢使窮河源，河源出于寘，其山多玉石，采來，天子按古圖書，名河所出山曰崑崙云。

漢使張騫到新疆後看見塔里木河，以爲是黃河之源，故云"河源出于寘"(今寫如闐)"按古圖書"，係指《山海經》，因爲該書内謂河出寘，漢武帝太迷信古典，所以名河所出之山爲崑崙山。大概地理知識是跟着時代走的，江、河的兩大源頭，從未爲古人所弄清楚，漢武帝是一個古典主義者，所以只要與古地名接近的地方，概用古典名詞稱之。

總上所論，我們可以得到一個簡單的結論：

(一)《小雅》内的"朔方"距鎬京很近，一定在山西西南部。

(二)漢武帝時代的"朔方"是指河套而言。

（三）《堯典》上的"朔方"顯係漢以後的話，是漢以後的人受了漢武拓疆的影響，把《堯典》改了，所以將東、西、南、北四境，隱隱約約的指得很遙遠。

(b)南　交

"南交"即"交趾"，"交趾"二字在戰國時代已見流行，當時人泛指交趾，實包括着廣東、廣西、安南等地。"交趾"一地是由秦始皇正式開關的。《史記·秦始皇本紀》：

> 三十三年，發諸嘗遁亡人、贅壻、賈人略取陸梁地，為桂林、象郡、南海。

始皇以後，趙佗據於交趾，稱南越王，到漢武帝元鼎六年（前一一一）才將南越平定。《漢書·武帝紀》：

> 六年……定越地，以為南海、蒼梧、鬱林、合浦、交阯、九真、日南、珠厓、儋耳郡。

這就是漢代的日南九郡，也是漢朝極南邊的疆域，可見《堯典》上"羲叔宅南交"的話，全是受了漢武帝的影響。

(c)嵎　夷

《禹貢·青州》云："嵎夷既略。"青州即今山東半島，說起來並不很東，可是，在《說文》裏便將它擱於遼西。《說文》：

> 嵎，嵎山，在遼西，一曰：嵎鐵，嵎谷也。

《後漢書·東夷傳》講朝鮮與日本，又有這麼兩句話：

> 宅嵎夷，曰暘谷。

如果將嵎夷移到了朝鮮，則與漢武帝一定發生關係，《漢書·武帝紀》：

> 元封二年（前一〇九），朝鮮王攻殺遼東都尉，乃募天下死罪擊朝鮮。……三年夏，朝鮮斬其王右渠降，以其地為樂浪、臨屯、玄菟、真番郡。

從《禹貢》、《說文》、《後漢書》及《前漢書》上看，嵎夷逐漸東移，最後的境界乃達於朝鮮四郡，可證明《堯典》上"羲仲宅嵎夷，曰暘谷"之說，也是受了漢武帝的影響。

(d)昧　谷

《堯典》：

> 和仲宅西，曰昧谷。

要研究西到何處，是一件很可懷疑的事。《禹貢》：

> 西被於流沙。

流沙大約爲今甘肅北部之沙漠，地當西經十八度，秦以前中國西邊的疆界，似乎並没有這樣遠，《史記·秦始皇本紀》謂秦西邊的疆才及於臨洮、羌中。

> 西至於臨洮、羌中。

臨洮地當西經十三度，羌中當西經十四度，較之流沙的位置，尚要東移四五度。何以《禹貢》不曰臨洮、羌中，而曰流沙，鄭康成《尚書注》上作如此的解釋：

> 西，地名，隴西之西。·

以爲隴西之西有縣名"西"，考漢之"西"縣當在今天水與禮縣之間，地當西經十一度，較之臨洮、羌中的位置，又要東移兩三度，且太陽絕不會在西縣下去，可見經師們强要替《禹貢》圓謊。

漢武帝未開河西以前，西邊的疆土與秦相彷彿，匈奴與大月氏爲争河西，經過多次戰爭，月氏敗而遁走，河西遂全没於匈奴。漢武帝曾派張騫到大月氏去，邀月氏聯盟，共擊匈奴，不料騫途經河西，爲匈奴拘留十餘年，才脱離匈奴西至月氏、大宛、烏孫等國，回來後把西方的地形及各國現狀告訴武帝，於是才激起武帝開發河西的動機。又因張騫在大夏時曾見到蜀布和邛竹杖，以爲從四川至印度而入中亞，一定有一條路可走，如果打通這條路，則不經匈奴地便可與中亞諸國直接聯絡，不幸這個計劃未做成功，便不得不向西北與匈奴硬打，好在漢家的將和兵都很出力，這一次把匈奴打敗了。《漢書·張騫傳》：

> 元狩二年(前一二二)，驃騎將軍(霍去病)破匈奴西邊，至祁連山。其秋，渾邪王率衆降漢，以其地爲武威、酒泉郡。

《漢書·武帝紀》

> 元鼎六年(前一一一)，遣浮沮將軍公孫賀出九原，匈河將軍趙破奴出令居，皆二千餘里，不見虜而還。乃分武威、酒泉地置張掖、敦煌郡。

河西四郡建立後，西邊的疆域始至玉門陽關，其地當西經十九度，較《禹貢》流沙的位置，只遠一度。

時漢使所至，西方各國爲了招待問題，都感到頭痛，樓蘭國地接河西，首當其衝，所以樓蘭政府尤感麻煩，後來竟有屢殺漢使的情事發生，這個消息傳入漢武帝的耳中，自然怒甚，於是在元封三年(前一○八)，遣趙破奴等擊樓蘭，虜其王。漢朝的兵威，從此才達於新疆。而武帝所久想的"汗血馬"、"天馬"，也從此得到了。

武帝又遣使向大宛求馬，大宛政府不許，於是於太初元年(前一○四)，派李廣利往征，連戰四年，宛人苦於屠戮，遂斬其王來降，並獻馬三千匹。漢朝得到這三千匹壯馬，大可以將中國的馬種改良一下，中國的"馬荒"問題，從此得到了解決。此後，西域諸國都怕漢朝的兵威，紛紛遣使入貢，並遣子弟來長安爲質。

本來西北諸小國都受匈奴保護，由匈奴西邊的首領日逐王管轄，設僮僕都尉徵收各國賦稅。自此次戰役後,匈奴勢衰,漢朝從敦煌至鹽澤(羅布淖爾)皆列亭障,以爲國防的據點。於是漢的疆界達到西經三十度。這一帶地方,一則因爲小國家甚多,國名殊異,二則因爲古經典——《山海經》及《禹貢》——裏没有提到,所以當時竟無一適當名詞稱呼它,以漢武帝好古名之人,亦無法給它命名,最後乃決定以“西北國”稱之。《漢書·張騫傳》:

> 騫……所遣副使通大夏之屬者皆頗與其人俱來,於是西北國始通于漢矣。……初置酒泉郡,以通西北國。

這是第一個名稱,不久有第二個名稱“西國”出現。《漢書·西域傳》:

> 桑弘羊奏云:“臣愚以爲可遣屯田卒詣故輪臺以東……益墾溉田,稍築列亭,連城而西,以威西國,……願陛下遣使使西國,以安其意。”

旋又有第三個名稱“西海”出現。《漢書·李廣利傳》:

> 下詔曰:“貳師將軍廣利征討厥罪……涉流沙,通西海……獲王首虜……其封廣利爲海西侯。”

旋又有第四個名稱“西極”出現。《漢書·張騫傳》:

> 初,天子發書《易》曰“神馬當從西北來”。得烏孫馬好,名曰“天馬”。及得宛汗血馬,益壯,更名烏孫馬曰“西極馬”;宛馬曰“天馬”云。

按西極即指烏孫國而言。又《漢書·武帝紀》:

> 貳師將軍……獲汗血馬來,作《西極天馬之歌》。

這裏西極又指大宛國而言。所以我們可以斷定“西極”二字並不是指西北任何一國,而是指烏孫、大宛等國家而言。《漢書·禮樂志》又云:

> 天馬徠,從西極,涉流沙,天下服。

以上“西北國”、“西國”、“西海”、“西極”四名詞雖有不同,而其裏面都有一個“西”字,此即《堯典》上:

> 分命和仲宅西

之“西”,改《書》的人要把漢武帝比爲堯唐,故把“西”字攔入《堯典》内。到漢宣帝時,西北各國地才有一固定名詞“西域”出現。《漢書·鄭吉傳》:

> 神爵中,吉既破車師,降日逐,威震西域……乃下詔曰:“都護西域騎都尉鄭吉,拊循外蠻,宣明威信,……”吉於是中西域而立幕府,治烏壘城。

我們只要看《史記·大宛傳》及《漢書·西域傳》,就可知道“西北國”、“西國”、“西海”、“西極”和“西域”的範圍,差不多一樣,要是“西域”二字於武帝時早已流行,説不定改《堯典》的人要把它改爲“分命和仲宅西域”了。

(3)結　語

總之，"羲仲宅嵎夷"，乃是指漢武帝立朝鮮四郡；"羲叔宅南交"，是指武帝立交趾九郡及交趾刺史部；"和仲宅西"是指武帝立河西四郡及控制西域諸國。"和叔宅朔方"是指武帝立朔方郡及朔方刺史部。《堯典》上的四宅說，完全是受了漢武帝的影響才修改而成的。也許司馬遷念《尚書》時，上四語還沒有，所以不曾引入《史記》，而後來的人才將它添進去，因爲《史記》並非司馬遷一人寫成。司馬遷撰《史記》的態度是"雅馴"，是"真實"，所以有關神話的部分，他都要刪去，譬如《史記·五帝紀》將《大戴禮記·五帝德》均抄入，然而下面幾句話他是不抄的：

> 黃帝三百年……顓頊……乘龍而至四海。……帝嚳……春夏乘龍，秋冬乘馬。

可見司馬遷寫史時態度的嚴正，也可見《史記》內關於四宅說的引語，都是漢武帝以後的人插進去的。

(二)五 岳 説
(1)什麼是五岳

要明瞭五岳説，須先從《堯典》講起。《堯典》：

> 歲二月，東巡守，至于岱宗，柴，望秩于山川，肆覲東后。協時月、正日，同律、度、量、衡，修五禮，五玉，三帛，二生，一死贄，如五器，卒乃復。五月南巡守，至于南岳，如岱禮。八月西巡守，至于西岳，如初。十有一月朔巡守，至于北岳，如西禮。……五載一巡守，羣后四朝。

這是一種大一統的制度，但既經統一，爲什麼還要封侯？且事實上到了漢朝，已用不着封侯。這裏面大有原因在，原來經過長時期的封建制後，驟然統一，一般的讀書人都不免向往過去，他們受着傳統的支配，需要封建，雖然時代的潮流，已不容封建諸侯存在，然而因爲許多儒生的要求，不得不勉强設施。爲了這件事，在秦始皇時代就被儒生鬧過，漢初爲防止這一下，開始就先封侯，不過漢初的封侯是一種"推恩"的辦法，只封一個兒子(長子)，其他的子弟概予不理，這實在是一回消滅封建制的消極方法，我們可以說，漢初之制一方面是統一的，一方面也是封建的。《堯典》內只說明東岳爲岱，其他三岳並未指明，《史記》裏才將它補充出來。《史記·封禪書》：

> 歲二月，東巡狩，至于岱宗。岱宗，泰山也。……五月，巡狩至南嶽。南嶽，衡山也。八月巡狩至西嶽。西嶽，華山也。十一月，巡狩至北嶽……北嶽，恒山也。皆如岱宗之

禮。中嶽，嵩高也。

這裏，指明南嶽爲衡山，西嶽爲華山，北嶽爲恒山。《堯典》內没有中嶽，後因受五行的影響，又加入中嶽進去。

(2)四嶽與諸戎

要談五岳的問題，真是複雜得很，它的根源要溯自春秋時代的諸戎。《左傳·僖公二十二年》：

> 初，平王之東遷也，辛有適伊川。見被髮而祭於野者，曰："不及百年，此其戎乎！其禮先亡矣。"秋，秦、晉遷陸渾之戎於伊川。

伊川在平王都城之外，因爲周朝與秦、晉爭地盤，所以秦、晉遣陸渾之戎去侵略周朝的土地。《左傳·昭公九年》：

> 周甘人與晉閻嘉爭閻田。晉梁丙、張趯率陰戎伐潁。王使詹桓伯辭于晉，曰："……先王居檮杌于四裔，以禦魑魅，故允姓之姦居于瓜州。伯父惠公歸自秦，而誘以來，使偪我諸姬，入我郊甸，則戎焉取之。……"

所謂"陰戎"是"居於河南山北之戎"，(杜預《注》)"允姓之姦"是居於瓜州的戎。晉惠公自瓜州誘來允姓戎侵略周的郊甸，郊甸就是上文所指的伊川。《左傳·襄公十四年》：

> 〔晉〕將執戎子駒支，范宣子親數諸朝，曰："來！姜戎氏！昔秦人迫逐乃祖吾離于瓜州，乃祖吾離被苫蓋、蒙荆棘以來歸我先君，我先君惠公有不腆之田，與女剖分而食之。今諸侯之事我寡君不如昔者，蓋言語漏洩，則職女之由。詰朝之事，爾無與焉。與，將執女。"對曰："昔秦人負恃其衆，貪于土地，逐我諸戎。惠公蠲其大德，謂我諸戎，是四嶽之裔胄也，毋是翦棄。賜我南鄙之田，狐狸所居，豺狼所嗥。……以為先君不侵不叛之臣，至於今不貳。……"

秦人趕走姜姓之戎，晉人收而安置於南郊以爲外藩。姜姓戎與允姓戎的原居地都在瓜州。而諸戎又是四嶽的後裔，四嶽的問題留在下面討論，現在我們先研究瓜州究在何處？杜預《注》：

> 瓜州，今敦煌。

乃是根據於《漢書·地理志》：

> 敦煌，杜林以為古瓜州，地生美瓜。

他們以爲敦煌出美瓜，故名瓜州，其實西北一帶出美瓜的地方，何止敦煌，吾人以爲古瓜州地在敦煌，實不可能，如果秦由東趕瓜州之戎，瓜州戎何以不往西逃，反而東越秦地逃至晉國，且當時在秦以西尚有許多國家。《史記·匈奴傳》：

自隴以西有縣諸、緄戎、翟、獂之戎⋯⋯

假若秦國要經過這些小國去打瓜州戎,或是瓜州戎東遷,一定要受到這些小國的阻擋,何以古書中並未提及? 足證上文所云的瓜州絕不是指敦煌,杜林和杜預二人只會讀死書,他們根據《堯典》上"先王居檮杌于四裔"及"竄三苗於三危"(三危即瓜州)兩語,以爲瓜州就是敦煌。可是按諸事實,瓜州一定是距秦很近的地方。

除了允姓、姜姓等戎外,大河南北尚有許多戎。《左傳‧成公六年》:

晉伯宗、夏陽説、衛孫良夫、甯相、鄭人、伊雒之戎、陸渾、蠻氏侵宋⋯⋯

秦遷陸渾之戎於伊川,仍叫陸渾,後爲楚國所滅。除了陸渾等戎外,又有九州戎等,《左傳‧昭公二十二年》:

晉籍談、荀躒帥九州之戎及焦、瑕、溫、原之師,以納于王城。

這裏所謂"九州"非《禹貢》九州,而是指一地名。《左傳‧哀公四年》:

楚人既克夷虎,乃謀北方。⋯⋯單浮餘圍蠻氏(即陸渾之戎),蠻氏潰。蠻子赤奔晉陰地。司馬起豐、析與狄戎,以臨上雒。⋯⋯使謂陰地(即陰戎)之命大夫士蔑曰:"晉、楚有盟,好惡同之。⋯⋯"⋯⋯士蔑乃致九州之戎,將裂田以與蠻子而城之,且將爲之卜。蠻子聽卜,遂執之,⋯⋯以畀楚師于三戶。

上面所提到各種戎的名稱,都是有來歷的,計:

①以原地名者有陸渾戎,陸渾蠻氏。

②以遷地名者有陰戎。

③以姓名者有允姓之戎,姜姓之戎。

④只有九州戎不容易解釋。

我以爲九州之戎就是瓜州之戎,"九"與"瓜"音很近,古代音"九"、"瓜"不分,現在廣東人稱"九"仍是"瓜"音。證諸古書,也覺很對。《戰國策‧趙策》:

昔者鬼侯、鄂侯、文王,紂之三公也。

《史記‧魯仲連傳》:

昔者九侯、鄂侯、文王,討之三公也。

"九"與"鬼""瓜"都爲喉音,"鬼侯"就是"九侯",説不定有人叫做"瓜侯"。其次,我們要看九州與四嶽發生些什麼關係。《左傳‧昭公四年》:

楚子⋯⋯使椒舉如晉求諸侯,⋯⋯晉侯欲勿許。司馬侯曰:"不可。⋯⋯"公曰:"晉有三不殆,其何敵之有? 國險而多馬,齊、楚多難;⋯⋯"對曰:"⋯⋯四嶽、三塗、陽城、大室、荆山、中南,九州之險也,是不一姓。冀之北土,馬之所生,無興國焉。恃險與馬,不可以爲固也,⋯⋯"

司馬侯這一段話與《左傳·襄公十四年》:戎子駒支曰:

> 惠公……謂我諸戎是四嶽之裔冑也。

一語對照,則四嶽一說便可得到解釋。原來四嶽爲諸戎原有居地,三塗、陽城、太室爲後來所遷居之地。三塗是今河南嵩縣,陽城、太室即今嵩山。中南即中南山,在西安以南,獨荊山在何處,不一而説。《史記·封禪書》:

> 黄帝采首山銅,鑄鼎于荆山下。

按首山在山西永濟縣,荆山在河南閡鄉縣,上文所云的荆山大約就指此地。這樣看來,諸戎由西邊的四嶽往東遷移起,而中南,而荆山,而三塗,陽城,以至於很遠的地方。

現在,我們要問原來諸戎所居之四嶽究在何處?《國語·周語》下:

> 昔共工氏棄此道也,……欲壅防百川,墮高堙庳……皇天弗福……共工用滅。……其後伯禹念前之非度,釐改制量……共之從孫四嶽佐之,高高下下,疏川導滯……皇天嘉之……祚四嶽國,命以侯伯,賜姓曰姜,氏曰有吕,……申、吕雖衰,齊、許猶在。

由上文看,姜姓爲四嶽之後,姜戎也爲四嶽之後,惟姜戎没有很早搬入中國,故尚稱"戎",於此尤可見中國與戎狄的區别,並非種族上的不同,而是文化上的不同。

"四嶽"亦作"四岳",前一個"嶽"字係就形勢言,後一個"岳"字係就象形言。"四岳"或稱"太岳",《左傳·隱公十一年》:

> 夫許,太岳之胤也。

《左傳·莊公二十二年》:

> 姜,大嶽之後也,山嶽則配天。

由古籍中知道"太嶽"一定在雍州。《職方》:

> 雍州,其山鎮曰嶽山。

《史記·封禪書》:

> 自華以西,名山七:……華山、薄山、岳山、岐山、吴岳、鴻冢、瀆山。

這兒有岳山,又有吴岳,是否岳山在岐山附近?《史記集解》:

> 徐廣曰:"武功縣有……岳山。"

廣注雖無甚憑據,但"吴岳"在陝西確實是有。鄭玄《周禮注》:

> 吴嶽在汧。

漢有汧縣,故城在今陝西隴縣南三里,今隴縣西四十里有嶽山,也叫汧山。《史記·夏本紀》《正義》引《括地志》云:

> 汧山……東鄰岐岫,西接隴岡。

那麼我們可以確定嶽山當在六盤山東南。再看《山海經》裏的記載。《海内經》:

> 北海之內……伯夷父生西岳,西岳生先龍,先龍是始生氐羌。

這裏面有兩個證據可以在別的書中找出來。《國語·鄭語》:

> 姜,伯夷之後也。

伯夷即指《海內經》裏的伯夷,姜與羌同音,以人言曰羌,以姓言曰姜,這在古書裏有很多的例子,足證伯夷所生地便是西岳。我們再看南岳和北岳。《大荒西經》:

> 南嶽娶州山女,名曰女虔。

由此知道南嶽並不在南,而仍在西方。《楚辭·天問》:

> 吳獲迄古,南嶽是止。

恐怕吳岳就是南嶽。《山海經》內尚有一個北嶽,《北山經》:

> 又北二百里,曰北鮮之山(北嶽之北五百里),是多馬。鮮水出焉,而西北流注于涂
> 吾之水。

鮮水在何處,今雖不得而知。而涂吾水可從《漢書》裏找到。《漢書·武帝紀》:

> 元狩二年夏,馬生余吾水中。

余吾水在河套內,這樣看來,北嶽地定在陝北,仍在隴山附近。秦國的國都本來在鳳翔,鳳翔距隴山就很近。由上我們已曉得西、南、北三岳都在隴山近處,獨東嶽在《山海經》內未曾提及,但我們可以斷定它仍距隴山不遠。四嶽的名稱都是在慢慢由西方搬到東方去的。我們先由齊國講起:

> 齊本來居於四嶽。是姜姓四大家族之一(申、呂、齊、許)經周朝的封建,遂移向東邊,故齊人稱泰山曰嶽,後將齊國的街道也叫嶽。《左傳·襄公二十八年》:

> (齊)慶封……入,伐內宮,弗克。反,陳于嶽,……

這裏的"嶽",按杜預《注》:"嶽,里名。"既然齊國的街道也叫嶽,則齊國人一定會講四嶽的話了。《孟子》:

> 引而置之莊、嶽之間。

按趙岐《注》:"莊、嶽,齊街里名也。"莊、嶽成為齊國的大馬路,則引而置之於莊、嶽之間,自然又會說四嶽的話了。

再看晉國:晉惠公把姜戎搬在晉國的南邊,於是姜姓戎稱霍山曰太岳。然而《禹貢》內的太岳,絕非指霍山而言:

> 冀州……既修太原,至于岳陽。

> 導岍及岐,至于荊山,逾于河;壺口,雷首,至于太岳。

可見稱霍山的"太岳",實在是晉國的姜戎由西搬去的。及陰戎居於周京的西邊,又稱嵩山曰嶽。總之,由岍山四嶽分化為東嶽(泰山)、太岳(霍山)、中嶽(嵩山),確實是諸戎遷徙的結

果。霍山本應稱爲北嶽，因當時没法推出方向，故稱太岳。嵩山在經書中没有看到過，直到《漢書·武帝紀》内才記載之：

> 元封元年……春正月，行幸緱氏。詔曰："朕用事華山，至于中嶽，……見夏后啓母石……翌自親登嵩高……其令祠官增加太室祠，……"

太室原爲戎所居之地，太室、中嶽、嵩高都是指嵩山而言。可見"嵩高"一名在漢武帝以前已很流行。當初並没有五嶽一説，後來的五嶽完全是依此種方法推演出來的。

(3)五岳與封禪

五嶽説的確定，乃是爲了封禪，而封禪的先聲，在乎巡狩。

什麼叫巡狩？巡是巡察，狩就是打獵，古代的統治者們將巡察與打獵兩事常合在一起做，後來因爲二事連起來做有點麻煩，索性變了質，將兩事視爲一事做。《孟子》：

> 巡守者，巡所守也。

謂巡守是巡察所守的疆域。這實在是後來的話，初非巡守之本意，孟子的時代已進入農業社會，故視打獵爲副業，可有可無，豈不知在畜牧社會裏以打獵爲主業，所以巡察的事情很重要，打獵的事情也同樣重要。春秋時晉文公爲踐土之會，曾召集周襄王，本來以臣招君是不對的，可是孔子在寫《春秋》時，就用這麼一筆遮掩他：

> 天王狩于河陽。

就説天子因巡狩剛剛到了河陽，適逢晉文公召集踐土會議，由這點可知當初的巡狩是偶然的，到秦統一後，巡狩便成了定制，且需要巡狩者走很遠的路，秦始皇和漢武帝都對巡狩盡極能事。

什麼叫封禪？二字都是祭山之名。封是要把山上的土增高一點，所以封是祭大山，禪是祭小山。前者爲報天之功，後者爲報地之功。因爲天較大故須登高山祭之，地較小，只須在小山或地上祭之即可。這種辦法，大約是秦始皇統一以後所想出來的。秦以前的諸王雖然也祭，但無"封禪"二字出現。秦始皇以爲：

> 易姓受命，告成功于天。

是表示改朝换代，真正受命於天的重典，以爲一個王者既經成功之後，一定要感謝天恩，隆重的致祭。所以巡狩與封禪都是天子對天及人民表示其地位的辦法。爲了經濟時間計，到始皇手裏，便把這兩件事合起來做，而五岳説就在封禪的理論裏形成。兹先看秦始皇封禪的經過：

> 二十八年，始皇東行郡縣，上鄒嶧山。立石，與魯諸儒生議，刻石頌秦德，議封禪望祭山川之事。乃遂上泰山，立石，封，祠祀。下，風雨暴至，休於樹下，因封其樹爲五大

夫。禪梁父。(《史記·秦始皇本紀》)

封(泰山)禪(梁父)二字始見於這兒記載,不過始皇初封禪時忽逢大風雨,一般儒人認爲天不要始皇做皇帝,所以議論譁然,《史記·秦始皇本紀》內雖無詳細記載,但在《封禪書》內叙述頗詳:

> 秦始皇帝……徵從齊、魯之儒生、博士七十人,至乎泰山下。諸儒生或議曰:"古者封禪為蒲車,惡傷山之土石草木;埽地而祭,席用菹稭,言其易遵也。"始皇聞此議各乖異,難施用,由此黜儒生。而遂除車道,上自泰山陽至巔,立石頌秦始皇帝德,明其得封也。從陰道下,禪于梁父。其禮頗采泰祝之祀雍上帝所用,而封藏皆祕之,世不得而記也。始皇之上泰山,中阪遇暴風雨,休於大樹下。諸儒生既絀,不得與用於封事之禮,聞始皇遇風雨,則譏之,……皆説曰:"始皇上泰山,為暴風雨所擊,不得封禪。"

齊、魯儒生與始皇的齟齬,可以説是西方文化與東方文化的衝突,由於封禪時的天時不順,齊、魯儒生對秦始皇第一次起了反感,同時秦始皇對齊、魯儒生第一次中了惡影響。偶然間的一陣暴風雨,使始皇封禪受到了阻礙,所以不得封禪,那麼究竟要些什麼條件才够得上封禪呢?《管子·封禪篇》裏有如下的規定:

> 齊桓公既霸,會諸侯於葵丘,而欲封禪。管仲曰:"古者封泰山,禪梁父者七十二家,而夷吾所記者十有二焉。昔無懷氏封泰山,禪云云;虑羲氏封泰山,禪云云;炎帝封泰山,禪云云;黄帝封泰山,禪亭亭;顓頊封泰山,禪云云;帝告封泰山,禪云云;堯封泰山,禪云云;舜封泰山,禪云云;禹封泰山,禪會稽;湯封泰山,禪云云;周成王封泰山,禪社首;皆受命,然後得封禪。"桓公曰:"寡人北伐山戎,過孤竹,西伐大夏,涉流沙,束馬懸車,上卑耳之山,南伐至召陵,登熊耳山,以望江漢。兵車之會三,而乘車之會六,九合諸侯,一匡天下,諸侯莫違我。昔三代受命亦何以異乎?"於是管仲睹桓公不可窮以辭,因設之以事,曰:"古之封禪,鄗上之黍,北里之禾,所以為盛,江、淮之間,一茅三脊,所以為藉也。東海致比目之魚,西海致比翼之鳥,然後物有不召而自至者十有五焉。今鳳凰、麒麟不來,而蓬蒿藜藋茂,鴟梟數至,而欲封禪,毋乃不可乎!"於是桓公乃止。

由"禪梁父"一語可證明這段話是寫於秦始皇以後的,最後"蓬蒿藜藋……"等語不是駡齊桓公,而正是駡秦始皇。這種擴大封禪的辦法,後來爲漢武帝所襲取,所以有第二次的封禪。《史記·封禪書》:

> 武帝初即位,尤敬鬼神之祀。(建元)元年,漢興已六十餘歲矣,天下艾安,縉紳之屬,皆望天子封禪改正度也,……其明年(元狩二年),郊雍,獲一角獸,若麃然。……蓋麟云。於是濟北王以為天子且封禪,乃上書獻泰山及其旁邑,……常山王有罪,遷,天子……以常山為郡,然後五岳皆在天子之邦〔郡〕。……

漢武帝的封禪，一方面是他本人好大喜功，一方面也是社會輿論的促成。本來泰山屬濟北王，因爲封禪的緣故，特別奉獻于天子。常山就是恒山，因避漢文帝（名恒）的諱，故名常山。常山王以有罪被遷，所以天子把常山設爲郡治，直接統轄，以爲封禪之便。

武帝獲得了麟還嫌不夠，後又得到了些東西。《史記·封禪書》：

> 自得寶鼎，上與公卿諸生議封禪。封禪用希曠絶，莫知其儀禮，而羣儒采封禪《尚書》、《周官》、《王制》之望祀射牛事。……上於是乃令諸儒習射牛，草封禪儀。數年，至且行。……羣儒既已不能辨明封禪事，又牽拘于《詩》、《書》古文而不能騁。上爲封祠器示羣儒，羣儒或曰"不與古同"，徐偃又曰"太常諸生行禮不如魯善"，周霸屬圖封禪事，於是上黜偃、霸，而盡罷諸儒不用。

計武帝於元狩年間獲麟，元鼎時得鼎，到元封年間便大行封禪。漢武帝和秦始皇一樣，因爲齊、魯儒生對封禪的非議，他們都盡罷儒生而不用。不過秦皇與漢武的封禪，畢竟有所不同。《史記·封禪書》：

> 少君言上曰："祠竈則致物，致物而丹沙可化爲黄金。黄金成以爲飲食器則益壽……以封禪則不死，黄帝是也。"

> 齊人公孫卿……有札書……因嬖人奏之。上大説，乃召問卿。對曰："申公……獨有此鼎書，曰'漢興復當黄帝之時'。曰'漢之聖者在高祖之孫且曾孫也。寶鼎出而與神通，封禪。封禪七十二王，唯黄帝得上泰山封'。申公曰：'漢主亦當上封，上封則能僊登天矣。……天下名山八，而三在蠻夷，五在中國。中國華山、首山、太室、泰山、東萊，此五山黄帝之所常游，與神會。……百餘歲然後得與神通。……'"乃拜卿爲郎，東使候神於太室。

> 齊人丁公年九十餘，曰："封禪者，合不死之名也。秦皇帝不得上封。陛下必欲上，稍上即無風雨，遂上封矣。"

漢武帝既採用方士之言，接着又採用了儒士之言。

> ……天子既聞公孫卿及方士之言，黄帝以上封禪，皆致怪物與神通，欲放黄帝以上接神僊人，……而頗采儒術以文之。……上遂東巡海上，行禮祠八神。齊人之上疏言神怪奇方者以萬數，然無驗者。乃益發船，令言海中神山者數千人求蓬萊神人。（《史記·封禪書》）

他用盡方法去接神人，然後想封禪以求不死。

> （元封元年）四月，還至奉高（泰山郡之縣）。上念諸儒及方士言封禪人人殊，不經，難施行。（《史記·封禪書》）

到後來他發現儒士和方士的話都這樣"不經"，甚感封禪求仙的辣手，然而，因爲已經醖釀了多年，又不得不勉强實行。

> 天子至梁父，禮祠地主。乙卯，令侍中儒者皮弁薦紳，射牛行事。封泰山下東方，如郊祠太一之禮。封廣丈二尺，高九尺，其下則有玉牒書，書祕。禮畢，天子獨與侍中奉車子侯上泰山，亦有封。……明日，下陰道。丙辰，禪泰山下阯東北肅然山，如祭后土禮。（《史記·封禪書》）

漢武帝禪於肅然山，秦始皇禪於梁父，武帝封禪的儀式較諸始皇，我們要感到隆重得多了。《史記·封禪書》：

> ……江、淮間一茅三脊為神藉。……縱遠方奇獸蜚禽及白雉諸物，頗以加禮。兕牛犀象之屬不用。皆至泰山祭后土。

這樣是照《管子·封禪篇》去做。

> 封禪祠，其夜若有光，晝有白雲出封中。天子從禪還，坐明堂，羣臣更上壽。下詔改元為元封……曰：“古者天子五載一巡狩，用事泰山，諸侯有朝宿地。其令諸侯各治邸泰山下。”（《漢書·郊祀志》）

五載一巡狩正是適應《舜典》語，這樣又是照《舜典》“肆覲東后”的話去做。

漢武帝於元封元年到過三岳——華山、嵩山（中嶽）、泰山（東嶽）。可注意的是華山在西安之東，而西安在當時爲武帝的都城，暫不能稱爲“西嶽”，故曰華山。武帝於元封四年到過天柱山（南嶽）。《史記·封禪書》云：

> 上巡南郡，至江陵而東，登禮灊之天柱山，號曰南岳。

天柱山本來不叫“南嶽”，經武帝致祭後，遂有是稱。爲什麼當時武帝不到衡山去祭，乃因衡山在長沙王國，一個天子跑到別人的領域裏去祭，殊感不便，所以不去。前邊不是說過，五嶽應直轄於天子，實際上衡山不屬於武帝，直到天漢三年，武帝才祭過常山，於是五嶽之地，他都到過了。

從元封四年到天漢三年一共有十三年，在這十三年内，武帝除到過五嶽之外，又曾祭過東萊山、介山和成山。武帝時代似乎對五嶽的地址還没有確定，其確定要待到宣帝時代。《漢書·郊祀志》：

> 宣帝即位，……祠后土，有神爵集，改元為神爵……自是五嶽、四瀆皆有常禮。東嶽泰山於博，中嶽泰室於嵩高，南嶽灊山於灊，西嶽華山於華陰，北嶽常山於上曲陽，河於臨晋，江於江都，淮於平氏，濟於臨邑界中。

由西周時代的四岳，演變爲漢代的五岳，中間經過極複雜的變化，真正的嶽是在華山之西，就是霍山及灊山也不能算嶽。我們如果要給這一連串的嶽算個總賬，就可算出八個嶽來，如下圖所示：

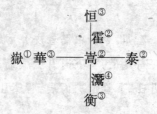

上圖的

① 爲原有的嶽

② 因民族之遷徙而有的嶽

③ 因《禹貢》而有的嶽(《禹貢》:"華陽黑水惟梁州,荆及衡陽惟荆州。"華及衡均爲分州界山,而適當衡在南,華在西,故定爲南、西兩嶽)

④ 漢武帝所定的嶽

關於北嶽——恒山,《禹貢》內有這樣兩句:

> 太行、恒山至于碣石,入于海。

因爲恒山是較北之山,故《王制》云:

> 自恒山至于南河,千里而近;自南河至于江,千里而近;自江至于衡山,千里而遥。

因其如此,所以後來人將北嶽不用霍山,而用恒山。

(4)儒家經典裏的五岳

在儒家的經典內,對於五岳也討論過多次。《周官·職方》:

> 揚州,其山鎮曰會稽。荆州,其山鎮曰衡山。豫州,其山鎮曰華山。青州,其山鎮曰沂山。兗州,其山鎮曰岱山。雍州,其山鎮曰嶽山。幽州,其山鎮曰醫無閭。冀州,其山鎮曰霍山。并州,其山鎮曰恒山。

照這個説法,我們可斷定《職方》篇是作於秦始皇以後的,説不定還在漢武帝之後才問世。再看《堯典》:

> 肇十有二州,封十有二山。

與《周官·職方》篇相呼應。究竟那十二州,那十二山,都没有一定的説法。《爾雅》內有兩種關於五岳的解釋:

甲、河南,華。河西,嶽。河東,岱。河北,恒。江南,衡。

乙、泰山爲東嶽,華山爲西嶽,霍山爲南嶽,恒山爲北嶽,嵩高爲中嶽。

第一條較早,只得將華山去掉。第二條則完全是漢宣帝所定的制度。郭璞《爾雅注》:

> 霍山今在廬江潯縣西南,別名天柱山。漢武帝以衡山遼曠,故移其神于此。今其土

俗人皆呼之為南嶽。南嶽本自以兩山為名,非從近也。

郭璞想把《爾雅》放在漢武帝之前,故如是云云,其實郭璞的強調《爾雅》還不算過火,鄭康成才強調得利害。《周官·大宗伯》:

> 以血祭社稷,五祀,五嶽。

鄭玄《注》:

> 五嶽,東曰岱宗,南曰衡山,西曰華山,北曰恒山,中曰嵩高山。

這是呼應《爾雅》的第二說法。《周官·大司樂》:

> 凡日月食,四鎮五嶽崩……令去樂。

鄭玄《注》:

> 四鎮,山之重大者,謂揚州之會稽,青州之沂山,幽州之醫無閭,冀州之霍山。五嶽,岱在兗州,衡在荊州,華在豫州,嶽在雍州,恒在并州。

同是《周官》,同是注五嶽,而說法極不一致,可見鄭玄的曲解,而賈公彥在其《周禮疏》內還要替鄭玄祖護。他以為《大宗伯》之五嶽注有兩個理由:

甲、據東都言

乙、據常祀言

《大司樂》之五嶽注也有兩個理由:

甲、據西都言

乙、據災變言

這樣,無非要曲解鄭玄的說法很對。明明是一件簡單的事,而經師們却要繞個大彎子,以自圓其說,然而,其漏洞依然在所不免。

以上所講,為《尚書》內的地理制度,現在可列成下面簡單的表:

地理制度
- 1.九州說——以自然區域所分割之政區
- 2.分服說——以距都城遠近所分割之政區
- 3.四宅說——以國界四至所定授時之地方
- 4.五岳說——以國內主要之山所定巡狩封禪之地方

就中一、三、四種說法為大一統制,惟第二種說法於大一統之中參入封建制。《禹貢》九州與戰國有關係;《堯典》十二州說與漢武帝有關;五岳說與秦始皇、漢武帝關係極深;四宅說到漢武帝手裏才確定;五服說與戰國、秦、漢各時代都有關係。

《魏書》諸紀時誤補校(續一)

牛繼清　張林祥

26.(孝文帝承明元年)冬十月丁巳,起七寶永安行殿。乙丑,進征西大將軍、假東陽王元丕爵爲正王。己未,詔曰:"……"(卷七上頁143)

按十月丁巳朔,"乙丑"(初九日)不得在"己未"(初三日)之前,失序。《北史》卷三《魏本紀三》同誤。

27.(孝文帝)太和元年春正月乙酉朔,詔曰:"……"辛亥,詔曰:"……"起太和、安昌二殿。己酉,秦州略陽民王元壽聚衆五千餘家,自號爲衝天王。(卷七上頁143)

按正月乙酉朔,"辛亥"(二十七日)不得在"己酉"(二十五日)前,失序。《北史》卷三《魏本紀三》同誤。

28.(太和元年閏十一月)癸亥,粟提婆國遣使朝獻。庚子,詔員外散騎常侍李長仁使於劉準。(卷七上頁145)

按閏十一月庚戌朔,癸亥十四日,無庚子。《北史》卷三《魏本紀三》作"閏月庚午",庚午二十一日,亦合序,當是。此"庚子"爲庚午之誤。

29.(太和五年)秋七月甲子,蕭道成遣使朝貢。辛酉,蠕蠕別帥他稽率衆內附。甲戌,班乞養雜戶及戶籍之制五條。(卷七上頁151)

按七月庚申朔,"甲子"(初五日)"甲戌"(十五日)間不得有"辛酉"(初二日),失序。或"辛酉"日干支有誤。《資治通鑑》卷一百三十五齊紀一同誤。

30.(太和五年)九月庚子,閱武於南郊,大饗羣臣。……乙亥,封昌黎王馮熙世子誕爲南平王。(卷七上頁151)

按九月戊午朔,無庚子,乙亥十八日。"殿本"、《北史》卷三《魏本紀三》、《册府元龜》卷一百二十四引均作"九月庚午",庚午十三日,亦合序,當是。此"庚子"爲庚午之訛。

31.(太和)十五年春正月丁卯,帝始聽政於皇信東室。(卷七下頁167)

按是月甲午朔,無丁卯,《資治通鑑》卷一百三十七齊紀三同誤。《北史》卷三《魏本紀三》作"丁巳",丁巳二十四日,是。此"丁卯"爲"丁巳"之誤。

32.(太和十五年)六月丁未,濟陰王鬱以貪殘賜死。(卷七下頁168)

按六月壬戌朔,無丁未。《北史》卷三《魏本紀三》、《資治通鑑》卷一百三十七齊紀三同誤。《疑年錄》云:"本年魏、齊置閏不同,魏閏五月壬戌朔,六月辛卯朔;齊六月壬戌朔,七月辛卯朔,閏七月辛酉朔。魏之六月,即齊之七月。《通鑑》不當從《魏書》,應改繫七月之後,丁未爲七月十七日。"不確,該年魏如陳《表》所推閏七月(參見下條校記),《魏書》卷一百五之二《天象志二》亦作"六月",當日干支有誤。

成王始即政考略

朱 淵 清

《通鑑外紀》卷3引《尚書大傳》："周公攝政：一年救亂，二年克殷，三年踐奄，四年建侯衛，五年營成周，六年制禮作樂，七年致政成王。"周初這段歷史及其史料都複雜無比，引無數學者沉浸其間。成王"始即政"問題，是漢代經學家的一種提法，指成王在即位並周公攝政之後初次亮相政壇，本文擬以此話題爲線索對成王初年史實作出解釋。

一、即位之年

周武王在克商後不久去世。《尚書·金縢》："既克商二年，王有疾弗豫……王翼日乃瘳。武王既喪，……"《史記·封禪書》和《周本紀》從此說。另有《淮南子·要略》、《管子·小問》和《逸周書·作雒解》三條來源不同的資料其實也是武王崩于克商二年的證據。[①]其中《作雒解》"武王既歸，乃歲十二月崩鎬"的記載還證明武王崩于克商後二年的十二月。

武王去世後，成王即位。舊說多以成王即位時尚在幼年。如《金縢》："武王既喪，管叔及其羣弟乃流言于國曰：'公將不利于孺子。'"《僞孔傳》："孺，稚也。稚子，成王。"更有以成王即位尚在襁褓之説。《史記·蒙恬列傳》引蒙恬言："昔周成王初立，未離襁褓，周公旦負王以朝，卒定天下。"所謂"孺子"，並不能説明襁褓甚或年幼。[②]據《晋公𥂁》，成王弟晋始封君唐叔虞曾隨武王克商，故成王即位時年齡不會幼小。[③]成王其時年齡亦不會太長，不然也不會有《無逸》這樣的道德訓誡。

至于成王即位之確切年齡，説法不少。古文經學以爲成王十三歲即位。《公羊傳·隱公元年》疏引許慎《五經異義》引古《尚書》："武王崩時，成王即位，年十三。"杜佑《通典》卷56引譙周《五經然否論》引古文《尚書》亦云："武王崩，成王年十三。"今文經學則以爲武王崩時成王十四歲。《太平御覽》卷146引《尚書大傳》："太子年十八，曰孟侯。孟侯者，于四方諸侯來朝，迎于郊者，問其所不知也。"《毛詩𡆥譜正義》引"太子"上有"天子"，"孟侯"下注"孟，迎也。"據《大傳》攝政四年建侯衛，成王年十八稱孟侯，則武王崩時成王十四歲。此說或與《荀子·儒效》"成王冠，成人，周公歸周反籍焉"記載有關。大致上今古文相差不大，王肅大局上從今文説,而在成王即位年問題上則主古文説;鄭玄從今文解"孟侯",但又加入服喪、居東等,更爲繁亂。

另外,④《賈子新書·修政語下》以爲六歲("抱經堂校定本"據宋"建寧府陳八郎書鋪本"改爲"二十歲"),蔡邕《琴操》卷下以爲十歲(《太平御覽》卷84引作"年七歲"),李鼎祚《周易集解》卷2引干寶《周易注》則以爲八歲。

總之,成王即位確切年齡無法坐實。⑤在没有確證情況下,似不宜拋棄漢經師之説。成王年齡若非幼小,則周公攝政或另有原因。

二、三年亮陰

《尚書·無逸》:"其在高宗……。作其即位,乃或亮陰,三年不言。其惟不言,言乃雍。""三年亮陰"説法爲很多書所引述,傳統解釋這是一種禮制。⑥

《論語·憲問》:"子張曰:'《書》云:高宗亮陰,三年不言,何謂也?'子曰:'何必高宗,古之人皆然。君薨,百官總己以聽于冢宰,三年。'"古禮,王者去世後,即位世子服喪三年,冢宰攝政。《禮記·喪服四制》:"王者莫不行此禮。……三年之喪,君不言。"《禮記·檀弓下》:"古者天子崩,王世子聽政于冢宰三年。"

"亮陰"也寫作"亮闇"、"諒闇"、"涼闇"、"諒陰"、"涼陰"、"梁闇"等,段玉裁《古文尚書撰異》認爲古音相同。其實"諒陰"或"梁闇"是今、古文經的區別。

古文經學釋"諒陰"爲"信默"。此説出馬融。《左傳·隱公元年》孔疏引馬注:"亮,信也。陰,默也。爲聽于冢宰,信默而不言。"《論語·憲問》何晏集解引孔安國、《魯世家》集解引孔安國、《晋書·禮志中》杜預議喪服引《傳》均作此解。

今文經學釋"梁闇"之"梁"爲"楣","闇"爲"庵"、"廬",以"梁闇"意爲居倚廬(或稱"凶廬"),不言政事。黄榦《儀禮經傳通解續》15《喪禮義》引《尚書大傳》:"高宗居倚廬,三年不言。百官總己以聽于冢宰,而莫之違,此之謂梁闇。……以孝子之隱乎,則孝子三年弗居矣。(隱,痛也,字或爲殷。)"《太平御覽》卷146引略同。

《毛詩商頌譜正義》引鄭玄注:"作,起也。諒闇轉作梁闇,楣謂之梁,闇謂廬也。小乙崩,武丁立,憂喪三年之禮,居倚廬柱楣,不言政事。"《魯世家》集解引同。皮錫瑞曰:"鄭不從馬而從伏,最爲卓見。"單就"亮陰"解釋言,今文確勝一籌。

禮書所謂服喪三年並非三十六月。《禮記·三年問》:"三年之喪,二十五月而畢。"《公羊傳·閔公二年》、《白虎通·喪服》同。據《儀禮·士虞禮》,殯、葬、卒哭後經行虞、祔、練(小祥)、大祥、禫諸祭禮。(《士虞禮》:"死三日而殯,三月而葬,遂卒哭。"《禮記·王制》:"天子七日而殯,七月而葬。")《禮記·檀弓上》:"祥而縞,是月禫,徙月樂。"禫之次月可以用樂,喪祭至此結束。對禫祭禮時間的不同看法造成了二十五月和二十七月二説。王肅以二十五月大祥,其月爲禫,二十六月作樂。鄭玄釋《士虞禮》"中月"爲"間一月",二十五月大祥,二十七月而禫,故三年喪鄭玄以爲當是二十七月。此問題歷史上爭議不斷,並多次改動現實生活中的喪祭禮。[7]實際恐如張東之所説:"二十五月、二十七月,其議本同。"[8]二十七月是復常,二十五月是免喪。

三年亮陰本是商舊禮。《論語·八佾上》:"子曰:'夏禮,吾能言之,杞不足徵也。殷禮,吾能言之,宋不足徵也。文獻不足故也,足,則吾能徵之矣。'"孔子答子張問三年亮陰:"何必高宗,古之人皆然。"商確行三年喪禮。

《論語·爲政》:"周因于殷禮,其損益可知也。"《尚書·洛誥》:"周公曰:'王,肇稱殷禮,祀于新邑,咸秩無文。'"《尚書·君奭》:"故殷禮陟配天。"禮樂草創非朝夕之功,周初建時"制禮作樂"未成,故周初多因襲商禮。于三年喪禮,周初亦或因襲。《淮南子·要略》:"武王欲昭文王之令德,……故治三年之喪,殯文王于兩楹之間,以俟遠方。"《魯世家》:"魯公伯禽之初受封之魯,三年而後報政周公。周公曰:'何遲也?'伯禽曰:'變其俗,革其禮,喪三年然後除之,故遲。'"據《尚書·顧命》,亮陰舊禮康王即位時已不行。

《無逸》雖晚出,但内容還具相當真實性。既舉商高宗三年亮陰例,理應顧及成王。成王是否行三年亮陰之禮?是證明成王始即政問題的關鍵。周公攝政和成王親政時間則是解決這個問題的二個方向。

三、周公攝政

來源不一的多種史料證實成王即位之初周公攝政。《洛誥》、《作雒解》、《左傳·定公四年》、《墨子·貴義》等都存周公相佐成王説。戰國秦漢著作多明確持攝政説。《逸周書·明堂解》:"成王嗣,幼弱,未能踐天子之位,周公攝政君天下,弭亂。"《逸周書·武儆解》、《詩·大雅·靈臺》疏引《尸子》、《韓非子·難二》、《禮記·文王世子》、《禮記·明堂位》、《韓詩外傳》卷3卷7卷8、《淮南子·齊俗訓》、《周本紀》、《魯世家》等均類此。漢前文獻惟《荀子·儒效》説法似略異:"武王崩,成王幼,周公屏成王而及武王,以屬天下,惡天下之倍周也。履天子之籍,聽天下之斷。"王莽仿作《大誥》攝政改元,周公攝政之解釋由此複雜。

個人以爲周公攝政,但未稱王。1.周公曾固辭武王之傳位,其攝政既久,果如稱王,何以復歸政?2.西周人列數先王不提及周公。《詩·周頌·執敬》:"執敬武王,無競維烈。不顯成、康,上帝是皇。"[9]共王器《史墻盤》列數文、武、成諸王功績,亦未及周公。[10]

引起是攝政還是稱王⑪爭論的主因在于對《尚書》"王曰"、"王若曰"的解釋。《大誥》首句"王若曰",鄭玄曰:"王謂攝也,周公居攝,命大事則權代王也。"《明堂位》疏引王肅:"稱成王命故稱王。"《僞孔傳》同。據陳夢家考,這裏的"王若曰"是周公代宣王命,⑫是周公以成王名義所誥。

《韓非子·難二》以周公攝政"爲其職也。"周公究竟據何職而行攝政?

《左傳·定公四年》祝佗曰,"周公相王室以尹天下","周公爲大宰",祝佗世襲大祝之職,連孔子也稱他熟悉宗廟典章,⑬對其本職内基本史實應不至于搞錯。

成王器《令方彝》:"王令周公子明保,尹三事四方,受卿事寮。"卿事寮是中央官僚的總理機構,對地方事務也具管轄權。史家多以爲"周公子明保"是周公之子。陳夢家曰,"周公當成王時爲大師","卿事寮本屬于大師周公所掌","明保代理'周公'的職位","卿事寮先受掌于周公,因王命而授于明保。"⑭周公在成王即位之初確是卿事寮首長。

童書業將祝佗語和《令方彝》聯繫起來。⑮《周禮·天官·冢宰》首列大宰,其職守確與西周卿事寮首長一致。西周末期銘文中已經發現"大宰"一職。⑯但"西周之宰,主要是管理王家宮内事務。"⑰故我們還是只能説,成王即位之初,周公作爲卿事寮首長,其身份相當于《周禮》"大宰"。祝佗説"大宰"是其時據周公職掌設想的西周官職。

禮書認爲,冢宰因"君薨","王世子"亮陰而攝政。西周史上周公既確曾攝政,其所據職守又合禮書攝政之條件,在未有更合理之全盤解釋前,不宜放棄舊説。武王去世後,成王即位,因循舊禮服喪亮陰,卿事寮首長周公以職守攝政。

周公攝政後政局動蕩。管叔、蔡叔因嫉妒周公而造謠。武庚受奄君慫恿,聯合管、蔡及商從前的東方屬國奄、徐、楚、豐、秦、淮夷、蒲姑等叛亂,《作雒解》所記尤詳。

三監之亂發生,周公決意東征。《金縢》:"我之弗辟,我無以告我先王。"《魯世家》:"我之弗辟而攝行政者。"《經典釋文》卷4《尚書音義》引馬融:"辟謂辟居東都。"《毛詩豳譜正義》引鄭玄:"我今不辟孺子而去,……居東者,出處東國待罪,以須君之察己。"《史記正義》釋"辟"曰:"音避。"漢代另有不同意見。《説文解字》作"辟","法也。《周書》曰:'我之不辟。'"《僞孔傳》:"辟,法也。言我不以法法三叔,則我無以成周道告我先王。"證之《金縢》本文,下句:"周公居東二年,則罪人斯得。"孔疏引王肅:"東,洛邑也。管蔡與商奄共叛,故東征鎮撫之。"《作雒解》:"降辟三叔。"獨立來源文獻證明許慎、《僞孔傳》解釋方向正確。

但"大門宗子勢臣"⑱阻力很大,《大誥》正是在此背景下所作。⑲誥文述及天降害于周,武王方喪又繼之三監淮夷之亂。龜卜顯示鎬京有大難,周民心騷動。殷小國竟敢妄圖恢復其統治。周公利用龜卜最終説服衆人。

周公東征戰事,慘烈且時久。《詩·豳風·破斧》:"既破我斧,又缺我戕。周公東征,四國是皇。”毛傳：“隋銎曰斧。”“四國，管、蔡、商、奄也。”鄭箋：“周公既反攝政，東伐此四國，誅其君罪，正其民人而已。”《詩·豳風·東山》：“自我不見，于今三年。”小序：“《東山》，周公東征也。周公東征，三年而歸。勞歸士，大夫美之，故作是詩也。”或以爲“此周公勞歸士之詞”。⑳從《東山》所記“果贏之實”、“有敦瓜苦”、“熠耀宵行”、“倉庚于飛”物候看，分明是夏秋之交景象。故可定成王三年夏秋之交東征大軍西歸。

四、成王即政

《詩·周頌》中《閔予小子》、《訪落》、《敬之》、《小毖》四篇淵源有自。㉑漢代今古文經都以爲是成王喪服期滿將始即政告廟之詩。這是成王複雜心曲，㉒成王自嘆年輕即位，又家遭多難。但立志繼承先王基業，祈求先王之靈能時時護佑。武王崩於克商後二年十二月，據禮書推論成王在成王三年一月免喪，三月復常。㉓成王“將始即政”之“告廟”亦應在此時。

成王告廟後即親赴踐奄前綫。《尚書·多方》：“惟五月丁亥，王來自奄，至于宗周。”《毛詩豳譜正義》引鄭玄：“奄國在淮夷之旁，周公居攝之時亦叛。王與周公征之，三年滅之。自此而來歸。”《尚書序》：“成王東伐淮夷，遂踐奄。”又，“成王即黜殷命，滅淮夷，還歸在豐。”但《書序》將踐奄編在營洛之後，《史記集解》及孔疏引鄭玄：“奄國在淮夷之北。此伐淮夷與踐奄是攝政三年伐管、蔡時事。其編篇于此，未聞。踐讀曰翦。翦，滅也。凡此伐諸判國，皆周公謀之。成王臨事乃往，事畢則歸。”據《大傳》，周公攝政三年踐奄，成王之東伐淮夷當即在成王三年。

銅器銘文也證明成王曾東征。《宜侯夨簋》：“惟四月辰在丁未，王省武王、成王伐商圖，遂省東國圖。”公認的成王器《康侯簋》、《小臣單觶》、《禽簋》、《剛劫尊》諸器銘的釋讀更確證了成王踐奄史實之存在。

《康侯簋》：“王朿伐商邑，征令康侯鄙于衛。”其銘“記周公伐武庚時事也”，㉔則此伐商邑之“王”按理當是成王。《小臣單觶》和《禽簋》中“王”與“周公”同時出現，故此“王”確是成王。

《小臣單觶》：“王后⿸厂圣克商，在成𠂤，周公易小臣單貝十朋，用作寶尊彝。”郭沫若視爲武王器，釋“后⿸厂圣”爲“后反”，“𠩺即坂字，假爲反若叛。”㉕多數史家斷爲成王器。陳夢家曰：“克前一字從厂從圣”，“圣就是掘，此處假作屈、詘、絀、黜”，“王后絀克商，是成王第二次克商，即克武庚之叛。”㉖唐蘭曰：“坂讀若反。反一般當反回（歸來）講，但也可以當來到講。”並意譯：“王后到了，打勝了商邑。在成師，周公賞給小臣單，十掛貝，用來作寶器。”㉗白川静將“后⿸厂圣”看成是一個與軍中儀禮相關的專有名詞，並引《詩·大雅·綿》“予曰有先后”爲證。㉘據其解，“后⿸厂圣”是一支部隊名，此句當釋爲“王的后⿸厂圣部隊克了商。”就“⿸厂圣”字字形看，郭、唐隸定爲"坂"恐有疑問。但不管如何,銘文大意清楚:成王親自參與克商,在成師,周公賞賜小臣單。"成師",陳夢家論證"此成介于東西朝歌與曲阜之間,乃是克商以後,踐奄途中的中點。"㉙周公攝政二年克商,成王在三年初喪服期滿後親臨前綫。克商後,周師繼續東行踐奄。在成師,對克商戰役行賞,由此役主帥周公賞賜小臣單。

《禽簋》"王伐𡊄侯,周公某禽祝,禽又敃祝。王易金百孚,禽用作寶彝。""𡊄侯",郭沫若釋"𡊄"爲"楚","𡊄即楚之異文,從林去聲"。㉚"楚"字金文常見,作"𣏗"、"𣏷"形,與《禽簋》"𡊄"並非一字。"𡊄",實即"蓋",唐蘭曰:"甲骨文從艸之字多變爲從林","去字下從𠙴,或從厶,乃器形,與皿同義,所以去與盍通,隸書盍字即從去作盉。"㉛陳夢家釋曰:"所伐之國,疑即蓋侯。蓋即《墨子·耕柱》、《韓非子·說林上》所述周公征伐之商蓋,《左傳》昭九作商奄,昭元作奄。奄、蓋皆訓覆而古音並同,所以《吳世家》公子蓋餘《左傳》昭廿七作掩餘。蓋侯即《孟子》所謂的奄君。《說文》'郾周公所誅,郾國在魯。'《後漢書·郡國志》'魯國古奄國。'《周本紀正義》引'《括地志》云,兗州曲阜奄里即奄國之地也。'《集解》引'鄭玄曰,奄國在淮夷之北'。"㉜唐蘭亦曰:"蓋國名,古書多作奄。蓋、奄聲近通用。……'王伐蓋侯'即是《書序》所說成王踐奄之事。奄在今山東曲阜。"㉝

《剛劫尊》:"王征𡊄,易剛劫貝朋。"亦可作成王伐蓋(踐奄)之證。

據《大傳》,踐奄在成王三年,與成王喪服期滿時間恰相吻合。我們解釋:成王在三年亮陰結束後參與了東征踐奄,至此成王已即政參與國家政治活動。成王踐奄可以說即所謂"始即政"的標誌事件。

成王于同年五月從踐奄前綫返回宗周。《多方》:"惟五月丁亥,王來自奄,至于宗周。"《毛詩豳譜正義》引鄭玄亦以爲王與周公滅奄,三年而歸。《多方》所記只能發生在成王三年。《多方》:"今爾奔走臣我監五祀。"孫星衍疏:"監謂三監。五祀,五年也。"以殷商臣服于周,武王在位時計二年,則此恰爲成王三年。

五、營洛歸政

周公東征回來後並未即歸政,據《召誥》、《洛誥》,周公一直要到營洛完畢,成王遷成周後才歸政。這到底是何緣故?

營洛是武王遺命。《周書序》:"武王平商,維定保天室,規擬伊、洛,作《度邑》。"據《度邑解》,武王伐紂後,以"天保"未定而不能暇寐,即計劃在伊洛平原營建新邑以經營東方。武王度洛邑,主要是考慮鎮撫殷人、經略東方的軍事、政治上之便利。據《周本紀》並《何尊》所記,武王已開始營洛。周公雖固辭武王傳位,但恪守營洛之遺命;三監亂後,西遷叛亂殷民並在施控之地安置更成當務之急。因此,周公歸政時間的選擇深有意義。

《召誥》是研究營洛時間最重要的資料。《召誥》所記"乙卯,周公朝至于洛"與《洛誥》周公自述"予惟乙卯,朝至于洛師"密合,二篇所記事在同年。非唯如此,《召誥》所記之年還是周公歸政成王之年。《召誥》:"王來紹上帝,自服于土中。"[34]"王乃初服。""知今我初服,宅新邑。"《洛誥》:"周公拜手稽首曰:'朕復子明辟,王如弗敢及天基命定命,予乃胤保大相東土,其基作民明辟。'"歷來以爲解決營洛、歸政關鍵是《召誥》所記時間。

《召誥》具體月日明晰。三月三日是丙午("丙午朏",《漢書·律曆志下》引並曰:"古文《月采》篇曰'三日曰朏。'");三月五日戊申早晨,太保召公至洛,卜宅並經營;三月七日庚戌,太保召公又以殷民在洛汭"攻位";三月十一日甲寅,"位成";三月十二日乙卯早晨,周公至洛,視察新邑營;三月十四日丁巳,郊祭;三月十五日戊午("翼",今文經作"翌"),社祭。周原卜甲亦可作旁證,[35] H11:27"□于洛"、H11:102"見工于洛";H11:42"……新邑,□受□,用牲……";H11:153"庶繼(玩)";H11:128"己酉豕(卜)"、H11:127"乙卯豕(卜)"、H11:187"乙丑豕(卜)";H11:15:"大保今二月生(往)……",均被認爲與營洛事相關。

《召誥》所記究竟在成王幾年?《洛誥》:"惟周公誕保文武受命,惟七年。"《經典釋文》引馬融注:"惟七年,周公攝政,天下太平。"《僞孔傳》、《周本紀》、《尚書大傳》均有周公攝政"七年致政成王"說。《洛誥》周公歸政是成王七年,則《召誥》所記當然在此年。然《大傳》又明確以周公攝政"五年營成周"。如此,營洛到底是在成王五年還是七年已成二難選擇。

前人于此或偏執一端,或苦作彌合,以達成五年或七年其中一說。[36]王國維調和矛盾,據金文體例將《洛誥》"七年"釋爲武王二年加上成王五年,[37]是說影響很大。[38]

何尊出土爲五年說提供了寶貴的證據。《何尊》:"惟王初□宅于成周,……惟王五祀。""□"字隸定有爭論,[39]出現相宅、壅宅、遷宅等完全不同的解釋,[40]但"宅于成周"、"惟王五祀"終是無可辯駁的鐵證。[41]而《召誥》所記詳細曆日也同樣爲周公七年歸政說提供了強有力的旁證。[42]

《大傳》"五年營成周","七年致政成王",將營洛和歸政分開。皮錫瑞曰:"伏生《大傳》云'五年營成周',與《史記》稍異者,蓋周公于五年營之,七年始成之耳。"孫詒讓《周禮正義》卷1:"竊謂周公攝政之年,當以《伏傳》爲正,鄭、王之說,並失之也。"

如果此說成立,那麼《召誥》、《洛誥》所記是營洛,其年同時還是周公歸政之年這一大前提必成問題。

《召誥》"營洛"似乎在半個月之內完成,不合常理,與武王已始營洛更不符。《召誥》、《洛誥》所謂"卜宅"、"經營"、"攻位"、"相宅"、"定宅"者實際並非營洛。

"相宅","宅"是古文。顧炎武《石經考·石經尚書殘碑》:"'度',孔作'宅'。"皮錫瑞曰:

"'宅'疑亦當作'度',今文《尚書》'宅'爲'度',《史記》、《漢石經》可證。漢人引三家《尚書》、三家《詩》'宅'皆爲'度'。……是'度'與'營'義同。《大傳》云:'營成周',是其義當爲度。此云'宅',疑後人用古文《尚書》改之。"孫星衍曰:"相度其土地,可以作宅也。""宅"並無定都義,今文經以"宅"爲"度",訓爲"營",致使"定宅"成爲"營洛"。

　　"攻位",《周禮·天官·叙官》疏引鄭玄釋《召誥》:"正位,謂此定宫廟。"此處鄭玄以正位爲定宫廟,則必從古文。然《周禮·天官·叙官》"辨方正位"鄭玄注:"辨,別也。""別四方,正君臣之位,君南面臣北面之屬。"又"惟王建國"鄭注:"建,立也。周公居攝而作六典之職,謂之周禮,營邑于土中。七年,致政成王,以此禮授之,使居雒邑治天下。"却又從今文説。王鳴盛《尚書後案》:"鄭注《天官》'辨方正位',備引此經而云'正位,謂定宫廟'。然彼文'正位'下别言體國,則'正位'固不該城郭等。鄭引此證彼,非正解。"非惟鄭玄,《僞孔傳》主古文經,釋此亦混雜今文。《僞孔傳》:"庚戌以衆殷民治都邑之位于洛水北今河南城也。于庚戌五日所治之位皆成,言衆殷本其所由來。""召公早朝至于洛邑相卜所居,其已得吉卜,則經營規度城郭郊廟朝市之位處。"此後學者但知《召誥》、《洛誥》爲營洛,不知原有定宫廟之古文説矣。賈公彦疏:"此建國即建邦之所居,謂營都也。"古文説釋"攻位"爲"定宫廟",可得《作雒解》旁證:"乃位五宫:大廟、宗宫、考宫、路寢、明堂。"盧校:"古立、位二字本通用。"孔晁注:"五宫,宫府寺也。大廟、后稷二宫、祖考廟也。路寢,王所居。明堂,在國南者也。"

　　由此可知,《召誥》所記"經營"者,只是建宫廟。城邑無宫廟而不成都,周公在卜址營造宫廟、成王來居洛邑之後方致政成王。《召誥》所謂"太保乃以庶殷攻位于洛邑"者,當是在瀍水東之成周區[43]建殷民之祖廟,以留居遷徙之殷民。周公並作《多士》誥令殷民。

　　前人以《召誥》、《洛誥》所述即是營洛,或與誤讀《作雒解》相關。《作雒解》:"及將致政,乃作大邑成周于土中。"並詳述城之大小設施。《作雒解》雖總體可信,但"分以百縣,縣有四郡"云云肯定非"周初良史"所爲,[44]歷史上之有郡縣不早於春秋。春秋時,晉、楚始設縣。史籍中最早出現"郡縣"是在魯僖公九年(BC.651),《國語·晉語二》:"君實有郡縣。"但即使這條記載,亦"似爲戰國時人的口頭術語,不可驟信。"[45]故《作雒解》記洛邑布局設施之類並不可信。

　　綜上所述,我們以爲記録營成周内容的《何尊》確屬成王五年。《召誥》、《洛誥》所記之年則當即是成王七年,也就是説,周公在成王七年最終造成洛邑的宫廟後致政成王。《洛誥》所説"十二月",可從《僞孔傳》:"言周公攝盡此十二月,大安文武受命之事惟七年,天下太平。"至此,周公完成了武王的遺命。《尚書大傳》:"周公攝政:一年救亂,二年克殷,三年踐奄,四年建侯衛,五年營成周,六年制禮作樂,七年致政成王。"這是非常準確的編年記事。

① 夏含夷《也談武王的卒年——兼論〈今本竹書紀年〉的真僞》,《文史》第 29 輯。

② 崔述《豐鎬考信録》卷 4。

③ 李學勤《晋公蓋的幾個問題》,《出土文獻研究》1985 年。

④ 《論衡·率性》:"召公戒成[王]曰:'今王初服厥命,于戲! 若生子,罔不在厥初生。''生子'謂十五[生]子。"或以爲成王"初服厥命"即在十五歲,説解牽强,不列作一説。

⑤ 楊寬《西周史》以爲約十七八歲,是據《荀子·大略》:"古者天子諸侯十九而冠,冠而聽治,其教至也。"周公攝政三年而成王參與伐奄,反推而得。

⑥ 《國語·楚語上》、《吕氏春秋·重言》、《淮南子·泰族訓》有異説。

⑦ 參見趙翼《陔餘叢考》卷 3《三年喪王鄭二説不同》。

⑧ 《舊唐書·張柬之傳》。

⑨ 朱熹以爲"此祭武王、成王、康王之詩。"其激烈反對者姚際恒亦贊同此説。

⑩ 夏含夷《周公居東新説——兼論〈召誥〉、〈君奭〉著作背景和意旨》,《第二次西周史學術討論會論文集》。

⑪ 近現代以廖平、顧頡剛主稱王説最力。

⑫ 陳夢家《王若曰考》,《尚書通論》。

⑬ 《論語·憲問》。

⑭㉜ 陳夢家《西周銅器斷代(二)》,《考古學報》第 10 册。

⑮ 童書業《春秋左傳研究》。

⑯ 張亞初、劉雨《西周金文官制研究》。

⑰ 1974 年,原吉林省(現劃歸内蒙古自治區)哲里木扎魯特旗巴雅爾吐胡碩公社牧民在大罕山北麓霍林河源頭地區發現"已簋",内底有"邢姜大宰已鑄"銘文,被認定爲西周末期邢國太宰已的遺物。(李殿福《已簋初釋》,《社會科學戰綫》1980/3)此條資料係何琳儀先生指出,特此致謝。

⑱ 《逸周書·皇門解》。

⑲ 《史記·周本紀》、《魯周公世家》。

⑳ 朱熹《詩序辯説》上。其後嚴粲《詩緝》、豐坊《詩説》、《詩傳》、方玉潤《詩經原始》等都從此説。

㉑ 楊雄《答劉歆書》(《方言》附):"常聞先代輶軒之使奏籍之書,皆藏于周秦之室。"

㉒ 夏含夷《從西周禮制改革看〈詩經·周頌〉的演變》(《第二屆詩經國際學術研討會論文集》)認爲《閔予小子》、《敬之》、《訪落》曾是周王即位時唱誦于宗廟的禱告詩。

㉓ 《今本竹書紀年》卷下:"(成王)四年春正月,初朝于廟。"《今本竹書紀年》不足爲據,王國維《今本竹書紀年疏證》"一一求其所出,始知今本所載殆無一不襲他書。其不見他書者,不過百分之一,又率空洞無事實,所增加者年月而已。"今人或欲爲是書翻案亦未見成功(同注①)。

㉔ 楊樹達《沇司土送簋跋》,《積微居金文餘説》卷 1。

㉕㉚ 郭沫若《兩周金文辭大系考釋》。

㉖㉙ 陳夢家《西周銅器斷代(一)》,《考古學報》第 9 册。

㉗㉛㉝ 唐蘭《西周青銅器銘文分代史徵》卷 1 下。

㉘ 白川静《金文通釋》,《白鶴美術館志》第 3 輯。

㉞ 于省吾《雙劍誃尚書新證》卷 3 以爲此是周公告誡成王語。

㉟ 參見《岐山鳳雛村兩次發現周初甲骨文》,《考古與文物》1982/3,及陳全方、徐錫台、李棪齋、李學勤、王宇信等人論述。

㊱ 鄭玄混雜今古文經,並形成自己獨特之見解。據鄭説,周公"居攝"七年之後一年爲成王元年。或以鄭玄爲成王五年或七年説者(顧頡剛《〈召誥〉校釋譯論》,《文史》第 46 輯),大誤。

㊲ 王國維《洛誥解》,《觀堂集林》卷 1;《周開國年表》,《觀堂别集》卷 1。

㊳ 參見楊筠如、吳澤、馬承源、彭裕商等人論述。

㊴ 參見唐蘭、馬承源、張政烺、李學勤等人論述。

㊵ 楊寬《西周史》釋"鬒",解釋爲"升登王位"。

㊶ 李學勤曾將何尊定爲康王器以避開五年、七年之矛盾(李學勤《何尊新釋》,《中原文物》1981/1)。

㊷ 據周言兄研究,武王克商曆日與《召誥》曆日間之年距只合于 4、9、14 等公差爲 5 的等差數列,即《召誥》曆日只合于成王二年、七年、十二年等,決不可能是成王五年。參周言、魏宜輝《曆表、系連與年代史料》,《東南文化》

1999/5。

㊸ 詳參筆者《成王始即政考》(合注文 3 萬餘字),待刊。

㊹ 參見郝懿行《汲冢周書輯要》。

㊺ 徐喜辰《論國野、鄉里與郡縣的出現》,《社會科學戰綫》1987/3。

長臺關竹書的學派性質新探

楊 澤 生

　　1957 年河南信陽長臺關一號楚墓出土的竹簡共有兩組,這兩組簡保存的情況有所不同。①第二組保存較爲完好,其内容是記録隨葬物品的遣策,已爲學術界所公認。第一組保存情況很差,均爲斷簡,只能讀到一些殘句。從殘句看,第一組簡屬于書是没有什麼問題的,但是屬于什麼學派性質的書,在學術界有不同意見。本文擬就這個問題談一點看法。

一

　　1957 年 11 月,李學勤先生首先指出第一組簡是一篇“竹書”,並根據文句中“先王”、“周公”、“三代”、“君子”等詞語,認爲應屬儒家。②此後學者多主張是屬于儒家的佚書,比如 1963 年,史樹青先生説“它可能是春秋戰國之際有關儒家政治思想的一篇著述,其中心内容爲闡發周公的法治思想”;③1976 年,中山大學古文字研究室楚簡整理小組認爲,“其内容與子思、孟軻的思想相仿佛”。④

　　1990 年,李學勤先生發表《長臺關竹簡中的〈墨子〉佚篇》一文(以下簡稱《佚篇》),認爲過去“把這篇竹書判歸儒家,恐怕不一定對”,第一次提出了竹書是《墨子》佚篇的新看法,並且進行了必要的論證。⑤正所謂“見善則遷”,更何況是自己“覺今是而昨非”,所以他後來還多次在不同場合重申和肯定了新的觀點,⑥可見他對此是深信不疑的。

　　《佚篇》提出這個新説的根據有二:第一,竹書中保存字數最多的 1 號、2 號殘簡與傳世的《墨子》佚文一致;第二,竹書中“賤人”一詞常見于《墨子》而“罕見其他古籍”,“還有‘尚賢’一詞,明顯是《墨子》特有的術語”。所謂與竹書一致的《墨子》佚文是中山大學古文字研究室的學者找出來的,他們説:“《太平御覽》卷八百二中有一段儒墨對話形式的《墨子》佚文:‘周公見申徒狄曰:賤人强氣則罰至’,内容語氣與竹書如出一轍。”⑦《佚篇》對此予以充分肯定,説這是“一項突破性的收獲”;“再從思想的角度考察”竹書,認爲“簡文的思想内容恰合墨家的宗旨”;並且指出過去“被指爲儒家術語的一些詞,其實都見于《墨子》”,從而證明竹書就是《墨子》的佚篇。

　　李先生的新説似乎也得到了學術界的普遍認同。比如王志平先生在《〈孔子家語〉札記》
這篇文章裏説,李先生"推斷出簡文是《墨子》佚篇,確不可易","改變了早先認爲是儒家佚書
的普遍看法"。⑧王先生雖然這樣説,但是他又指出,《孔子家語·好生》有和簡文内容相似的
文字:"孔子謂子路曰:'君子而强氣則不得其死,小人而强氣則刑戮薦臻'"。⑨我們認爲這對
于長臺關竹書性質的研究是一個重要收穫。《孔子家語》過去被認爲是王肅僞作,但七十年
代出土的兩批漢代簡牘材料證明,它確實是有很早淵源的儒家著作。⑩所以支持李先生新説
的王先生也承認,"長臺關竹簡最早被認爲是儒家佚書,也有一定道理"。既然簡文和儒家的
《孔子家語》"内容相似",而"賤人"和"尚賢"二詞其實也不是《墨子》所特有(詳後),那麽,從
邏輯推理來看,《佚篇》認爲竹書是《墨子》佚篇就不一定可靠了。難怪最近一些學者在介紹
長臺關竹書時仍然采用舊説。⑪由此,長臺關竹書的内容性質,到底是《墨子》佚篇還是屬于
儒家著作,現在仍然没有定論,需要重新進行探討。

二

　　從上面的有關介紹可知,《佚篇》研究竹書的學派性質大體是從它的思想内容和用詞習
慣兩個方面來進行的。我們認爲這是正確的方向,本文也將從這兩個方面來展開討論。
　　要探討竹書的思想内容,當然不能繞過被認爲和《墨子》佚文相一致的1、2號殘簡。現
在我們就將它們的寬式釋文書寫于下:
　　　□□□周公勃然作色曰:狄!夫賤人格上則刑戮至。剛　1
　　　曰:狄!夫賤人剛恃而及於刑者,又尚賢　2
其中"狄"字原作"易",爲李家浩先生首先釋出。⑫《佚篇》在討論簡文内容時曾把前面所引
《墨子》佚文的全部原文録出,爲了進行比較的方便,我們也將其轉引于下:
　　　《墨子》曰:周公見申徒狄曰:"賤人强氣則刑罰至"。申徒狄曰:"周之靈珪出于土,
　　　楚之明月出蚌蜃,五象出于汙澤,和氏之璧,夜光之珠,三棘六异(異),此諸侯所謂良寶
　　　也"。
業師李家浩先生曾告訴筆者,簡文和《墨子》佚文有很大分别,就是所記人物的主客地位不一
樣,前者周公是主,狄是客;後者周公是客,狄是主。這是一個極其重要的發現。《史記·孔子
世家》説孔子"君召使儐,色勃如也",似乎可以作爲簡文裏的周公是主、狄是客的有力旁證。
另外,它們在行文上也有一個很大的不同,就是《墨子》佚文中没有"狄!"這樣的稱呼語。類
似的稱呼語不見于《墨子》而屢見于儒家著作。例如:
　　　《論語·衛靈公》:"子曰:賜!女以予為多學而識之者與?""子曰:由!知德者鮮

矣。"⑬

　　《禮記·仲尼燕居》："子曰：'師！爾過，而商也不及'"；"子曰：'師！爾以為必……然後謂之禮乎？'"

　　《大戴禮記·主言》："孔子曰：'參！女可語明主之道與？'""孔子愀然揚麋（眉）曰：'參！女以明主為勞乎？'"

可見，光從形式上看，簡文和上引《墨子》佚文就有明顯區別，不能簡單地將兩者等同起來。既然簡文和《墨子》佚文並不相同，上引儒家著作《孔子家語·好生》裏又有和簡文相類似的話，那麼《佚篇》結合上引"申徒狄曰：'周之靈珪出于土……此諸侯所謂良寶也"這一段話來理解簡文，從而得出簡文的思想內容跟今本《墨子》各篇重視賤人的看法和墨子所說的"尚賢"完全一致、"恰合墨家的宗旨"的結論，這恐怕就靠不住了。

　　爲了正確理解 1、2 號簡文，我們把上面提到的《孔子家語·好生》"孔子謂子路曰"那段話的有關文字一起抄錄于下：

　　　　孔子謂子路曰："君子而强氣則不得其死，小人而强氣則刑戮薦臻。《齒詩》曰：'迨天之未陰雨，徹彼桑土，綢繆牖户。今汝下民，或敢侮予。'"孔子曰："能治國家如此，雖欲侮之，豈可得乎……"

這段話孔子引《詩·豳風·鴟鴞》裏的一節，表達了他"未雨綢繆"的治國主張。至于"綢繆"的內容是什麼，這裏不是很明確；我們認爲可以借助下面《孔子家語·始誅》裏的一段話來幫助理解：

　　　　子喟然嘆曰："嗚呼！上失其道而殺其下，非理也。不教以孝而聽其獄，是殺不辜。三軍大敗，不可斬也；獄犴不治，不可刑也。何者？上教之不行，罪不在民故也。夫嫚令謹誅，賊也；徵斂無時，暴也；不試責成，虐也。政無此三者然後刑可即也。《書》云……言必教而後刑也。既陳道德以先服之而猶不可，尚賢以勸之；又不可即廢之；又不可而後以威憚之。若是三年，而百姓正矣。其有邪民不從化者，然後待之以刑，則民咸知罪矣。《詩》云……是以威厲而不試，刑錯而不用。今世則不然，亂其教，繁其刑，使民迷惑而陷焉。又從而制之，故刑彌繁而盜不勝也。"

這段話講孔子主張"教而後刑"，特別是强調"教"的重要。郭店楚墓竹簡《緇衣》篇說："子曰：'政之不行，教之不成也，則刑罰不足恥，而爵不足勸也。"⑭這顯然也是講"教"的重要。1、2號簡文中的"夫"是提起連詞，⑮它所提起的話題的意思其實應該是注重"刑戮"、"尚賢"而不是重"教"，因而並不是周公所贊同的。因此，簡文中周公所表述的意思反而和孔子的主張相一致。這裏需要特別指出來的是，王志平先生在前面提到的那篇文章裏曾引用《韓詩外傳》卷一中的一段話，認爲"居下而好干上，嗜欲無厭，求索不止者，刑共殺之"一句，"與竹書的

'賤人格上而刑戮至'更是一脈相承"，從而得出"竹簡書中的周公正是孔子一派"的結論，這和我們的意見可謂不謀而合，殊途而同歸。

　　除了上面討論的 1、2 號殘簡，"竹書中還有一個引人注目的内容，即關于文化教育的論述"，⑯這方面的"論述"見于 38 和 3 號殘簡。我們曾寫作《信陽楚簡第 1 組 38 號和 3 號研究》一文，引述《禮記·内則》裏講教育子弟的一段話來進行考釋。⑰現在我們先把這兩支殘簡的釋文轉録于下：

　　　　毋（母）教之七歲　38

　　　　教箸（書）晶（叁）歲，教言三歲，教柣（射）與馭　3

再轉録《禮記·内則》裏的那段話：

　　　　子生……異爲孺子室於宫中，擇於諸母與可者，必求其寬裕、慈惠、温良、恭敬、慎而寡言者，使爲子師，其次爲慈母，其次爲保母，皆居子室……子能食食，教以右手；能言，男唯女俞。男鞶革，女鞶絲。六年，教之數與方名。七年，男女不同席，不共食。八年，出入門户及即席飲食，必後長者，始教之讓。九年，教之數日。十年，出就外傅，居宿於外，學書計。衣不帛襦袴。禮帥初，朝夕學幼儀，請肆簡諒。十有三年，學樂，誦詩、舞《勺》。成童舞《象》，學射御。

兩相對照，可知 38 號簡文"毋"讀如《禮記·内則》作爲"子師"的"母"；"母教之七歲"大意是説"母"負責教育七年，這是講"出就外傅"之前的教育責任人和年限，雖然和《禮記·内則》"十年，出就外傅"的記載相差兩年，但是和《説文·序》説"周禮八歲入小學"和《大戴禮記·保傅》説"古者年八歲而出就外舍"的記載完全相符。3 號簡文所記的是"出就外傅"後有關"書"、"言"、"射與馭（御）"等教學内容，以及"三歲"（即三年）的教學年限，這和《禮記·内則》所講"出就外傅"後的教學内容和年限是基本一致的。很顯然，簡文所反映的也正是儒家的教育思想。

三

　　上面討論的是竹書的思想内容。現在討論它的用詞習慣。

　　由于該組竹簡殘斷得很厲害，完整的句子極少，因而可以辨認的一些詞語很自然成爲判斷竹書性質的重要依據。最初李學勤先生提出竹書是儒家作品的見解，所依據的也正是文句中"儒家氣極濃"的一些詞語；⑱以往的信從者其實並没有提供什麽新的證據。《佚篇》在否定舊説和提出新見時也拿竹書中的一些詞語去跟有關古書作比較：

　　　　簡文有"賤人"一詞，亦常見于《墨子》，如下列各例……此詞罕見其他古籍，可以做簡文是《墨子》佚篇的證據。

簡文還有"尚賢"一詞,明顯是《墨子》特有的術語,見《尚賢》三篇及《魯問》。

至于被指爲儒家術語的一些詞,其實都見于《墨子》。如"三代"見《尚賢中》、《節葬下》、《天志》三篇、《明鬼下》、《非命中下》、《貴義》、《公孟》和《魯問》;"君子之道"見《修身》、《明鬼下》和《非儒下》。"先王之法"雖未見今本《墨子》,但《非命上》有"先王之憲"、"先王之刑",其意義正同。"周公"見《所染》、《非儒下》、《耕柱》、《貴義》和《公孟》。

很顯然,"周公"、"三代"、"君子"等詞語已不能作爲竹書是儒家作品的根據。但是"尚賢"和"賤人"二詞能否作爲竹書是《墨子》佚篇的證據呢?

據我們所知,"尚賢"一詞並不是"《墨子》特有的術語"。比如我們在前面所引《孔子家語·始誅》的那段話就有"尚賢"一詞。《孔子家語·始誅》那段話又見於《荀子·宥坐》。衆所周知,《荀子》是戰國時期儒家的一部著作。在這部著作的《王制》、《富國》、《王霸》、《君道》、《臣道》、《議兵》、《君子》、《成相》、《宥坐》等篇裏,都可以見到"尚賢"這個詞。又如《易·大畜》:"《象》曰:……剛上而尚賢"。《易·繫辭上》:"又以尚賢也,是以自天祐之"。《孔叢子·論書》:"孔子對曰:'不失其道,明之于民之謂也。夫能用可用則正治矣,敬可敬則尚賢矣。'"《孔叢子·記義》:"既而夫子聞之,曰:'季氏之婦尚賢哉!'""子曰:'怒其子之不能隨賢,所以爲尚賢者,吾何有焉'。常見于儒家典籍的"尊賢"、"好賢"、"推賢"等詞也和"尚賢"相近。[19]於此,我們可以借用《墨子·尚賢中》的話說,"且以尚賢爲政之本者,亦豈獨子墨子之言哉?此聖王之道,先王之書,距年之言也。"

至于"賤人"一詞,也見于儒家典籍,如《荀子·堯問》:"彼淺者,賤人之道也。"《禮記·曲禮上》:"君命召,雖賤人,大夫士必自御之"。見於《孟子》的"賤工"、"賤丈夫"等詞語的結構也與"賤人"相同。

另外,上引《佚篇》有關"先王之法"一語和《墨子》"先王之憲"等意義相同的說法雖然有一定道理,但是該語直接見于儒家著作。例如,《孟子·離婁上》:"遵先王之法而過者,未之有也"。《孔叢子·執節》:"此委巷之鄙事爾,非先王之法也"。當然,如果把它看作是特有的"儒家術語"似乎也有點勉強。那麽,我們能否在竹書中找到一些不見于《墨子》的特殊詞語呢?

答案是肯定的。前面我們在說明1、2號殘簡與《墨子》佚文的區別的時候,曾把其中的稱呼語作爲證據,因爲"狄!"那樣的稱呼語常見于儒家著作而不見于《墨子》。其實1號殘簡中"周公勃然作色曰"一語也值得注意,因爲"勃然作色"是形容"曰"的情態的,而簡文這種描述說話人情態的現象不見于《墨子》而屢見于儒家著作。例如,《論語·微子》:"夫子憮然曰"。《禮記·哀公問》:"孔子愀然作色而對曰";"孔子蹴然闢席而對曰"。《孔子家語·致思》:"夫子凛然曰","子路屑然對曰";《好生》:"孔子作色而對曰"。《韓詩外傳》卷八第十四章:"景公悖然作色曰";卷十第二十二章:"平公勃然作色曰",等等。

竹書屬于問答體著作,共出現三個"答"字。此字原文寫作從"合"從"曰",分別見于9號、15號和20號三支殘簡,其中前二者的"答"字後面可以確定跟着"曰"字,[20]9號殘簡"答曰"之前的文字是"天下爲之女(如)可(何)",[21]因此,其意義很清楚,就是"問答"的答。問答的"答"屢見于儒家典籍,如《詩·小雅·雨無正》:"聽言則答。"《尚書·顧命》:"王再拜,興,荅(答)曰:眇眇予末小子⋯⋯。"《論語·憲問》:"南宮适問于孔子曰⋯⋯夫子不答。"《孟子·告子上》:"公都子不能答";《盡心上》:"有答問者"。需要特別指出的是,上海博物館所得的楚簡裏有《夫子答史蒥問》的篇名,[22]在可能是屬于《孔子閑居》的簡文裏更有"孔子答曰"之語。[23]而《墨子》一書,儘管也有"答"或"荅"字,但絕無一例用作問答的"答",如《備城門》:"二步一荅,荅廣九尺,表十二尺";《備高臨》:"爲高樓以射適,城上以答羅矢"。那麼,《墨子》用什麼字表示問答之義呢? 答曰:用"言"、用"應"、用"對"、用"曰"。例如,《兼愛中》:"既而非之,何以易之? 子墨子言曰:'以兼相愛、交相利之易之'";《非儒下》:"儒者曰:'君子必服古言然後仁。'應之曰:'所謂古之言服者,皆嘗新矣⋯⋯'";"公又復問,不對";《耕柱》:"子夏之徒問于子墨子曰:'君子有鬭乎?'子墨子曰:'君子無鬭。'子夏之徒曰:'狗豨猶有鬭,惡有士而無鬭矣?'子墨子曰:'傷矣哉! 言則稱于湯文,行則譬于狗豨,傷矣哉!'"

上引《墨子·耕柱》裏的"子夏之徒",指的是子夏的學生。值得注意的是,36號殘簡有"子夏聞於"四字。"夏"字原文和上海簡"〔子〕夏聞(問)於孔子"的"夏"字相同,[24]過去釋作"是"字是不對的;[25]"聞"字也應該和上海簡一樣讀爲"問",問的對象似乎應該是子夏的師長一輩而不會是墨子。簡單的說,竹書"子夏問于□□"和《墨子·耕柱》"子夏之徒問于子墨子"所記的人物及其輩份、年代都不相同。

另外,根據竹書11號殘簡"豈弟君子"後面殘存的筆畫和楚簡、楚帛書"民"字的寫法,[26]其後必是《詩·大雅·泂酌》"豈弟君子,民之父母"之"民之父母"無疑,而上海簡裏子夏所問之詩也正是這一句,該句除了見于《禮記·孔子閑居》之外,[27]又見于《禮記·表記》和《孝經·廣至德》等儒家著作。《墨子》一書儘管也有引詩之例,但並無引此句者。

總之,通過上面對竹書思想內容和用詞習慣的探討,我們現在可以肯定它屬于儒家作品。郭店楚簡和上海楚簡都包含大量的儒家著作,[28]這正好和長臺關竹書的性質特徵相呼應。當然,如《佚篇》所論,墨學在楚國也有比較廣泛的流傳,我們期待在今後的考古發現中,能見到真正的《墨子》簡。

附記:本文的寫作和修改得到李家浩先生的許多幫助,謹志謝忱。

① 河南省文化局文物工作隊第一隊:《我國考古史上的空前發現,信陽長臺關發掘一座戰國大墓》,《文物參考資

料》1957 年第 9 期;河南省文物研究所:《信陽楚墓》圖版一一三至一二八,文物出版社,1986 年;商承祚:《戰國楚簡匯編》1 至 8 頁和 135 至 142 頁圖版,齊魯書社,1995 年。

② 李學勤:《信陽楚墓中發現最早的戰國竹書》,《光明日報》1957 年 11 月 27 日。

③ 史樹青:《信陽長臺關出土竹書考》,《北京師範大學學報》1963 年 4 期。

④⑦⑯ 中山大學古文字研究室楚簡整理小組:《一篇浸透着奴隸主思想的反面教材——談信陽長臺關出土的竹書》,《文物》1976 年 6 期。

⑤ 李學勤:《長臺關竹簡中的〈墨子〉佚篇》,《徐中舒先生九十壽辰紀念文集》1 至 9 頁,巴蜀書社,1990 年;《當代學者自選文庫·李學勤卷》375 至 382 頁,安徽教育出版社,1999 年。此文又以《長臺關簡〈墨子〉》爲題收入《李學勤學術文化隨筆》320 至 328 頁,中國青年出版社,1999 年。

⑥ 李學勤:《走出疑古時代》14 頁,遼寧大學出版社,1994 年;《簡帛佚籍與學術史》10 頁,(臺北)時報文化出版企業有限公司,1994 年;《失落的文明》224 頁,上海文藝出版社,1997 年;《簡帛書籍的發現及其影響》,《文物》1999 年 10 期 40 頁。

⑧ 王志平:《〈孔子家語〉札記》,《學術集林》(卷九)119 至 131 頁,上海遠東出版社,1996 年。

⑨ 同注⑧;參王志平《簡帛叢札二則》,中國社會科學院簡帛研究中心編《簡帛研究》(第三輯)129 頁,廣西教育出版社,1998 年。

⑩ 定縣漢墓竹簡整理組:《定縣四○號漢墓出土竹簡簡介》、《〈儒家者言〉釋文》,《文物》1981 年 8 期。阜陽漢簡整理組:《阜陽漢簡簡介》,《文物》1983 年 2 期。李學勤:《竹簡〈家語〉與漢魏孔氏家學》,《孔子研究》1987 年 2 期,又載《簡帛佚籍與學術史》395 至 403 頁;《新發現簡帛與漢初學術史的若干問題》,《烟臺大學學報》(哲學社會科學版),1988 年 1 期,又以《簡帛與漢初學術史》爲題載《李學勤學術文化隨筆》361 至 373 頁;《八角廊漢簡儒書小議》,載《簡帛佚籍與學術史》404 至 415 頁。

⑪ 王輝:《漢字的起源及其演變》37 頁,陝西人民出版社,1999 年;駢宇騫、段書安:《本世紀以來出土簡帛概述》12、13 頁,(臺北)萬卷樓圖書有限公司,1999 年。

⑫ 李家浩:《從曾姬無卹壺銘文談楚滅曾的年代》,《文史》第三十三輯 11、17 頁,中華書局,1990 年。參注⑥《走出疑古時代》14 頁;注⑤《李學勤學術文化隨筆》322 頁,《當代學者自選文庫·李學勤卷》376 頁;李家浩《信陽楚簡"樂人之器"研究》,《簡帛研究》(第三輯)14 頁,廣西教育出版社,1998 年。

⑬ 傳本"賜"下有"也"字,此從定州漢墓竹簡本。見《定州漢墓竹簡論語》70 頁,文物出版社,1997 年。

⑭ 荊門市博物館:《郭店楚墓竹簡》19 頁 27、28 號簡圖版和 130 頁釋文,文物出版社,1998 年。

⑮ 參楊樹達《詞詮》32 頁,上海古籍出版社,1986 年。

⑰ 載中國社會科學院簡帛研究中心編《簡帛研究》(第四輯),即將出版。

⑱ 參注⑥《走出疑古時代》14 頁。

⑲ 例如被認爲是儒家著作的郭店楚簡《唐虞之道》和馬王堆漢墓帛書《德行》篇屢見"尊賢"一詞(參注⑭39 頁圖版 6、7、8、10 號和 157 頁釋文;《馬王堆漢墓帛書》整理小組:《老子甲本及卷後古佚書》圖版第 7 頁 262 至 263 號和《老子甲本卷後古佚書》釋文第 9 頁,文物出版社,1975 年)。

⑳ 劉雨:《信陽楚簡釋文與考釋》,《信陽楚墓》125 頁。

㉑ 參注⑫李家浩先生文 11 頁和湖北省文物考古研究所、北京大學中文系《望山楚簡》125 頁注釋⑩,中華書局,1995 年。

㉒ 參注⑪駢書 119 頁。

㉓㉔㉗ 參黃錫全《楚簡續貂》,載中國社會科學院簡帛研究中心編《簡帛研究》(第三輯)77 至 82 頁,廣西教育出版社,1998 年。

㉕ 參注㉒126 頁。

㉖ 參張光裕《郭店楚簡文字編》265 至 268 頁,(臺北)藝文印書館,1999 年;滕壬生《楚系簡帛文字編》866 頁,湖北教育出版社,1995 年。

㉘ 參李學勤《先秦儒家著作的重大發現》,《中國哲學》第二十輯,遼寧教育出版社,1999 年;注⑪駢書 116、117、119 頁。

《魏書》諸紀時誤補校（續二）

牛繼清　張林祥

33.（太和十五年）秋七月乙丑，謁永固陵，規建壽陵。戊寅，吐谷渾國遣使朝貢。己卯，詔議祖宗，以道武爲太祖。乙酉，車駕巡省京邑，聽訟而還。（卷七下頁168）

按該年七月辛卯朔，無乙丑、戊寅、己卯、乙酉四日。該年閏，劉義叟《長曆》云魏閏六月；汪曰禎《歷代長術輯要》言魏閏五月壬戌朔，六月辛卯朔，七月辛酉朔；陳垣《二十史朔閏表》魏閏七辛酉朔。考《魏書》卷一百五之二《天象志二》載：“（十五年）七月乙未，月犯太微東蕃。辛丑，月掩建星。癸卯，月犯牽牛。”乙未、辛丑、癸卯三日與上四日顯不繫同月，陳《表》推當是。七月辛卯朔，乙未初五日，辛丑十一日，癸卯十三日；閏七月辛酉朔，乙丑初五日，戊寅十八日，己卯十九日，乙酉二十五日，是。則此“七月”上脱“閏”字。《資治通鑑》卷一百三十七齊紀三“乙丑”、“己卯”兩事繫“閏七月”條下，確。

34.（太和十七年）六月丙戌，帝將南伐，詔造河橋。己丑，詔免徐、南豫、陝、岐、東徐、洛、豫七州軍糧。丁未，講武。乙巳，詔曰：“……”立皇子恂爲皇太子。戊申，高麗國遣使朝獻。（卷七下頁172）

按六月庚辰朔，丙戌初七日，己丑初十日，丁未二十八日，乙巳二十六日，戊申二十九日，丁未不當在乙巳前。“殿本”、《北史》卷三《魏本紀三》均作“乙未”，乙未十六日，日序亦合，是。此“丁未”爲乙未之誤。《資治通鑑》卷一百三十八齊紀四亦誤作“丁未”；《册府元龜》卷一百二十四引則誤作“丁巳”。

35.（太和十八年）二月乙丑，行幸河陰，規建方澤之所。丙申，河南王幹徙封趙郡，潁川王雍徙封高陽。（卷七下頁174）

按二月丙子朔，無乙丑，丙申二十一日。“殿本”、《北史》卷三《魏本紀三》均作“己丑”，己丑十四日，日序亦合，是。此“乙丑”爲己丑之誤。《資治通鑑》卷一百三十九齊紀五同誤。

36.（太和二十一年）秋七月甲午，立昭儀馮氏爲皇后。戊辰，以前司空穆亮爲征北大將軍、開府儀同三司、冀州刺史。甲寅，帝親爲羣臣講喪服於清徽堂。（卷七下頁182）

按七月丙戌朔，甲午初九日，無戊辰，甲寅二十九日。疑“戊辰”爲“戊戌”之誤，戊戌十三日，合序，“辰”“戌”形近。《資治通鑑》卷一百四十一齊紀七同誤。

37.（太和二十二年三月）乙未，詔將軍鄭思明、嚴虛敬、宇文福等三軍繼援。辛丑，行幸湖陽。乙未，次比陽。戊申，詔荆州諸郡之民，初降次附，復同穰縣。（卷七下頁182）

按此段“乙未”重出。三月壬午朔，乙未十四日，辛丑二十日，戊申二十七日，後一“乙未”當誤，疑爲“乙巳”（二十四日）或“丁未”（二十六日）之誤。

《離騷》首六句舊注平議

曲　德　來

　　屈原的抒情長詩《離騷》歷來受到人們高度重視，自漢代劉安以來解説不斷，視爲研究屈原身份、生年、思想及創作的重要依據。但仔細閱讀就可發現，自從東漢王逸爲《離騷》作注以後，王注就成了理解《離騷》以及探究屈原身份、生年、思想和創作的根據，二千餘年以來，相當一部分學者祖述王逸之説，陳陳相因，極少發明。雖歷代有一些學者對王注做了一些辨證整理，但仍存在一些問題。由於王注和後世一些學者對《離騷》的注釋存在一些問題，這就影響了人們對屈原身份、生年、思想及創作的正確探討和認識。因此，筆者不揣淺陋，擬在本文中對《離騷》舊注作些辨證。文中辨證平議以王逸注爲主，後世學者同於王注者或不同於王注而值得辨析者，則對之亦加評析。本着有話則長，無話則短的原則，文章不刻意追求各部分的勻稱。

一

帝高陽之苗裔兮，朕皇考曰伯庸。

　　此是《離騷》首二句。對此，王逸注云：

　　　德合天地稱帝。苗，胤也；裔，末也。高陽，顓頊有天下之號也。《帝系》曰，顓頊娶于滕隍氏女而生老童，是爲楚先。其後熊繹事周成王，封爲楚子，居於丹陽。周幽王時生若敖，奄征南海，北至江漢。其孫武王求尊爵于周，周不予，遂僭號稱王，始都於郢，是時生子瑕，受屈爲客卿，因以爲氏。屈原自道本與君共祖，俱出顓頊胤末之子孫，是恩深而義厚也。朕，我也。皇，美也。父死稱考。《詩》曰：“既右烈考”。伯庸，字也。屈原言我父伯庸，體有美德，以忠輔楚，世有令名，以及於己。

王氏此注，頗有疏誤。然後世治楚辭者，多依之立論，不可不説。

　　按《大戴禮·帝系》云：

　　　顓頊娶于滕氏，滕氏奔之子，謂之女禄氏，産老童。老童娶于竭水氏，竭水氏之子，謂之高緺氏,産重黎及吳回。吳回氏産陸終。陸終娶于鬼方氏,鬼方氏之妹,謂之女嬇氏,産六子。孕而不粥(育之借字),三年,啓其左脅,六人出焉。……其六曰季連,是爲
芈姓。

《帝系》云季連爲楚之先;《世本》亦云:"六曰季連,……季連,楚也。"《史記·楚世家》云:"陸終生子六人,……六曰季連,……楚其後也。"司馬貞《索隱》引宋忠説:"季連,名也,……楚之先。"是楚之先爲季連,而王逸徑以老童爲楚之先,是爲疏略。

王逸述楚之世次及事迹,亦有舛誤。王注在"其後熊繹事周成王,封爲楚子,居於丹陽"之後,接着就説:"周幽王時,生若敖,奄征南海,北至江漢。"這樣説,好像熊繹在周幽王時生了若敖似的,其實熊繹至若敖,中間隔了十一代十四君,注文不當毫無過渡緊承爲説。若敖時是否"奄征南海,北至江漢",史無明文。據《左傳》《史記》所載,楚之始興,在楚武王熊通之時,武王四出征伐,伐隨、伐絞、伐羅。楚之興,引起了鄭、蔡等國的恐懼,所以結盟以備楚。正因爲興盛了,所以楚武王向周王室求尊號,周室不予,他便自立爲王。言若敖時"奄征南海,北至江漢",有乖史實,不知何據。又王逸言楚武王時"始都於郢",亦誤。《楚世家》明言:"(武王)五十一年,周召隨侯,數以立楚之罪。楚怒,以隨背己,伐隨。武王卒師中而兵罷。子文王熊貲立,始都郢。"都郢乃楚文王之事,與武王無涉,王逸之説無據。

王注中之最謬者,爲言屈氏受姓之一節。王逸云:"是時生子瑕,受屈爲客卿,因以爲氏。""是時"者,謂都郢之時也。上文已述,都郢乃文王時事,何得言此時武王生子瑕?此不合史實者一也。其二,王逸説,屈瑕爲武王之子,封于屈地。若果如此,則屈瑕爲王室同姓之卿,即春秋時所謂的"宗卿",如魯之三桓、鄭之七穆,何以稱爲客卿?所謂"客卿"者,乃是春秋戰國時期,他國之人,受卿大夫位於某國之謂也。如楚之伍員仕于吳,楚之苗賁皇、申公巫臣仕於晉之類。按照王逸之説,屈瑕如爲楚武王之子,則于楚乃王室同姓之"宗卿",不得稱爲"客卿"。其三,《楚世家》明言都郢爲楚文王時事,即使按王逸所説,都郢是武王時事,而文王不過加以修繕,則都郢亦必在武王晚年。武王前740年立,在位五十一年,前689年卒。如他都郢在即位40年左右,於此時生子瑕,則武王卒時,屈瑕不過是一個未及弱冠之童子,何得居於卿位而執楚國之政?屈瑕始見於《左傳·桓公十一年(前701)》,一見即以莫敖爲官稱,姓屈氏,並能領兵出征。由此可見,在此之前屈瑕早就是莫敖且早以得氏了。莫敖于楚爲尊官,童書業先生在《春秋左傳研究》中説:"蓋春秋初年至楚武王時,楚之執政者爲莫敖。"誠如所言,則楚之莫敖相當於魯、齊、鄭、衞之正卿。查《左傳》《國語》所記春秋時各諸侯國事,未有父爲諸侯未逝而"公子"爲卿者,"公子"爲卿,概在"公"死之後,魯之公子反,楚之公子圍,都是如此,而宋之華氏、戴氏,更在數世之後。楚武王死時,屈瑕既已早爲莫敖,居於卿位,他就根本不可能是楚武王之子。

　　除上所述以外,屈瑕與楚武王非爲父子,亦可由武王夫人鄧曼之言得到證明。《左傳·桓公十三年》載:"十三年春,楚屈瑕伐羅,鬬伯比送之。還,謂其御曰:'莫敖必敗。舉趾高,心不固矣。'遂見楚子,曰:'必濟師。'楚子辭焉。入告夫人鄧曼。鄧曼曰:'大夫其非衆之謂,其謂君撫小民以信,訓諸司以德,而威莫敖以刑。莫敖狃于蒲騷之役,將自用也,必小羅。君若不鎮撫,其不設備乎!夫固謂君訓衆而好鎮撫之,召諸司而勸之以令德,見莫敖而告諸天之不假易也。不然,夫豈不知楚師之盡行也?'楚子使賴人追之,不及。"結果莫敖屈瑕輕敵致敗,縊于荒谷。鄧曼言中稱官號而不名,要楚武王威莫敖以刑,嚴加告誡,這哪裏是父母談及兒子時的語氣?分明是以屈瑕爲王朝尊官而頗爲敬重。這證明,屈瑕決非楚武王之子。查《左傳》可知,春秋時代楚國之莫敖,概爲屈氏之人。顯然,莫敖一職爲屈氏世襲之專門職務,屈瑕一出現在《左傳》中,就以莫敖爲官稱,這是從先輩那裏繼承來的。

　　總之,屈瑕不是楚武王之子,屈氏得氏不是由於屈瑕。王逸關於屈氏得氏的説法,破綻甚多,是無根之臆説,不可憑信。

　　那末,屈氏受姓之祖是誰呢?這個問題同"皇考""伯庸"兩個問題緊連在一起,現就將三者放在一起論説。

　　王逸以爲"皇考"指屈原之父,而"伯庸"是其字。對於這個説法,自漢以後治楚辭者大都不疑,少數學者提出了不同看法。宋人葉夢得在所著《石林燕語》中説:"父歿稱皇考,於禮本無見。"他認爲"皇考者,曾祖之稱也。"後來清人王闓運在《楚辭釋》中説:"皇考,大夫祖廟之名,即太祖也。伯庸,屈氏受姓之祖。"迨至近世,陳直引丹陽吉曾甫之説及聞一多、饒宗頤二先生皆據劉向《九歎·逢紛》:"伊伯庸之末胄兮,諒皇直之屈原"兩句敷布成説,謂"皇考"爲"原之遠祖"。吉曾甫未言此遠祖是誰,而聞先生認爲這個遠祖就是楚始受命之君;饒先生則以爲即祝融。[①]今人陳思苓別出心裁,謂此"皇考"爲"屈氏始受爵之祖",其名"伯庸";這個"伯庸"就是《左傳》中所載的箴尹固,亦即同見於《左傳》的圍公陽,亦即見於《史記》的屈固。[②]趙逵夫以爲"皇考"指屈氏始封之祖,即熊渠之子句亶王。[③]

　　誠如游國恩先生所説,葉氏之説頗爲疏失,《禮記·曲禮》明言祭父曰皇考;天子五廟之説不出於《祭法》而出於《王制》。但葉氏之説雖疏失,却提出了一個問題。《曲禮》云父曰皇考,《祭法》云曾祖曰皇考,是《禮記》一書,對於"皇考"之解説已自相牴牾,豈可據爲典要?各執一偏之辭而相詰難,其失在伯仲間耳。諸説之中,王闓運之説最有價值,以伯庸爲"屈氏受姓之祖",其言甚是,惟其並未指明此"皇考伯庸"當得爲誰,是爲可惜。然游國恩先生對於此説不以爲然,他在《離騷纂義》中駁斥道:"夫謂伯庸爲屈氏受姓之祖,則當屬楚武王之子瑕。屈瑕事見於春秋桓十一年及十二年、十三年《左傳》,即楚莫敖伐羅大敗而縊於荒谷者,未聞有他名號,豈可以臆説當之?"智者千慮而一失,游先生的駁議不能成立。以伯庸爲屈氏受姓之祖,就是不同意王逸以伯庸爲屈原之父的説法,也就是否定了王逸關於屈氏受姓者爲屈瑕的説法,豈可又以王逸之説爲據而申駁斥之言? 今具論屈瑕事如上,則游先生之駁論就失去了根據。聞一多先生以爲"皇考"謂楚始受命之君,思之未詳。屈氏與楚王室同姓,從這個意義上,當然可以説楚受命之君爲屈氏先祖,但這未免過於寬泛了。蓋屈氏雖與楚王室同姓,然早已別立一宗,另受一氏,"大夫不敢祖諸侯",④屈原言先祖,怎能不及屈氏先祖而徑及楚之先君呢? 若如此,豈不是儼然以諸侯的口氣説話了嗎? 在楚國當時的情況下,作爲大夫的屈原不可能如此。饒宗頤先生以爲"皇考"爲祝融,其説頗迂遠。據《楚世家》及《帝系》,顓頊之孫重黎先爲祝融,重黎爲帝嚳所誅,其弟吴回爲祝融,祝融爲官號而非人名。吴回生陸終,陸終生六子,其六爲季連,姓芈姓,是爲楚先。祝融于屈氏不是受姓之祖,即使于楚,亦不是始受命之祖,屈原稱"皇考",即使所稱爲楚先,何以竟置季連於不顧而徑及祝融? 況且重黎爲祝融,吴回亦爲祝融,此"皇考"到底是指哪一個祝融? 此説於理不順。至於陳思苓所説,不加辯説也罷。箴尹固在春秋時的楚國,只不過是一名管理針織事務和采邑的大夫,在屈氏家族中,其地位遠較在朝中爲莫敖的屈氏諸人如屈建、屈到、屈蕩、屈申等爲低。屈原在帶有自叙性質的長詩《離騷》中鄭重昭告世人自己的祖先,却不選擇家族中地位較高有光輝業績者,而僅選一箴尹,這不是莫明其妙嗎? 趙逵夫言"皇考"指稱屈氏受姓之祖,是對王闓運之説的發揮,並具體地指明了這個"皇考伯庸"就是熊渠之子熊毋康,其言是,茲不再述。惟趙文對"皇考"何以可指屈氏始受姓之祖及屈原於《離騷》中所稱定指屈氏始受姓之祖言之未悉,筆者在這裏就何以"皇考"可指始受姓之祖及屈原所言定指屈氏始受姓之祖再補充並强調幾點。

　　説"皇考"爲父或曾祖,是過於拘泥於《禮記》之文,各執一偏之詞。前文已言及,《禮記》對"皇考"之所指,已自相牴牾,執互爲衝突之説以相詰難,豈能得出合理之結論? 對"皇考"之所指的理解,不當如此膠著。考殷人祭祀祖先,對歷代先王,多稱"先王",惟對於夒、大乙、王亥,稱爲"高祖",這是值得注意而能給我們極大啓發的。這裏所稱的"高祖",並不是指後世所謂的曾祖之父。夒,據王國維考證,就是帝俊,亦即帝嚳,是被殷人作爲民族始祖的。大乙即成湯,殷人立國爲商之君;王亥是復興商的君王。夒與王亥,都曾見於《山海經》。這兩個人物,是被殷人當作民族始祖神看待的,他們都被稱爲"高祖"。而成湯,因爲是始立國之君,亦被稱爲"高祖"。"禮,王者始受命,諸侯始封者爲太祖。"⑤太祖者,高祖也。筆者認爲,既然"高祖"在殷人那裏有這樣的意義,可以指民族始祖與立國之君,那末屈原以"皇考"指一宗受姓之祖就可以理解了。

　　《禮記大傳》云:"別子爲祖,繼別爲宗。"屈氏于楚王室,就是同姓之別宗。觀《離騷》首二句,上句言族姓之遠祖,寓與君共祖之深意,故云"帝高陽之苗裔兮";次句則述屈氏受姓之祖,寓追頌先祖功德兼及同姓而別宗之意,故云:"朕皇考曰伯庸"。這兩句,乃本"尊祖敬宗"之禮義,稱頌血統高貴綿長,家世功德崇重,固當由族姓之祖及于本宗之祖,既不當在文中言父,亦不當言曾祖。如依王逸之說,屈原在顓頊之下突如其來地闌入曾祖或父名,于禮爲不順,於辭爲不貫。屈原深明禮法,嫻習文辭,豈能如此?!由此可知,《離騷》中之皇考定指屈氏始受姓之祖。

　　屈原所稱之"皇考伯庸",即是熊渠之子熊無康(當作熊庸,詳後文),他受封以後就以地爲姓,是屈氏受姓之始祖。《莊子·庚桑楚》言楚王室三姓云:"昭景也,著戴也;甲氏也,著封也;非一也。"《經典釋文》在此段文字下引"一說"云:"昭景甲三者,皆楚同宗也。著戴者,謂著冠世世處楚朝,爲衆人所仰戴也;著封者,謂世世處封邑而光著久也。昭景甲三者雖異,論本則同也。"《莊子》之文與《經典釋文》所引之"一說"甚有價值,不但說明了昭、景、甲三姓同出於楚王室,而且說明了三者得姓之緣由:昭景由功業,甲氏由封地。人所熟知,楚之王室三姓是昭景屈,自西周以來世爲尊官,與楚王室息息相關,歷秦至漢初,此三姓猶爲大姓,頗具勢力。對此,史籍言之確鑿。由此可知,所謂甲姓實即屈姓,其最初得姓,是由於封地的緣故。現今所能看到的史籍,言楚王封子,只有熊渠一人。據《楚世家》所載,"當周夷王之時,王室微,諸侯或不朝,相伐。熊渠甚得江漢間民和,乃興兵伐庸、楊粵,至於鄂。熊渠曰:'我蠻夷也,不與中國只號諡。'乃立其長子康爲句亶王,中子紅爲鄂王,少子執疵爲越章王,皆在江上楚蠻之地。"《帝系》亦言熊渠封三子,但人名不同,其文云:"自熊渠有子三人:其孟之名爲無康,爲句亶王;其中之名爲紅,爲鄂王;其季之名爲疵,爲戚章王。"《帝系》述古帝王之世次,講黄帝諸後裔,至后稷、契、帝堯、帝摯、夏啓而止,惟于楚,不但講到了季連,而且在季連以下又單單提出熊渠及其三子,這是十分值得注意的事。熊渠遠在熊繹之後五世,《帝系》却提出來詳細講其分封三子之情況,這情形説明楚熊渠這次分封諸子,是一件非常重大的事情,筆者以爲,這就是楚王室三姓得姓的緣故。正因爲這次分封使楚產生了王室三姓,對於楚的以後發展十分重要,所以《帝系》的著者認爲有必要加以強調,這才在述古帝王世次中特別提出。這也似乎證明了《帝系》的作者是楚人。熊渠長子,《帝系》云名"熊無康",《楚世家》只云名"康",這種異詞,當是傳聞所致。值得注意的是,司馬貞《史記索隱》引《世本》云:"康作庸,亶作祖。"《楚世家》述楚之世次,同於《世本》而異於《帝系》與《山海經》,觀其稱"顓頊生倆,倆生卷章"之文,同於《世本》而異於《帝系》、《山海經》就可明瞭。然則,熊渠長子之名當爲"庸",因爲是長子,所以稱爲"伯庸",與熊嚴之長子名霜因稱爲伯霜同例。至於何以名長子曰"庸",則因伐庸而勝,名子以記勝也。此類命名,在春秋時還很平常,《左傳·桓公二年》追述晉穆侯命子云:"初,晉穆侯之夫人姜氏以條之役生大子,命之曰仇。其弟以千畝之戰生,命之曰成師。"晉杜預注云:"條,晉地。大子,文侯也。意取於戰相仇怨。""(成師)桓叔也。意取能成其衆。”《左傳·文公十一年》載，狄人侵魯，文公命叔孫得臣追之，獲長狄僑如，殺之，得臣爲了旌表其功，就命子名爲僑如。“伯庸”之名，與此兩例命名相同，就是因爲熊渠伐庸而勝，名子以記勝而取的。由此可見，熊渠長子之名當依《世本》作“庸”，《楚世家》與《帝系》作“康”，是因形近而訛。屈原所稱的“皇考伯庸”，在楚之衆多先祖中，只有這個熊渠的長子可以當之，他必是屈氏始受姓之祖。

綜上所述可知，王逸對《離騷》首二句的注釋訛謬甚多，不應據以爲立論之本。

二

攝提貞于孟陬兮，惟庚寅吾以降。

此是《離騷》三四二句之文，對這兩句，王逸注云：

太歲在寅曰攝提格。孟，始也。貞，正也。于，於也。正月爲陬。庚寅，日也。降，下也。《孝經》曰：“故親生之膝下。”寅爲陽正，故男始生而立於寅；庚爲陰正，故女始生而立於庚。言己以太歲在寅，正月始春，庚寅之日，下母之體而生，得陰陽之正中也。

王逸此注文，亦頗多訛誤。

對於“攝提”指何而言，以往有過爭論。王逸以爲“攝提”即“攝提格”，爲太歲在寅之年。而宋人王觀國在《學林》中則以“攝提”爲星名，認爲“攝提貞于孟陬兮”“蓋言攝提星順乎斗杓，而不失正朔之紀也”。後朱熹從王觀國説，以爲“攝提自是星名”，“攝提之名，隨斗柄以指十二辰者也。”自此説一出，明清以下諸注家，或從王注，或因朱説，爭訟不已。今按，王注不誤。《漢書·天文志》云：“太歲在寅曰攝提格。”王説有所依據。清人顧炎武在《日知録》卷二十、蔣驥在《山帶閣注楚辭》中都對朱説進行了駁斥，尤以蔣氏之説爲有力。因之今之治楚辭者大多從王説。游國恩先生在《離騷纂義》中總結出歷來對於“攝提”的五種説法，並對之一一加以辨析，最後仍以王逸之説爲允，其言是也。但説“攝提”説對了，並不是其他解説也對了，王逸對此兩句的解説仍存在着重大錯誤。

錯誤之一，是以“生”訓“降”。在注文中，王逸雖然訓“降”爲“下”，但在作句意的解説中卻引申爲“下母之體而生”。就邏輯上説，這是暗換概念；就闡釋上説，這是以臆説代替了對事實的正確理解。對於這一訓釋，後世治楚辭者無人懷疑，並以之作爲推算屈原生年的依據。由於依據的訓釋錯誤，因之對屈原生年的探討亦誤。

今按，“降”字在甲骨文中屢見，其字形作“𨽱”，《説文》中小篆字形作“𨼷”。就字形言，像兩足自高、自上而下。《爾雅·釋言》：“降，下也。”《説文》：“降，下也。”“下”乃“降”字之本意。甲骨文、金文及先秦典籍《尚書》《詩經》《國語》《左傳》《論語》，凡用“降”字，均用其本意，無有例外。惟其所指,可細分數端。

言自上位(包括帝、上帝、天、祖宗神靈、君主等)給予、授予者,得稱爲降。如甲骨文"帝降若","帝降不若","帝降堇","帝其降堇"(《卜辭通纂》365—366頁);金文"降旅多福"(《虢叔旅鍾》),"降克多福"(《克盨》),"降余多福亡疆"(《士父鍾》);《尚書·盤庚》:"高后丕乃崇降罪疾",《微子》:"天毒降災荒殷郊",《多士》:"弗吊昊天,大降喪于殷",《顧命》:"今天降疾殆";《詩經·小雅·節南山》:"昊天不傭,降此鞠凶,昊天不惠,降此大戾",《大雅·蕩》:"天降滔德,汝興是力",《商頌·烈祖》:"自天降康";《國語·周語上》:"國之將亡,其君貪冒、辟邪,……故神亦往焉,觀其苛慝而降之禍",《周語中》:"今天降禍災于周室",《魯語上》:"民和而後神降之福",《晋語二》:"天降禍於晋國",《楚語上》:"故神降之嘉生";《左傳·桓公六年》:"於是乎民和而神降之福",《莊公十一年》:"天降之災",《成公十六年》:"是以神降之福",《昭公三十二年》:"天降福于周"。凡此"降"字,均言自天、自帝、自神、自上帝、自君給予、授予在下位者以福禄或災禍。此類書證甚夥,難以枚舉,僅以此示例。

凡言人、物、神等自高處、上位下至低處、下位者,得稱爲降。《尚書·堯典》:"釐降二妃於潙汭,嬪于虞。"清孫星衍疏引《爾雅·釋詁》:"降,下也。"又引《後漢書·荀爽傳》所載荀爽對策語云:"降者,下也。嬪者,婦也。言雖帝堯之女,下嫁于虞,猶屈體降下,勤修婦道。"《微子》:"降監殷民用乂。"孫疏:"言下視所用治國者。"《君奭》:"苟造德不降,我則鳴鳥不聞。"《多士》:"惟帝降格于夏。"《詩經·鄘風·定之方中》:"降觀于桑",《小雅·無羊》:"或降于阿",《大雅·公劉》:"陟則在巘,復降在原",《商頌·玄鳥》:"降而生商";《國語·周語上》:"(周惠王)十五年,有神降於莘,……明神降之,……融降於崇山……"《周語中》:"王降狄師以伐鄭。"《左傳·莊公三十二年》:"秋七月,有神降于莘。惠王問諸内史過曰:'是何故也?'對曰:'國之將興,明神降之,監其德也;將亡,神又降之,觀其惡也。'"《昭公二十六年》:"秦人降妖。"這些例子,均言人、物、神自高自上而下。由這個意義,引申出凡言人、物自臺階上一級或幾級下至下一級或幾級,亦得稱爲降。《尚書·顧命》:"太保受同,降。""太保降,收。"《左傳·僖公二十三年》:"公子降拜稽首,公降一級辭焉。"杜預《集解》:"下階一級辭公子降拜。"《文公三年》:"晋侯享公,賦《菁菁者莪》,莊叔以公降拜,晋侯降辭,登,成拜。"《國語·晋語四》:"明日宴,秦伯賦《采菽》,子余使公子降拜,秦伯降辭。"韋昭曰:"降,下堂也。"此類降字,在《禮記》、《儀禮》兩書中屢見不鮮,此不煩舉例。

言減損、貶抑者,得稱爲降。《尚書·堯典》:"用降我凶德。"孫星衍疏曰:"降,下也。降下凶德者,言依山,地高水下,則無河圮之患,以至墊陷爲凶德也。"按此降凶德,謂減少禍患。《詩經·召南·草蟲》:"我心則降。"毛傳:"降,下也。"鄭箋:"心下也。"孔疏:"我心之憂則降下也。"所謂"心下"、"我心之憂則降下",均謂心之憂減少了。《小雅·出車》:"我心則降。"義與

《草蟲》同。《商頌·長發》："湯降不遲，聖敬日躋。"鄭箋："降，下也。湯之下士尊賢甚疾，其聖敬之德日進。"孔穎達《正義》與鄭箋同。然而朱熹在《詩集傳》中却說："降猶生也。湯之生也，應期而降，適當其時，而聖德又日躋升。"朱說實誤之甚也。朱熹作過《離騷集注》，其釋"攝提貞于孟陬兮，惟庚寅吾以降"，除了對"攝提"的解說與王逸有異以外，其餘全同王說，因此他在這裏以"生"訓"降"是很自然的事。今按，《國語·晉語四》述晉公子重耳逃亡在外，過宋，宋之大司馬公孫固曾向宋襄公進言，希望他能好好對待重耳，所進之言中就引用了這兩句詩，並對之做了很清楚的解釋，公孫固說：

> 晉公子亡，長幼矣，而好善不倦，父事狐偃，師事趙衰，而兄事賈佗，此三人者，實左右之，公子居則下之，動則諮焉，成幼而不倦，殆有禮矣。樹於有禮，必有艾。《商頌》曰："湯降不遲，聖敬日躋。"降，有禮之謂也。君其圖之。

公孫固以"有禮"釋"降"字，就是說湯能下士尊賢，貶抑自己而崇敬他人。由此可知，鄭箋有據而朱爲臆說。《左傳·僖公二十三年》："公子懼，降服而囚。"杜預《集解》："去上服自拘囚也。"按，春秋時，按照禮的規定，各級貴族都有相應於自己等級的服飾，公子重耳是國公子，有自己的常服。去掉了常服之上服，是減下了服飾之等次，故曰"降服"。《左傳·僖公二十五年》："天子凶服降名。"杜《集解》："降名稱不穀。"按，春秋時，天子稱予、余、余一人，諸侯稱不穀，今天子而稱不穀，是在名分上自減一等，故曰"降名"。《哀公二十七年》："季康子卒，公吊焉，降禮。"杜《集解》："禮不備也。"按，此乃言魯哀公未按諸侯吊卿之禮吊季康子，於禮有所減損，故曰"降禮"。《論語·微子》："子曰：'不降其志，不辱其身，伯夷、叔齊與？'謂'柳下惠、少連，降志辱身矣。'""降志"者，謂貶抑心志，不能直己之心。上引諸例，"降"字皆言減損、貶抑。

這些例證充分證明，在先秦，無論甲骨文、金文，還是各種典籍，所用之"降"字，都是用其本意，絕無用"降"字指人之出生者。對於"降"字的意義和用法，屈原是非常清楚的，他的作品中"降"字十二見，除了"惟庚寅吾以降"以外，其餘十一個"降"字，或言帝、神自天而降，或言霜自天而降，都是用其本義，對這些"降"字，王逸、朱熹概訓爲"下"，這是完全正確的。"惟庚寅吾以降"之"降"字，當與其他十一個"降"字同義，決不能另生枝節，成爲例外，屈原不能違背約定俗成之意義，而另予"降"字以衆人不解之義。

"降"字在先秦絕不會指人的出生，除上述以外，尚有有力的旁證，這就是：在先秦凡言生子，皆言生言育，無有例外。

"生"字，《説文》字形作Ψ，許慎訓曰："進也，象草木生出土上。"由此引申，人出自母體亦曰"生"。先秦典籍言人出生，用"生"字極多，連后稷、周文王、周武王也不例外。《尚書·召誥》："嗚乎！若生子，罔不在厥初生。"《詩經·大雅·生民》："厥初生民，時維姜嫄。載生載育，時維后稷。不康禋祀，居然生子。”《商頌·玄鳥》：“天命玄鳥，降而生商。”《衛風·谷風》：“載生載育，比予與毒。”鄭箋：“生謂財業也，育謂長老也。”聞一多《詩經通義》：“與《大雅·生民》‘載生載育’之語同。彼生育謂生子，此宜亦然。”聞説是，鄭箋非也。《左傳·隱公元年》：“初，鄭武公娶于申，曰武姜，生莊公及共叔段。莊公寤生，驚姜氏，故曰寤生。”《左傳·桓公二年》：“初，晋穆侯之夫人姜氏，以條之役生太子，命之曰仇。其弟以千畝之戰生，命之曰成師。”《左傳·桓公六年》：“子同生，以太子生之禮舉之，接以太牢。”上述例證清楚地表明，生子曰“生”，是先秦時代記述生子的規範辦法。

“育”字，《説文》字形作𣫸，又作𣬘，其𠫓，許慎云：“從倒子。”段玉裁云：“不從子而從倒子者。”其實這個𠫓，乃像人在母體子宫中之形，暗示了這個字的本意。然而許慎訓曰：“養子使作善也。”段玉裁注云：“正謂不善可使作善也。”將“育”字訓爲“養育”、“教育”。這不是此字的本意。王國維説育字云：“此字變體至多，從女從𠫓，或從母從𠫓，象産子之形，……故産子爲此字之本誼。”⑥王説至爲精當，可正許訓段注之誤。先秦時代，生子除曰“生”以外，亦多用“育”字表示。《周易·漸卦·爻辭·九三》：“鴻漸於陸，夫征不復，婦孕不育。”王弼注曰：“夫征不復，樂於邪配，則婦亦不能執貞矣。非夫而孕，故不育也。”孕、育二字相連，此“育”字爲生子之義無疑。所以“不育”者，是因爲這個孩子不是婦人丈夫的血統，因而不能讓這個孩子生下來。《左傳·隱公八年》：“四月，甲辰，鄭公子忽如陳，逆婦嬀。辛亥，以嬀氏歸。甲寅，入於鄭，陳鍼子送女。先配而後祖。鍼子曰：‘是不爲夫婦，誣其祖矣。非禮也，何以能育？’”配者，合也。“先配而後祖”，謂先行夫婦之事而後告于祖廟，此是非禮行爲，所以陳鍼子認爲這是欺騙鄭的祖宗，鄭的祖宗不會承認他們是夫婦，不能讓他們生孩子。《左傳·莊公二十二年》：“初，懿氏卜妻敬仲。其妻占之，曰：‘吉。是謂“鳳凰於飛，和鳴鏘鏘。有嬀之後，將育于姜。五世其昌，並於正卿。八世之後，莫之與京。”’”敬仲，陳公子完也，齊桓公十四年奔齊，其子孫後來代姜齊爲田齊。陳氏，嬀姓。懿氏之妻的占辭，乃言嬀姓的後代，將在齊國生下後代子孫，而其子孫昌盛無比。

由上諸例可見，先秦時代生子，均言生言育，從無有以“降”字言人出生者，王逸以“生”訓“降”，乃自我作古，殊乖“降”字本義。這一誤訓，既掩蓋了屈原的真實身份，又給人們推算屈原的生年提供了錯誤的起點。

然則，此“降”字究竟當作何訓釋呢？乃言“降神”也。因爲此“降”字既不是講天、上帝、君主給予、授予福禄或災禍，亦不是講由臺階的上幾級下到下幾級，更不是講貶抑、減損，只能講爲降神之降、神降之降。對此，清人李陳玉、近人李嘉言均曾簡略言之。李陳玉説：“降，舊解爲從母腹墮地，非也，乃‘惟嶽降神’之降。此乃屈原自負不淺處與高岸不合時宜處。”⑦李嘉言説：“‘惟庚寅吾以降’的降字，本是‘降神’的意思，《大雅·崧高》：‘惟嶽降神，生甫及申'，乃謂申甫二祖之神來降，同理，'惟庚寅吾以降'也正是説屈氏先祖之神來降。"將"降"解爲"降神"，⑧甚是。然"吾以降"，是説"我降神"，非言先祖之神主動來降，否則"降"字無着落，全句亦無法講通。李陳玉認爲此句乃屈原高自位置之語；李嘉言則錯會詞意，殊爲可惜。

王逸對此兩句注釋錯誤之二，是關於"庚寅"的解説。

以"庚寅"爲記日干支，這是對的，但王逸昧於"降"字之義，將"降"解爲出生，於是扯上什麼"寅爲陽正，庚爲陰正"等等，這就不對了。因爲生日雖然人人都有，却是不可選擇的。今既證明"降"字非指出生，則王逸之言就是無的放矢。然而，"庚寅"雖與屈原的出生無關，却與其降神有關，捨棄了王逸以"庚寅"牽合屈原生日的誤説，需説明屈原何以選擇庚寅日降神。

聞一多先生説："《楚世家》曰：'帝乃以庚寅日誅重黎，而以其弟吳回爲重黎後，複居火正，爲祝融。'按：吳回，一名回禄，火神也。《楚世家》以爲高陽之後，亦楚之先祖。吳回以庚寅日居火正爲祝融，則庚寅宜爲楚俗最吉之日。"⑨後逯欽立、姜亮夫二先生亦以庚寅爲楚俗之吉日。逯先生説："庚寅日爲楚族敗而復興之日。"⑩姜先生説："(庚寅)是戰國時楚民間習用之吉宜日。"⑪幾位先生所説甚爲繁複，然皆未能探本求源，未能説明何以"庚寅"就成了楚俗之吉宜日。而今人路百占又以"庚寅"爲楚之"凶日"。⑫屈原降神之日竟選擇一個凶日，實不可解。黄靈庚則祖聞、逯、姜三先生之説爲説，不過他以爲殷人是以"庚寅"爲吉宜日的，"殷出東方鳥夷族，與楚之先祖同宗。"所以他以爲"蓋以'庚寅'爲吉宜日，本帝高陽後裔之習俗。"⑬今按，楚與殷非爲同宗，楚人有自己的祖先神與上帝，那就是帝顓頊高陽，殷人亦有自己的祖先神與上帝，那就是帝俊亦即高祖夋，兩個各有不同上帝與祖先神的部族，豈可認爲同宗？此説之不足信者在此。

重黎爲一人亦還是二人，文獻有不同説法。《史記》及徐廣引《世本》以爲一人，《左傳》《國語》及《山海經》郭注引《世本》則以爲二人。司馬貞《索隱》引劉氏説："少昊氏之後曰重，顓頊氏之後曰重黎，對彼重則單稱黎，若自言當家則稱重黎。"司馬貞以爲劉氏之説爲得，故云："楚及司馬氏皆重黎之後，非關少昊之重。"劉氏之説是也。重黎被認定爲楚人的先祖，亦是貴神。《國語·鄭語》記史伯之言曰："夫荆子熊嚴生子四人，……臣聞之，天之所啓，十世不替，夫其子孫必光啓土，不可逼也，且重黎之後也。夫黎爲高辛氏火正，以淳耀光大，天明地德，光照四海，故命之曰'祝融'，其功大矣。"《左傳·僖公二十六年》："夔子不祀祝融與鬻熊，楚人讓之。"所謂祝融，即是火神，被列入三皇之中。漢應劭《風俗通》引《禮號謚記》："(三皇)伏犧、祝融、神農。"班固《白虎通論上》："三皇者何也？或曰伏犧、神農、祝融也。《禮》曰：'伏犧、神農、祝融，三皇也。'"這就是説，在楚人心目中，重黎既是祖先，亦是貴神。重黎的弟弟吳回，是接替重黎而爲祝融的，亦是楚人的祖先，同時是貴神。據《楚世家》所説，重黎是在庚寅日被帝嚳所誅,吳回也就在這一天爲祝融,因此"庚寅"這　天對於楚人來說就具有了非同尋常的意義。這一天即不是簡單的一般"吉宜日",也不是一般的"凶日",而是具有祖先崇拜同時包含着宗教信仰雙重意義的特殊日子。一個部族祭祖先昭神明一定要選擇對於整個部族都有重大意義的日子進行,因此楚人祭祖先昭神明必當在庚寅這樣的日子進行。明白了這一點,也就明白了屈原何以要選在"庚寅"這一天"降神"。其一,選擇本部族都明瞭其意義的日子降神,首先遵從了部族習俗,從而可以取悅於民,取信於民;其次,屈原降神,一定是降本部族的神,因爲"神不歆非類,民不祀非族",因此他選擇部族祖先成神的日子降神,就可以寵神其祖,使族人的信仰更加牢固,同時也就證明了自己的能力,從而取威於民。由此可見,屈原選擇"庚寅日"降神,有深意存焉。

　　由上可知,屈原在《離騷》中鄭重昭告"惟庚寅吾以降",與出生毫不相干。出生之日每人不同,並不是可以選擇的事,屈原即使想在《離騷》中述其生日,也只能如實叙説,哪能任意編造? 王逸昧于楚之神話傳説和習俗,不明"庚寅"這一天對楚人的重大意義,對其先輩司馬遷在《楚世家》中的昭示未作深究,故作解人,以後世"男命起寅"之説強加牽合。後世學者,不但不能對王逸之説有所匡正,反而多方爲之彌合,竟然以之作爲了探討屈原生年的依據,由於王逸對此兩句訓釋錯誤殊甚,所以後人在此基礎上對屈原生年及身份的探討上亦陷入錯解,這是令人很爲遺憾的。

三

皇覽揆余初度兮,肇錫余以嘉名。

　　此《離騷》五六兩句之文,對此,王逸注曰:

　　　　皇,皇考也。覽,觀也。揆,度也。初,始也。肇,始也。錫,賜也。嘉,善也。
　　言父伯庸觀我始生之年時,度其日月,皆合天地之正中,故賜我以嘉善之名也。

皇謂皇考,此不誤,然此皇考乃爲屈氏得姓之祖伯庸之神,上文已經説過,不贅。

　　關於"初度"之義。王逸因不明"降"字之義,將"降"解爲"下母之體而生",因謂此"初度"爲"始生之年時",此亦誤甚。"度"用爲、解爲"生之年時",自古以來不見,二者實是風馬牛不相及也。至於將"揆余初度"解爲"度其日月",則更是不得要領之言。"揆余初度"之"揆"字,是動詞,是所施之動作,"余初度"是賓詞,是"揆"的物事,豈得改換他詞爲解? 若依王解,"度"字既指"始生之年時",又指"日月運行之躔度",一身二任,"揆余初度"則解爲"觀我始生之年時",又解爲"度其日月",豈不辭意串亂,散漫無歸? 因知王逸此解亦是出於臆説,強加牽合,並無根據,顯爲錯解無疑。

　　但是,王逸如此的錯解,却被後世衆多學者承襲,並加多方之發揮,而所言皆不能圓融無礙,反顯出支離之態。這也並不奇怪,相信王逸之錯解,當然就不能作到貫通。

　　朱熹云:"初度之度,猶言時節也。"以"初度"之"度"爲時節,典籍中從未有見,不知朱熹何所據而云然? 其後徐焕龍亦云:"初度,猶言初時。"其意與朱熹同,但徐氏似乎不滿足僅僅如此解説,故又云:"日月星辰,各以度成時也。"此又將"度"解爲日月星辰之躔度,一詞兩解,其失與王逸同。清人王邦采一則以申朱説,一則認爲"徐説尤長",不知其意云何? 而胡鳴玉則單申徐説,亦不知何以能將"時節"與"以度成時"融而解之。汪瑗則承朱熹之説而加引申,云"初度之度,猶言時節也,謂初生一歲之時節,不必專指初下母體之時而言。"⑭這是畫蛇添足,益滋淆亂。此諸説,皆承襲王逸之誤,既以"度"爲"初生之年時",又以"度"爲"日月星辰之躔度",一詞兩解,其不能圓融無礙,宜也。

　　另有學者可能見王逸之説既以"度"爲"始生之年時",又以"度"爲"日月星辰之躔度",辭意分歧,不能融彙,於是别辟蹊徑,創爲新説,然亦皆不得要領。宋人錢杲之云:"度猶態也,初度,謂幼時態度也。"胡文英云:"初度,初年之氣度也。"林雲銘之説與錢杲之之説無大異,將"初度"解爲"初生時氣象",以朱説爲欠妥。蔣驥亦同錢説,既云"初生時難言法度耳",又云:"初度,初年之器度。"戴震則以"初度"爲"始生而有端善之度",⑮其失與錢、林、蔣諸人同。"度"字本身没有風度、器度、態度等義,將"度"字解爲"態度、氣度、器度",屬於增字解經,不可信從。"度"字與它詞合,可以組成"風度"、"器度"、"氣度"、"態度"等詞,但對一初生之嬰兒即言"風度、器度、氣度",終覺遠於事情,不合情理,無論什麼樣的人,即使像屈原這樣的偉大詩人,他的第一聲啼哭,也與其他嬰兒没什麼兩樣,説初生之時就有什麼風神氣度,胸襟器度,令人難以置信。

　　要之,自王逸以來諸説皆不得詞意,所言皆不能圓融貫通,追根究源,乃在錯會"度"字之詞義。於是或自爲臆説,以"生"解"度",又以"日月星辰之躔度"解度,一詞兩解,頗爲支離;或自創新説,以"風度、器度、氣度"解"度",增字解經,遠離事理。因此,諸説雖多方彌縫,言似甚辯,終難免支離牽合之失。

　　今按,"度"作量詞有"回、次"之意。此義常用,至今仍活在人們的口頭上。《周易·晋卦》:"畫日三接。"孔穎達疏曰:"言非惟蒙賜蕃多,又被親寵頻數,一畫之間,三度接見也。"三度者,三次也,三回也。後世此用法漸多,唐王勃《滕王閣詩》:"物换星移幾度秋",劉禹錫《再遊玄都觀》:"前度劉郎今又來",皆是其例。今常言尚云一度、三度、幾度。惟"度"字次、回之意,當是俗語,先秦典籍少見。屈原詩歌大量吸收了民間歌曲的營養,他用"度"這個俗語,是情理之中事,足見他確是認真學習民歌的。釋此"度"字,當與上文聯繫起來,才能獲得確解。上文云:"惟庚寅吾以降",是説在庚寅日我降神,此則云"皇覽揆余初度兮",顯然是説皇考覽觀、揣度我降神之情狀。將“度”字解爲回、次，“初度”則爲“初回”、“初次”，如此則文從字順，上下連貫，意義圓滿自足，既不必强加牽合，又不必曲爲之解，亦不必違情背理，洵爲合情合理之正解。

“肇”字，王逸訓爲“始”，絶大多數治楚辭之學者皆承王說而無異詞，惟少數學者有不同意見。游國恩《離騷纂義》曾述，陳直據劉向《九歎》“兆出名曰正則兮，卦發字曰靈均”之語，以爲屈原之名、字因卜兆而得，遂謂“肇”字乃“兆”之假借，並以《尚書·虞書》“肇有十二州”而《尚書大傳》作“兆有十二州”爲證。游先生並指出，聞一多先生亦有此說。游先生認爲，這個說法乃本明人陳第《屈宋古音義》而有所發揮，“可以作爲參考。”

今按，“肇”字有始義，但在《離騷》這兩句中，却不能作始義解。因爲，既已訓“初”爲始，又訓“肇”爲始，一韻之中，詞意重復，在解說上發生困難。觀王逸在解說時略此“始”義而不講，致使“肇”字無着落，就證明王逸此訓未爲得也。劉永濟認爲劉向之語是“文人增飾之詞”，“屈子本文無此意也，不可以劉易屈，將飾詞作真語。”[16]此言初看好像有道理，細一思量，甚有不妥。屈原所用之“肇”字究是何意，大家都在探究，何以劉向所說定不是屈原本意，而王逸所言就定是屈原本意？劉氏又從何得知王逸之解定是屈原本意？陳直、聞一多二人依劉向之語，將“肇”字解爲“兆”之假借，是以劉易王，並不是以劉易屈，豈可以王當屈，而將王逸之說視爲確論？劉永濟之說不足信者在此。解此句，當與上句合觀，才能獲得確解。上句言皇考伯庸之神觀覽、揣度我初次降神之情狀，此則言皇考伯庸之神賜我以嘉美之名與字。伯庸之神通過什麼途徑來賜我嘉美之名、字呢？當然只能通過卜兆實現。這種作法是原始宗教信仰與行爲之表現，在巫風濃厚的楚國，實在是十分自然的事。由此可見，以“肇”爲“兆”之假借，實是不易之論，劉向所言可謂言得其實。劉向早于王逸一百幾十年，且長期在皇家秘府中校理典籍，其學問之淵博自不待言，就是對於舊聞往事，所見所得也當比王逸爲多，他的話比王逸的話更可信。然而可怪的是，後世的一些學者偏不信劉向而信王逸，這實在令人費解。要之，“肇”乃“兆”之假借，“肇賜余以嘉名”是說皇考伯庸之神在覽觀、揣度了我初次降神的情狀以後，以卜兆賜予我嘉美之名與字。

以上所言，當有誤漏，敬請方家教正。

---

① 聞一多說，見《聞一多全集》第2卷293—294頁。開明書店1948年紙型，三聯書店重印本。饒宗頤說，見《離騷校詁》25頁所引述。中州古籍出版社，1996年版。
② 陳思苓說，見《屈原研究論集·“朕皇考曰伯庸”考辨》，長江文藝出版社，1983年版。
③ 趙逵夫說，見《屈原先世與句亶王熊伯庸》，文載中華書局《文史》第25輯。
④ 見《禮記·郊特牲》。
⑤ 見《漢書·韋玄成傳》。
⑥ 轉引自《郭沫若全集》考古一卷《甲骨文字研究·釋祖妣》，科學出版社1982年版。

⑦　李陳玉説,見《離騷纂義》所引,中華書局 1980 年版。
⑧　李嘉言説,見《李嘉言古典文學論文集·離騷叢説》,上海古籍出版社,1984 年版。
⑨　聞一多説,見黄靈庚《離騷校詁》39 頁所引。
⑩　逯欽立説,亦見《離騷校詁》39 頁所引。
⑪　姜亮夫説,見《楚辭學論文集·爲屈子庚寅日生進一解》,上海古籍出版社,1984 年版。
⑫　路百占説,見《屈原生日非吉辯》一文,文載《江漢論壇》1986 年第 10 期。
⑬　黄靈庚説,見《離騷校詁》40 頁。
⑭⑮　上諸説皆見《離騷纂義》。
⑯　劉永濟説,見《離騷校詁》50 頁所引。

《韓詩外傳》補箋

蕭 旭

屈守元先生《韓詩外傳箋疏》（巴蜀書社 1996 年版，文中簡稱爲"屈箋"）、許維遹先生《韓詩外傳集釋》（中華書局 1980 年版，文中簡稱爲"《集釋》"）間有未是未盡處，本文爲之商補，大雅君子幸以教我。

卷一

①故君子橋褐趨時，當務爲急

屈箋：趙云"橋，本或作矯，古通用。"周云"矯字疑誤，當爲蹻，蹻，草履也。"俞云"矯褐，乃雙聲連語，即《文選》之'揭驕'，語有倒順耳。揭驕，蓋有急欲赴之之意，亦猶《楚辭》之爲'拮矯'。"守元案：周讀矯爲蹻是也，橋、矯、蹻並假借字，正字作屩，屩褐趨時，即家貧親老不擇官而仕之意也。（第 4 頁）

按：橋、矯古通，《荀子·儒效》"橋飾其情性"，楊注"橋與矯同"。《外傳》卷三作矯，此其證。其正字當爲趫，《玉篇》"趫，善走也。"《六書故》"趫，輕迲也"，《文選·赭白馬賦》"軍駛趫迅而已"。字或作蹻，《文選·七啓》"蹻捷若飛"。褐讀爲趆，《說文》"趆，趖趆"，又"趖，趖趆，怒走"。可知"趫趆"是同義連文，"疾走"之義，俞氏謂"有急欲赴之之意"，近之。《文選》"揭驕"，《楚辭》"拮矯"，揭亦讀爲趆，《漢書·王吉傳》注"揭揭，疾驅貌"，拮讀爲趖，驕讀爲趫。"疾走"是其本義，引申之，《文選》徐爰注"揭驕，志意肆也。"《爾雅·釋畜》"（犬）短喙猲獢"，猲獢，即"趆趫"，亦即本書之"橋褐"，以善走命名耳。

②少以獲衆，弱以侮强，忿不量力者，兵共殺之

屈箋：諸本獲皆作敵，此從元本，《集語》引獲字作犯，《說苑》同。《家語》作"以少犯衆"。（第 22 頁）

《集釋》：趙善詒曰："《集語》引敵作犯，犯者侵人也，以少侵衆，故謂忿不量力，與下'侮'字相對，當據正之，《說苑》、《家語》、《文子》俱作'犯'，可證。"（第 6 頁）

按：元本作"獲"，是其舊本。《廣雅·釋詁三》"獲、羞、恥，辱也"。又"濩、辱，污也。"王念孫疏證"獲與濩義相近。"又引《史記·屈原傳》"不獲世之滋垢"爲證。此文"獲"、

"侮"對舉，"獲"字正"侮辱"、"羞侮"義，尤為佳證。《説苑》等書作"犯"，別一義，各從本書，明本改作"敵"，以不知"獲"義臆改。

③桷桑而爲樞

屈箋：《莊子》作"桑以爲樞"，《淮南子》及《新序》並作"揉桑以爲樞"，桷疑當作捔，字之誤也。《廣雅·釋言》"捔，掎也"，王念孫疏證云"《説文》'掎，偏引也'，掎、捔皆遮截束縛之名也。"然則此言捔桑者，束縛桑條以爲樞，其義與揉字正同。（第36頁）

按：捔，《説文》無，字或作觡，見《玉篇》，義為"偏引"，是指從旁邊用力，于此義未切。桷，讀為構，二字同源，可參王力先生《同源字典》。《説文》"構，杜林以為椽桷字"。《集韻》"桷，或作構"，徐灝曰"構之聲轉為桷。"桷桑為樞者，言構結桑條為樞耳，其義與"揉"字正同，周廷寀、許維遹並據《新序》改桷為揉，失其舊本。

④喜名者必多怨，好與者必多辱

屈箋：《淮南子》作"喜德者必多怨，喜予者必多奪。"《文子》作"善怒者必多怨，善與者必善奪。"案：此文辱字，當從二書作奪，字之誤也，"奪"與"與"對文。（第49頁）

按：《説文》"辱，恥也，从寸在辰下，失耕時，於封畺上戮之也。"朱駿聲《説文通訓定聲》"辱，失也，與'奪'同義。"謂《説文》"説甚迂曲"，並舉《老子》"寵辱若驚"簡文注"辱，失也"為證。得此正可為朱説佳證，辱訓失，正與"與"對舉。本書下文"弗辱以時"，屈箋"辱，當作奪，字之誤也。弗奪以時，即《孟子·梁惠王上》所謂'不違農時'之意也。"（第86頁）辱訓失，亦不煩改字，末章"耕桑失時"，《書·泰誓上》"時哉弗可失"、《淮南·詮言》"足用之本，在于勿奪時"，皆可為參證，辱、奪、失，義一也。

⑤死之日，宮女纏絰而從者十人

屈箋：趙云"謂從死也"。（第62頁）

按：從，讀為送，《檀弓》云"内人皆行哭失聲"，正送葬之謂。《戰國策·秦策四》"吾特以三城從之"，《韓子·内儲説上七術》從作送。《呂氏春秋·節喪》"諸養生之具，無不從者"，高注"從，送也"。《詩·大叔于田》毛傳"從禽曰送"，《韓策二》"不如以百金從之"上文"以車百乘重而送之"作"送"，《韓子·説林下》"不若以車百乘送之"，皆其證。《孔叢子·記義》作"内人從死者二人"，從死，送葬也，不是跟隨着死，《史記》、《新序》謂"今死而婦人為之自殺者二人"，《趙策三》云"婦人為死者十六人"，皆以"隨從"釋"從"字，因云"為之自殺"，不近情理。

卷二

①其馬佚而驒吾園

屈箋：周云"驒讀如鞠衣、展衣之展，馬轉卧土中也。"趙云"《廣韻》'驒，馬土浴也'"。（第

114頁）

　　按：騥當為踥字之誤，《類篇》"踥，踐也。"《玉篇》"踥，足蹈貌。"《後漢書·盧植傳》注引《琴操》作"馬逸，蹈吾園葵。"《列女傳·仁智篇》作"馬佚馳走，踐吾葵。"作"蹈"、"踐"正為"踥"字義。

②草木根荄淺，未必撅也

屈箋：《治要》、《文選》注引撅並作橜，周云"撅字《説苑》從厥旁木，蓋古通。"守元案：作撅者為是，盧文弨校《説苑》改橜為撅，向先生《校證》從之。（第138頁）

　　按：橜、撅古字通用，當各依本書，不煩改字。①

③迫然禍至

屈箋：《治要》引"迫然"作"汩然"，《説苑》作"指而"，守元案：而猶然也，汩、迫、指並誤字，當作𢓊，今通用忽字。（第138頁）

　　按：作"迫"不誤。迫讀為敀，《説文》"敀，迮也"，即"突然"之義，字或作魄，《賈子·憂民》"魄然事困，乃驚而督下"，《白虎通·情性》"魄者，白也，白者，猶迫然著人也。"此"迫然"連文之證，不得輒改。屈箋得其義，未得其字。

④言不疾，指血至者死

屈箋：指，沈、毛本作措，今從元本，趙校作"指不至血者死"。守元案：趙校是也，惟"指"乃誤字，當作"箈"，《説文》"箈，刺也"，蓋箈脱為措，不知者又改為指耳。（第154頁）

　　按：作措不誤，《淮南子·繆稱》高注"措，刺也"，《集韻》"刺，穿也、傷也，或作措。"朱駿聲《説文通訓定聲》"措，假借為箈"，楊樹達《淮南子證聞》説同，不必云"箈脱為措。"字或作藉，《列子·仲尼》"長幼羣聚而為牢藉庖厨之物"釋文"謂以竹木圍繞又刺也。"

⑤吾聞留以利而倍其君，非仁也；劫以刃而失其志者，非勇也

屈箋：周云"留，當從《晏子》作回"，守元案：《淮南子·精神篇》"君子義死而不可以富貴留也"，則此"留"字非誤也，《説文》"留，止也"又"劫，人欲去以力脅止曰劫，或曰以力止去曰劫"，是留與劫同義。"留以利"、"劫以刃"，語正相偶耳，《後漢書·馮衍傳》注引《晏子春秋》作"留吾以利而背其君"，尤為"留"字非誤之確證，今本《晏子》作回，疑為後人妄改。（第156—157頁）

　　按：今本《晏子》作回字，亦有據。《晋語八》"且秦、楚匹也，若之何其回于富也"。韋注"回，曲也"。《後漢書·種暠傳》"富貴不能回其慮，萬物不能擾其心"，回即惑亂義。屈箋證《外傳》作"留"不誤，甚是，（作"回"作"留"，義並得通，《集釋》云"留、回義相近"，是也。）但解為"劫"，則牽强。《釋名·釋衣服》"留，牢也；幕，絡也，言牢絡在衣表也。"留、牢雙聲（《淮南·本經》注"楚人讀牢為雷"）。留，牢絡，今言籠絡、引誘。

⑥（伊尹）舉觴造桀曰

屈箋：《大傳》作"入告于桀"，《新序》作"舉觴而告桀"，《帝王世紀》與此同。（第190頁）

　　按：朱駿聲《說文通訓定聲》"造，假借為告。"《新方言·釋言》"造之言告也"，《詩·公劉》"乃造其曹"，《衆經音義》引造作告，《列子·楊朱》"子產日夜以為戚，密造鄧析而謀之"，釋文"造本作告。"本書卷八"魯人賢曾子，以告夫子"，屈箋"元甲本告作造，元乙本及諸明本皆作告，今從之。"（第733頁）按《說苑·建本》作謝，《家語·六本》作請，謝、請亦告也，《集釋》云"本或作告，今據正"，實不煩改字，古通用也。

⑦足榑距者，武也

屈箋：元本及蘇、沈、毛本榑皆作搏，今從薛本，此借榑爲附著字也，諸本或誤作搏，今不取，《治要》、《修文殿御覽》、《御覽》卷918引皆作傅，《新序》同。（第194頁）

　　按：《說文》"搏，一曰至也"。段注"蓋搏亦為今之附近字，許君云駙者，近也，《左傳》則作傅"，《釋名·釋牀帳》"搏壁，以席搏著壁也"，《文選·東京賦》薛綜注"搏翼，謂著翼也，搏與附同。"可知搏借為傅，實為附，（《通訓定聲》"傅，假借為附"）不是誤字。《集釋》"本或作傅，今據正"，皆失其舊。榑亦為借字。

⑧曾子褐衣縕緒，未嘗完也；糲米之食，未嘗飽也

屈箋：周云"縕緒未詳，《說苑·立節》云'布衣縕袍'"，趙云"緒與著音義同。"守元案：趙讀緒爲著，是也，本書卷九"士褐衣縕著，未嘗完也；糲藿之食，未嘗飽也"，文與此同，正作"著"字，《論語·子罕篇》"衣弊縕袍"集解引孔安國云"縕，枲著"《類聚》卷二五引鄭玄云"縕，絮也，以故絮亂麻充之于袍，故曰縕著。"（第201頁）

　　按：《集釋》曰"緒、著並與褚通"，是也。《儀禮·士喪禮》注"著，充之以絮也"，著字本動詞，又可作名詞，指充絮之袍，故字又作褚。《玉篇》"褚，裝衣也"。或作袮，《一切經音義》卷六五引《通俗文》"裝衣曰袮"，《辭通》云"緒同袮，縕緒，敝絮袍也"，亦是。字或作緖，《文選·齊竟陵文宣王行狀》"華袞與縕緖"，李注引《外傳》"曾子褐衣縕緖，未嘗完。"

　　又按：兩"嘗"字，《說苑》作得，屈氏未出校，當補。得猶曾也、嘗也，《文選·廣絕交論》"此則殉利之情未嘗異，變化之道不得一"，不得、未嘗互文同義。《搜神記》八卷本第8條"我兒立身未曾學問"，敦煌本第22條作"我兒一身未得好學。"沈約《夕行聞夜鶴》"既不得離別，安知慕侶心？"得一作經，經亦曾也（訓見徐仁甫《廣釋詞》），考之張華《情詩》"不曾遠別離，安知慕儔侶"同一機杼，尤其確證。《晏子春秋·外篇》"不仁而取名者，嬰未得聞之也"，按《雜篇下》"富而不驕者，未嘗聞之"是其比。《韓子·難勢》"夫釋賢而專任勢，足以為治乎？則吾未得見也。"言未曾見。得訓曾、嘗，此義未見有人論及，因詳論如上。

⑨陳之富人有處師氏者，脂車百乘，觴于鄑斤之上

屈箋：趙云“脂車，本皆作‘指車’，《御覽》卷四七二引作枝，皆不可曉”，俞云“此當以作‘指’爲是，指者楷之假字，今楷柱字皆以支爲之，又或以枝爲之，趙氏不達假借之義，臆改爲脂字，此大謬也。”守元案：元本及諸明本皆作“脂車”，脂字非趙所改，又《御覽》宋本、鮑本皆作“校車”，無作“枝”字者，不知趙氏何據，俞氏不經檢核，輒據趙校爲說，其所立“楷車”之說，實不可通。竊謂此文當依《御覽》所引作“校車”爲是，校車，即有裝飾之車，所以誇其豪富也，趙、俞之說，皆不足據。（第205頁）

按：《御覽》引作校，自當依屈箋解爲“裝飾”。竊謂作“脂”自通，不可輕改。關鍵在于須讀破“觴”字，《集釋》引易順鼎云“觴即蕩假借字”，以爲即“佚蕩”、“遊樂”義，甚是。實則本字當爲“惕”，《說文》“惕，放也”，《方言》卷十“惕，遊也”，《廣雅·釋詁三》“惕，戲也”。此文言以脂膏涂其車軸，使滑澤易行，而遊樂于鄑丘之山也。

⑩巫馬期喟然仰天而嘆，闟然投鎌于地

屈箋：周云“闟，住立貌”，守元案：《史記·匈奴列傳》集解引徐廣曰“安定意也”。（第207頁）

《集釋》：《管子·小問篇》“闟然止”，闟與翕同，《文選·吳都賦》劉逵注“翕，忽疾貌。”（第69頁）

按：清·翟灝《通俗編·聲音》“闟，物墮聲”。《管子·小問》張佩綸注云“言忽然而止也”。今靖江方言形容物件墮地疾速，云“嘩闟”，當是古義之遺留。

⑪泠泠然如此既立而已矣

屈箋：《外紀》引《大傳》作“填填正立而已”，守元案：此既字疑當從《大傳》作正爲是，蓋正訛作旡，又改爲既耳。（第215頁）

《集釋》：聞一多曰：既讀爲忔，《說文》“忔，痴貌”，《史記·扁鵲列傳》索隱“風痺，忔然不得動也”。（第73頁）

按：聞說甚是。字或作疙，《廣雅》“疙，癡也”，或作忥，《廣韻》“忥，静也”，《集韻》“忥，息也”，或作愍，《玉篇》“愍，息也”，《龍龕手鑒》“愍，静也”。既立，猶言癡立、静立。

⑫卑攝貪利，則抗之以高志

屈箋：《荀子》攝作濕，王念孫云“卑濕，謂志意卑下也”。守元案：王說是也，此攝字亦當借爲塌。（第218頁）

按：《辭通》云“濕、攝同音通用”，說同。竊謂攝讀爲懾，卑懾，猶言卑服，卑讀爲俾，從也，亦服也。貪利，利亦貪也，猶言貪戾。卑攝、貪利，皆二字同義平列。

⑬怠慢摽棄，則慰之以禍災

屈箋:周云"摽,《荀》作儦,楊注'儦,輕也',《方言》'楚謂相輕薄爲摽'。慰,《荀》作炤。"趙云"摽棄,猶今人言抛棄。"守元案:《説文》"慰,安也,一曰恚怒也",此當用後義,或謂慰爲畏之借字,《莊子·盜跖篇》"貪財而取慰",釋文"慰,亦作畏",其説亦通。(第218頁)

　　按:《集韻》"抛,棄也,或作摽",《辭通》"今俗呼抛棄,義即本此,儦與摽同音通用",皆可證成趙説,聞一多説亦同。《荀子》炤讀爲詔,誠也,字或作招,《賈子·春秋》"今我有失行,而天招以妖我。"劉師培曰"案招當作詔,言以妖相戒也,《新序·雜事二》作'天以戒寡人',戒與詔義相近,《晏子春秋·諫上篇》'故詔之妖祥,以戒不敬',亦其證。"② 戒與畏義相近,屈引或説,乃趙善詁説,《辭通》謂"困慰"即"困畏",可資旁證。《集釋》"慰猶止也,止,戒止也,與畏義相因。"據此,則"慰"、"詔"同義。

卷三

①咸劉厥敵

屈箋:語見《尚書·君奭》,僞孔《傳》以"皆殺其敵"釋之。(第261頁)

　　按:咸,孔《傳》釋爲"皆",誤。王引之《經義述聞》讀爲戌,《説文》"戌,絶也,古文讀若咸",朱珔《説文假借義證》、陸宗達《説文解字通論》從之;朱駿聲《説文通訓定聲》讀爲伐,《説文》"伐,殺也。"兩説皆可通。

②故學然後知不足,教然後知不究,不足,故自壞而勉……

屈箋:壞,蘇、沈、毛本皆作愧,今從元本,《永樂大典》引亦作壞,《集語》引作慊,守元案:作慊是也,壞乃慊字之誤,而蘇、沈諸本以爲"壞"字不通,而未究其致誤之由,輒以意改爲"愧"字,失之愈遠。(第271頁)

　　按:作"壞"是其舊本。朱駿聲《説文通訓定聲》"壞,假借爲褱,《左傳·襄公十四年》'王室之不壞',按:安也。"又"褱,經傳皆以懷爲之。"《尚書·顧命》"無壞我高祖寡命。"于省吾《新證》云"晚周壞、懷通用。"《賈子·銅布篇》"挾銅之積,制吾棄財,以與匈奴逐爭其民,則敵必壞矣。"潭本及《漢書·賈誼傳》並作懷,又"匈奴篇""將以壞其目",劉師培曰"壞當作懷"。懷,憂傷也,自傷其不足,故自勉。《集釋》校作愧,屈箋校作慊,皆未是。

③《詩》曰"思樂泮水,言采其茆"

屈箋:言字,蘇、沈、薛、程、胡、唐、毛諸本皆作"薄",與《毛詩》同,今從元本,似此字韓、毛有異也。(第303頁)

　　按:元本作"言",當爲韓詩,元本甚可貴。薄、言同義,助動詞,猶云"將欲"。③

④屋成則必加措

屈箋:措字,諸本作拙,此從元本,《説苑》作錯,元本與之合,然"加錯"一詞,向先生亦無説,蓋"屋成加措"之説,尚須博訪也。(第324頁)

按：措、錯讀為笮，《說文》"笮，迫也，在瓦之下棼上"，《廣韻》"笮，屋上板"，相當了今之望板。作"拙"誤。④

⑤今汝衣服其盛

屈箋：周云"其，當從《說苑》作甚，字之誤也，《荀》及《家語》作既"。趙本改其作甚，云"甚，舊訛作其，今依《說苑》改。"守元案：《四庫全書考證》云"其，疑當作甚"，周、趙說與之相合。三家所校皆是也。（第 327 頁）

按：其訓甚，裴學海《古書虛字集釋》卷五"綦，極也，至也，字或作期，字又或作其"正引此例，徐仁甫《廣釋詞》舉例頗多，可參看。如果"其"為"甚"誤，則《荀子》、《家語》無由作"既"。其、既為牙音雙聲字，裴學海《虛字集釋》云"既，猶已也，一為'太'字之義，既訓太，與甚同義"。其說是也。

⑥天下有誰加汝哉

屈箋：周云"《荀子》云'諫'也，《家語》云'以非告汝也。'"（第 327 頁）

按：周校指"加"字《荀》作諫，《家語》作告，語未明。檢《說苑·雜言》亦作加，同此，加蓋為契省，《說文》引杜林曰"契，加教于女也，讀若阿。"即"教導"義，與"告"、"諫"義合。

卷四

①冢卿不修幣施

屈箋：俞樾云"幣乃敝字之誤，施當爲杝，杝即今籬字，謂籬落敝壞，不修茸之也。"守元案：俞說牽強，殊不足據，竊疑施當借爲貤，《說文》"貤，重次第物也"（其字與贏相次，蓋有餘利之義），段注"重次第者，既次第之，因而重之。"然"幣貤"連文，亦無佐證，凡此者，闕疑可也。（第 390 頁）

《集釋》引聞一多云：《管子·國畜篇》"今君鑄錢立幣，庶民之通施也。"《輕重》甲篇施作移，是"幣施"猶今言貨幣，俞說大謬。（第 144 頁）

按：幣，指錢幣。施，指貨物。《鹽鐵論·錯幣》"交幣通施"，猶言交通幣施。交通，流通也，指貨幣流通。又"後世即有龜貝金錢，交施之也"，又"內不禁刀幣以通民施"，都指錢幣以流通貨物。《管子·國蓄篇》"黃金刀幣，民之通施也。"《輕重》乙篇作"通貨"，尤為確證。聞一多曰"幣施猶今言貨幣"，甚確。郭沫若曰"通施、通移，均流通之意"，未得"施"字之誼。《輕重》甲篇施作移，音之轉耳。竊謂施指貨物正字當作資，《說文》"資，貨也"。

②交亂樸鄙（第 402 頁）

按：交讀為撓、攪，字或作佼，《淮南子·覽冥》"草木不搖而燕雀佼之"。朱駿聲《說文通訓定聲》"佼，假借為撓為攪"，字或作狡，《左傳·僖公十五年》"亂氣狡憒"杜注"狡，戾也。"朱説同上。

③無術法以知奸(第 414 頁)

　　按:知讀為折、制。《周禮·師氏》"三曰孝德以知逆惡"俞樾知讀為折,《晋書·虞溥傳》"契而捨之,朽木不知",《荀子·勸學》作折,《論語·顔淵》鄭注"魯論讀折為制"。考《韓子·奸劫殺臣》"無法術以御其臣";又《説疑》"是故禁奸之法";又《六反》"輕刑可以止奸"。折、制與御、禁、止義合。

④廢正直而用不善

屈箋:趙本作"廢正適而立不義",云"舊本作'廢正直而亡不善',毛本亡作用,今據《楚策》改。"守元案:元本誤作亡,薛、程、胡、唐諸本皆同,蘇、沈、毛本作用,亡,當作立,字之誤,趙校甚是。(第 418 頁)

　　按:亡讀為攺,《戰國策·秦策三》"武安君所以為秦戰勝攻取者七十餘城,南亡鄢郢、漢中,北禽馬服之軍。"亡即讀為攺,《説文》"攺,撫也,从攴巳聲,讀與撫同。"撫、安定之義,《史記·白起傳》亡作定,則以訓詁改易之。《中山策》"是君廢其王而亡其國。"亡亦讀為攺,鍾鳳年《國策勘研》改為"撫",得其義,未得其字,鮑本、閔本改亡為立,誤與趙本同。《策》與此文,皆"廢"、"亡"對舉,可證作"亡"不誤。

⑤夫狂者自勮,忘其非芻豢也;飯土,而忘其非粱飯也

屈箋:元本勮字誤作揭,忘誤作亡,粱誤作梁,薛、程、胡、唐諸本同,此從蘇、沈、毛本。(第 423 頁)

　　按:當從元本,不煩改字。揭讀為獊,即獊獚,指短嘴犬。(可參卷一"橋褐趨時"條)。亦單用作獊,參見《漢語大字典》。亡讀為忘,梁讀為粱,參見高亨《古字通假會典》(齊魯書社 1989 年版)及馬天祥、蕭嘉祉《古漢語通假字字典》(陝西人民出版社 1991 年版)。

卷五

①將以正惡扶微、紃繆淪非

屈箋:元本作"止惡",薛本作"正惡",《淮南》作"將以救敗扶衰、黜淫濟非",向先生手校本注云"濟,止也",守元案:此淪當為濟字之誤也。(第 461 頁)

《集釋》:正,本或作止,是。救與止同義。(第 178 頁)

　　按:當從元本作"止",許説是也。淪讀為綸,《吕氏春秋·古樂》"伶淪",《漢書·律曆志》作"泠綸",是其例。《御覽》引《説文》"綸,糾青絲綬也"。朱駿聲《説文通訓定聲》云"糾之曰綸"。繆讀為謬,參見高亨《古字通假會典》。不必依《淮南》改本書。

②兩瞽相扶,不傷墻木

屈箋:《治要》引傷作觸,守元案:作觸是也,傷字義不確切,疑出于無知者所改。(第498頁)

《集釋》:蓋觸誤爲觸,又傳寫爲傷,《呂氏春秋·節喪篇》"譬之若瞽師之避柱也,避柱而疾觸杙也",可爲旁證。(第194頁)

按:《素問·刺志論》"氣盛身寒,得之傷寒;氣虛身熱,得之傷暑",王冰注"傷,謂觸冒也。"是傷字有觸義,《治要》蓋以同義改之。傷,音又轉爲壯,《廣雅·釋詁四》"壯,傷也",今音轉爲撞。《西遊記》第47回"沙僧却也莽壯",即莽撞。不傷墻木,謂不撞墻木也。

③聖王在,彼躪烏

屈箋:周云"彼蓋被之訛也。"

按:彼讀爲被,可參見高亨《古字通假會典》。漢《成陽靈臺碑》"廣彼之恩",《隸釋》云"以彼爲被"。按《唐扶頌》"追維堯德,廣被之恩",可爲佐證。又"德彼四表",按《書·堯典》"光被四表"可爲佐證。

④謹盜賊,除奸邪(第507頁)

按:《荀子·君道》謹作禁,屈氏失校。謹讀爲墐,《禮記·內則》"塗之以謹塗"注"謹當爲墐",《周禮·天官·膳夫》賈疏引作墐,朱琦《說文假借義證》、高亨《古字通假會典》並以謹爲墐的假借字。墐爲涂閉義,引申之,則有"堵塞、杜絕"義,故與"除"對舉。

⑤決德而定次

屈箋:周云"決,《荀》作論。"(第510頁)

按:王先謙《荀子集解》云"論當爲諭,說見《儒效篇》",彼篇引王念孫云"諭,決古字通。"按論,考察、審察;決,斷決。兩義合,各以本文可通,不必改。

卷六

①居事力者(第524頁)

按:居讀爲舉,舉事,今言辦事、幹事、做事、行事。《尚書大傳》正作舉,屈氏失校。本書卷十"子何居之高,視之下?"《御覽》卷491引《吳越春秋》作"君舉止何高,視何下也?"屈氏亦失校。舉指舉止、舉動。《荀子·非相》"居錯遷徙",《王制》、《君道》、《禮論》並作"舉錯"(王念孫說),《漢書·司馬相如傳》"族居遞奏",《史記》居作舉。

②故辯可觀也(第528頁)

按:劉向《別錄》觀作爲,屈氏失校。觀讀爲貫,《爾雅·釋木》"灌木"釋文灌作樌,是其證。《廣雅·釋詁一》"貫,行也。"《荀子·王制》"爲之貫之",貫亦爲也。

③數譬以相移(第528頁)

按:《別錄》數作巧,屈氏失校。數訓細密,與巧義合。

④揚其所謂

屈箋:《別錄》作"明其所謂",孫云"揚,疑當作揭,與明義亦略同"。(第 529 頁)

　　按:《集釋》云"揭,舊作揚"(第 208 頁),亦據孫說改,未是。《淮南子·覽冥》"不彰其功,不揚其聲"。高注"彰、揚皆明也",是不煩改字。

⑤昔者秦繆公困于殽,疾據五羖大夫、蹇叔、公孫支而小霸。(第 544 頁)

　　按:疾讀為接,挾也、倚也。《戰國策·韓策三》"公孫郝嘗疾齊韓而不加貴。"于鬯引《說文》"广,倚也",謂疾、广通借,⑤實疾亦讀為接,此文"疾據"同義連文,兩書可以互證。

⑥其身體不足見也,勇力不足憚也,族姓不足稱也,宗祖不足道也(第 551 頁)

　　按:此文憚與見、稱、道對舉,當非"畏懼"義。憚讀為撢,《說文》"撢,提持也",引申為憑恃,《隋書·儒林傳論》引古語,作"勇力不足恃"(《北史》同),可為證。

⑦楚師奄罷,君其勿許。(第 557 頁)

　　按:《公羊·宣公十二年》、《新序·雜事四》其作請。屈氏失校。其,命令副詞,義同請。未見有人論及,茲舉顯證。《國語·吳語》"主其許之先"。《左傳·哀公十三年》敘此事作"請少待之"。又"寡人其達王于甬東",《越語上》其作請,《左傳·僖公二十三年》"若以君之靈,得反晉國,晉楚治兵,其辟君三舍"(《晉語四》同),《史記·晉世家》作"請辟王三舍"。《韓非子·十過》"君其以垂棘之璧與屈產之乘,賂虞公,求假道焉。"《呂氏春秋·權勛》、《左傳·僖公二年》、《公羊傳》其作請。

　　又按:奄罷,《新序》作疲勞,《公羊》作淹病。何休注"淹,久也",當非。《說文》"奄,又欠也,从大从申,申,展也。"桂氏《義證》云"謂欠伸也,《曲禮》'君子欠伸',《正義》'志疲則欠,體疲則伸'"。可知"奄"即口語之"打哈欠"、"伸懶腰",表示疲倦。此文正用其本義,為典籍之僅存者,彌足珍貴,故《新序》徑作"疲勞"。淹即奄之借字,《晉語》"振廢淹"。韋注"久也"。朱駿聲《說文通訓定聲》"或曰此義借為厭,困迫也"。亦未得其本字。字或作揜,《禮記·表記》"篤以不揜",注"困迫也",朱駿聲曰"假借為俺,或曰借為厭,或曰險,存參。"當以"奄"為本字,言勤篤而不疲倦也。

⑧使大國之君,沛焉遠辱至此(第 556 頁)

　　按:《集釋》"沛焉"二字屬上為句,是也。《新序·雜事四》作"昧焉",屈氏失校。趙仲邑《新序詳注》"昧通沛,沛焉,匆促地",未是。《公羊·宣公十二年》同此傳,何休注"沛焉者,怒有餘之貌"。沛讀為怖。昧讀為勃。

⑨(鄭伯)言于莊王曰"寡人無良邊陲之臣,以干大禍"

屈箋:元明諸本皆誤作"大禍",周、趙校改為"天禍",周云"猶云天譴也,本皆訛作大禍,

今從《公羊》校正", 趙略同。守元案:《新序》此句作"以干天之禍"。(第558頁)

《集釋》:褐即禍之形譌。(第222頁)

　　按:褐讀為害,朱駿聲《說文通訓定聲》曷、遏、竭皆借為害,害又借為曷、遏,則褐自可借為害。禍、害義同(《說文》"禍,害也。"),故《公羊》、《新序》以同義改為"禍"。又周氏云"猶云天譴也",則讀禍為過,即責罰義,未是。

⑩正言直行,指人之過

屈箋:周云"《荀》云'正義直指',指,《荀》作舉。"(第561頁)

　　按:此本作"正言直指,舉人之過。"王引之曰"義讀為議,《外傳》作言,言亦議也。"指,指責,與議相近。正言直指,謂當面諷諫。後人不知"言"字義,以為"言行"之言,因改作"正言直行",以行與言對舉,又以"指"屬下句,復刪去"舉"字,遂成今本。端賴《荀子》以定之。舉讀為糾,正也。《廣雅》、《玉篇》並云"糾,舉也"。《呂氏春秋·自知》"故天子立輔弼,設師保,所以舉過也"。注"舉猶正也。"《漢書·敘傳》"正諫舉郵",郵、過同義。《賈子·官人》"能舉君之失過"。《戰國策·韓策二》"舉韓傀之過",皆"舉過"連文之證。

⑪遭齊君重輞而坐

屈箋:《御覽》引遭字誤作曹。(第564頁)

　　按:《說文》"曹,獄兩曹也。"《書·呂刑》"兩造具備"注"造一作遭",段玉裁曰"兩遭、兩造即兩曹,古字多假借也。"另參高亨《古字通假會典》。不必以誤字說之。

⑫又與子從君于圉中,于是兩寇肩逐我君,拔矛下格而還,子耶我耶?

屈箋:孫云"獸三歲曰肩,但寇肩義不可通,疑寇當為貔之誤。"守元案:元本寇作"字",孫疑此字為貔字之誤,元本乃音誤為"字"字,而諸明本乃形誤為寇字也。又案:《御覽》引"寇肩"二字作一"軍"字,復疑寇當作軍,肩當在軍字上,軍,圍也,謂兩貔圍逐我君,即環繞而欲攫傷之也。(第565頁)

　　按:諸說皆非。"兩寇"為一詞,指兩個刺客。"肩逐"連文,肩為脅之形誤,脅,逼迫也,指兩個刺客逼迫追逐我君,我拔矛與之格鬥而返。下文"不敢放乎匹夫"承此而言。《楚辭·哀時命》"眾比周以肩迫兮"。《辭通》謂"肩迫"為"脅迫"之誤,是其比。許氏《集釋》曰"寇,當為特,獸三歲為特,四歲為肩"(第225頁),亦未是。

⑬是士之甚毒,而君子之所致惡也

屈箋:守元案:毒當讀為短,《論衡·言毒篇》"南道名毒曰短狐",即古人謂短為毒之證也。上文言"士之所長",此言"士之甚短",正相對為文。(第566頁)

　　按:上文"是士之所長,君子之所致貴也"。"長"非長短之長,長、貴同義,尊崇也,此文毒、惡同義,厭憎、鄙棄也。

⑭殖盡于己，而區略于人，故可盡身而事也

屈箋："殖盡"以下諸句似有錯訛。（第569頁）

　　按：無訛錯。區讀為傴，《説文》"傴，僂也"，《莊子·人間世》"以下傴拊人之民"。李注"謂憐愛之也"。略讀為賂，《淮南子·兵略》"貪金玉之略"，《御覽》卷二七一引作賂，《説文》"賂，遺也"。即贈送義。句謂竭盡己財，而疏送于人，則別人以身報之也。或曰"區略，愛利"，⑥近之。

⑮動而不償

屈箋：《左傳·僖公十五年》杜注："償，動也"。（第577頁）

《集釋》：案償讀為賁，《廣雅·釋詁》"賁，進也。"（第231頁）

　　按：諸説皆非。償，《淮南·繆稱》同此，《新序·雜事四》作隨，于大成曰"償，動也，謂己有所動而人莫之動也，或償是隨字之誤也"，⑦"隨"無由誤為償，于説亦非。償，當為儃字形誤，《説文繫傳》"儃，順也"。《廣雅·釋詁一》"隨，順也"，償、隨音近義同。

卷七

①鳥之美羽句啄者

屈箋：周云"啄疑當作喙"。守元案：啄，定當作喙，然元明諸本皆作啄，今指出其誤，仍不輕改。（第598頁）

　　按：許氏《集釋》亦改作喙，本書卷8"燕頷而雞啄"，屈箋改作喙，皆非。《漢語大字典》"啄，同味，鳥嘴"，引此傳，甚是。《大字典》説本《洪武正韻》、《集韻》。《漢書·東方朔傳》顏注"啄，鳥嘴也"。《論衡·累害》"蠚蠆之黨啄螫懷操"，黃暉亦改作喙，殊無必要。

②鮑焦抱木而泣

屈箋：《説苑》作"鮑焦抱木而立枯"，疑此泣字有誤。（第603頁）

　　按：許氏《集釋》徑改泣為立，殊無必要。朱駿聲《説文通訓定聲》"泣，假借為立"，引《素問》二例，另參高亨《古字通假會典》。

③諸大夫皆出走

　　按：《新序·雜事一》作"諸大夫起而出"。趙仲邑《新序詳注》云"起，應作趨"，此文"走"即趨義，當乙作"皆走出"，言皆趨出。

④昔者吾有周舍有言曰

屈箋：周云"上'有'，《序》作友。"趙本作"吾友"，守元案：趙校作友，是也。（第613頁）

　　按：朱氏《説文通訓定聲》"有，假借為友"。本書卷十"送有喪者"。許氏《集釋》"有與友同"。是也，《吳越春秋·闔閭內傳》云"遂之吳，會于友人之喪"，可為旁證。

⑤吾施益博

屈箋:《御覽》引《真隱傳》作溥,疑溥字是也。(第624頁)

　　按:《增韻》"博,普也"。《荀子·天論》"風雨博施",正"博施"連文,尤為此文不誤之證。作"溥"義同。

⑥侍者曰"君大勝楚,而有憂色,何也?"

　　按:而,《説苑·君道》作今,屈氏失校。今當訓而。⑧

⑦(宋燕)曰"諸大夫有能與我赴諸侯者乎?"

　　按:金其源《讀書管見》云"與猶為也,言孰能為我赴諸侯乎?"⑨未是。《新序·雜事二》作"有能從我出者乎?"與當訓從,指跟隨,句謂誰願跟我出亡呢。能,《齊策四》作肯,屈氏失校。

⑧掘之得甘泉焉

屈箋:竹簡掘作厥。(第652頁)

　　按:厥讀為撅,實為掘。《山海經·海外北經》郭注"厥,掘也,音撅。"

⑨(鼠)厭目曲脊

　　按:曹大中《白話韓詩外傳》注"厭,厭惡。厭目,眼中露出厭惡的目光",誤。厭讀為擪,《荀子·解蔽》"厭目而視者,視一以為兩",楊注"厭,指按也"。此傳用擬人手法,擪目,今語曰揉揉眼睛,本書卷2"執法厭文"。屈箋"《淮南子》作'厭文搔法',高注云'厭,持也;搔,勞也。'"(第143頁)朱氏《説文通訓定聲》謂厭借為擪,李哲明《淮南訓義疏補》説同。

卷八

①申伯、仲山甫乃並順天下,匡救邪失

屈箋:並當爲將,字之誤也,《孝經》"將順其美,匡救其惡"。(第672頁)

　　按:並讀為傍,依也、附也。《史記·秦始皇本紀》"自榆中並河以東,屬之陰山"。服虔曰"並音傍,傍,依也"。《漢書·王莽傳》"附順"即"並順"之義。屈引《孝經》"將順",將亦順從之義,⑩義雖同,然以不改字為妥。

②(伯宗)道逢輦者,以其輦服其道

屈箋:周云"服與覆同,其道之其,當作於,《國語》云'遇大車當道而覆。'"趙云"服當作覆"。(第710頁)

　　按:服,讀為偪(逼),參見《漢語大字典》。今言堵塞,故云"服其道","其"字不當改為"於"。許氏《集釋》引聞一多云"下'其'字斥伯宗",是也。以其輦服其道,猶言以輦車擋伯宗之道耳。《晉語》自作"當道而覆",服訓堵塞,與"當"義合,不是讀為覆。

③晏子曰"范昭之爲人也,非陋而不知禮也,是欲試吾君,嬰故不從"

按：是欲，《新序·雜事一》作"且欲"。屈氏失校。是訓且，與欲同義連文，是欲猶言將欲。⑪

④曾晳引杖擊之仆地

屈箋：《説苑·建本篇》作"援大杖擊之"，援即引也。（第 733 頁）

按：《家語·六本篇》作建，屈氏失校。建讀為捷，《集韻》"捷，舉也"，與"援引"義合。

⑤聞其徵聲使人樂養而好施

屈箋：《初學記》卷十五引《五經通義》云"聞徵聲，無不善養而好施者也"，《白虎通·禮樂篇》同。（第 742 頁）

《集釋》：《史記·樂書》養作善。（第 300 頁）

按：《廣雅·釋詁一》"養，樂也"，王念孫疏證引此傳為説，竊謂養讀為良或祥，《説文》"良，善也"，又"祥，一云善"，《爾雅·釋詁上》"祥，善也"。

⑥天喟然而風

按：《辭通》卷七"喟然，興起貌"，舉《史記·司馬相如傳》"喟然興道而遷義"。索隱云"猶欻然也"，《漢書》作"卹然"，《漢書·鮑宣傳》"喟然動衆心"，《儒林傳》"喟然興于學"。今按卹同欻，欻然，暴起貌，字或作猥，《廣雅·釋言》"猥，頓也"，王念孫云"頓猶突也"，考本字當作颮，《説文》"颮，大風也"。《廣雅·釋詁四》"颮，風也"。王氏疏證正引此傳云"喟與颮通"。今檢《説苑·善説》作"大風至"，以本義改易之，尤為確證。

卷九

①田子爲相，三年歸休，得金百鎰，奉其母

屈箋：《御覽》引得作以，《白帖》引作持，《列女傳》云"田稷子相齊，受下吏之貨金百鎰，以遺其母"。（第 756 頁）

按：當從許氏《集釋》"得金百鎰奉其母"七字一句讀。得猶以也，訓見王叔岷《古書虛字新義》，王氏引《史記》3 例，可參看。《戰國策·楚策三》"齊人飾身修行得為益"，言以為益也，《韓非子·説難》"此道所得親近不疑而得盡辭也"。《史記·韓非傳》作"所以"，是為確證。《白帖》作持，持、以同義。

②吾意者身未敬邪？ 色不順邪？ 辭不孫邪？

按：順，《荀子·子道》同此，《家語·困誓》作悦，屈氏失校。順猶悦也。《左傳·襄公八年》"唯子產不順"，竹添光鴻《左傳會箋》云"順亦悦也，《孟子》'不順于父母'即不悦于父母也。"《孟子》見《萬章上》，楊伯峻《孟子譯注》云"按此説（指竹氏説，引者注）雖可通，仍嫌佐證不足，姑録之以備參考"，楊先生嫌佐證不足，故其《左傳注》便未采竹氏説，釋"不順"為"不隨從附和"。茲為竹氏補證如下：《禮記·中庸》"順乎親有道，反諸身不誠，不順乎親矣。"《孟子·離婁上》作"悦親有道,反身不誠,不悦于親矣。"《老子》第21章"以閲衆甫",馬王堆甲、乙本並作"以順衆父"。可證順、閲同義,閲亦讀爲悦,高明《帛書老子校注》云"順,循也,閲猶更歷也,可見因順、閲義近,故互用之",未中肯綮。高亨閲訓出,朱謙之訓總,陳鼓應釋爲"觀察",並未得。《管子·法禁》"莫敢超等踰官、漁利蘇功以取順其君",言取悦其君也。⑫

③使城郭不治,溝池不鑿

　按:《説苑·指武》作"使城郭不修,溝池不越"。《廣雅·釋詁三》"越,治也",王念孫疏證正引《説苑》説之,越讀爲泧,治水也,與鑿義合,屈氏失校。

④罪莫大于多欲

屈箋:周云"多,《老》作可"。(第788頁)

　按:本書卷5"患生于多欲",屈箋引《漢書·蒯伍江息夫傳》"患生于多欲",皆"多欲"連文,郭店竹簡《老子》作"罪莫厚乎甚欲"。趙建偉《校釋》云"甚謂多也,可當讀爲多夥之夥,徐仁甫《廣釋詞》説'可猶多',今本三章'不見可欲',亦當讀爲'夥欲',釋爲多欲"。⑬

⑤後悔何冀?

屈箋:冀,諸明本皆作益,此從元本,《説郛》引亦作冀。(第795頁)

　按:作冀字是也。《禮記·文王世子》釋文"冀,及也。"朱駿聲《説文通訓定聲》謂冀假借爲隸,《左傳》多言"後悔何及",此當同義。冀,不是"希冀"之冀。及,追也,挽救、補救。⑭

⑥食粥黿履

屈箋:案:黿爲狡兔,此非其義,當借爲傀,《説文》"傀,互不齊也"(引者按:當作"傀,傀互,不齊也",屈引未是),貧者兩足之履亦不齊,故謂之"黿履"。(第803頁)

　按:許氏《集釋》引郝懿行曰"黿字疑誤"。亦未知爲何字,曹大中《白話韓詩外傳》注云"通攙,穿着的意思"。得其字,未得其義。《集韻》"攙,完補也"。《説文新附》"攙,刺也"。攙履,即上文"織履"之義,履、屨爲皮製之鞋,故須"貫刺",《玉篇》"攙,攙揥,貫刺之也"。字或作鑱,《淮南子·泰族》"鑱皮革",注"刺也"。觀今之修訂皮鞋者,可知其遺制。

⑦然後可圖

　按:《史記·秦本紀》圖作虜,屈氏失校。虜讀爲慮,與圖同義。《吕氏春秋·勿躬》"黔如作虜首",舊校"虜一作慮",是其例。

卷十

①(卞莊子　三戰而三背)交游非子,國君辱之,卞莊子受命,顏色不變

　　按:命讀爲慢,《禮記·大學》鄭注"命讀爲慢,聲之誤也"。此言卞莊子受到侮辱,與上文"非"、"辱"相對應。

②哀衣應步

屈箋:應,和也。(第858頁)

《集釋》:郝懿行云:應步,蓋禹步也。維遹案:應與雁通。(第354頁)

　　按:《辭通》卷十七謂"應步"爲"雅步"之訛,云"應、雅從隹,因此致訛。"竊謂應從心雁聲,讀爲雁,即鷹之正字,鷹步,言其步如鷹之雄武耳。

③後者飲一經程

屈箋:程,竊意此即指罰飲。(第860頁)

　　按:經程,又作"樫桯"、"檠程",是一種酒器。[15]

⑤此皆言前之利,而不顧後害者也

屈箋:《御覽》、《類聚》引言字作貪。(第873頁)

　　按:言,欲也,與"貪"義合。《説文》"欲,貪欲也",又"貪,欲也"。(《吳越春秋·夫差內傳》作"但貪前利,不覩後患",《事類賦》三亦作貪,屈氏失校。)《説苑·正諫》云"此三者,皆務欲得其前利,而不顧其後之有患也"。作"欲得",尤其確證。《御覽》12作"如此者,爲窺其利,而不思後患"。王引之《經傳釋詞》"爲猶將也"條黃侃批云"此'爲'爲'欲'之借"。可爲旁證。言訓欲。[16]

⑥不知前有深坑,後有窟也

屈箋:《類聚》、《書鈔》、《御覽》引窟字皆作"掘株"二字,《册府》窟作掘。守元案:掘株即橜株,慧琳《一切經音義》引此云"後有橜株,前有深坑",正作橜株,是其明證。橜、掘蓋皆借爲柮,《説文》"柮,斷木也"。蓋斷木頭謂之柮;與殺樹之餘曰株,義正相類,故柮株連文,亦即《莊子·達生篇》所謂"株拘"也(《列子·黃帝篇》作"株駒"),傳寫既失"株"字,但有"掘"字,妄人不達"掘"字之義,輒依《吳越春秋》"深井"之文,改爲"窟穴"之窟,不知"窟"與上文"深坑"意義重複,又淹没此書與《吳越春秋》文相異之迹,趙懷玉依《書鈔》校窟爲掘株,而不能言掘株之義,又謂《説苑》語亦相似,而《説苑》實無此語。(第873頁)

《集釋》:掘與橜通。(第360頁)

　　按:《説文》"橜,弋也",或作橛,《廣雅·釋言》"橜,杙也"。即短木樁,《説文》"株,木根也"。橜株同義連文,掘借爲柮,斷木也,屈氏説是也,橜、柮音義皆同,當即一字,故或單言曰"掘",或復言曰"橜株"、"掘株"。不必定以爲"傳寫失株字"。窟亦柮之假借,不必指爲誤字。屈氏失之拘泥。

又按:《莊子》"若厥株拘"、《列子》"若槷株駒",皆當以"厥(槷)株"為一詞,屈氏以"株拘(駒)為一詞(實本《列子》釋文引李頤説),誤矣。厥讀為槷,《列子》用本字。拘(駒)或作瞿,見《易林》"蒙生株瞿",或作枸,見《山海經·海內經》"下有九枸",或作攫,見《淮南子·説林》"木大者根攫(或作據)",《鹽鐵論·繇役》"華葉茂而本根㯓",《漢書·霍光傳》"根據于朝廷",皆聲相近,義為"木根盤錯交結"。解《莊》、《列》者,異説紛紜,多未得其實,為省篇幅,兹不具錄。《辭通》卷四以"株拘"附會為"侏儒",尤不足取,亟須一辨。

①　詳拙文《〈説苑校證〉訂補》,《古籍整理研究學刊》1999 年第 1 期。
②　《賈子新書斠補》(《劉申叔遺書》,江蘇古籍出版社 1997 年版)。
③　參拙文《〈詩經〉'言'、'薄'、'薄言'釋義探討》,《古漢語研究》1992 年第 3 期。
④　參拙文《"屋戒加措"解》(《古籍整理研究學刊》2000 年古文獻與古文化研究專刊)。
⑤　何建章《戰國策注釋》引,中華書局 1990 年版。
⑥　曹大中《白話韓詩外傳》,岳麓書社 1994 年版。
⑦　《淮南雜志補證》,臺灣文史哲出版社 1975 年版。
⑧　參拙文《〈説苑校證〉校補(一)》,《江海學刊》2000 年第 3 期。
⑨　轉引自《戰國策注釋·齊策四》。
⑩　參拙文《〈左傳〉楊注商補》,《古漢語研究》2000 年第 3 期。
⑪　參拙文《上古漢語"N 是 V"結構再研究》,《語言研究集刊》第六輯,江蘇教育出版社 1999 年版。
⑫　另參拙文《〈魏晋文舉要〉劄記》,《古漢語研究》2001 年第 3 期。
⑬　《道家文化研究》第十七輯,三聯書店 1999 年。
⑭　參見拙文《〈左傳〉楊注商補》,《古漢語研究》2000 年第 3 期。
⑮　參見沈元《"急就篇"研究》,《歷史研究》1962 年第 3 期;裘錫圭《經與椏桱》,《文物》1987 年第 9 期。
⑯　參見拙文《〈詩經〉"言"、"薄"、"薄言"釋義探討》,《古漢語研究》1992 年第 3 期。

《魏書》諸紀時誤補校（續三）

牛繼清　張林祥

38.（太和二十二年）八月辛亥,皇太子自京師來朝。壬子,蕭寶卷奉朝請鄧學擁其齊興郡內屬。敕勒樹者相率反叛。詔平北將軍、江陽王繼都督北討諸軍事以討之。壬午,高麗國遣使朝獻。（卷七下頁 184）

按八月庚戌朔,辛亥初二日,壬子初三日,無壬午。"殿本"、《北史》卷三《魏本紀三》均作"壬戌",壬戌十三日,日序亦合,是。此"壬午"爲"壬戌"之誤。

39.（太和）二十一年正月甲午,立（元恪）爲皇太子。（卷八頁 191）

按"殿本"、同書卷七《高祖紀下》、《北史》卷三《魏本紀三》、卷四《魏本紀四》、《資治通鑑》卷一百四十一齊紀七均作"正月丙申",此誤,當作"丙申"。

40.（太和二十三年）十月辛未,鄧至國王像舒彭來朝。丙戌,車駕謁長陵。（卷八頁 191）

按十月癸酉朔,無辛未,丙戌十四日。《北史》卷四《魏本紀四》作"冬十月癸未",癸未十一日,日序亦合,是。此"辛未"爲"癸未"之誤。

41.（宣武帝景明元年）冬十月丁卯朔,車駕謁長陵。庚寅,齊、兗二州討世明,平之。丁亥,改授彭城王勰爲司徒、錄尚書事。（卷八頁 192）

按是月丁卯朔,"庚寅"（二十四日）不當在"丁亥"（二十一日）之前,失序。《北史》卷四《魏本紀四》同;《通鑑》卷一百四十三齊紀九"丁亥"同,或"庚寅"日干支有誤。

42.（景明二年）秋七月乙巳,蠕蠕犯塞。乙未,東豫州刺史田益宗破蕭寶卷將黃天賜於赤亭。辛酉,大赦天下。（卷八頁 194）

按七月癸巳朔,"乙未"（初三日）不得在"乙巳"（十三日）"辛酉"（二十九日）間,"乙巳""辛酉"《北史》卷四《魏本紀四》、《資治通鑑》卷一百四十四齊紀十皆同。疑"乙未"爲"己未"之訛。己未二十七日,日序合,"乙""己"形近。

43.（正始三年）夏四月乙未,詔罷鹽池禁。甲辰,詔遣使者巡慰北邊酋庶。（卷八頁 202）

"校勘記"云:"《北史》卷四《魏紀》四'乙未'作'丁未'。按是年四月乙未朔,丁未乃十一日。若是乙未,例當下有'朔'字。若非'乙'爲'丁'字之訛,則下脫'朔'字。"今按原文之下尚有"甲辰"（初十日）等日,若"乙"爲"丁"之訛,則又失序,且丁未十三日,非十一日,校記誤。此"乙未"下當脫"朔"字。《北史》作"丁未"誤。

評點校本《觀世音應驗記》三種

張 學 鋒

　　《觀世音應驗記》三種,是指南朝劉宋時傅亮所撰《光世音應驗記》、同時代張演所撰《續光世音應驗記》和蕭齊時陸杲所撰《繫觀世音應驗記》。這三種觀音應驗故事集,在中國大約於唐代以後便已散佚,而由學問僧或留學生帶回日本的那一部,雖經輾轉鈔寫,却以完整的形式保存了下來,藏於日本京都市東山區粟田口的天台宗寺院青蓮院中。這部《觀世音應驗記》,二十世紀四十年代初被重新發現,我們可以稱之爲青蓮院本。關于青蓮院本發現的詳細經過,可參見塚本善隆、牧田諦亮的有關介紹。①對《觀世音應驗記》的内容,塚本善隆只介紹了三種應驗故事的第一部分,即傅亮的《光世音應驗記》,而牧田諦亮則傾注了多年的心血,對青蓮院鈔本作了釋讀和校注,一九七〇年出版了《六朝古逸觀世音應驗記研究》。這個本子我們可以稱之爲牧田本。一九八四年至八六年,孫昌武先生旅日講學期間,在日人著述中發現了這三種《觀世音應驗記》存在的綫索,並在京都大學人文科學研究所小南一郎先生的協助下,徵得了原鈔本藏主青蓮院的同意,將《觀世音應驗記》三種帶回國内出版。經孫昌武點校的《觀世音應驗記》三種,一九九四年十一月由中華書局出版,我們可以將這一點校本稱爲孫本。點校本出版之際,小南一郎教授爲此作了長篇跋文。在跋文中,小南教授詳細地考察了這三種《觀世音應驗記》的成書過程及其在佛教思想史以及在中國小説史上的地位,爲我們閱讀和利用《觀世音應驗記》提供了極大的幫助。《觀世音應驗記》在中國出版後,隨即得到了重視,在各種場合下被加以了介紹或引用。②

　　筆者一九九三年來日後,讀了牧田諦亮的《六朝古逸觀世音應驗記研究》,發現其中多有錯訛,尤其是在漢字的識讀和句讀方面,存在着不少問題。在與牧田先生的忘年交往中,承蒙惠贈了青蓮院鈔本的照片放大影印件(東京大學史料編纂所印製),使筆者有了校讀青蓮院本和牧田本的機會。孫本出版後,又校讀了孫本。孫本在漢字的識讀和句讀上,有了很大的進步,可以説在很大程度上彌補了牧田本的不足。但是,正像孫本點校説明中所指出的那樣,原件恐係不諳漢語的日本僧人所鈔,錯訛極多。因此,雖經孫昌武先生的精心點校,但仍然存在着不少問題。對孫本中存在的問題,這裏想分成體例、校勘和標點三個方面,條梳如下,求教于孫先生及大方之家。

　　關于《觀世音應驗記》的發現、研究及其在六朝隋唐時期的著録和流布，筆者已用中日兩種文字專文作了介紹和探討，這裏不再贅述，有關事項請參考筆者舊稿。③本稿主要是對孫昌武點校本中存在的問題以及值得商榷的地方作一些指摘，必要時也涉及到牧田本。這裏還需要附加説明的是，由于別無他本可校，因此，在從事這項工作之際，除重點校讀青蓮院本、牧田本和孫本以外，還參閲了與觀音應驗故事有關的《法苑珠林》、《法華傳記》、《觀音義疏》、《辨正論》、《太平廣記》以及歷代《高僧傳》中的相應部分，在歷史人物、事件方面，參閲了正史。《法苑珠林》等書中所引的觀音應驗故事，有些是直接出自這三種《觀世音應驗記》的，而多數則出自別的系統。但是，這些故事的傳承均在六朝時期，應該有着相同的源頭，這一點，在陸杲的《繫觀世音應驗記》中也時而可見。因此，上述諸書，雖然不能直接用來作爲對校本，但可據以訂正許多青蓮院鈔本和牧田本、孫本中的誤字。正史的作用亦然。

凡　　例

　　一、所引《觀世音應驗記》正文中，顯係衍文訛文者用（　）小字標出，校正後的文字用〔　〕置于前。

　　二、有漏字以意補足者，字外加〔　〕。

　　三、〔　〕是爲便于閲讀所加之字。

　　四、青蓮院鈔本中無法識讀或有争議的文字用□表示。

一、體例中的兩個問題

　　1.點校本封面題《觀世音應驗記三種》，目録中列《光世音應驗記》（七條）、《續光世音應驗記》（十條）、《繫觀世音應驗記》（六十九條）、《補遺》（二條）。

　　按：青蓮院寫本為卷軸一卷，卷頭外表書"觀音應驗記"，卷首有總題如下：

繫觀世音應驗　並傳張二記在前〔總〕（念）三家

齊司徒從事中郎吳郡陸〔杲〕（果）字明霞撰

　　"並傳張二記在前念三家"，青蓮院本中作雙行小字注。"念"，塚本善隆按文義釋爲"總"，牧田本從其説，是。從雙行小注可知，總題及注當爲陸杲所作。將傅亮、張演兩家記繫於陸杲所撰觀世音應驗故事之前，並成一卷，署明撰者職銜郡望姓名字號的，是陸杲本人，而非後人所加。點校本卷首也應標出總題，或在校勘記中應有所説明。

　　2.補遺第1條和第2條之間有文如下：

　　　　既是隔海之事，加後聞見淺薄，如斯感應，實非窺見所迷。但〔杲〕（果）云"後葉好事之人，〔其〕（度）或繼之"。自不〔量〕（是）力，謹著（篇）二條，續之篇〔末〕（來）。

按：補遺共兩條，均是與朝鮮半島百濟國有關的應驗故事。以上這一段，應是這兩條的補加者所作之序文。補遺兩條既是遵陸杲之旨而加，按前三種應驗記體例，序文應在正文之前。今此序文在兩條之間，當是後人傳抄致誤。點校時應加以復原，置於補遺之前。

二、校勘方面的問題

傅亮《光世音應驗記》（以下簡稱《光》）

1．第4條：寶傳者，河内人也。（5）（括號内數字爲孫昌武點校本頁數，以下不另注。）

按："寶傳"，青蓮院本原作"寶傳"，《法苑珠林》（以下簡稱《珠林》）卷十七《敬法篇·觀音驗》（出《冥祥記》）亦作"寶傳"。牧田本釋讀爲"寶傳"，是。故不應作"寶傳"，孫本誤。

2．第4條：永和中，高昌、吕護各權部曲，相與不和。〔寶〕〔傳〕（傳）爲昌所用，作官長。護遣騎抄繫，爲所俘執。（5）

按："護遣騎抄繫，爲所俘執"，《珠林》卷十七作"護遣騎抄擊，爲所俘執"。《太平廣記》（以下簡稱《廣記》）卷一一〇（通行本稱出《真傳拾遺》，明鈔本稱出《冥祥記》）與《珠林》同。"抄繫"顯係"抄擊"之誤。應據改。

3．第4條：傳語〔支道〕山曰："困厄，命在漏刻，何方相救？"（5）

按："傳語山曰"，青蓮院本原作"傳謂山曰"。孫本誤讀，應改。

4．第6條：還得平流，沿江還還下。（7）

按："沿江還還下"，《珠林》卷六五《救厄篇·感應緣》（出《冥祥記》）作"沿江還下"。當衍一"還"字，應據刪。

張演《續光世音應驗記》（以下簡稱《續》）

1．第1條：尚書徐義爲賊所獲，仍被羈。（10—11）

按："仍被羈"，當爲"乃被羈"之誤。青蓮院本誤"乃"爲"仍"者尚有數例。如：《續》第7條"仍求哀救"；《繫觀世音應驗記》（以下簡稱《繫》）第47條"仍見一白狼從草中出"；《繫》第68條"〔王〕桃忽憶先聞道人説觀世音，仍至心歸念"。此數條中，"仍"均應爲"乃"之誤。

2．第6條：忽見鬼五五甚衆。（14）

按：青蓮院本前一"五"下有符號"ㄣ"。青蓮院本中，這一符號有時作爲重複符用。

如《繫》第34條"誦《觀世音經》,得千遍,鉗鎖遂寸寸自斷";《繫》第38條"建康吏以事啓孝武,孝武嘆曰"等。有時作為漢字"之"用,如補遺序中,"既是隔海之事";補遺第1條中"其勉之"等。有時又作為漢字的一部分用。如《繫》第39條"〔幼〕(幻)宗作湘州府中兵"(孫本讀為"中正",誤)。"中兵",青蓮院本作"中丘","丘"下加"〈",據《珠林》卷二七《至誠篇·感應緣》(出《冥祥記》)當作"中兵"。本條亦然。同樣的應驗故事,《續高僧傳》卷二五"梁(恐有誤)九江東林寺釋僧融傳"作"見有鬼兵,其類甚衆"(孫本校勘記引文有誤);《法華傳記》卷七(稱出《梁高僧傳》,誤,實出《續高僧傳》)同。"鬼五五"顯為"鬼兵"之誤,應據改。

3. 第6條:有一人,狀若將帥者,可長丈餘,着黃染皮袴褶,手提金杵以擬鬼。(14)

按:"着黃染皮袴褶",難解,疑為"着黃柒皮袴褶"之誤。青蓮院本中,"漆"字作"柒"。《光》第5條"天忽風雨,晦冥如漆"。青蓮院本原作"晦冥如柒"(孫本未出校)。如此,此句實是"着黃漆皮袴褶"之誤。《法華傳記》卷七作"着黃皮袴褶"。

4. 第9條:仰向見一道人〔甚〕(其)小,形明秀,長近八尺,當空中立,目已微咲。(16)

按:青蓮院本原作"仰向見一道人其小形明秀"。孫本改"其"為"甚"。然"甚小"與後文的"長近八尺"文義不合。牧田本懷疑"其小"或為"身"字之誤。類似的説法,見《繫》第24條,"見一道人,好形,長八尺許"。

5. 第9條:俄〔頃〕(須),械繫還〔堅〕(豎)復著。遇赦獲免。(16)

按:"復著"。青蓮院本"復"字與"後"字形同難辨,多依上下文意而定。又"著"字,青蓮院本原作"省",孫本釋讀為"著",似誤。此句當讀為:俄〔頃〕(須),械繫還〔堅〕(豎)。後省,遇赦獲免。

6. 第10條:平原人韓當,嘗〔道〕(通)呼〔沱〕(池)河。(17)

按:青蓮院本原作"嘗通呼池河"。孫本改"通"為"道",無憑,不妥。"通"當是"過"之誤。《繫》第6條有道冏道人"以宋元嘉七年與同學四人過孟津河",《繫》第9條有梁聲"夜半過河,為激流所轉",可資參考。

陸杲《繫觀世音應驗記》

1. 陸杲序:益悟聖靈極近,但自感〔激〕(檄)。〔信〕(申)人人心有能感之誠,聖理謂有〔必〕(心)起之力。以能感而求必起,且何緣不如影響也。善男善女人,可不勖哉!(19)

按:(甲)"人人心有能感之誠"應與"聖理謂有必起之力"相對,疑衍一"人"字。(乙)"必",青蓮院本原作"必",不作"心",孫本誤讀。(丙)"善男善女人"之"人",當是"又"之誤。因此,以上這一段當讀為:"益悟聖靈極近,但自感〔激〕(檄)。〔信〕(申)人(人)心有能感之誠,聖理謂有必起之力。以能感而求必起,且何緣不如影響也。善男善女,〔又〕(人)可不勗哉!

2.第1條:于時法力倦眠。〔比〕(此)覺,而火勢已及。(20)

　　按:青蓮院本原作"于時法力倦眠此比覺而火勢已及"。《觀音義疏》卷上(出陸杲《應驗傳》)作"比覺,火勢已及"。不必改"此"為"比",據之刪"此"即可。

3.第6條:道冏道人渡河事:冏因誓曰:"我若得度,當作五十道人會。"(23)

　　按:"度"顯是"渡"之誤,非假借字。《繫》第8條有"將一手力載柱渡湖"。同是記道冏道人故事的《繫》第60條,有"已有渡〔河〕(何)事在前"。應據改。

4.第6條:冏又嘗採鍾乳,有瑞應事,〔亦〕(子)見于後。(23)

　　按:青蓮院本原作"冏又嘗採鍾乳有瑞應事子見午後"。牧田本脫"子",誤。孫本改"子"為"亦",是。然"午"逕作"于"。應出校。

5.第7條:萬壽請〔假〕(暇)還都。〔假〕(暇)盡反。比四更中過大江,天極清清。(24)

　　按:青蓮院本原作"[伏]萬壽請暇還都暇盡及比四更中過大江天極清清"。《珠林》卷二七《至誠篇·感應緣》(出《冥祥記》)作"假說反州,四更初過"。牧田本據改作"暇盡反州比,四更中過大江"。然時揚州治建康,伏萬壽隨臨川王劉義慶鎮廣陵,伏萬壽回廣陵不得稱"反州"。又,孫本讀"及"為"反",恐受牧田本影響,不妥。再者,"假"、"暇"意通,似不必出校。愚意青蓮院本不誤,此句當讀為:萬壽請暇還都,暇盡。及比四更中過大江,天極清清。

6.第9條:梁聲居河北虜界,復叛歸南。(25)

　　按:如前述,青蓮院本"復"、"後"兩字形同難辨,此條之"復",應讀為"後"。

7.第14條:賊去,解髮〔視〕(祖)函,函形如故。(27)

　　按:青蓮院本原作"解髮視函",不誤,孫本誤讀。

8.第15條:[高]苟即悚惕,起誠念,一心精至,晝夜不息。(28)

　　按:青蓮院本原作"苟即悚偏起誠念一心獨至"。牧田本"偏"逕作"惕",未出校,又誤讀"獨"為"精"。孫本同。愚意青蓮院本不誤,此句當讀為:苟即悚,偏起誠念,一心獨至。

9.第15條:於是須令絞殺,繩又等斷。(28)

　　按:"等斷",難解,當是"寸斷"之誤。《觀音義疏》卷上高苟應驗故事(出《應驗傳》)中作"下刀刀折,絞之寸斷",可資參考。

10.第16條:〔宋〕(宗)泰始之初,四方兵亂。沈文秀作青州,爲〔士〕(土)人明僧〔暠〕(駿)所〔攻〕(政)。(29)

孫本校注稱:明氏爲平原人,歷代士宦,故"土"應爲"士"之誤。

按:青蓮院本作"土人",不誤。"土人",是南北朝時期青齊地區的豪强武裝勢力。《宋書》卷八八《崔道固傳》稱:道固"景和元年(465),出爲寧朔將軍、冀州刺史,鎮歷城。泰始二年(466),(中略)時徐州刺史薛安都同逆(支持劉子勛,反對宋明帝),上(宋明帝)即還道固本號爲徐州代之。道固不受命,遣子景微、軍主傅靈越率衆赴安都。既而爲土人起義所攻,屢戰失利,閉門自守。會四方平定,上遣使宣慰,道固奉詔歸順。先是與沈文秀(宋青州刺史)共引虜。虜既至,固守拒之,因被圍逼。"據唐長孺《北魏的青齊土民》一文,④《崔道固傳》中所稱的"土人",其首領不是青州的土著,而是由河北南遷的豪族,勢力最强者有崔、房、王三家。明氏亦是由冀州平原南遷青齊的豪族,又與崔家是至親。又,《北史》卷三一《高允傳附族弟高遵傳》中,説他爲齊州刺史時,"其妻明氏,家在齊州,母弟舅甥,共相憑屬,爭取貨利,嚴暴非理,殺害甚衆。"這一些都可以看出明氏爲當地大豪强,與崔、房、王諸家一樣,是被稱爲"土人"的豪强武裝勢力。宋明帝派明僧暠爲青州刺史,也是旨在利用當地豪强勢力。明僧暠與沈文秀相攻之事,見《宋書》卷八八《沈文秀傳》。

11.第16條:游聞此聳然,於是釋疑。〔杲〕(果)以齊永明十年作臨汝公輔國功曹,爾時在姑熟識游。(29)

按:青蓮院本原作"游[敬安]聞此聳然於是□進果以齊永明十年作臨汝公輔國功曹爾時在姑熟識游"。"□",青蓮院本較難識讀,然其左爲"米"字旁無疑,右邊似將"睪"修改成了"青",似可確認其爲"精"字。如此,則是誤"精"爲"釋"也。青蓮院本中尚有誤"釋"爲"精"者。如《繫》第67條青蓮院本作"青州白苟寺道人精惠緣","精惠緣"顯係"釋惠緣"之誤。又,"疑"字,青蓮院本作"進",是,孫本誤讀。故孫本"釋疑"二字是"精進"之誤。如此,方與下文的"何起事佛"、"從是不敢爲罪"等句文義相合。另外,牧田本將這一段校讀爲"游聞此聳然於是釋。惟〔杲〕(果)以齊永明十年作臨汝公輔國功曹爾時在姑熟識游",亦誤。此句應讀爲:游聞此聳然,於是精進。云云。

12.第16條:親〔覩〕(都)司馬氏事,乃知聖神去人,極自不遠,迁婦送心,明見〔感〕(咸)激。(29)

按:"迁",青蓮院鈔本作"远"。牧田本據文義讀成"迁"。孫本從之。然《繫》第28條高度偷絹應驗故事中,"取三百匹"之"匹",字形與之完全相同。故"迁婦送心",誤,當爲"匹婦送心"。

13.第17條:子敖雖知必死,猶至心念觀世音。即救濟。(30)

按:"即救濟",難解,實爲"願救濟"之誤。青蓮院本作"願"爲"即"者尚有以下數例:

《繫》第49條"乃映觀世音,又禮十方佛,以一大石置前,致即曰:……"(孫本疑當作"祝",非);《繫》第49條"若心即獲果,此石當〔破〕(故)為二";《繫》第63條"燃燈乞即";補遺第2條"大王請法師發即懺悔"。以上數例中的"即"皆當為"願"之誤,或是俗字,孫本均未校出。

14.第17條:時虜主自監,見驚何故。子〔敖〕覺□,忽道能作馬鞍,虜主即便置之。(30)

　　按:青蓮院本原作"時虜主自監見驚何故子覺那忽道能作馬鞍虜主即便置之"。牧田本"子覺"逕作"不覺",未出校。愚意"子"當是"不"之誤,同牧田本;"那"當是"敖"之誤。若是,則此句當讀為:時虜主自監,見驚,何故〔不〕(子)覺〔敖〕(那)忽道能作馬鞍,虜主即便置之。

15.第18條:都下眾造寺。惠和道人〔宋〕(宗)泰始、義〔嘉〕時〔未〕(來)出家,為南賊劉胡下都參〔軍〕。(31)

　　按:"惠和道人",本條下文及《珠林》卷二七《至誠篇‧感應緣》、《法華傳記》卷五、《廣記》卷一一一均作"慧和",應據改。又,此句當句讀為:都下眾造寺慧和道人,〔宋〕(宗)泰始、義〔嘉〕時〔未〕(來)出家,為南賊劉胡,云云。

16.第18條:為南賊劉胡下都參〔軍〕,值〔諜〕來著親林,被捉,便欲斫頭。(31)

　　按:青蓮院本原作"為南賊劉胡下都參值來著親林被捉便欲斫頭"。孫本"參"下補"軍",稱據《法華傳記》卷五補。然《法華傳記》卷五作"為南賊劉胡下都參值諜來著新林被捉便欲斫頭",無"軍"字,孫本誤。《珠林》卷二七《至誠篇‧感應緣》(出《冥祥記》)作"胡當遣將士數十人值諜東下,和亦預行"。"參值"當與"值諜"義同,即從事間諜工作。又,"親林",顯係"新林"之誤。青蓮院本在"親"字左側畫有圈點"○",于此行下相當于版本的地腳處有同一筆跡所書的"新"字,表示修正。應據改。新林,在今南京市西南,有小水源出牛首山,西流入江,古名新林浦,亦名新林港。南朝齊永明五年(487)在此置新林苑。梁大寶二年(551)侯景從建康出,自石頭至新林,舳艫相接。為六朝時期都城建康的重要港浦之一(見正史及歷代建康地志)。此句當讀為:為南賊劉胡下都參值,來著新林,被捉,便欲斫頭。

17.第19條:即時鑽械自脫,戶自開,光便〔去〕。〔蓋〕護出去,隨光而走,得廿里地,於是光滅。(32)

　　按:青蓮院本原作"即時鑽械自脫戶自開光便放護出去隨光而走行得廿里地於是光滅"。孫本于"便"下補"去",稱據《法華傳記》卷五。然《法華傳記》卷五作"諸戶自開,便引護出去",青蓮院本"放"當是"引"之誤,應據改。又,青蓮院本中"走"與"得"之間有圈點"○",右側空處同筆書"行",當為補字。孫本未留意,應補。此句當讀為:即時鑽械自脱，戶自開，光便〔引〕(放)〔蓋〕護出去，隨光而走，行得廿里地，於是光滅。

18.第19條：護〔亦〕(心)宿〔草〕中，明日徐去，得免。(32)

按：青蓮院本原作"〔蓋〕護心宿中明日徐去得免"。《法華傳記》卷五作"護止宿草中"。孫本"宿"下據補"草"，是。然改"心"為"亦"，不妥。應據改為"止"。

19.第21條：庫吏姓夏，應死，明日見殺。令夜夢見一道人，直來其前。(33)

按："令夜"顯係"今夜"之誤，與"明日"相對。

20.第21條：因覺起，見所住檻北有四尺許〔開〕(同)。(33)

按：青蓮院本原作"因覺起見所住檻北有四尺許開"，不誤。孫本誤讀"開"為"同"，又臆改"同"為"洞"。

21.第21條：處處藏伏，暝投宿下駕山，見有如道人共水邊坐。(33)

按：青蓮院本中"數"均作"如"，當是經生所用俗字。近代亦有以"如"為"數"者，如惟光《金陵梵刹志》後序中"影印如千部以詒當世"等。"如道人"是"數道人"之誤。

22.《繫》第21條：得免後，守人遇攻，〔自〕(目)首，出爲秘書令吏。(33)

按："目"，青蓮院本原作"因"，青蓮院本"因"均作"冃"。孫本誤讀為"目"，又臆改為"自"，非。又，"出為"，指離開京師外任，夏某投獄前為會稽庫吏，出獄後為秘書令吏，不能用"出為"。此句當應讀為：得免後，守人遇攻，因首出，為秘書令吏。

23.第22條：忽夢見其所作像來至獄中，以手摩其頸間："汝怖不？"(34)

按：《高僧傳》卷十三《釋僧洪傳》作"手摩洪頸，問：怖不？"《法華傳記》卷五(出《高僧傳》)作"以手摩洪頭，問：汝怖不？""間"顯是"問"之誤，應改。青蓮院本誤"問"為"間"者，尚有《繫》第20條"〔問〕(間)李何以不去"。

24.第23條：坐曹賊失守，繫江陵獄。(35)

按："曹"，牧田本改作"遭"，是。應據改。

25.第24條：〔孜〕(攻)〔敬〕以輒殺人十一，以此得罪。(36)

按：楊孜敬以殺人得罪，未必要言其殺人十一之數。此處"殺人十一"當是"殺人士"之誤。《珠林》卷十七《敬法篇·觀音驗》(出《冥祥記》)有"楊以輒害范元之等"。此處"人士"當指范元之等。

26.第24條：作此密念，便晝夜專誠。得十日後，忽夜三更中，夢見觀世音。(36)

按：青蓮院鈔本在"得十日"與"後"之間有圈點"〇"，右側空處同筆書"得十日"，應是補寫。此句當作：作此密念，便晝夜專誠，得十日。得十日後，忽夜三更中，夢見觀世音。

27.第27條：王葵，陽平人也。魏虜〔嘗〕(當)欲殺。足鎖械，內〔土〕(之)硎裏。(38)

按:"足"字,青蓮院本字雖不很清楚,但仍可辨認出是修正後的"之"。又,孫本改"之"為"土",誤,青蓮院本作"之"。"内",通"納"。故此句當讀為:王葵,陽平人也。魏虜[嘗](當)欲殺之,鎖械,内之硎裏。

28.第32條:會[張]崇啓至,即還復賒[朱]齡石。亦終能至到,兄弟有功名。(40)

按:"賒",青蓮院本原作"縣"。青蓮院本中"縣"多作"縣",如:《續》第2條"張展者,廣寧郡人也,為縣吏";《繫》第47條"裴安起為成都縣堺起一[塔](增)";第48條"縣[遣](造)監司追討"。縣均作"縣"。本條朱齡石投獄前為武康縣令,申冤後復還為縣令,文意相合。此句當讀為:會崇啓至,即還復縣。齡石亦終能至到,兄弟有功名。

29.第33條:唯存念觀世音,得數十日。然便寸寸自折。不□,輒去以語主[帥](師)。(40)

按:"□",青蓮院本此字左半難識,右半作"攵",據文意當是"敢"。若是,則此句可讀為:唯存念觀世音,得數十日,然便寸寸自折。不敢輒去,以語主[帥](師)。

30.第38唐永祖條。(42—43)

按:青蓮院本目録作"唐永祖",正文中五處均作"唐蒸相"。孫本據目録改正文第一行、第六行為"唐永祖",是。第二行、第三行、第四行改作"丞相",非。從文意上來判斷,此數處均是人名,而非"丞相",故均應改作"永祖"。

31.第38條:孝武嘆曰:"我欲殺偷,不知佛又何意念念。今亦害,違佛。"即勅放出。(43)

按:"今亦害,違佛",難解。疑行文前後顛誤,或作"今害亦違佛"為是。

32.第39條:[韓][幼](幻)宗作湘州府中[正](立)。昇明元年,荆州刺[史](吏)沈攸之下代朝廷湘府長史,庾佩玉據州中[正](立)。(43)

按:"[幼](幻)宗作湘州府中[正](立)"一句,青蓮院本原作"幻宗作湘州府中丘く"。《珠林》卷二七《至誠篇·感應緣》(出《冥祥記》)作"宋末,為湘州府中兵"。鈔本中的"丘く"顯係"兵"字。參見前述《續》2。又,青蓮院本"庾佩玉據州中立",不誤。昇明元年(477)冬,車騎大將軍、荆州刺史沈攸之舉兵反順帝,這是這則應驗故事的背景。《宋書》卷十《順帝紀》中稱:"湘州行事庾佩玉擁衆懷貳"。《宋書》卷七四《沈攸之傳》中亦稱:沈攸之"遣使要雍州刺史張敬兒、梁州刺史范伯年、司州刺史姚道和、湘州行事庾佩玉、巴陵内史王文和等。敬兒、文和斬其使,馳表以聞。伯年、道和、佩玉懷兩端,密相應和。"均可覺察得出庾佩玉所謂"中立"的立場。所謂"中正",原為曹魏以來州郡負責評定地方上的俊秀(其實主要是評定士族的家格)、向政府推薦人才的貴族高官,南朝宋時已基本上名存實亡。即使"中正"還在起着作用的話,也非韓幼宗、庾佩玉之流所能任者。孫本改"中兵"、"中立"為"中正",過于臆斷。

33.第44條:隨師在冀州遊學。值佛佛虜後破州,憶百姓〔非〕(飛)死,慧標怖急,唯歸念觀世音。(46)

按:"憶",難解,或為"境"之誤。若是,則此句可讀為:值佛佛虜後破州境,百姓〔非〕(飛)死。慧標怖急,唯歸念觀世音。

34.第45條:〔樂〕(率)苟亦事佛,嘗作富平令。先征虜,終小失利。舫被火燒,賊又見逼。正在江漲,風浪火起。(46—47)

按:"先征虜,終小失利",青蓮院本原作"先征虜脩小失利"。《珠林》卷十七《敬法篇·感應緣》(出《冥祥記》)作"先從征虜循,值小失利"。從後文"舫被火燒"、"正在江漲,風浪大起"、"大〔軍〕遣船迎敗者"等來看,戰場似在江南,"虜脩"為"盧循"之誤的可能性極大。盧循,即東晉末年孫恩起義的後繼者,曾在潯陽江頭與鎮南將軍何無忌軍大戰。又,"風浪火起"當是"風浪大起"之誤。富平縣,前後有數處,其地均在西北。《珠林》作"晉樂苟,不知何許人也,少奉法,嘗作富平令。"樂苟或是南歸人,或富平縣有誤。此句當讀為:〔樂〕(率)苟亦事佛,嘗作富平令。先征盧循,小失利。舫被火燒,賊又見逼。正在江漲,風浪大起。

35.第46條:虎因柵作一小〔穴〕(穿),足得通人。(48)

按:孫本據《觀音義疏》卷上改"穿"為"穴"。青蓮院本文意不誤,似無改之必要。

36.第48條:作此念已,忽然山頭有小光。追者疑異,即往圍之。(49)

按:青蓮院本"小"與"光"之間有圈點"〇",右側空處同筆書"火",當是補字。因此,此句應是:忽然山頭有小火光。

37.第49條:以一大石置前,至即曰:"……若心即獲果,此石當〔破〕(故)爲二片。"旋一通石即成兩。(50)

按:《珠林》卷六五《敬法篇·感應緣》(出《冥祥記》)作"發誓顧言,……若心顧獲果,此石當分為二。"據此,前二"即"字為"顧"之誤,請參見前述《繫》13。"片",青蓮院本作"行",孫本誤讀。又,"通",青蓮院本作"迹",是匝之異體字。此句當讀為:至〔顧〕(即)曰:"……若心〔顧〕(即)獲果,此石當〔破〕(故)為二。"行旋一迹,石即成兩。

38.第50條:虜軍覺之,馬騎亂,遂相去少許,而策馬終不能及。(51)

按:"遂",當為"逐"之誤。"亂"有紛紛、錯綜之意,"馬騎亂逐"成句。《繫》第69條中有"虎狼亂走"。丘遲《與陳伯之書》中有"雜花生樹,羣鶯亂飛"。

39.第51條:後羌主姚興將隨征魏虜,軍敗失馬,落在圍裏。(51)

按:牧田本句讀為"後,羌主姚興將,隨征魏虜。"亦難解。"後"下疑脫"為"字,若是,則此句可讀成：後〔爲〕羌主姚興將，隨征魏虜，軍敗失馬，落在圍裏。

40. 第 54 條：釋道明道人，先爲白衣。曾商行，道經武原水。在中遭劫，並舊舩物，順流乘去。(53)

　　　按：“舊”當爲“奪”之誤。《觀音義疏》卷上引陸杲《應驗傳》有“道明於武原劫奪船道往徑遇賊難”，可資參考。

41. 第 58 條：其中一人本事佛，知有觀世音，即相觀存念。於是皆從其語。(55)

　　　按：“觀”，當是“勸”之誤。“相勸存念”，才與下句“皆從其語”文意相合。

42. 第 58 條：欻然便聞有鈴聲，知是神異。〔隨〕(遂)聲而行，即便得出。(55)

　　　按：孫本改“遂”爲“隨”，非，當是“逐”之誤。青蓮院本誤“逐”爲“遂”，尚有數例。《繫》第 50 條“虜軍覺之，馬騎亂遂。”《繫》第 59 條有“虎向前行，兩人遂之。”(孫本改作“隨”)同條又有“明日遂路自進，七日至仇池。”《繫》第 60 條有“忽見小光炯然，往就稍從，遂光得出。”(孫本改作“隨”)《繫》第 63 條有“忽見一光如柱，形長一丈，去己十步。疑是非常，便往就之，恒懸十步，而疾走不及。遂遂不已，得十日，至家。”以上“遂”字，均是“逐”之誤。

43. 第 59 條：忽有一虎出其前。同學嘆曰：“雖脱虜，〔復〕(得)入虎口。”僧朗曰：“不爾，若我等至心無感，昨不應見神光令過。此虎亦是聖人示吾我也。”(56)

　　　按：《續高僧傳》卷二五《魏涼州沙門釋僧朗傳》作“朗曰：不如君言，正以我等有感，所以現光，今遇此虎，將非聖人示路也。”青蓮院本“令過”，顯係“今遇”之誤。牧田本逕作“今遇”，未出校。孫本未改，應據改。則此句應讀爲：不爾，若我等至心無感，昨不應見神光，今遇此虎，亦是聖人示吾我也。

44. 第 60 條：爲師道懿往河南霍山採鍾乳，與同學道朗等四人把炬採山穴。(57)

　　　按：“把炬採山穴”，孫本校語引《珠林》卷六五“持炬採穴”。《珠林》卷六五《救厄篇·感應緣》(出《冥祥記》)實作“持炬探穴”(日本《大正新修大藏經》本)，似以“探”爲佳。

45. 第 61 條：晉義熙中，從〔宋〕(宗)高祖征廣固，於道有〔勤〕(動)，轉爲隊副。(58)

　　　按：“動”，孫本改作“勤”。疑是“勛”或“功”之誤。

46. 第 61 條：恒念觀世音，如夢想得見。(58)

　　　按：此兩句應爲偈語部分。應綴于“由此故無識”之後。

47. 第 62 條：又問：“須見父不？”答曰：“即此何由可得？”(59)

　　　按：此條“即”爲“願”之誤，請參照前述《繫》13。又，“須”，青蓮院本作“湏”，亦疑爲“願”之誤，或是願之俗字。此句當讀爲：又問：“願見父不？”答曰：“願，此何由可得？”

48. 第 62 條：村鄰道路，莫不驚怪嘆息。(59)

按：“道路”，疑為“道俗”之誤。

49.第63條：唯有一子，〔甫〕(索)能教訓。兒甚有孝敬，母子慈愛，大至無倫。(60)

按：青蓮院本“索”，牧田本釋為彭城嫗子名“索”，非。孫本校為“甫”，不知何據，似亦不妥。“索”當是“素”之誤，“素能教訓”。

50.第63條：元〔嘉〕(熹)七年，兒隨〔劉〕(到)〔道〕產(之)伐虜。(60)

按：青蓮院本“到產之”，牧田本改作“劉產之”，疑“劉產之”即為梁南秦二州刺史劉道產，元嘉七年(430)被任為後軍將軍。(《宋書》卷六五《劉道產傳》)孫本從其說。均誤。“到產之”當是“到彥之”之誤。《南史》卷二五《到彥之傳》稱：元嘉“七年，遣彥之制督王仲德、竺靈秀、尹沖、段宏、趙伯符、竺靈真、庾俊之、朱脩之等北侵，自淮入泗。”北伐年代及進軍路線均與此條同，當是一事。應據改。

51.第63條：為虜所得。虜其叛亡，遂遠送北堺。(60)

按：“虜其叛亡”當是“慮其叛亡”之誤。

52.第63條：後夜，忽見一燈，顯其〔白〕(百)〔光〕(出)。誠往觀之，至輕，失去。(60—61)

按：青蓮院本“步”均誤作“出”，此處亦然，孫本改作“光”，誤。“百”，不誤。“百出”，即“百步”。又，“顯”當為“離”之誤；“誠”當為“試”之誤；“輕”當為“輒”之誤。如此，此句則可讀為：後夜，忽見一燈，〔離〕(顯)其百〔步〕(出)。〔試〕(誠)往觀之，至〔輒〕(輕)失去。

53.補遺第1條：其人語曰：“奈何如此觀世音之物，況逕兩三日而不諳乎？……將以明復來省矣，其勉勉。”(65—66)

按：青蓮院本前一“勉”字下是“く”，此處非重複號，當是“之”。見前述《續》2。

54.補遺第1條：此人須汲水如井〔間〕(向)，老人擔食，番伏于草下。(66)

按：孫本改“向”為“間”，誤。青蓮院本不誤，向，先前之意。又，“老人”，青蓮院本作“老翁”，孫本誤讀。此句應讀為：此人須汲水，如井。向老翁擔食，番伏于草下。

三、標點方面的問題

1.《續》第4條：一人獨奉法，便至急誦光世音。同坐者問之，對曰：“聞佛法經有光〔世〕〔音〕(意)菩薩濟人危難，故自歸耳，其便事事效之。”(13)

按：“其便事事效之”非“對曰”之言，是“同坐者”之行動。故此句當讀為：對曰：“聞佛法經有光〔世〕〔音〕(意)菩薩濟人危難，故自歸耳。”其便事事效之。

2.《繫》第8條：法純得便分載人柱。方舡徐濟後，以舡遍示郭野，竟至無主。(24)

按：此句當讀為：法純得便分載人柱，方舡徐濟。後以舡遍示郭野，竟至無主。

3.《繫》第 15 條：或曰："汝不聞西方有無量佛國，有觀世音菩薩，救人有急難歸依者，無不解脱。"(28)

　　按：此句當讀為：有觀世音菩薩，救人有急難，歸依者無不解脱。

4.《繫》第 16 條：爾時在姑熟識遊[敬安]，問其何起事佛見？答："少作將，本無信情，云云。"(29)

　　按：此句當讀為：問其何起事佛，見答："少作將，本無信情，云云。"

5.《繫》第 48 條：姚氏伴悉得走，唯提得姚氏，還，依法女即出家精進。(49)

　　按："依法"，是指依法懲罰罪人姚氏，非指毛女先前所發之願出家。故此句當讀為：姚氏伴悉得走，唯提得姚氏還依法。女即出家精進。

　　以上，從體例、校勘、標點三方面，對孫校《觀世音應驗記》(三種)中存在的一些問題作了探討。正像本稿前文中所指出的那樣，青蓮院所藏的《觀世音應驗記》是一個手抄的卷子，錯訛極多。雖經牧田諦亮、孫昌武的兩次校點，但明顯的錯訛仍有 70 餘處之多。筆者以上的一些意見，希望能爲正確地利用《觀世音應驗記》提供一些幫助，提供一些進一步研究的綫索。青蓮院鈔本中難以識讀、難以理解的字句仍然很多，這只能期待于今後不斷地研究和努力了。

一九九八年一月第一稿
二〇〇〇年五月修訂稿

① 塚本善隆《古逸六朝〈觀世音應驗記〉の發現—晉·謝敷、宋·傅亮の〈光世音應驗記〉》，載《京都大學人文科學研究所創立二十五周年紀念論文集》，京都，1954 年。牧田諦亮《六朝古逸觀世音應驗記の研究》(平樂寺書店，京都，1970 年)，其中，《〈觀世音應驗記〉解説》一篇頗爲詳細。
② 例如，王枝忠著《漢魏六朝小説史》(中國小説史叢書，杭州，浙江古籍出版社，1997 年)等。
③ 關于《觀世音應驗記》的發現、研究及其在六朝隋唐時期的著録和流布，請參照拙稿《〈觀世音應驗記〉の六朝隋唐時代における著録と流布》(載(財團法人)古代學協會編《古代文化》第 51 卷第 6 號，1999 年 6 月，京都)以及《〈觀世音應驗記〉的發現、研究及其在六朝隋唐時期的著録和流布》(傳統文化研究會編《傳統文化研究》第七輯，蘇州，古吳軒出版社，1999 年 12 月)。
④ 唐長孺《北魏的青齊土民》，收于唐長孺著《魏晋南北朝史論拾遺》，北京，中華書局，1983 年。

《魏書》諸紀時誤補校（續四）

牛繼清　張林祥

44.（正始三年）九月癸酉，邢巒大破衍軍於宿豫……己丑，中山王英大破衍軍於淮南……丁酉，夜遁走，郢州刺史婁悦追擊，破之。戊申，蠕蠕國遣使朝貢。己未，征虜將軍趙遐大破衍衆於灉城桑坪。

十有一月甲子，帝爲京兆王愉、清河王懌、廣平王懷、汝南王悦講《孝經》於式乾殿。（卷八頁 203）

按九月癸亥朔，癸酉十一日，己丑二十七日，已近月尾，本月無丁酉、戊申、己未三日。下接"十有一月甲子"條，前不著"冬"字，於例不符。則"丁酉"上當脱"冬十月"三字，十月壬辰朔，丁酉初六日，戊申十七日，己未二十八日，是。《資治通鑑》卷一百四十六梁紀二"丁酉"、"戊申"事繫十月條下，確。

45.（宣武帝永平元年）九月辛巳朔，李平大破元愉於草橋。丙戌，復前中山王英本封。壬辰，蠕蠕國遣使朝貢。定州刺史、安樂王詮大破元愉於信都北。戊戌，殺侍中、太師、彭城王勰。辛丑，詔赦冀州民雜工役爲元愉所誑誤者，其能斬獲逆黨，別加優賞。癸卯，李平克信都，元愉北走，……庚子，郢州司馬彭珍、治中督榮祖謀叛……。（卷八頁 206）

按九月辛巳朔，"庚子"（二十日）不當在"辛丑"（二十一日）、"癸卯"（二十三日）之後，失序。疑前辛巳、丙戌、壬辰、戊戌、辛丑、癸卯諸日連叙平元愉之叛事，一氣貫穿，致"庚子"事誤置於後。《資治通鑑》卷一百四十七梁紀三亦誤。

46.（永平二年正月）丙申，中山王英進逼蕭衍長薄戍，戊戌，宵潰，殺傷千數。丁酉，拔武陽關，擒衍……二十六將。（卷八頁 207）

按是月己卯朔，"丁酉"（十九日）不當在"戊戌"（二十日）後，《資治通鑑》卷一百四十七梁紀三作："戊戌，長薄潰。馬廣遁入武陽，英進逼之……六日而拔。"自非"丁酉"可知。"丁未"後"戊戌"九日，又在正月内（二十九日），行軍"進逼"加"六日而拔"與之相當，疑"丁酉"爲"丁未"之訛。

47.（孝明帝熙平二年正月）庚寅，詔遣大使巡行四方，問疾苦，恤孤寡，黜陟幽明。……癸丑，地伏羅、罽賓國並遣使朝獻。二月庚子，契丹、鄧至、宕昌諸國並遣使朝獻。丁未，封御史中尉元匡爲東平王。（卷九頁 225）

按正月癸亥朔，庚寅二十八日，已近月尾，是月無癸丑。二月壬辰朔，庚子初九日，丁未十六日，而癸丑二十二日，是癸丑亦難在二月。原文必有竄亂。

48.（熙平二年）秋七月乙丑，地伏羅、罽賓國並遣使朝獻。乙亥，中書監、儀同三司、汝南王悦坐殺人免官。以王還第。己巳，車駕有事於太廟。（卷九頁 226）

按七月庚申朔，"乙亥"（十六日）不當在"己巳"（初十日）之前，失序。《北史》卷四《魏本紀四》同誤。

唐前《國語》舊注考述

李 步 嘉

《新唐書·藝文志》、鄭樵《通志·藝文略》、馬端臨《文獻通考·經籍考》均著録唐柳宗元《非國語》二卷，①《通志》又于宋庠《國語補音》三卷下著録《國語音略》一卷，《通考》引陳振孫云：

> 近世傳舊音一卷，不著撰人名氏，蓋唐人也。

則《通志》所謂《國語音略》，即陳振孫云唐人《國語》舊音。此唐人論議與音釋事關《國語》一書者。唐前《國語》舊注，《隋書·經籍志》著録凡六種，附于"經部·春秋"類之後：

> 《春秋外傳國語》二十卷　賈逵注。
>
> 《春秋外傳國語》二十一卷　虞翻注。
>
> 《春秋外傳章句》一卷　王肅撰。梁二十二卷。
>
> 《春秋外傳國語》二十二卷　韋昭注。
>
> 《春秋外傳國語》二十卷　晋五經博士孔晁注。
>
> 《春秋外傳國語》二十一卷　唐固注。

《隋志》中《國語》卷數不同，《四庫全書總目提要》已有論説，以爲無關宏旨。②劉知幾《史通》云：

> 《國語》家者，其先亦出于左丘明。既為《春秋内傳》，又稽其佚文，纂其别説，分周、魯、齊、晋、鄭、楚、吳、越八國事，起自周穆王，終于魯悼公，别為《春秋外傳國語》，合為二十一篇。其文以方《内傳》，或重出而小異。然自古名儒賈逵、王肅、虞翻、韋曜之徒，並申以注釋，治其章句，此《六經》之流，三傳之亞也。③

《史通》所言唐前《國語》舊注，未出《隋志》著録的範圍。以上諸家《國語》注，留存至今者，僅韋昭《國語解》，然在東漢，與賈逵同時而稍後，尚有鄭衆《國語章句》一種。韋昭《國語解叙》云：

> （《國語》）遭秦之亂，幽而復光，賈生、史遷頗綜述焉。及劉光禄于成帝世始更考校，是正疑謬。至于章帝，鄭大司農為之訓注，解疑釋滯，昭晰可觀，至于細碎，有所闕略。侍中賈君敷而衍之，其所發明，大義略舉，為已憭矣，然于文間時有遺忘。建安、黃武之間，故侍御史會稽虞君、尚書僕射丹陽唐君皆英才碩儒，洽聞之士也，采摭所見，因賈為

主而損益之。(中略)今諸家並行,是非相貿,雖聰明疏達識機之士知所去就,然淺聞初學猶或未能祛過。切不自料,復為之解,因賈君之精實,采虞、唐之信善,亦以所覺,增潤補綴。④

《國語》與《左傳》大致相同,約至東漢初方顯于世。宋庠《國語補音·序》稱:

當漢出《左傳》,不立學官,故此書亦勿顯。逮東漢《左傳》漸布,《國語》亦從而大行。

東漢鄭衆之學出自其父鄭興,鄭興之學則出自劉歆,《後漢書·鄭興傳》云:

少學《公羊春秋》,晚善《左氏傳》。遂積精深思,通達其旨,同學者皆師之。天鳳中,將門人從劉歆講正大義,歆美興才,使撰條例、章句、傳詁,及校《三統歷》。

《後漢書·鄭衆傳》未記鄭衆撰《國語章句》事,⑤唯言"明《三統歷》,作《春秋難記條例》,兼通《易》、《詩》,知名于世。(中略)建初六年,代鄧彪為大司農。(中略)在位以清正稱。其後受詔作《春秋刪》十九篇。八年,卒官。"據上引韋昭《國語解序》,鄭衆在章帝時先有《國語》訓注,賈逵其後"敷而衍之",按:敷衍一語本謂鋪叙引申,《宋史·范冲傳》云:

上雅好《左氏春秋》,命冲與朱震專講。冲敷衍經旨,因以規諷,上未嘗不稱善。⑥

但據《後漢書·賈逵傳》,賈逵之注成于鄭衆之前,《賈逵傳》云:

賈逵字景伯,扶風平陵人也。九世祖誼,文帝時為梁王太傅。(中略)父徽,從劉歆受《左氏春秋》,兼習《國語》、《周官》,(中略)逵悉傳父業,弱冠能誦《左氏傳》及《五經》本文,以《大夏侯尚書》教授,雖為古學,兼通五家東漢《穀梁》之説。自為兒童,常在太學,不通人間事。身長八尺,諸儒為之語曰:問事不休賈長頭。性愷悌,多智思,儘儻有大節。尤明《左氏傳》、《國語》,為之《解詁》五十一篇,永平中,上疏獻之。顯宗重其書,寫藏秘館。

賈逵之父賈徽從劉歆學《國語》,據韋昭説《國語》"劉光禄于成帝世始更考校",或歆之《國語》學出自劉向。上《賈逵傳》稱,賈逵上疏獻《左氏傳》及《國語》五十一篇,李賢注:"《左氏》三十篇,《國語》二十一篇也。"獻《國語解詁》時間是在"永平"中,"永平"是東漢明帝年號,永平元年為公元五十八年,上引韋昭説鄭衆之《國語》注作于章帝時,《後漢書·章帝紀》記章帝即位年號為建初元年,而建初元年為公元七十一年,則賈逵《國語》解詁當在鄭衆《國語》章句之前。

關于賈逵《國語》解詁作于鄭衆之前事,未見前人有説,拙見以為《後漢書》記述為是,《國語》韋昭《解叙》所説鄭、賈作《國語》注之時間似當另尋別解。這是因為,第一,鄭衆、賈逵皆為東漢大儒,鄭衆父鄭興學于劉歆,賈逵父賈徽亦學于劉歆,而鄭、賈門户不同。《後漢書·鄭興傳》明言"興好古學,尤明《左氏》、《周官》,長于歷數,自杜林、桓譚、衛宏之屬,莫不斟酌焉。世言《左氏》者多祖于興,而賈逵自傳其父業,故有鄭、賈之學。"賈學之傳人賈逵,作《國語》解詁，不但時間早于鄭衆之作《國語》章句，而且賈徽從劉歆受業，明有《國語》，則韋昭"敷而衍之"之語，乃謂賈逵解詁敷衍《國語》本文，非謂疏補鄭衆《國語》章句，否則，賈學門户何以得立？ 第二，鄭、賈同時人，《賈逵傳》記賈逵"永元十三年卒，時年七十二。"《鄭衆傳》記鄭衆"（建初）八年，卒官"，不言得壽幾何，雖鄭先逝十八年，然賈卒年七十有二，知逵亦非衆之晚輩。上《國語解叙》稱漢末、三國之初，虞翻、唐固注《國語》皆"因賈爲主而損益之"，韋昭《國語解》則"因賈君之精實，采唐、虞之信善"，此益信東漢賈學《國語》顯于鄭學《國語》之證。則《國語解叙》非謂鄭衆《國語》訓注開注釋《國語》之先河，而賈逵次之。第三，驗以韋昭《國語解》中實際引據例證，多以賈説長于鄭説，如《周語上》："侯、衛賓服"，韋昭解："侯，侯圻也。衛，衛圻也。言自侯圻至衛圻，其間凡五圻，圻五百里，五五二千五百里，中國之界也。謂之賓服，常以服貢賓見于王也。（中略）凡此服數，諸家之説皆紛錯不同，唯賈君近之。""諸家之説"，當包括鄭司農説，鄭説韋解嘗引之。又《周語中》："鄭伯南也，王而卑之，是不尊貴也。"韋昭解："賈侍中云：'南者，在南服之侯伯也。'或云：'南，南面君也。'鄭司農云：'南謂子男。鄭，今新鄭。新鄭之于王城在畿内，畿内之諸侯雖爵有侯伯，周之舊法皆食子男之地。'昭案：《内傳》，子産争貢，曰：'爵卑而貢重者，甸服也。鄭伯男也，而使從公侯之貢，懼弗給也。'以此言之，鄭在男服，明矣。"清董增齡《國語正義》："'男'、'南'古通字，（中略），賈侍中云：'南者，在南服之侯伯也。'《左傳》疏引鄭衆、服虔之訓同。或以南爲南面之君。襄王爲天下共主，向明而治，鄭伯可施之于臣民，而不可稱之于王前，門西北面東上有定位也。鄭司農謂南爲子男，畿内諸侯皆子男之地，但男爲五等之最卑，豈反膺受尊貴之目乎？ 故韋不從之。"[7]此賈説長于鄭説例。

　　賈逵《國語解詁》，有清王謨《漢魏遺書鈔》輯本、黄奭《漢學堂叢書》輯本、馬國翰《玉函山房輯佚書》輯本、蔣曰豫《蔣侑石遺書》輯本；鄭衆《國語章句》，有以上馬、黄二家輯本。

　　韋昭《國語解》稱引舊説，或有稱"三君"，"三君"究爲何人？ 前人説法不同。《説文解字·韋部》"韎"段玉裁注：

　　　　三君注《國語》云：一染曰韎。

段注引此條見于《國語·晋語六》"有韎韋之跗注"句下韋昭解引。檢桂馥《義證》、王筠《句讀》皆同段氏，稱引時徑作三君云云。最早以賈逵、唐固、虞翻三人爲三君者，見于王謨《漢魏遺書鈔》，其云：

　　　　李善注《文選》每並引賈逵、韋昭《國語》注，而韋解多即賈注。其稱賈、唐二君，蓋兼唐固，或稱三君，則兼虞翻也。

王謨爲乾隆進士，其後嘉慶舉人汪遠孫作《國語三君注輯存》，其《序》云：

　　　　三君者，後漢侍中賈君逵、吴侍御史虞君翻、吴尚書僕射唐固也。韋宏嗣摭三君並

　　　參以己意,成《國語解》二十一卷。

侯康《補三國藝文志》與馬國翰《玉函山房輯佚書》説同于王謨,以三君即賈、唐、虞三人。

　　　與王謨三君説不同,清黄奭認爲三君乃鄭衆、賈逵、唐固三人。《黄氏遺書考·子部鈎沉·鄭衆國語解詁》首條《周語上》:"周之興也,鸑鷟鳴于岐山"句下,韋解引三君云:"鸑鷟,鳳之別名也",黄氏小字注云:

　　　　　案:三君,謂鄭、賈、唐也。

黄氏以鄭、賈、唐爲三君,不言所據,驗以韋解本文,黄説似出以下數條,《國語·周語中》:

　　　　　周文公詩曰:兄弟鬩于墻,外禦其侮。

韋昭解:

　　　　　文公之詩者,周公旦之所作《棠棣》之詩是也。(中略)鄭、唐二君以為《唐棣》穆公所作,失之,唯賈君得之。

此條韋解稱鄭、唐二君連言,又稱賈君,故黄氏或據此説,又《國語·周語下》:

　　　　　其詩曰:昊天有成命,成王不敢康。

韋昭解:

　　　　　言昊天有所成之命,文、武則能受之。謂修己自勸,以成其王功,非謂周成王身也。賈、鄭、唐説皆然。

此條韋解稱引未稱君,但賈、鄭、唐三人連稱,黄氏或以此爲三君之證。考韋昭《國語解》引前人注,或稱君,或稱官號。驗以實據,韋解引賈、虞、唐例多而引鄭、賈、唐例少。《國語·晋語二》:"里克曰:弑君以爲廉",韋昭解:

　　　　　賈侍中云:廉,猶利也。以太子故,弑君以自利。唐尚書云:為太子殺奚齊,不有其國,以為廉也。昭謂:是時太子未廢,獻公在位,而以君為奚齊,非也。君,獻公也。虞御史云:廉,直也,讀若闞廉之廉。此説近之。

此條韋解賈、虞、唐並引而從虞説。又《國語·晋語四》:"昔少典娶于有蟜氏,生黄帝、炎帝。"韋昭解:

　　　　　賈侍中云:少典,黄帝、炎帝之先。有蟜,諸侯也。炎帝,神農也。虞、唐云:少典,黄帝、炎帝之父。昭謂:神農,三皇也,在黄帝前。黄帝滅炎帝,滅其子孫耳,明非神農可知也。(中略)賈君得之。

此條韋解引賈、虞、唐而從賈説,亦虞與賈、唐並引之例。又《國語·晋語四》:"夫三德者,偃之所出也。"韋昭解:

　　　　　偃,狐偃。賈、唐云:三德,欒枝、先軫、胥臣,皆偃狐所舉。虞云:三德,謂勸文公納襄王以示民義,伐原以示民信,大蒐以示民禮。故以三德紀民。昭謂:欒枝等皆趙衰所進，非狐偃。三德紀民之語在下，虞得之。

虞翻、唐固皆吳人，于韋昭爲先輩，《三國志·虞翻傳》稱："爲《老子》、《論語》、《國語》訓注，皆傳于世。"《唐固傳》稱："(闞)澤州里先輩丹楊唐固亦修身積學，稱爲儒者，著《國語》、《公羊》、《穀梁傳》注，講授常數十人。"韋昭卒于吳末，其《國語》學當承吳國舊儒及漢先師，韋解稱引虞、唐之例遠多于鄭衆，"三君"當以王謨說爲是，黃氏之說非是。虞翻、唐固之《國語》注已久佚，現有馬國翰《玉函山房輯佚書》與黃奭《黃氏逸書考》輯本。

前引《隋書·經籍志》嘗著録王肅《春秋外傳章句》二十二卷，《舊唐書·經籍志》作"《春秋外傳國語章句》二十二卷王肅注。"《新唐書·藝文志》作"王肅《國語章句》二十二卷。"《三國志·王肅傳》不言肅撰《國語章句》，今存《國語》韋解中亦不見引，姚振宗《隋書經籍志考證》云：

> 按：韋宏嗣注書與王子雍同時而稍稍在其後，今考韋序但述鄭、賈、虞、唐四家，知其時王氏《章句》尚不傳江表。⑧

王肅本傳記肅"年十八，從宋忠讀《太玄》，而更爲之解"句下，裴松之注：

> 肅父朗與許靖書云：肅生于會稽。

則王肅爲王朗任會稽太守時所生，亦嘗至吳國。肅本傳又稱：

> 初，肅善賈、馬之學，而不好鄭氏，采會異同，爲《尚書》、《詩》、《論語》、《三禮》、《左氏》解，及撰定父朗所作《易傳》，皆列于學官。

"賈馬"謂賈逵、馬融，"鄭"謂鄭玄，肅傳雖不言《國語章句》所承，或亦以賈學爲主。王朗由吳至魏，魏、吳爲敵國，肅之章句不傳東吳，姚振宗說是。今王肅《國語章句》一卷，有黃奭《漢學堂叢書》及《黃氏逸書考》輯本。

前引《隋書·經籍志》又著録"《春秋外傳國語》二十卷晉五經博士孔晁注。"《隋志》題作"晉五經博士"，嚴可均《全晉文》卷七十三載"孔晁"小傳云：

> 晁，泰始初爲五經博士，有《逸周書注》八卷。

孔晁正史無傳，考《晉書·傅玄傳》記晉武帝初受禪，玄上疏于帝，帝下詔答云：

> 近者孔氂、綦毋龢皆案以輕慢之罪，所以皆原，欲使四海知區區之朝無諱言之忌也。

"孔氂"即"孔晁"，《新唐書·藝文志》虞翻、韋昭《國語》注下題"孔氂《解》二十一卷"。嚴可均"晁，泰始初爲五經博士"語，蓋出自《傅玄傳》。姚振宗《隋書經籍志考證·經部二·書類》"梁有《尚書義問》三卷，鄭玄、王肅及晉五經博士孔晁撰，亡"條下云：

> 按：王肅《證聖論》中附馬昭駁孔晁答張融，評晁朋于王，蓋王之及門弟子也。王之弟子有孔猛者，孔子二十二世孫。晁不知其世系。

據姚氏所考，孔晁《國語》學當承王肅。孔晁《國語》注，今有馬國翰《玉函山房輯佚書》與黃奭

《黄氏逸書考》輯本。

　　唐前《國語》舊注《隋志》未著録者，上已有鄭衆《國語章句》一種，後漢楊終又有《改定春秋外傳章句》，《後漢書·楊終傳》：

　　　　著《春秋外傳》十二篇，改定章句十五萬言。永元十二年，徵拜郎中，以病卒。

楊終之《改定春秋外傳章句》，後人頗疑爲公羊之學，王先謙《後漢書集解》引周壽昌云：

　　　　案：終本傳未言習《春秋》何家，而考終上疏三引皆《公羊傳》語，知所治必《公羊春秋》，外傳及改定之章句，亦是《公羊》學也。

《楊終傳》傳首云：

　　　　楊終字子山，蜀郡成都人也。年十三，爲郡小吏，太守奇其才，遣詣京師受業，習《春秋》。

上周壽昌言"本傳未言習《春秋》何家"，蓋指此。按：周以本傳楊終上疏謂終習《春秋》乃《公羊春秋》，所説良是，然外傳及改定之章句，未必即《公羊》學。姚振宗《後漢藝文志》"楊終《春秋外傳》十二篇"條下云：

　　　　按：本傳是書成于還蜀後，中廢十五年。［終］先嘗承詔刪《太史公書》爲十餘萬言矣，此又似刪《外傳國語》二十一篇者爲十二篇。（姚自注：《漢志》又有劉向分《新國語》五十四篇，不知子山所刪爲何本。）時鄭、賈解詁已行世二十餘年，終既刪本文，故又改定其章句爲十五萬言，以爲一家之學歟？（姚自注：又按：史不曰刪而曰著，或如孔衍《春秋時國語》之類，若是，則改定章句十五萬言別爲一書。考終爲《公羊》家學，此所改定豈《公羊章句》歟？然史文合《外傳》而言，自以改定《外傳章句》爲近。⑨

姚氏雖疑，然置楊終此書于賈逵《春秋外傳國語解詁》之下，是以楊書爲《國語》學。按：東漢以來，《春秋外傳》特指《國語》而言，《論衡·案書篇》：

　　　　《國語》，《左氏》之外傳也，左氏傳經，辭語尚同，故復選録《國語》之辭以實。

《漢書·律曆志下》：

　　　　《春秋外傳》曰：少昊之衰，九黎亂德。

按：此見今本《國語·楚語下》，又《律曆志下》：

　　　　《春秋外傳》曰：顓頊之所建，帝嚳受之。

按：此見今本《國語·周語下》，則《春秋外傳》蓋指《國語》而言。《楊終傳》明言"《春秋外傳》"，則當爲《國語》學而非《公羊》之學。唯姚振宗説"時鄭、賈解詁已行世二十餘年"，實則賈注在明帝"永平"中上之，此時已行世三十餘年，姚氏亦失之考。楊終之書今未見輯本。

　　唐前《國語》舊注而《隋志》未著録者，又有孫炎《國語》注，《三國志·王肅傳》：

　　　　時樂安孫叔然，受學鄭玄之門，人稱東州大儒。徵爲秘書監，不就。肅集《聖證論》

以譏短玄，玄然駁而釋之，及作《周易》、《春秋例》、《毛詩》、《禮記》、《春秋三傳》、《國語》、《爾雅》諸注，又注書十餘篇。

孫炎因與晉武帝司馬炎同名，故以字行，爲鄭玄弟子，即舊説創反切者。孫炎《爾雅注》爲今存陸氏《經典釋文》、《爾雅》邢疏、孔氏《五經正義》、裴氏《史記集解》、章懷《後漢書注》、李氏《文選注》及《一切經音義》等書所引，而其《國語注》既不爲《隋志》所録，亦未見輯本。據上文，孫炎爲"樂安"人，後漢樂安屬青州，與北海爲鄰郡，故爲鄭玄弟子，蓋鄭玄乃青州北海高密人。《後漢書·鄭玄傳》稱："又樂安國淵、任嘏，時並童幼，玄稱淵爲國器，嘏有道德"，是玄有樂安弟子甚衆。雖未聞玄注《國語》，然玄治《春秋》有年，《鄭玄傳》稱："時任城何休好《公羊》學，遂著《公羊墨守》、《左氏膏肓》、《穀梁廢疾》，玄乃發《墨守》，針《膏肓》，起《廢疾》。休見而嘆曰：'康成入吾室，操吾矛，以伐我乎！'"疑孫炎《國語注》乃承鄭氏《春秋》學而另有其例，與賈、鄭、楊、王之注皆不同。

《隋志》未著録之唐前《國語》注，據清曾樸《補後漢藝文志並考》，[⑩]尚有服虔《春秋外傳國語注》，曾自注："卷數佚"，見于曾樸《後漢書藝文志並考·六藝志·内篇第一》，曾書例不注出處，則未詳所據。《後漢書·服虔傳》不言服有《國語注》，王先謙《集解》引諸家亦未及此，錢大昭《補續漢書藝文志》、侯康《補後漢書藝文志》、顧櫰三《補後漢書藝文志》、姚振宗《後漢藝文志》均未著録，或曾氏誤記。據《服虔傳》稱："少以清苦建志，入太學受業。有雅才，善著文論，作《春秋左氏傳解》，行之至今。"劉義慶《世説新語·文學》：

> 鄭玄欲注《春秋傳》，尚未成時，行與服子慎遇宿客舍，先未相識，服在外車上與人説己注傳義。玄聽之良久，多與己同。玄就車與語曰：吾久欲注，尚未了。聽君向言，多與吾同。今當盡所注與君。遂爲服氏注。

則服虔《左傳》義與鄭玄多同，若服氏有《國語注》，似當與孫炎注義近。

《隋志》未著録之唐前《國語》舊注，又有北魏劉芳撰《國語音》一卷。《魏書·劉芳傳》：

> 劉芳，字伯文，彭城人也，漢楚元王之後也。（中略）芳才思深敏，特精經義，博聞强記，兼覽《蒼》、《雅》，尤長音訓，辨析無疑。（中略）芳撰鄭玄所注《周官儀禮音》、干寶所注《周官音》、王肅所注《尚書音》、何休所注《公羊音》、范寧所注《穀梁音》、韋昭所注《國語音》、范曄《後漢書音》各一卷。（中略）延昌二年卒，年六十一。

劉芳原爲南朝劉宋國人，劉宋明帝泰始五年，也即北魏獻文帝皇興三年（469），慕容白曜寇山東，青、齊失守，劉芳遂淪爲魏民，《劉芳傳》云：

> 舅元慶，爲劉子業青州刺史沈文秀建威司馬，爲文秀所殺。芳母子入梁鄒城。慕容白曜南討青、齊，梁鄒降，芳北徙爲平齊民，時年十六。

《魏書·顯祖紀》"皇興三年五月"條：

　　　　五月,徙青州民于京師。

劉芳入魏蓋即此時。吳承仕《經籍舊音序錄》"韋昭《國語解》"條下云:

　　　　宋庠《國語補音序》曰:先儒未有為《國語音》者,近世傳舊音一篇,不著撰人名氏,尋
　　其說,蓋唐人也。黃丕烈校刊宋明道本《國語》,中有反語數條,與宋庠舊音一篇之說不
　　相應,疑非唐人所為,亦不得目為韋作。然昔人引韋昭音,間有不標出處者,不審出自何
　　書,故仍列《國語解》之目于此。⑪

按:宋庠云"先儒未有爲《國語音》者",失檢于《魏書·劉芳傳》,吳承仕謂韋解中之反語,"亦不
得目爲韋作",亦誤,韋昭《漢書音義》中存反切數十條,豈可皆謂非韋作? 惜劉芳音今之不
傳。

　　唐前《國語》舊注有主名可考者已如上述,韋昭《國語解》中復引佚名舊注。稱引有作"或
云",有作"說云",有作"或曰",有作"一曰",有作"或說云",有作"說曰",有作"一云",所在煩
多,今各舉一例,《魯語下》:"木石之怪曰夔、蝄蜽",韋昭解:

　　　　木石,謂山也。或云:夔,一足,越人謂之山繅。

此韋解引或云爲解例。又《周語上》:"晉侯端委以入",韋昭解:

　　　　說云:衣玄端,冠委貌,諸侯祭服也。昭謂:此士服也。諸侯之子未受爵命,服士服
　　也。

此韋解引說云而駁之例。《魯語下》:"水之怪曰龍、罔象",韋昭解:

　　　　龍,神獸也。非常見,故曰怪。或曰:罔象食人,一名沐腫。

此韋解引或曰爲解例。《周語下》:"關石、和鈞,王府則有",韋昭解:

　　　　關,門關之徵也。石,今之斛也。言徵賦調鈞,則王之府藏常有也。一曰關,衡也。

此韋解引一曰而存異例。又《周語下》:"王將鑄無射,而爲之大林",韋昭解:

　　　　賈侍中云:無射,鐘名,律中無射也。大林,無射之覆也。作無射,為大林以覆之,其
　　律中林鐘也。或說云:鑄無射,而以林鐘之數益之。昭謂:下言細抑大陵,又曰聽聲越
　　遠,如此則賈言無射有覆,近之矣。唐尚書從賈也。

此韋解引或說不從,而從賈逵、唐固說例。《魯語下》:"繹不盡飫則退",韋昭解:

　　　　說曰:飫,宴安私飲也。昭謂:立曰飫,坐曰宴。言宗具則與繹,繹畢而飲,不盡飫禮
　　而退,恐有醉飽之失,解所以遠嫌也。

此韋解引說曰不從,而別解飫字,兼疏通經文之例。《晉語一》:"伯氏不出,奚齊在廟",韋昭
解:

　　　　賈、唐云:伯氏,申生也。一云:伯氏,狐突也。昭謂:是時狐突未杜門,故以伯氏為
　　申生。伯氏,猶長子也。

此韋解引一云不從，而從賈逵、唐固伯氏説之例。

　　以上韋昭《國語解》中所引佚名舊注，當爲漢末、三國間儒師所爲。值得注意的是，韋解對佚名舊注之説，並非一概擯棄，兼有存其説者。前人多謂韋解主于賈、鄭、虞、唐，而置佚名舊注不論，實未能總括韋解之注例，與傳承之源流。

　　漢末、三國之間，《國語》舊注當有不少，當時各家版本亦不盡相同，如《周語下》："以命姓受祀，迄于天下"，韋昭解：

> 受祀，謂封國受命，祀社稷、山川也。迄，至也。至于有天下，謂禹也。祀，或為氏。

按：韋云"祀，或爲氏"，祀、氏古音不同，未聞通假之例。此韋據或本標出"受祀"有作"受氏"者，或本即佚名舊注本。又《齊語》："首戴茅蒲"，韋昭解：

> 茅，或作萌。萌，竹萌之皮，所以為笠也。

按：韋據正本作"茅"，而標出佚名本作"萌"，今似不得以"茅，或作萌"等語爲後人屒入者，《漢書·高帝紀》"乃以竹皮爲冠"句下顔師古引韋昭曰：

> 竹皮，竹筍也。今南夷取竹幼時織以為帳。

又《文選·謝惠連〈贈別詩〉》"孤筍情所托"句下李善注引韋昭《漢書注》：

> 竹皮，筍也。

按：韋昭，江南人，于竹笠、竹冠等物詳熟，故二書所解及此。三國時人多有學《國語》者，《三國志·陳震傳》載震自蜀使吴，移關候曰：

> 獻子適魯，犯其山諱，《春秋》譏之。

上之所謂《春秋》，即《外傳國語》，《國語·晋語九》：

> 范獻子聘于魯，問具山、敖山，魯人以其鄉對。獻子曰：不為具、敖乎？對曰：先君獻、武之諱也。獻子歸，遍戒其所知曰：人不可不學。吾適魯而名二諱，為笑焉，唯不學也。

陳震雖無《國語》注，然熟讀《國語》可知，韋解多引佚名舊注，不足爲怪。

　　綜上考述，我們對唐前《國語》舊注有如下認識：

　　第一，除《隋志》著録的賈、虞、王、韋、孔、唐諸家外，鄭衆、楊終、孫炎、劉芳等人嘗作《國語》注或音釋，雖服虔是否有注暫不能確定，但東漢、三國之間佚名舊注當是大量存在的。這反映了東漢、魏、晋之間《國語》一書作爲《春秋外傳》所受重視的程度與注家説解的某些異同。南北朝以降至清代以前，隨着經學研究範圍中的排斥《國語》，與史學研究中崇尚正史風氣的形成，《國語》研究漸遭冷落。今存唯一舊注爲三國末年吴人韋昭所撰，這一事實本身便説明韋解具有《國語》研究劃時代的意義。

　　第二，雖目前所知最早的《國語》舊注賈、鄭二家，皆師承劉歆，但由于鄭、賈之學各立門戶,故注《國語》也容有不同,這些不同多體現在對經典的看法上,因而實爲經學之異。三國吳國《國語》學派,包括虞翻、唐固、韋昭等人,多以賈注爲主,兼取它説,而又各下新意,這既反映了賈學《國語》的地位,也反映了吳國《國語》學派的特點。王肅之注不傳江表,不僅説明魏、吳敵國,均自視正統,學術間不相借取的態度,而且似也説明王學喜標新立異,曲高和寡,難爲時人所採。蜀國未聞有《國語》注傳世,陳震熟知《國語》,並將之稱爲《春秋》,這與《國語》當時作爲《春秋外傳》被納入到經學範圍内的學術時尚是一致的。孫炎爲鄭玄門徒,雖其《國語》注今已無存,但以經學師承而言,當承鄭玄《春秋》學而自有其例。楊終《改定春秋外傳國語章句》應屬節本《國語》的疏解,在東漢這種撰例的出現,一方面意味着《國語》學的漸趨成熟,另一方面似暗示着此時《國語》在部分學者的認識中,已有從"六經之流"轉爲史書之傾向。

　　第三,今傳韋解中存有音釋若干,前人或謂非韋解原文。反切自服虔、應劭時有已成定論,韋昭卒于吳末,音義中存有反切並不足爲奇,拙著《韋昭〈漢書音義〉輯佚》即輯得韋昭反切八十八條。[12]前人又謂唐前無《國語音》,《魏書·劉芳傳》明記劉芳曾爲韋昭《國語解》注音。雖然南北朝以降,清代以前,《國語》研究曾遭冷落,但自吳人韋昭以下,北魏劉芳、唐人無名氏均作《國語》音釋,不絶如縷,這與音韵學之興起實所相關。

①　參見《新唐書》卷五十七《藝文志》"經部·春秋類"著錄、《通志》卷六十三《藝文略·經類第一·春秋外傳國語》"非駁"、"音"條下著錄、《文獻通考》卷一百八十三《經籍考十·經》"春秋"條下著錄。

②　參見《四庫全書總目提要》卷五十一《史部·雜史類》"《國語》二十一卷條"下館臣按。

③　參見《史通》卷一"六家"。

④　參見《國語》卷末韋昭《國語解叙》,上海古籍出版社 1978 年校點本。

⑤　《後漢書》有兩《鄭衆傳》,此見卷三十六《鄭興傳》附。

⑥　參見《宋史》卷四百三十五《范冲傳》。

⑦　參見董增齡《國語》卷二《周語中·正義》,巴蜀書社 1985 年據光緒庚辰章氏式訓堂精刻本影印。

⑧　參見姚振宗《隋書經籍志考證》卷六《經部六·春秋類》"《春秋外傳章句》一卷王肅撰梁二十一卷"條下。

⑨　參見姚振宗《後漢藝文志》卷二"雜史類"中"楊終《春秋外傳》十二篇"條下。

⑩　參見曾樸《補後漢書藝文志並考·六藝志》著錄之"服虔《春秋外傳國語注》"條。

⑪　吳承仕《經籍舊音序錄》,中華書局 1986 年第一版。

⑫　參見李步嘉《韋昭〈漢書音義〉輯佚》,武漢大學出版社 1990 年第 1 版。

開天政局中的唐元功臣集團

蒙　曼

所謂"唐元功臣",是指在殤帝唐隆元年參加誅韋后政變的立功者。唐隆政變對于唐前期歷史影響巨大。這次政變以及其後的先天政變確立了唐玄宗的統治地位,開啓了開元天寶近五十年的盛世局面。開天之際,唐元功臣中的武臣形成集團勢力,並成爲玄宗朝龍武軍將領的主要來源,極大地影響了禁軍系統的格局。本文主要利用一批新出墓志,探討這一集團在玄宗朝的具體狀況。

一、唐隆政變與唐元功臣的誕生

1.唐隆政變及其主要參與者

景龍四年(710)六月,中宗暴崩,韋后臨朝稱制。改元唐隆,謀求效法武則天,取代李家王朝。時爲臨淄王的李隆基與太平公主子薛崇簡、朝邑尉劉幽求、長上折衝麻嗣宗、押萬騎果毅葛福順、李仙鳧、寶昌寺僧普潤等遂發動政變,"庚子夜率幽求等數十人自苑南入,總監鍾紹京又率丁匠百餘以從。分遣萬騎往玄武門殺羽林將軍韋播、高嵩,持首而至,衆歡叫大集。攻白獸、玄德等門,斬關而進,左萬騎自左入,右萬騎自右入,合于凌烟閣前。時太極殿前有宿衛梓宮萬騎,聞噪聲,皆披甲應之。韋庶人惶惑走入飛騎營,爲亂兵所害。于是分遣誅韋氏之黨,比明,内外討捕,皆斬之"。[①]次日,殤帝重茂下臺,睿宗登基。[②]

唐隆政變的參與者,大體可以劃分爲四個系統。

首先是謀臣。以劉幽求、鍾紹京爲代表。劉幽求政變前爲朝邑尉,立功後拜中書舍人,參知機務。此後累遷至尚書右僕射同三品。先天中因爲唐玄宗和太平公主的矛盾流配封州,太平失敗後,召還爲尚書左僕射,知軍國事。開元初轉尚書左丞相,兼黄門監。旋即罷爲太子少保,累遷睦州刺史、杭州刺史,開元三年終于赴郴州刺史任上。鍾紹京政變前爲京苑總監,立功後累拜中書令。先天中出爲蜀州刺史,開元初任户部尚書。罷爲太子詹事,歷任地方閑職,開元十五年回到中央,卒于太子少詹事任上。[③]可以看出,這些謀臣在政變前的地位都比較卑微,他們以陰謀家的面目出現,依靠政變之功驟歷顯貴,但是,由于不具備應有的行政經驗和能力,他們迅速被玄宗抛棄,其地位也被姚崇等正途出身的行政專家所取代。

例外的是崔日用和崔●之。崔日用政變前爲兵部侍郎,立功後任雍州長史,黄門侍郎,參知機務。睿宗朝罷職地方,太平公主誅後復爲雍州長史,進户部尚書。後貶常州刺史,轉汝州刺史,開元七年卒于并州長史任上。④崔●之爲中書令崔知温次子,政變前官商州司馬。立功後拜衛尉卿,將作少匠,開元七年卒于太府卿少府監任上。⑤兩位崔氏是以有相當經驗和地位的官僚身份參加政變,因而,他們的仕途經歷並不像劉幽求等人那樣跌宕起伏,而是在政變前後基本保持平穩。但是,無論哪類謀臣,都只在唐隆到先天這段充滿政變與陰謀的時期發揮作用,至開元年間國家政治生活走上正軌之後,他們都退出决策層,不再對政治發生影響。

其次還有僧道之流。目前已知有僧普潤、道士馮道力和王曄。《文苑英華》卷五七八保留了《爲僧普潤辭公封表》和《爲道士馮道力辭官封表》二文。政變成功後,他們也像俗人一樣,有官爵之賞。但是,雖然是政治和尚、政治道士,他們畢竟不可能步入政治前臺,因而只能標榜清高,辭官讓封,無法長久影響國家政治决策。

此外是司農寺丁匠。他們身份卑微,爲正統仕途不齒。即便在立功後,這些人也還是本色遷轉,固定在特殊系統之内。如張取,立功後拜僕寺厩牧署典丞,累轉京總監東面監丞,終于長樂監任上。⑥

還有一部分就是以萬騎將士爲主,包括玄宗家奴以及來自十二衛、飛騎和殿中省、太子僕寺的武人力量。其中,萬騎出身者是本文重點所在,此處暫不置論;玄宗家奴有王毛仲和李守德。十二衛系統有薛莫、鮮于廉、宋知感和白知禮。政變前,薛莫爲左領軍衛蒲州奉信府折衝,鮮于廉爲右衛明光府果毅,宋知感爲邠州公劉府左果毅長上,白知禮爲原州彭陽府左果毅都尉;僕寺系統如方元瑾,時爲僕寺典牧丞。⑦飛騎力量不甚明顯,李仁德懷疑可算一例。據《李仁德墓志》,“當昔中宗晏駕,韋氏亂常,……〔公〕心冠鷹鶚,手刃梟獍,……是用拜公雲麾將軍行右屯衛翊府中郎將,金城縣開國子、食邑三百户”。⑧李仁德由一白身釋褐即爲四品的翊府中郎將,可見其功不小。志稱其“手刃梟獍”,這個梟獍很可能就指韋后。聯繫前引“韋庶人惶恐走入飛騎營,爲亂兵所害”的説法,李仁德大約就是這個在正史中没有留下姓名的飛騎。此外,我們還可以看到殿中省當直者的活動踪迹。如《東城老父傳》中賈昌之父,時爲中宫幕士,屬殿中省尚舍局;章令信時直殿中省。⑨無論作爲玄宗心腹,還是作爲帝國軍事力量的一部分,他們基本都是武人,不會真正影響政治决策。另一方面,他們又通過唐隆之夜的戰鬥成爲玄宗最可信賴的爪牙。這兩個特點使他們在玄宗一朝獲得極大發展,其影響所及,遠大于前三個系統。⑩

2.唐元功臣

唐隆政變後,李隆基成爲太子,隨後又榮登大寶,作了皇帝。他名字中的“隆”也成爲避諱字,唐隆因此改稱唐元。

作爲專有名詞的唐元功臣,以《舊唐書·王毛仲傳》的界定爲最詳。"及玄宗爲皇太子監國,改左右萬騎爲龍武軍,與左右羽林爲北門四軍,以福順等爲將軍以押之。龍武官盡功臣,受錫賚,號爲'唐元功臣'"。這段話前一句述玄宗爲太子時已改萬騎爲龍武軍,其誤甚顯,可不置論。後一句稱以龍武官爲唐元功臣,也顯得不够明確。

"龍武官"這一概念,按照當時的建制,可以比定爲萬騎官。原文並未説明是政變前已爲萬騎官員還是政變後方任職萬騎。但無論如何,萬騎系統所能容納的官員數量極其有限,若僅以萬騎官員爲唐元功臣,則爲數殊少。⑪開元後期組建的龍武軍的一個重要來源是唐元功臣子弟,那麼唐元功臣就該有相當的數量,而不僅限于少數官員。⑫

新出墓志材料爲我們提供了新的思路。《唐元功臣故冠軍大將軍張公(登山)墓志銘》謂其"獻策金門,遂受腹心之寄。唐隆元載,解褐授游擊將軍,寧州靜難府右果毅。"《張德墓志》稱"公唐元功臣",立功後"初任左驍衛慶州同川府左果毅",⑬都是以萬騎普通士兵的身份參加政變,並由此出仕,同時被授予唐元功臣的稱號。萬騎營是龍武軍的前身,龍武軍成立後,其將士依然稱爲萬騎。那麼,所謂龍武官,應該理解爲因參加政變而得官的萬騎將士。在玄宗時代的赦文中,我們看到"唐元年兩營立功官"的提法,這兩營立功官,就是所謂的唐元功臣。

萬騎以外的立功者是否也享有這一徽號? 玄宗時代的史料没有提供相關證據。但是,《贈鍾紹京太子太傅制文刻石》記載唐德宗建中元年發布的誥文稱:"唐隆功臣、故光禄大夫、中書令、户部尚書、上柱國、越國公、食實封五百户鍾少京"。⑭玄宗統治結束後,"隆"字不再避諱,因而建中時期的唐隆功臣也正是我們前面所説的唐元功臣。以之加于文臣鍾紹京,表明唐元功臣原本是一個相當寬泛的概念,泛指所有政變參加者。這和《舊唐書》的定義顯然有很大差距。但是,前面我們已經説過,開天之際,謀臣、僧道以及司農寺系統的政變者對于政治的影響力都非常微弱,而以萬騎將士爲主的武將則相當活躍。因而當人們提到這些功臣時,注意更多的是其中的武人力量;同樣,本文所要探討的唐元功臣集團,指的也是這批以萬騎兩營爲主的立功武臣。

二、唐元功臣集團

由于玄宗統治的長久和穩定,唐元功臣們没有像其他幾次政變的功臣那樣在變幻的朝局中再經歷榮辱沉浮,而是在北衙禁軍系統扎下根來,形成我們稱之爲唐元集團的勢力,在若干方面影響着開元、天寶的政治。結合相關的文獻和墓志材料,我們可以大體勾畫出這一羣體的基本狀況。

1. 出身

如前所述,唐元功臣集團以萬騎立功將士爲主。那麼,考察其出身,就應該先注意萬騎的兵源。

萬騎的來源,在文獻中有三個:第一是揀自原從功臣,即《新唐書·兵志》中的説法。第二是揀自飛騎。如《唐會要》卷七二京城諸軍羽林軍條:"其兵名曰飛騎,中簡材力驍健者號爲百騎。"第三則曰揀自户奴。《舊唐書》卷一〇六《王毛仲傳》:"初太宗貞觀中擇官户番口中少年驍勇百人,每出游獵,令持弓矢于御馬前射生,令騎豹文韉,著畫獸文衫,謂之百騎。"《通鑑》胡注謂:户奴爲萬騎,蓋必起于永昌以後。⑮按永昌時武后改百騎爲千騎,軍額擴大,來源亦需增加,故唐長孺《唐書兵志箋正》以爲可信。其實,這三種説法可能分別代表了不同時期萬騎的來源,即唐初的原從功臣,貞觀十二年後的飛騎,永昌後的户奴。可以看出,萬騎作爲侍從皇帝的精鋭部隊,揀選標準在于驍勇善戰,出身並不重要,因而來源相當複雜。

依據傳統史料和相關墓志,我們可以判斷有三十七位功臣隸屬萬騎系統。⑯其籍貫和祖輩仕宦情況如附表一。⑰

在這三十七人中,墓志直書籍貫京兆的有九人,相對較多。另外,考慮李氏必書隴西、趙郡,王氏必書太原、張氏必書南陽、劉氏必書彭城、朱氏必書會稽、薛氏必書河東等情況,墓志所書大多應指郡望(或虛擬的郡望),而非立功前的實居地。若以實居地計,可能京兆的比例還會高些。有二十九人的父親有官職,但其中二十三位父親明確爲子貴後的贈官,另外三人(張登山、張伏生、周思忠)的父親分別爲穆州司馬、洛交郡長史、馮翊司馬,懷疑亦是贈官。⑱只有五位父親曾任實職,且其中二位本身即是唐元功臣。曾祖、祖輩則有三十人無官或不詳。

這樣看來,萬騎絕大多數應是平民出身,從京兆或附近地區選拔而來。從墓志看不出有來自户奴的迹象,但確有一些番兵,如何德:志稱其本姓韓,因避難江淮,改姓何氏。但從其母姓安,封酒泉縣太君,而爲其撰寫墓志者姓米氏看來,當是昭武九姓何國裔。又有史思禮,武威人,亦當屬昭武九姓。⑲再如高德,本遼陽人,太宗平高麗後入唐,父祖並宿衛禁軍,顯然是高麗裔。⑳這裏值得注意的是父子並爲禁軍的情況。朱寶父爲唐元功臣、絳州新田府折衝;齊子父爲右龍武軍翊府中郎將,當出于萬騎系統;高德的父祖也都"屬乎仗内,侍衛紫宸"。如此多的父子兵反映出萬騎終身制、世襲制的傾向。我們知道,唐朝最初的禁軍"原從功臣"即是終身服役,父子世襲,故又號"父子軍"。降至萬騎,雖然經歷了若干人事變動,但依然保持着父子世襲的特色。此後的龍武軍亦皆用唐元功臣子弟,顯然,父子兵是唐代禁軍的一大特色,它所隱含的"世受國恩"的意義也是保證禁軍忠誠的重要手段之一。

此外還有九位非萬騎系統功臣。其中王毛仲和李守德都是玄宗家奴。李仁德或爲飛騎士兵,祖籍樂浪,實居地不詳。父甲子,贈定州別駕。賈昌父賈忠,長安人,以材官爲中宮幕士,應該屬于十二衛普通衛士。此外薛莫,凉州人,曾祖貞,隋統軍;祖政,隋金吾衛將軍,父智,開元十年贈郎將。宋知感,廣平人,曾祖廓,隋安西都護;祖亮,凉州神烏令;父象,不仕。章令信,武都人,曾祖慶,隋右金吾大將軍,祖亮,唐睦州太守;父謙,贈台州長史。薛莫以下五人在政變前都已是十二衛系統的武將,和前表所列萬騎將士相比,他們的出身相對較高,地域特徵也並不明顯。

2. 唐元功臣在玄宗朝的遷轉

武職系統唐元功臣以後繼續見于文獻的只有葛福順、陳玄禮、王毛仲和李守德四人。前兩位屬于萬騎系統。葛福順立功後累任左領軍大將軍,典領禁軍,開元十九年因與王毛仲聯姻被貶爲壁州別駕。陳玄禮唐隆元年爲萬騎果毅,此後一直任職禁軍,官至右龍武大將軍,天寶十五載隨玄宗入蜀,上元中卒。王毛仲和李守德是玄宗家奴。王毛仲政變後擢爲將軍,玄宗即位後,檢校内外閑厩,從玄宗誅太平公主,授輔國大將軍,左武衛大將軍,檢校内外閑厩兼知監牧使,進封霍國公,實封五百户。開元十三年,從東封泰山,授開府儀同三司。此後累加至開府儀同三司,兼殿中監、霍國公,内外閑厩監牧都使。開元十九年貶襄州別駕。李守德立功後擢爲果毅,累遷左武衛將軍,開元十九年貶嚴州別駕。㉑

這些史料爲我們提供的情況非常有限。所幸墓志中保留了功臣們任官狀況的大量記録,基本可以勾畫出其在玄宗朝的發展狀況。其中,萬騎系統和其他武人系統功臣的情況分别如附表二、附表三。

可以看出,37 位萬騎系統唐元功臣中有 16 位解褐授果毅都尉,另有 12 人分别爲折衝、别將、鎮將、鎮副和戍主。不同品級的劃分,大約依據功勞大小而定。大多數墓志中墓主解褐時間不詳,只有三志留下了具體記載:史思禮,"七月十三日,恩敕授平陽郡仁壽府左果毅都尉";王崇禮,"唐隆元年七月十六日,制授松州牛頭鎮副";田福仙,"景雲元年八月六日凉川鎮將。"㉒既然功臣數目衆多,大概政變後頗有一段授官無虛日的時期,從六月底一直持續到八月。《通鑑》卷二一〇景雲元年八月載:"萬騎恃討諸韋之功,多暴橫,長安中苦之,詔並除外官"。基本是賞罰大定後一個總結性的説法,以上諸人墓志,正可作爲這句話的一個注脚。

功臣們出仕後大部分沿着果毅(折衝、别將、鎮將、鎮副、戍主)→折衝→(十六衛郎將)→(龍武軍郎將)→龍武軍中郎將→(龍武軍將軍、大將軍)的方式升遷。㉓在進入中央諸衛郎將的序列前,每個人都有一段折衝府武官的經歷。折衝府官兵的主要任務是宿衛與征行,其宿衛中央的具體形式即番上。但唐帝國幅員遼闊,許多軍府與兩京相隔玄遠,番上十分不便。這樣,作爲權宜,兩京周圍地區的軍府可能更多地承擔了中央宿衛任務,甚至被留下來"長上

宿衛"。㉔

　　長上宿衛分南衙長上和北門長上兩種情況,後者即以府兵身份進入禁軍序列。這種形式在武周後府兵日衰、禁軍日重的情況下,漸漸成主流。值得注意的是,在37位功臣曾經任職且所駐州確切的77個折衝府中,關內道獨占54府,特別是京兆府、岐州(扶風郡)、華州(華陰郡)、同州(馮翊郡)等京畿四州就達42府。這一布局與長上軍府的區域範圍大體吻合。㉕從墓志看來,部分功臣就是通過長上的形式,在任職折衝府的同時又長期供職于中央。如李懷,釋褐即爲右衛扶風郡左果毅長上;宋莊,釋褐左領軍衛匡道府折衝,長上內供奉。

　　玄宗朝又是一個府兵制逐步崩潰的時代。先天二年府兵服役年限已由21—61歲縮減到25—50歲。開元六年又詔折衝府兵每六年一簡。開元十一年,因府兵逃亡,宿衛不給,唐政府遂拋棄府兵番上體制,募十二萬人,號"長從宿衛",次年改稱"彍騎"。十三年,以"彍騎"分隸十二衛,于是府兵更不簡補,直至天寶八載(749)正式廢棄。在這種情況下,折衝府雖職名不廢,但却走上虛官化的道路。折衝、果毅只作爲寄祿之銜,武官本身則轉入禁軍、藩鎮等其他系統效力。這一漸變過程從武周時代即已開始,可能在開元十一年前後達到高峰。如雍智雲,釋褐後再遷至京兆甘谷府折衝,長留宿衛,此後累遷四府折衝,俱長留宿衛;茹義恩,官同州連邑府折衝,仗內供奉;王守節,釋褐後累遷至彭池府果毅,而"職典禁兵";王崇禮,累仕至河南金谷府折衝,墓志稱其開元十九年從駕東都寢疾,薨于新豐,可見亦在長安宿衛。此外如高德,歷任鎮將、果毅、折衝,而墓志稱其"雖官授外府,而身奉禁營";張安生,歷官果毅、折衝,墓志唯稱其"帝居內宮,則警衛嚴肅;駕行外仗,則旗隊克齊"。

　　如果以此爲背景來考察唐元功臣,則不僅前述諸例,其他功臣雖未明言宿衛中禁,也不應排除早已脫離地方軍府的可能。特別是表二中萬行、雍智雲、李懷、劉玄豹、史思禮、何德、張登山、施寶、張金剛等人,在晋升至諸衛郎將之前都已遷入京兆或洛陽諸軍府。而兩京軍府,據愛宕元氏分析,實爲任職中央的武官寄祿之淵藪。㉖諸志之中,張登山轉入京兆軍府的時間明確爲開元十年,這也許可以作爲瞭解功臣整體活動狀況的一個參照。

　　與之相應,十二衛等系統出身的唐元功臣也大體在開元十一年前後進入北衙禁軍序列。由于許多在政變前都已出仕,他們在禁軍系統內占據了較高的官職,開元十九年之前,鮮于廉、薛莫、白知禮都已仕至北軍使、萬騎使。

　　開元、天寶時期,由于府兵制的敗壞以及唐朝軍事制度的變化,任職藩鎮、建立邊功成爲武將升遷的通途,一般內地軍府的武官則積歲不得調。但是,這一普遍規律並不適用于唐元功臣。在漫長的仕途中,他們不時享受對功臣的特殊優待,從而獲得更多超遷的機會。從開元十三年起,爲盛世景象所陶醉的玄宗頻行大禮,並多次伴隨賞功臣這一內容。

　　開元十三年,玄宗東封泰山,"內外官三品以上賜爵一等,四品以下賜一階,登山官封賜一階"。㉗功臣李懷、董懷義、王守言、王守節等都以扈從遷官。此後涉及到對唐元功臣封賞的還有：開元十七年十一月，拜五陵，"其唐元年兩營立功官，三品以上予一子官，其四品以下選日優與進改"。㉘《朱保墓志》記載"廿二，主上親謁五陵，授右領軍衞左郎將，賜紫金魚袋"，㉙此次謁陵不見于正史記載，或爲十七年之誤。那麼，它所反映的正是功臣們在這次謁陵活動中的收益。開元二十年十一月，祠后土，"賜……武德以來功臣後及唐隆功臣三品以上一子官。"㉚特別是天寶六載祀南郊，"功臣預奉方檀，咸陪大禮"，㉛受益頗多：李忠義由左龍武軍中郎將升任將軍，封渭源縣開國男，食邑三百戶；屈元壽由右龍武軍中郎將升將軍，封南浦縣開國男，食邑三百戶；何德由右龍武軍中郎將升將軍，封廬江縣開國伯，食邑七百戶。其他如劉玄豹受封彭城縣開國男，食邑三百戶；張登山升冠軍大將軍，經城縣開國侯，食邑七百戶，加右龍武軍大將軍疑均在此時。㉜

這樣，隨着府兵制的瓦解以及禁軍系統本身的發展變化，景雲元年外放的功臣們或早或遲地都回到中央（如果不是過分早死的話），其中 3 人終于北軍使或萬騎使任上，26 人終于龍武軍中郎將、將軍或大將軍之位。

3. 前期唐元集團與禁軍

隨着唐隆政變以及先天政變的勝利，唐玄宗穩定地控制了政局，做起太平天子。當年隨他出生入死打天下的功臣，也自然成爲他最可依靠的力量，被置于禁軍的重要位置。然而也正因爲如此，又造成功臣相互聯結的局面，形成我們所説的唐元集團。

玄宗朝唐元集團的發展可劃分爲兩個時期。前期集團的形成始于開元初，中心人物是王毛仲。

王毛仲本官奴出身，高麗人。中宗景龍中，他作爲李隆基和萬騎之間溝通的中介起到很大作用，故政變後擢爲將軍。玄宗即位後，檢校内外閑厩兼知監牧使，進封霍國公，實封五百戶。史稱王毛仲奉公正直，不避權貴，兩營萬騎功臣、閑厩官吏皆懼其威，人不敢犯。玄宗對他亦恩寵有加："每入侍燕賞，與諸王、姜皎等御幄前連榻而坐，玄宗時或不見，則悄然如有所失，見之則歡洽連宵"。㉝至開元十九年前，王毛仲已累加至開府儀同三司，兼殿中監、霍國公，内外閑厩監牧都使。

王毛仲權力的核心是對馬匹的管理。唐代馬匹分爲國馬和禁馬兩個系統。所謂國馬，是指由太僕卿以及嗣後的羣牧使掌管的隴右九使六十五監以及京西八馬坊所養馬匹，禁馬則主要是殿中監及後來的閑厩使所掌握的仗内外閑厩。㉞開元以來，代表宮廷勢力的閑厩使成爲全國馬政的最高首長，控制了馬匹從生產到消費的全部環節。㉟這一重要使職正是由玄宗的心腹王毛仲擔任。王毛仲主持馬政成效卓著，至開元十三年已使馬匹總數由開元初的二十四萬匹提高到四十三萬匹。他對禁馬的管理更爲精心，史載其雖有外第，常居閑厩側内

宅。閑厩馬之中的仗外四閑左飛、右飛、左萬、右萬從名稱看正是禁軍羽林飛騎、萬騎兩系統
所用馬匹。其東南內、西北內兩厩也是左右羽林軍、左右萬騎上番之地。㊱王毛仲通過控制
禁馬對禁軍施加強大的影響力,再憑藉與玄宗特殊的關係,遂成爲前期唐元集團,即所謂"北
門奴官"的核心。另外一個見諸正史的是葛福順。葛福順唐隆之前爲萬騎果毅,立功後纍擢
左領軍將軍,仍押萬騎。王毛仲以女嫁葛福順子,二人遂成親家。此外還有萬騎將軍馬崇。
史載"有萬騎將軍馬崇正晝殺人,時開府、霍國公王毛仲恩倖用事,將鬻其獄",㊲可見這一集
團相與跋扈的情形。

　　其他被指爲王毛仲黨羽的還有左監門將軍盧龍子、唐地文,左武衛將軍李守德,右威衛
將軍王景耀、高廣濟。僅看官職,這幾個人都屬南衙系統,但從"毛仲爲上所信任,……故北
門諸將多附之"㊳以及"北門奴官太盛,相與一心"等記載看來,亦極有以諸衛將軍押萬騎的
可能。前引薛莫、鮮于廉情況可爲佐證:薛莫玄宗朝纍遷右驍衛大將軍、左萬騎使,開元十五
年十二月死于任上。鮮于廉立功後遷右領軍衛將軍、北軍使。開元十一年死,追贈右領軍衛
大將軍。二人俱以南衙將領押北軍。此外還應注意一下董懷義。董懷義,隴西人,父祖並不
仕。政變立功後,解褐授游擊將軍,左衛龍交府右果毅。開元十四年薨于雲麾將軍、右威衛
將軍之位。董懷義政變後方解褐入仕,到開元十四年已升至三品將軍,顯得非同尋常。其妻
侯氏,"左羽林軍郎將侯楚金之姊,霍國公、開府儀同三司行殿中大監王毛仲之甥",㊴董懷義
顯然就是憑藉與王毛仲的關係,得以致身通顯。就官職和出身而言,薛莫、鮮于廉、董懷義都
應是前期唐元集團的重要人物,只是因爲早死,才免除了開元十九年被貶逐的命運。

　　前期唐元集團的成員來自于萬騎、十二衛與帝奴三系統,他們在政變發生之前大都已經
出仕,從某種意義上講是政變的決策者或核心。政變成功後,他們沒有像普通萬騎士兵那樣
被外放,或短期外任後即回到中央,主要成爲萬騎高級將領。早年的同志經歷是他們相與一
心的基礎,聯姻又加固了這種關係,遂形成一種被稱爲北門奴官的政治勢力,在開元十三年
玄宗東封後漸漸達到頂峰。

　　前期功臣集團存在的下限是開元十九年。開元十九年春正月壬戌,玄宗下制,貶王毛仲
襄州別駕,葛福順壁州別駕,盧龍子、唐地文辰州別駕,李守德嚴州別駕,高廣濟道州別駕,並
員外置,毛仲四子亦貶官,連纍數十人。後詔殺毛仲于永州。㊵這一集團的覆沒與宦官勢力
的發展有很大關係。"是時,上頗寵任宦官,往往爲三品將軍。門施啓戟;奉使過諸州,官吏
奉之惟恐不及,所得賂遺,少者不減千緡;由是京城郊畿田園,參半皆在官矣。楊思勖、高力
士尤貴幸,思勖屢將兵征討,力士長居中侍衛。而毛仲視宦官貴近者若無人;其卑品者,小忤
意,輒詈辱如童僕"。㊶爲此,高力士等恨之入骨。史載王毛仲"妻產,嘗借苑中亭子納涼,玄
宗借之。中官構之彌甚,曰:'北門奴官太盛,不除之,必起大患'"。㊷後王毛仲向太原軍器監

索要甲仗,玄宗恐其黨爲變,因皆貶官。王毛仲與高力士俱是玄宗家奴出身,北門禁軍和宦官集團也都屬皇帝私人體系,[43]兩集團在勢力上揚的過程中爭寵實屬勢所必然。

但是問題又不止如此。歷經宮廷變亂的玄宗對禁軍的力量有着尤其深刻的認識。他在唐隆政變後即兼知内外閑厩,押左右厢萬騎,牢牢抓住禁軍兵權。真正掌權後,這一權力被一分爲二,由家奴出身的王毛仲掌管禁馬,萬騎功臣掌管禁軍,俱是心腹,借以維護自身統治的安全。然而,這種安排存在着隱患,那就是兩派有着共同淵源的勢力結黨。臣下結黨是中央集權之大忌,掌握禁軍與掌握禁馬的人結黨則尤其危險。一旦其忠實發生動搖,覆滅也就不可避免了。

此外還應看到,削弱功臣勢力是唐玄宗的一貫政策。從開元初到開元十九年,集中打擊功臣共有三次。第一次是在開元元年到開元二年,劉幽求、鍾紹京等謀臣系統唐元功臣離開中樞系統,貶往地方。第二次從開元十年到十二年,姜皎、劉承祖、王守一等先天政變功臣坐王皇后之廢,相繼貶死。第三次即開元十九年貶逐以王毛仲爲首的一批武將系統唐元功臣。

雖然三次打擊的對象都是功臣,但是,前兩次的功臣都是處于決策中心的文臣,他們的行爲直接影響國家的政治運作,在這一層面,玄宗不想受制于人。唐元集團則不然,作爲曾經共患難的親兵將領,他們仍是玄宗最可信賴的力量。玄宗對于王毛仲集團的清洗,只是警戒其活動不得突破預定的權限範圍,[44]而無意將這一勢力全部鏟除。這裏僅舉三人爲證。首先是陳玄禮。陳玄禮在唐隆元年時任萬騎果毅,是唐元功臣中級別較高的一個。但他在政變中的作用似乎並不突出。[45]陳玄禮性格淳厚,和前期集團保持着距離,因此得以在開元十七年後繼續掌握禁軍。此外還有白知禮。開元十五年,駕幸東都,白知禮留押玄武北門左厢屯營使。開元十九年,王毛仲等人被貶逐後,改任左監門將軍兼右萬騎使,直至開元二十二年薨于任上。章令信頗疑也是這樣一個人物。他在政變後累拜右龍武軍大將軍,"宿衛玉階,五十餘年。"一生未離開禁軍系統。這三個人物的仕途經歷清楚地表明:雖然有部分人的升降沉浮,但是玄宗並不想改變唐元功臣作爲禁軍將領的整體地位。就唐元功臣自身而言,這批人數衆多的武將在玄宗朝的近二十年間已經分布于武官系統的各個層次,僅僅打擊這個集團的上層並不會真正消除其勢力,事實上,他們在禁軍的發展還在方興未艾之中。

4.後期唐元集團與龍武軍

後期唐元功臣集團基本都來自依靠政變起家的萬騎普通士兵,形成的起點,是開元二十六年龍武軍的正式成立。

開元二十六年正是唐前期各項制度調整基本結束的時期。在軍事方面,隨節度使制度確立,重兵屯邊,中原銷兵的格局已經形成。府兵制的瓦解以及由此引發的府兵番上宿衛制度的廢棄,使得唐廷需要建立一支專職軍隊來承擔戍守中央的使命。開元十一年彍騎的出現正是建立這樣一種新制度的嘗試。但是,彍騎出現在南衙禁軍日漸没落的時期。在南衙府兵番上宿衛制度漸至廢毀後,不斷發展的北衙職業禁軍已逐漸擔負起原來南北衙共同負責的防務。這樣,彍騎作爲取代原來南衙衛兵的新生力量,其出現就顯得不合時宜,因而也必然迅速地衰落下去。[46]

　　開元十六年,唐廷進一步調整中央軍制,改十二衛彍騎弓手爲羽林飛騎,從而改變了部分彍騎的隸屬關係,成爲職業禁軍的一部分。[47]這一改變使羽林軍同時承擔禁、衛雙重責任的趨勢更加明確,從而也必然在一定程度上使之向外圍發展。中央需要一支新的内層防護力量。這樣,從唐元政變後已經取得心腹地位的萬騎便正式脫離羽林軍,成立左右龍武軍,擔負起這一職責。

　　開元二十七年,龍武軍正式設立官屬,其將領來源,正是當年的唐元功臣。這批後起功臣在唐隆政變發生前大都還只是萬騎的普通士兵,依靠政變之功解褐入仕;隨着龍武軍的獨立,他們占據了中郎將的位置,並在天寶年間真正活躍起來。表二中,王泰、王守節、周思忠、李安樂、張德、朱保、萬行、薛義、田福仙、雍智雲、李玄德、張伏生、高德、齊子、劉感、張安生、李懷、劉玄豹、何德、史思禮、李忠義、屈元壽、張登山、徐承嗣、施寶、張金剛、王思泰等27人屬于我們要探討的這個集團。其中,張登山、張伏生、朱保三人留下了進入龍武軍系統的具體時間。張登山,原任左領軍衛翊府中郎,開元二十七年授右龍武軍翊府中郎將;張伏生,原任左驍衛郎將,開元二十九年授左龍武軍中郎將;朱保,原任右領軍衛左郎將,開元二十九年授左龍武軍中郎將。這三人基本代表了後期功臣的狀況:在前期唐元集團被貶逐時,他們大多都還處于折衝都尉一級。[48]大體也就在同一時期,他們被授予十六衛郎將,但只有到開元二十七年或稍後于此,他們才正式進入龍武軍系統,擔任中郎將一職。對照其卒年與終官可以看出,卒于天寶五載之前的人終官均爲中郎將,天寶五載開始有追贈的將軍,而卒于天寶六載之後的人無一例外是將軍或大將軍。顯然,天寶六載祀南郊給了這批功臣一個普遍的升遷機會,使他們都進入高官的行列。那麼,天寶六載以後,當可視爲後期功臣的鼎盛期。從這時起直到安史之亂爆發,後期功臣依然作爲一個内部聯繫緊密的集團存在,這一點,可以從表四得到清楚的證明。

　　值得注意的是,功臣們的居住地相當集中。在長安者聚集于承天門街以北的各里中,其中又以翊善里最爲密集,住田福仙、李玄德、李忠義、屈元壽四户;其次,真安里、[49]永興里、大寧里、普寧里、金城里各住兩户。在洛陽者則居住于洛水北岸宮城和皇城東側相互連接的道政(兩户)、道光、清化、思恭四坊。居住地的相對集中可能出于上職方便的考慮,但也反映出功臣們彼此聯繫的緊密。[50]特別是居住于翊善里的李忠義前夫人即同居一里的屈元壽之妹,他們二人以及住興寧里的史思禮墓志均由申屠沘撰寫,[51]更顯示出後期唐元集團成員關係的非同尋常。[52]此外，李忠義繼夫人南氏、屈元壽夫人王氏、張金剛夫人李氏俱爲郡司馬之女。[53]通過墓誌我們知道，唐元功臣的父親例贈郡司馬，因而這三位夫人亦令人懷疑是唐元功臣的姊妹。聯繫前期功臣中王毛仲與葛福順、董懷義聯姻的情況，也許暗示着唐元功臣之間存在着一個通婚圈，而婚姻關係也正是他們加強聯繫、鞏固地位的一個手段。可以說，高力士等人描繪的"北門奴官，豪者皆一心"的狀況依然存在。

　　然而，這一時期，宦官和奴官已經相安無事了，功臣們最集中的翊善里也正是宦官最密集的地帶。[54]唐元集團不再受到疑忌，可以從玄宗後期禁軍調整的最後完成中尋找答案。

三、唐元集團的前後嬗替與玄宗朝禁軍的結構調整

　　開元天寶時代，唐朝禁軍將領實現專職化；就整個中央禁軍系統而言，以宦官統領的內飛龍兵爲内核、禁軍的兩個分支爲中層和外圍的分層防務體系也正在形成。

　　唐玄宗以前，北門禁軍時而作爲精鋭之師開赴疆場，北門將領也多有戰爭經歷，可以出征入宿。這種情形是與唐前期整體防務形勢相一致的。唐自貞觀四年後成爲東亞共主，在邊境僅維持小規模的鎮戍部隊，遇有戰事則臨時徵兵派將。對于將領而言，出征只是臨時性的差遣，戰爭結束後，他們將回到中央宿衛。這一點，對于十二衛將軍如此，對于北門禁軍的將領也是如此。所以他們才能一方面典禁軍若干年，另一方面又頻頻參加邊地戰鬥。但是，隨着吐蕃、後突厥汗國以及東北契丹等族的興起，唐朝被迫在邊境長期屯駐，與之相持。這種需要最終促成了開元年間節度使制的形成。節度使長駐防區，在任職期間不可能還朝宿衛，這就使得邊將和禁軍將領成爲兩個系統，不再能夠互相轉換。禁軍將領專職化的趨勢在開元前期已經出現。我們看到的前期功臣中，只有王毛仲曾在開元九年以太僕卿身份擔任朔方道防禦討擊大使，參與討伐唐待賓。並且，王毛仲的這種身份基本屬于禮儀性質，實際工作則主要由王晙和張說負責。[55]

　　但是，開元前期，萬騎還僅僅是羽林軍下的一個子系統，由諸衛將軍兼領，故而這一時期的專職化只是一種方向，不能形成嚴格的制度。正因爲如此，王毛仲才可能要求擔任兵部尚書，並且利用曾爲朔方道防禦討擊大使的身份向太原索取兵仗。王毛仲等人向南衙和邊地的勢力發展引起了玄宗的警惕，最終導致了前期功臣集團的覆没。

　　開元二十六年左右萬騎組成獨立的龍武軍，開元二十七年龍武軍設立官署。開元二十七年以後的龍武軍將領幾乎全部來源于唐元功臣。這些功臣都没有在邊地作戰的經歷。在進入龍武軍系統後，他們基本不再向其他系統發展，最後終老于龍武軍中高級將領之位。

　　龍武將領不能向其他系統分流使得這一系統的官員編制嚴重不足。安史之亂前，龍武軍設大將軍一員，將軍二員。但是，取得任職資格的人卻遠遠多于此數，這一矛盾只能用設

員外官的方法加以解决。在我們統計的二十六位後期唐元功臣中,有十八位作到了將軍或大將軍(不含追贈),其中六位爲員外同正。員外官是武則天時期爲籠絡人才而施行的一種制度,它在中宗、睿宗兩朝的濫用使官員數量急劇膨脹,導致國庫空虛,吏治敗壞。玄宗開元初就把取消員外、試、檢校等非正途官員作爲澄清吏治的一項重要内容。悉罷員外、試、檢校官,定制"自今非有戰功及别敕,毋得注擬"。[56]但是,天寶七載,這一規定被修改爲:"内外六品以下員外官,至考滿日,一切並停,各依選例。自今以後,更不得注擬。其皇親幼小,及諸色承優授官,軍功,伎術,内侍省,左右龍武軍並諸蕃官等,不在此例。"左右龍武軍系統員外官的合法地位反映出龍武軍將領的内部遷轉已經爲制度所確認和保障。[57]

龍武軍將領的内部遷轉機制保證了他們的仕進特權,也限定了他們在其他系統的發展。由于遠離戰争,由後期功臣所組成的龍武將軍們無法從其他途徑獲得榮譽,他們的功名利禄都只能依靠皇帝取得。另一方面,只要忠誠于皇帝,他們的升遷也有可靠的制度保障,不必再希求政變帶來的非分之福。這種機制最大限度地保證了龍武軍將領的忠誠,促成了玄宗一朝的政治穩定,也使後期功臣遠離猜嫌之地,安享天寶繁華。

更重要的是,開元十九年前期唐元功臣集團覆没後,萬騎作爲天子貼身警衛的地位已被宦官所統領的内飛龍兵取代。内飛龍兵是隨内飛龍厩發展起來的武裝。前面我們提到王毛仲所掌管的禁馬中有仗内六厩,其中内飛龍厩自建立之初即以中官統領。此後,配合以夾城爲主的東、西、南三内聯防系統,内飛龍厩被分别設置在三内之側,以備萬一出現的緊急情况。内飛龍厩中養馬的飛龍小兒,也就成爲一支可以隨時起用的機動兵力。開元十九年後,玄宗對萬騎禁軍的信任度降低,宦官所掌握的内飛龍厩與内飛龍兵也就成爲他認真考慮的力量。高力士的頭銜中有"三宫内飛龍厩大使"一職,顯示出皇帝對這支力量的重視。[58]天寶十一載,邢緈與龍武萬騎謀殺龍武將軍,以其兵作亂,被高力士帶領的四百飛龍禁兵討平,充分顯示出這支軍隊的地位與作用。[59]顯然,隨着宫廷政治形勢的變化,龍武軍也步羽林軍的後塵,退居外圍地位。

前面我們説過,到後期唐元集團時代,功臣和宦官已經相安無事。這種相安無事正建立在宦官占絶對優勢的基礎之上。作爲皇帝貼身防護力量,龍武軍已不再像原來那樣具有唯一性,北門奴官中再也没有産生像王毛仲那樣能够在一定程度上和高力士抗衡的人物。開元初期,王毛仲權傾朝廷,諸王每相見,假立引待。開元十九年後,高力士地位如日中天,肅宗在春宫,呼爲"二兄",諸王公主皆呼"阿翁",駙馬輩呼爲"爺"。兩相對照可以看出,隨着玄宗一朝政治向内廷傾斜趨勢的加劇,北門將軍漸次退居次要地位,不再是原來讓皇帝、宦官和官僚都不安的力量。因此他們才能互相通婚、密集居住而不致招來災禍。

四、結　局

以龍武軍建立爲標誌的禁軍將領專職化以及中央禁衛系統分層防務體系的出現是唐前期禁軍體制發展的完美總結。它從制度上最大限度地保證了禁軍對于整個皇權而不是皇帝個人的忠誠，從而減少了宮廷政變的可能性，維護了政局的穩定。但是，這種合理的制度也蘊涵着自己的反面。到天寶年間，禁軍將領由唐隆元年之後再未參加過實際戰鬥的唐元功臣集團把持；士兵除功臣子弟外，大多募自市井，"富者販繒彩，食糧肉，壯者角抵拔河，翹木扛鐵，日以寢鬥，有事乃股栗不能授甲"，[60]戰鬥力大大減弱。

天寶十四載十月，安禄山起兵范陽，十五載五月，玄宗逃離長安，右龍武軍大將軍陳玄禮率龍武軍扈駕，[61]由于事起倉促以及龍武禁軍的長期不振，從者才千人。丙申，行至馬嵬驛。陳玄禮聯合太子李亨、宦官高力士、李輔國再次發動兵變，誅楊國忠等人，迫玄宗縊殺貴妃，促成了玄宗向肅宗權力的嬗變。[62]這是龍武軍最後一次發動政變，也是唐元功臣在歷史前臺活動的尾聲。此後，唐朝歷史進入新的階段，禁軍制度也隨之向新的方向邁進。這些變化已超出本文討論範圍，不再贅叙了。

附表：

表一

姓名	籍貫	曾祖、祖官	父官	出處
葛福順	京兆涇陽人	無官	元城郡左果毅贈郎將	《全唐文》卷 231《贈郎將葛君墓志銘》
陳玄禮				兩《唐書·陳玄禮傳》
周思忠	京兆奉天人	隋冠軍大將軍唐右衛將軍	馮翊司馬	《補遺》5－375
高德	京兆人			《彙編》天寶 008，《補遺》2－527
萬行	京兆涇陽人	無官	開元初贈博平郡司馬	《補遺》5－379
王守節	京兆涇陽人	無官	贈平原太守	《補遺》2－25
田福仙	京兆高陵人			《補遺》5－385
施寶	京兆華原人	無官	贈衢州司馬	《補遺》3－80
李懷	長安人	無官	贈清原郡司馬	《補遺》1－156
李儀鳳	京兆人	無官		《補遺》6－407
王思泰	京兆人			《鎮軍大將軍王榮神道碑》，《文苑英華》卷 909
宋莊	洛陽人			《彙編》開元 242，《補遺》2－468

姓名	籍貫	曾祖、祖官	父官	出處
張德	洛陽人	隋贈宣州刺史 唐贈梓州別駕	贈游擊將軍	《彙編》天寶198
茹義恩	扶風代人	無官	無官	《補遺》5－350
李玄德	隴西成紀人	無官 左衛郎將	贈五原郡司馬	《補遺》5－402
李忠義	隴西成紀人	無官	贈梓潼郡司馬	《補遺》3－76,《文博》90年1期
董懷義	隴西人	無官	贈游擊將軍	《彙編》開元235,《補遺》2－468
王泰	太原祁人	無官	贈通州司馬	《補遺》5－372
王崇禮	太原祁人	後周司馬 無官	贈博州司馬	《彙編》開元340,《補遺》2－489
王元楷	太原人		平州刺史,諸軍節度使	《補遺》6－57
薛義	河東汾陰人	無官	贈安化郡都督府司馬	《補遺》5－382
王守言	弘農郡人			《補遺》5－373
張安生	南陽人	無官	贈扶風郡司馬	《彙編》天寶264
張金剛	南陽人		贈洛交郡司馬	引自王育龍《唐長安城東出土的康令惲墓志跋》,《唐研究》第六卷,395－406頁,北大出版社,2000年。
索思禮	其先敦煌人	無官	贈隴西郡司馬	《彙編》天寶050
張登山	敦煌人	隋雍州石臺府折衝左衛郎將上柱國	穆州司馬	《補遺》3－103
劉感	彭城人	無官	贈南溪郡司馬	《彙編》天寶229
劉玄豹	彭城人	高平郡莘城令寧州羅川府折衝,贈朝散大夫	宋州醫博士,贈邢州司馬	《補遺》1－186
史思禮	武威人	右衛中候 右衛司戈	贈青州司馬	《補遺》3－75
屈元壽	臨海人	無官	贈右領軍衛翊府右郎將	《補遺》3－77
徐承嗣	魯郊人	無官	贈朝散大夫,邠州司馬	《補遺》3－74
雍智雲	平原人	無官	贈徐州司馬	《補遺》5－369
李安樂	贊皇人	無官	贈雲南郡司馬	《補遺》5－388

姓名	籍貫	曾祖、祖官	父官	出處
朱保	會稽人	無官	唐元功臣,絳郡新田府折衝	《補遺》5－377
何德	廬江潛人	無官	贈朝散大夫,普安郡司馬	《補遺》3－97
張伏生			洛交郡長史	《彙編》天寶 011,《補遺》1－152
齊子		無官 皇左清道率府率	右龍武軍翊府中郎將	《彙編》天寶 203,《補遺》2－552

表二

姓名	解褐官	歷官	終官	卒年
葛福順		萬騎果毅	左領軍將軍押萬騎	
陳玄禮		萬騎果毅	右龍武軍大將軍	
李安樂			左龍武軍將軍員外同正	
王思泰			左龍武軍將軍	
張安生	果毅	折衝—郎將—中郎將	右龍武軍將軍	天寶十四載
李玄德			右龍武軍將軍	天寶十四載
張登山	寧州靜難府右果毅	岐州義伏府左果毅—華州鄭邑府左果毅—京兆元城府折衝—甘泉府折衝—京兆大明府折衝—左驍衛翊府右郎將—左領軍衛翊府中郎—右龍武軍翊府中郎—左清道率府率—右龍武軍大將軍	左龍武軍大將軍	天寶十四載
劉玄豹	資州夷牢鎮副	洛州伊川府果毅—京兆豐安府果毅—華州豐原府折衝—河南岩邑府折衝—左領軍衛翊府右郎將—左龍武軍翊府中郎將—左龍武軍郎將	左龍武軍將軍	天寶十三載
何德	延安郡敦化府果毅	京兆平鄉府折衝—左威衛翊府右郎將—右龍武軍翊府中郎將	右龍武軍將軍	天寶十三載
張金剛	夏州塞門鎮官	洛州同軌府左果毅—右武衛翊府左郎將—右龍武軍翊府中郎將	左龍武軍將軍	天寶十三載

姓名	解褐官	歷官	終官	卒年
劉感	興州大挑戍主	右衛寧州彭池府左果毅—左衛陝州曹陽府折衝—左領軍衛同州襄城府折衝—左武衛朔府右郎將—右龍武軍朔府中郎將	左龍武軍將軍	天寶十二載
王守節	上黨郡從善府別將	雁門郡鳳池府左果毅、典禁兵—寶鼎府果毅—彭池府果毅、典禁兵—銀川郡龍川府折衝—左威衛朔府右郎將檢校三宮使	右龍武軍將軍	天寶十一載
齊子	晋州羊邑府左果毅	華州定城府左果毅—陝州忠孝府折衝—陝郡上陽府折衝—右驍衛郎將—右龍武軍朔府中郎將	右龍武軍將軍	天寶十一載
張德	慶州同川府左果毅	涇州純德府折衝—右武衛郎將—右武衛朔府中郎將—右監門率府副率	右龍武將軍	天寶十載
屈元壽	洋川郡上川戍主	平陽郡晋安府果毅—馮翊郡宣化府果毅—華陰郡義津府折衝—右武衛朔府左郎將—右龍武軍右郎將—本軍中郎將	右龍武軍將軍	天寶九載
薛義	絳郡長祚府左果毅		左龍武大將軍員外同正	天寶八載
田福仙	涼川鎮副	絳州景山府左果毅—右領軍衛華州神水府左果毅—折衝	左龍武將軍員外同正員	天寶八載
李忠義	陽城郡延俊府別將	扶風郡玉泉府左果毅—水衡府左果毅—扶風郡邵吉府折衝—左威衛右郎將—左龍武軍右郎將—左龍武軍中郎將	左龍武軍將軍同正	天寶七載
朱保	漢州玉津府左果毅都尉	寧州高望府折衝—右領軍衛左郎將—左龍武軍中郎	左龍武軍將軍同正員	天寶六載
施寶	河南王屋府果毅	京兆居義府果毅—陝郡安戎府折衝—京兆甘谷府折衝—京兆崇仁府折衝—京兆甘泉府折衝—京兆大明府折衝—右武衛郎將—左領軍衛中郎將—左龍武軍中郎將—左內府率	左龍武軍將軍	天寶五載
李懷	扶風郡積善府左果毅長上	河南洛汭府折衝—左領軍衛朔府右郎將—左龍武軍朔府中郎將、檢校東京左屯營	左龍武軍朔府中郎將	天寶四載
索思禮		檢校馮翊郡沙苑監三馬坊使並營田使	左清道率府率	天寶三載
周思忠	咸寧右果毅	夭古府折衝—加游擊將軍—右威衛郎將—朔府中郎	□龍武軍朔府中郎將	天寶三載
史思禮	平陽郡仁壽府左果毅	馮翊郡唐安府左果毅—伏龍、洪泉二府折衝—京兆神鼎府折衝—左武衛朔府右郎將	右龍武軍朔府中郎將	天寶三載

姓名	解褐官	歷官	終官	卒年
徐承嗣	扶風郡文城府右果毅	左武衛郎將	左龍武軍中郎將	天寶三載
王守言	雍州布政府左果毅	華陰郡義津府折衝—左驍衛中郎—左驍衛將軍—左驍衛將軍、射生供奉	左驍衛將軍員外同正	天寶二年
萬行	河東壽貴府果毅	京兆甘泉府折衝—左龍武軍郎將—左龍武軍中郎將	左龍武軍中郎將，天寶五載追贈本軍將軍	天寶二載
王泰			左龍武軍翊府中郎將	天寶元年
高德	平州白楊鎮將	鄜州龍交府、祁州杜陽府果毅—陝州萬歲、絳州長平、正平、懷州懷仁、同州洪泉等五府折衝—右武衛翊府郎將—右龍武軍翊府中郎長上內帶弓箭	右龍武軍翊府中郎	天寶元年
張伏生		左驍衛郎將	左龍武軍中郎將	天寶元年
雍智雲	静州烈山鎮將	太州羅文府左果毅、京兆甘谷府右果毅、長留宿衛—京兆閭義府折衝—京兆仲山府折衝—京兆匡道府折衝—京兆通樂府折衝—右領軍衛翊府右郎將—右武衛翊府中郎將	右龍武軍翊府中郎將	開元二十八年
王元楷	涇州仁賢府折衝	左武衛翊府中郎將	左武衛大將軍	開元廿四年
王崇禮	松州牛頭鎮副		左領軍衛河南金谷府折衝、上柱國	開元十九年
茹義恩	岐州三交府左果毅	同州連邑府折衝、仗內供奉	同州連邑府折衝	開元十七年
宋莊	匡道府折衝長上內供奉		左領軍衛匡道府折衝	開元十五年
董懷義	鄜州龍交府右果毅	洛安府折衝—右威衛翊府中郎將	行右威衛將軍	開元十四年

表三

姓名	政變前官職	歷官	終官	卒年
章令信	直殿中省		右龍武軍大將軍	乾元元年
方元瑾	僕寺典牧承	雍州廉平府左果毅—邵南府折衝—左武衛翊府中郎將	左武衛翊府中郎將	開元廿八年

姓名	政變前官職	歷官	終官	卒年
李仁德	羽林飛騎	左屯衛翊府中郎將—右威衛將軍	右威衛將軍	開元廿一年
白知禮	原州彭陽府左果毅	右金吾郎將—中郎—右清道率府率—押玄武北門左厢屯營使—左監門將軍兼右萬騎使	左監門將軍兼右萬騎使	開元十九年
薛莫	蒲州奉信府折衝	景雲元年,赤水軍防禦使—左羽林軍大將軍—開元十三年,押左萬騎使—開元十四年,右驍衛大將軍,押左萬騎使	右驍衛大將軍,押左萬騎使	開元十五年
賈忠	中宮幕士	以長刀備親衛	不詳	開元十三年
鮮于廉	右衛明光府果毅	布政府折衝—右領軍衛將軍,河源軍討擊副使—北軍使	贈右領軍衛大將軍	開元十一年
宋知感	公劉府左果毅長上	岐州岐陽府折衝—右驍衛翊府左郎將	贈左清道率府率	開元十年

表四(參見附圖一、二)

姓名	居地	婚姻
高德	洛陽道政坊	
李懷	洛陽道政坊	王氏
劉玄豹	洛陽道光坊	高氏,縣尉女
李安樂	洛陽清化坊	
張德	洛陽思恭坊	
齊子	洛陽徽安坊	
張伏生	洛陽	廣平宋氏
王泰	長安真安坊	李鎮惡女
王守節	長安真安坊	斛斯氏 朱氏
周思忠	長安普寧坊	扶風太守雲弘嗣從孫
朱保	長安普寧坊	
雍智雲	長安金城坊	
薛義	長安金城坊	
徐承嗣	長安醴泉坊	
田福仙	長安翊善坊	
李玄德	長安翊善坊	
屈元壽	長安翊善坊	王氏:驪山郡司馬女
李忠義	長安翊善坊	屈氏:贈右領軍衛翊府右郎將屈雅之女 南氏:東萊郡司馬南徹之女
張金剛	長安大寧坊	李氏:贈常山郡司馬李岑之女
方元瑾	長安大寧坊	
史思禮	長安興寧坊	蘇氏

姓名	居地	婚姻
劉感	長安永興坊	
萬行	長安永興坊	南陽秘氏
施寶	長安太平坊	張氏
何德	長安金光坊	
章令信	長安漼川坊	
張登山		
張安生		王氏,太原郡君

① 參見《舊唐書》卷八《玄宗本紀上》,166 頁,中華書局標點本,1975 年;《册府元龜》卷二〇《帝王部·功業二》,212 頁,中華書局影印本,1960 年。

② 《資治通鑑》卷二〇九景雲元年六月庚子條,6646 頁。

③ 參見《舊唐書》卷九七《劉幽求傳》、《鍾紹京傳》,3039—3042 頁;《新唐書》卷一二一《劉幽求傳》、《鍾紹京傳》,4327—4329 頁。

④ 《舊唐書》卷九九《崔日用傳》,3087—3089 頁;《新唐書》卷一二一《崔日用傳》,4329—4331 頁。

⑤ 《崔●之墓志》,《全唐文補遺》第 6 輯 390 頁,三秦出版社,1999 年。

⑥ 《張巽墓志》,《全唐文補遺》第 5 輯 366 頁,三秦出版社,1998 年。

⑦ 《薛莫墓志》,《全唐文補遺》第 5 輯 349 頁;《鮮于廉墓志》,《唐代墓志彙編》開元 171,天津古籍出版社,1992 年;《宋知感墓志》,《全唐文補遺》第 5 輯 362 頁;《白知禮墓志》,《唐代墓志彙編》開元 415,開元 529;《方元瑾墓志》,《全唐文補遺》第 5 輯 370 頁。

⑧ 錄文見《唐代墓志彙編》開元 370。

⑨ 《東城老父傳》,《太平廣記》卷四八五,3992—3995 頁,中華書局,1961 年;《章令信墓志》,《全唐文補遺》第 3 輯 106 頁,三秦出版社,1996 年。

⑩ 參汪籛《玄宗時代的禁軍及其統帥》,《漢唐史論稿》,247—258 頁,北京大學出版社,1992 年。

⑪ 萬騎官員例由它官兼任,其職任已知的有押萬騎使和營長,其他或許還有旅帥、隊正,總數不會太多,即使後來龍武軍正式設立官署後,在安史之亂前也只有大將軍二人、將軍四人、長史二人、錄事參軍事二人、倉曹參軍事二人、兵曹參軍事二人、胄曹參軍事二人、司階四人、中候六人、司戈十人、執戟十人,共 48 人。參《唐六典》卷二五《左右羽林軍》,642—644 頁,中華書局,1992 年。

⑫ 《舊唐書》卷四四《職官志》,1904 頁;《新唐書》卷五〇《兵志》,1331 頁。

⑬ 《全唐文補遺》第 3 輯 103 頁,《唐代墓志彙編》天寶 198。

⑭ 《全唐文補遺》第 7 輯 2 頁。

⑮ 《資治通鑑》卷二一〇景雲元年八月條胡注,6655 頁。

⑯ 其餘志主或志主的親屬雖參加了唐元政變,但他們或在政變前已有其他系統的官職,或身份不詳,本文不作萬騎將士處理。

⑰ 表中《補遺》爲《全唐文補遺》的簡稱,《彙編》爲《唐代墓志彙編》的簡稱。

⑱ 從墓志看來,唐元功臣的父親例贈郡司馬或郡長史,故疑此三人亦是贈官。

⑲ 參榮新江《北朝隋唐粟特人之遷徙及其聚落》,《國學研究》第六卷,北京大學出版社,1999 年。

⑳ 唐代投誠的部族將領或周邊政權的質子常常被安排宿衛,他們的隨從可能也隨之進入禁軍系統。另外,西域胡人以及高麗人都以勇武著稱,其散居京城者或許也因此被選入禁軍。參章羣《唐代蕃將研究》,35—105 頁,聯經出版公司,1986 年。

㉑ 參見《舊唐書》卷一〇六《王毛仲傳》附《陳玄禮傳》,3252—3255 頁;《新唐書》卷一二一《王毛仲傳》附《陳玄禮、李守德傳》,4335—4337 頁;《資治通鑑》卷二〇九睿宗景雲元年六月癸卯條,卷二一二玄宗開元六年三月乙卯條,6735 頁,卷二一三玄宗開元十九年正月條,6793 頁。

㉒ 《史思禮墓志》,《全唐文補遺》第 3 輯 75 頁;《田福仙墓志》,《全唐文補遺》第 5 輯 385 頁。《唐代墓志彙編》開元 340《王崇禮墓志》。

㉓ 未加括號官職爲唐元功臣必然經歷的職位,加括號官職則爲部分唐元功臣所歷職。

㉔　參張國剛《唐代府兵淵源與番役》,1—28頁,《唐代政治制度研究論集》,文津出版社,1994年;毛漢光《唐代軍衛與軍府之關係》,111—171頁,《中正大學學報·人文分冊》,第五卷第一期,臺北中正大學出版,1994年10月。

㉕　參毛漢光《唐代軍衛與軍府之關係》,111—117頁,《中正大學學報》,第五卷第一期。

㉖　參氏著《唐代府兵制的一考察》,172—213頁,《中國中世史研究續編》,中國中世史研究會編,1995年。

㉗　《舊唐書》卷八《玄宗本紀上》,188頁。

㉘　唐玄宗《謁陵大赦文》,《全唐文》卷三九427頁,中華書局影印本,1982年。

㉙　《朱保墓志》,《全唐文補遺》第5輯377頁。

㉚　《新唐書》卷五《玄宗本紀》,137頁。

㉛　《李忠義墓志》,《全唐文補遺》第3輯76頁。

㉜　並見諸人墓志。

㉝　《舊唐書》卷一〇六《王毛仲傳》;《資治通鑑》卷二一二開元七年三月乙卯條,6735頁。

㉞　參李錦繡《唐代制度史略論稿》第三部《軍事制度·唐前期馬政》,328—338頁,政法大學出版社,1999年。

㉟　參見馬俊民、王世平《唐代馬政》第二章《不斷變革的馬政機構》,9—32頁,西北大學出版社,1995年。

㊱　《唐六典》卷一一《殿中省·尚乘局》,330頁;李健超《增訂唐兩京城坊考》,三秦出版社,1996年。按李書所載禁軍駐地爲唐後期情況,但屯兵必選形勝之地作合理安排,疑前期情況與此並無不同。

㊲　《新唐書》卷一三〇《裴漼傳》,4487—4488頁。

㊳　《資治通鑑》卷二一三開元十七年五月條,6785頁。

㊴　《董懷義墓志》,《唐代墓志彙編》開元235。

㊵　參見《舊唐書》卷一〇六,《新唐書》卷一二一《王毛仲傳》4335—4336頁,以及《資治通鑑》卷二一三玄宗開元十九年正月條,6793頁。

㊶　《資治通鑑》卷二一三玄宗開元十八年末,6792頁。

㊷　《舊唐書》卷一〇六《王毛仲傳》,3254頁。《資治通鑑》卷二一三開元十八年十一月條有關王毛仲妻産子事所記與此略有不同,但實質則無異。

㊸　參見趙雨樂《唐宋變革期之軍政制度》第一章第三節《唐代宮廷之兵馬與宦官》,29—48頁,文史哲出版社,1995年;又氏著《唐代宮廷防衛與宦官權力淵源》,載朱雷主編《唐代的歷史與社會》,武漢大學出版社,1997年版。

㊹　開元十七年,王毛仲求爲兵部尚書,見兩《唐書·王毛仲傳》。玄宗爲唐元功臣設定的權限範圍,從後期發展看來只限定在萬騎系統內。

㊺　《舊唐書·玄宗本紀》記載政變事云:"上乃與重簡、朝邑尉劉幽求、長上折衝麻嗣宗、押萬騎果毅葛福順、李仙鳧、寶昌寺僧普潤定策誅之。"《新唐書·玄宗本紀》與此略同。陳玄禮不預其中。

㊻　參見唐長孺《唐書兵志箋正》,科學出版社,1957年。

㊼　參見吳宗國《隋唐五代簡史》第五章《開元之治》,153—179頁,福建人民出版社,1998年。

㊽　根據上文分析,其中不排除以折衝官職押領萬騎的可能,參見愛宕元《唐代府兵制の考察》。

㊾　傳世文獻所載長安里坊中無真安里,而有貞安里,武后朝改爲修德里,疑即此。參楊鴻年《隋唐兩京坊里譜》,224頁,上海古籍出版社,1999年。

㊿　參見諸人墓志及《增訂兩京城坊考》相關諸坊。

(51)　參見史思禮、李忠義、屈元壽墓志,《全唐文補遺》第3輯75、76、77頁,三秦出版社,1996年。

(52)　事實上,前期功臣集團的居住地也很集中。在長安者如葛福順,住修真坊;鮮于廉,住安定坊;薛莫,住醴泉坊;王毛仲,住興寧坊;都在承天門街以北宮城和皇城東西諸坊。在洛陽者如宋知感,住洛陽道光坊;王元楷,住洛陽道政坊;都在洛水北岸宮城和皇城側近。(參見附圖一、二。)這種分布格局和後期功臣完全一致,反映出唐統治者對於功臣宅居和整個長安城空間布局的整體規劃。對於這個問題,筆者將專文論述。

(53)　《唐隴西郡李夫人墓志》,王育龍《唐長安城東出土的康令惲墓志跋》,載《唐研究》第六卷,395—406頁,北京大學出版社,2000年。

(54)　宦官住址參妹尾達彥《唐長安城的官人居住地》,35—74頁,《東洋史研究》第55卷第2期。

(55)　參見《舊唐書》卷一〇六《王毛仲傳》,卷九七《張說傳》,3049—3057頁;卷九三《王晙傳》,2985—2989頁。

(56)　《資治通鑑》卷二一一開元二年五月乙丑條,6699頁。

(57)　《唐會要》卷六七,1395頁,上海古籍出版社,1991年。唐元功臣只在龍武軍系統內部遷轉以及龍武系統員外官的合法存在與內侍系統存在着極多相似之處,因而不妨將其稱爲准內廷勢力。龍武軍的內廷化傾向不僅和玄宗朝禁軍分層防務的格局以及玄宗對功臣既尊崇又防範的政策有關,也源于這支軍隊早期出身干官奴的歷史淵源。對此,筆者將作專文論述。

㊳ 參見趙雨樂《唐代宮廷防衛與宦官權力淵源》。内飛龍厩的勢力在此之後繼續發展,唐代宗時期成立的寶應射生軍就由飛龍射生演化而來。

㊴ 《資治通鑑》卷二一六,天寶十一載三月條,6911頁。

㊵ 《新唐書》卷五〇《兵志》,1327頁。

㊶ 《舊唐書》卷九《玄宗本紀》天寶十五載六月己亥,玄宗出逃,次扶風郡,隨行將士咸懷去就,玄宗謂之曰:"卿等國家功臣,陳力久已,朕之優獎,常亦不輕。"及《舊唐書》卷五十一《楊貴妃傳》:"龍武將士誅楊國忠,以其負國兆亂。今改葬故妃,恐將士疑懼。"亦可證實玄宗逃離長安時,隨行部隊只有龍武軍,他們也正是馬嵬之變的發動者。

㊷ 馬嵬之變的真相以及陳玄禮在其中扮演的角色,歷來研究者甚衆。其中代表性意見有龍武將士自發說,見兩《唐書》及《資治通鑑》等舊史;高力士主謀說,參黄永年《説馬嵬驛楊妃之死的真相》,《唐代史事考釋》,臺北聯經公司,1998年;李亨主謀說,參任士英《馬嵬之變發微》,載《揚州師院學報》,1995年第3期。但無論主謀是誰,都必須借助陳玄禮和他手下龍武軍的力量。

附圖一

圖例：

○前期武臣系統唐元功臣宅

●後期武臣系統唐元功臣宅

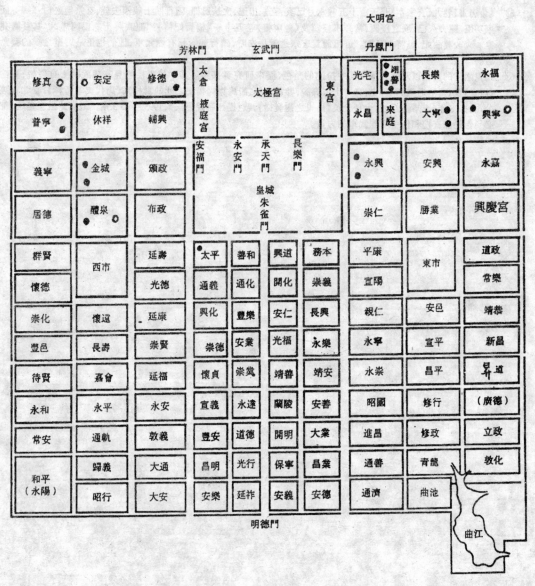

附圖二

圖例：

○前期武臣系統唐元功臣宅

●後期武臣系統唐元功臣宅

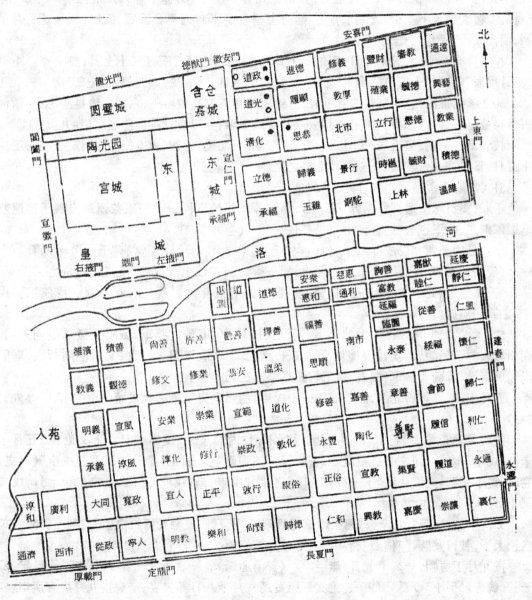

《魏書》諸紀時誤補校(續五)

牛繼清　張林祥

49.(孝明帝神龜二年)二月乙丑,齊郡王祐薨。庚午,羽林千餘人焚征西將軍張彝第,……乙亥,大赦天下。丁丑,詔求直言,諸有上書者聽密封通奏。壬寅,詔曰:"……"三月甲辰,澍雨大洽。(卷九頁228—229)

按二月辛亥朔,乙丑十五日,庚午二十日,乙亥二十五日,丁丑二十七日,無壬寅。下有"三月甲辰"條,疑"壬寅"爲"戊寅"之訛,戊寅二十八日。《北史》卷四《魏本紀四》同。

50.(孝明帝正光)四年春二月壬辰,追封故咸陽王禧爲敷城王,京兆王愉爲臨洮王,清河王懌爲范陽王,以禮加葬。丁丑,河間王琛,章武王融,並以貪汙削爵除名。(卷九頁234)

按二月戊午朔,無壬辰,丁丑二十日。"殿本"、《北史》卷四《魏本紀四》均作"壬申",壬申十五日,日序亦合,是。此"壬辰"爲壬申之誤。

51.(孝明帝孝昌元年二月)戊戌,大赦。

壬辰,莫折念生遣都督楊鮐、梁下辯、姜齊等攻仇池郡城、行臺、東益州刺史魏子建遣將盛遷擊破之,斬下辯、齊等首。壬寅,詔曰:"……"(卷九頁239)

按二月丙子朔,"戊戌"(二十三日)與"壬寅"(二十八日)間不當有"壬辰"(十八日),失序。《資治通鑑》卷一百五十梁紀六同誤,胡三省注云:"以上戊戌、下三月己酉推之,'壬辰'當作'壬寅'。"然此下文本有"壬寅"條,胡注不確。《疑年錄》"疑'壬辰'不誤,'戊戌'爲'戊子'之誤。"無據。

52.(孝昌二年)夏四月,大赦天下。癸巳,以侍中、車騎大將軍、城陽王徽爲儀同三司。朔州城人鮮于阿胡、庫狄豐樂據城反。丁未,都督李琚次於薊城之北,又爲洛周所敗,琚戰沒。戊申,以驃騎大將軍、開府、齊王寶夤爲儀同三司……。

五月丁未,車駕將北討,內外戒嚴……戊申,燕州刺史崔秉率衆棄城南走中山。(卷九頁243)

按四月己巳朔,癸巳二十五日,已近月末,月內無丁未、戊申二日。下文緊接"五月丁未"、"戊申"兩條。原文必有竄亂。"丁未"《資治通鑑》卷一百五十一梁紀七、"戊申"《北史》卷四《魏本紀四》同誤。疑"丁未"爲"乙未"之訛,"戊申"爲"戊戌"之訛,乙未二十七日,戊戌三十日。

53.(孝昌二年)九月辛亥,葛榮敗都督廣陽王淵、章武王融於博野白牛邏,融沒於陣。榮自稱天子,號曰齊國,年稱廣安。甲申,常景又破洛周……。(卷九頁245)

按九月丁酉朔,辛亥十五日,無甲申。《資治通鑑》卷一百五十一梁紀七亦誤,《疑年錄》云:"《魏書》'甲申'疑爲'甲寅'之訛文。甲寅爲九月十八日。"欠妥,辛亥後九月尚有庚申(二十五日)、甲子(二十九日)諸日,姑存疑。

唐代"常明經"試策考述

陳　飛

　　策,作爲一種文體,在唐代文學尤其是在唐代官人文學①的發生和發展中具有特別關鍵的意義;試策,作爲一個試項,在唐代選官活動尤其是在唐代科舉活動中具有特別重要的地位。以往關於唐代試策的專題研究,幾乎是空白,筆者不揣淺陋,近年來勉力從事,於唐代科舉各科試策畧有管窺,兹僅就唐代的"常明經"試策問題稍作陳述,以求教於方家同好。

一

　　唐人取士各科,幾乎無不試策;各科考試都將試策作爲最重要的試項,有的是唯一的試項,長期穩定地施行;在考試辦法以及朝廷的重視與禮遇等方面,往往也優於其他考試項目。

　　唐人取士的方式,通常可以分别爲常科和制舉兩大系統,實際上這兩大系統並不就是唐人取士方式的全部,而且,它們各自内部的情形也比較複雜,不能一概而論。常科主要由明經和進士兩個系列構成,另外學館系列雖不同於直接的科舉,但其内部的考試已經常化、制度化,且與朝廷的常科相對應、相接軌;而制舉的科目則多至百數。僅就常科而言,文獻記載亦較紛然,《唐六典》云:

　　　　(考功)員外郎掌天下貢舉之職。凡諸州每歲貢人,其類有六:一曰秀才,二曰明經,三曰進士,四曰明法,五曰書,六曰算。②

《新唐書·選舉志》則云:

　　　　唐制,取士各科,多因隋舊,然其大要有三:由學館者曰生徒,由州縣者曰鄉貢,皆升於有司而進退之。其科之目,有秀才,有明經,有俊士,有進士,有明法,有明字,有明算。有一史,有三史。有開元禮,有道舉,有童子。而明經之别,有五經,有三經,有二經,有學究一經。有三禮,有三傳,有史科。此歲舉之常科也。③

　　對於這些記載,古今學者理解不盡一致,也没有很好的系統整理,缺乏明確的分析和辨證。現綜合有關文獻材料,根據各科設置及考試、録取的實際情況,試作整理如下:

明經系列				進士系列		學館系列
常明經		准明經	類明經	常進士	類進士	
正明經	特明經	開元禮	明法	進士	孝廉舉	國子學
明經(兩經)	五經	三禮	明字		多才科	附：八成
二經	學究一經	三傳	明算		秀才科	廣文館
三經		史科	醫藥			弘文館
		童子	道術			崇文館
		道舉				崇玄館
		博學科				
		齋郎試				

這些都是"常科"，所謂常科，就是"每歲貢人"，亦即"歲舉"。不過這並不是説上面所列出的這些科目在唐代三百年裏都是嚴格地每年一度如期舉行，其中有的是在設置一段時間之後便停廢不用了；有的是在中途增設起來的；有的則置而停，停而復；有的則因種種原因時有間隔。因此，比較嚴格意義的"常科"科目，實際上大抵只有明經和進士二科。即便這二科，中間也有空缺。從現存的文獻記載看來，以進士科最爲完全，明經科則不够完備。④但總的説來，唐代常科應以明經科和進士科作爲主幹和代表。

在上表中，我們將唐代的明經、進士和學館理解爲三個"系列"，於"明經系列"下又區分出"常明經"、"准明經"和"類明經"。常明經下之所以又區分出"正明經"和"特明經"，則是考慮到"五經"與"學究一經"情況比較特殊，其試策情況宜與"准明經"一併討論。因此本文所討論的"常明經"實際上主要是上表中的"正明經"，亦即明經中最正常、最基本、最具代表性科目的試策情況。

二

首先須要討論的是，唐代"明經"究竟是一個具體科目，還是一個總名？人們習慣於將唐代的明經和進士並提，仿佛二者都是具體科目。實際上唐代的"明經"和"進士"雖然同屬常科，但它們並不是同樣的結構：唐代的"進士"只是一個單純的科目，其中不再含有其他"子目"；而唐代的"明經"就並非如此。如上引《唐六典》的記載，就是將"明經"視作一個與"秀才"、"進士"等並列的科目。但《新唐書·選舉志》的叙述就比較複雜：既在"其科之目"中列有"明經"、"秀才"等等，在此"明經"應是一具體科目；但隨後又有"明經之別"的叙述，此處的"明經"則應是包含有"五經"、"三經"、"二經"、"學究一經"等科目的"總名"，而且其中又並無"明經"之目。這一點很容易造成理解上的分歧。今見各種有關唐代科舉及教育的文獻記載，於此叙述亦多不够詳明。如《新唐書·選舉志》云：

凡《禮記》、《春秋左氏傳》爲大經；《詩》、《周禮》、《儀禮》爲中經；《易》、《尚書》、《春秋公羊傳》、《穀梁傳》爲小經。通二經者，大經、小經各一，若中經二。通三經者，大經、中經、小經各一。通五經者，大經皆通，餘經各一。《孝經》、《論語》皆兼通之。

此處的記述蓋據《唐六典·尚書吏部》所載之制，其中"五經"所習所試之經目，其實只有四種，尚缺一經。但就目前所知，唐代科舉似無"四經"之科。而《唐六典·尚書禮部》只言"通五經者，大經並通，其《孝經》、《論語》、《老子》並須兼習。"若不計兼習，僅有兩個大經。皆未交待如何足成"五經"之數。⑤ 此可證《唐六典》的記載原本就不够統一，或者其取材來源有所不同，《新唐書·選舉志》在據述時，亦未能交待清楚。實際上"五經"很可能是在二經或三經之外，再任通兩種或三種經，以足"五"經之數，但"兼習"者除外，此問題筆者已另文考述，兹不多及。但不論是《新志》還是《六典》，在列舉各科目所習經典時，皆只有"明經之別"各科目之經種及其數量，而不言"明經"所習所試之經種及其數量，皆可表明"明經"的總名特點。《唐六典》之《尚書吏部》及《尚書禮部》在記載明經考試時均有"舊制：諸明經試……"云云，則此"諸明經"尤能傳達出"明經"爲總名而非僅爲一具體科目之意味。

然而《唐語林》有"唐朝初，明經取通兩經，先帖文，乃按章疏試墨策十道……後明經停墨策，試口義，並時務策三道。"⑥ 這表明在唐初，不僅有"明經"這一具體科目，而且所試爲"兩經"。因此"兩經"應爲明經的本目。而上引《新志》及《六典》所載"明經之別"中之"二經"，則應是唐代"明經"科的正例。此結論可在《唐六典》關於功曹、司功參軍職掌的記載中得到證實：

凡貢舉人有博識高才，強學待問，無失俊選者，爲秀才；通二經已上者爲明經；明閑時務，精熟一經者爲進士……⑦

由此可見，"通二經"是"明經"的起碼要求和基本條件。這不僅表明"明經"可以是"二經"，而且意味着二經以下（如"學究一經"）便越過了明經試經種（數）的底線，已非明經之正例，而應是特殊的明經了。

因此，大抵可以認爲：唐代的"明經"，作爲一個總名，包含五經、三經、二經、學究一經、三禮、三傳、史科等科目（三禮、三傳、史科等爲"准明經"科目，筆者已另文論述）；作爲一個具體科目，唐代的"明經"則只試"兩經"，亦即"二經"科實爲唐代明經的"本科"。

三

現在來看常明經的試策情況。《新唐書·選舉志》云：

凡明經，先帖文，然後口試，經問大義十條，答時務策三道，亦爲四等。⑧

這就是通常所説的明經三項考試，即帖經、問義、答策。不過，這並不是最初的試制，而應是開元二十五年以後的情況（詳後）。

　　唐代的明經科大抵始於武德四年（621）。《唐摭言》云："始自武德辛巳歲四月一日，敕諸州學士及早有明經及秀才、俊士、進士，明于理體，爲鄉里所稱者，委本縣考試，州長重覆，取其合格，每年十月隨物入貢。斯我唐貢士之始也。"⑨辛巳爲武德四年，這一年即可看作唐代科舉的開始。⑩在開始階段，明經考試可能只有試策一項。杜佑《通典》在叙述秀才科"廢絶"時曾説到："自是士族所趨向，唯明經、進士二科而已。其初止試策，貞觀八年，詔加進士試讀經史一部。"⑪從叙述語氣看來，"其初止試策"顯然是就明經、進士一併而言的。《册府元龜》也有同樣的記述。⑫王應麟《玉海》則明確注曰："《通典》：明經、進士二科，其初止試策。"⑬羅隱《揚威將軍錢公列傳》記："公諱元脩，字文通。開國子之長子。性淳謹篤厚，甘澹泊，以清白自守。貞觀五年，策試通經，補長興縣博士。"⑭"策試通經"，這樣的表述正是唐初明經止試策的反映。唐高祖《令諸州舉送明經詔》中有云："宜下四方諸州，有明一經已上，未被升擢者，本屬舉送，具以名聞。有司試策，加階叙用。"⑮只言"有司試策"而未及其他。此詔徐松繫于武德七年，並注曰："按是時秀才、進士、明經，皆試策而已。"⑯當時各科都"止試策"，與國家草創，軍國多務，教育、科舉尚未進入正規化的特殊形勢有關，也與官員不充，求賢意切，故要求不高、手續從簡等特殊的選才態度有關。這些都是不難理解的。

　　唐初明經科"止試策"的局面維持了較長一段時間，其間難免會有一些調整和完善，但主要是在內容方面，在試策形式上，並未見有所改變。如："貞觀九年五月敕：'自今已後，明經兼習《周禮》並《儀禮》者，於本色量減一選。'"⑰這是對"兼習"某些經典的特別鼓勵。實際上，李唐統治者從一開始就十分重視對儒家學術的利用和發揚，隨着儒家"文德政治"的確立並全面展開，儒家經典進入取士各科乃是必然趨勢。早在貞觀四年，太宗就命顏師古考定《五經》，後又命師古與國子祭酒孔穎達等諸儒撰定《五經》義疏，名曰《五經正義》，付國學施行。⑱到了永徽四年"三月壬子朔，頒孔穎達《五經正義》於天下，每年明經令依此考試。"⑲至上元元年十二月二十七日，武則天上表曰："伏以聖緒出自元元，五千之文，實爲聖教，望請王公以下，內外百官，皆習《老子道德經》。其明經咸令習讀，一準《孝經》、《論語》。所司臨時試策，請施行之。"次年正月十四日即敕："明經咸試《老子》策二條，進士試帖三條"。⑳這又是把道家經典加進考試中來，而且都反映在試策上。《新唐書·選舉志》明確記載："上元二年，加試貢士《老子》策，明經二條，進士三條"。徐松即據此斷言《唐會要》之"試帖"應爲"試策"，並謂"是時（進士）尚無帖經之制"。㉑此時的明經，當亦無帖經之制。到了儀鳳三年三月，又敕："自今已後，《道德經》、《孝經》並爲上經，貢舉皆須兼通。其餘經及《論語》，依舊恒式。"㉒這些都還是內容上的變化，並沒有改變"止試策"的局面。

四

明經科"止試策"原是唐初特殊時期的某種"權宜"辦法,當進入正常發展時期以後,這種權宜之策如果長期得不到改善,就難免產生諸多弊端。果然,到了調露二年,便有劉思立出來,發表了唐代科舉史上著名的"建言"。遺憾的是劉思立的建言文本已經失傳,現在所知道的一些有關建言的內容,大抵得諸間接記載。論者往往習慣於據此來談論劉思立建言對於唐代科舉的意義,而缺乏必要的審視和辨析,因而難免意見不一或有所失當。比如,學術界比較重視劉氏建言在進士考試中的意義,而對其在明經考試中的意義則關注不夠;在討論其對進士考試的意義時,又多把注意力集中在"加試雜文"上。實際上,劉氏的建言,對明經考試說來,或許更爲重要;而劉氏建言與進士加試雜文之間的關係問題,仍有進一步考察的必要。我們這裏雖然主題是討論明經,但是由於這個問題與進士問題聯繫過於密切,各家記載又往往明經、進士並及,我們也只好一併引述,只是重點還是在明經方面。

《通典》云:

> 至調露二年,考功員外郎劉思立始奏二科並加帖經,其後又加《老子》、《孝經》,使兼通之。永隆二年,詔明經帖十得六,進士試雜文兩篇,識文律者,然後試策。㉓

需要說明的是,在《通典》的這段敘述中,"其後又加《老子》、《孝經》,使兼通之"一事在儀鳳三年三月,已見上述,依時間順序,《通典》應將其置於調露二年以前。另外,這段話是緊承明經、進士"其初止試策,貞觀八年,詔加進士試讀經史一部"而下的,因此其中所說的"二科"顯然是指明經科和進士科。

劉思立之奏,在唐代科舉考試史上具有特別意義,它不光是對以往考試弊失的補救,更爲重要的,正是由於他的建言,才使得朝廷採取措施,調整了明經、進士二科的考試法,從而將二科的特點,以詔令的形式固定下來,對唐代明經科與進士科判然劃界,兩途分行起到重要作用。

不過,《通典》所記思立奏文內容實際上只有"二科並加帖經"六個字,另一句"明經帖十得六,進士試雜文兩篇,識文律者,然後試策"則是永隆二年"詔"的內容。好在這篇詔文被完整地保存下來,《唐大詔令集》題爲《條流明經進士詔》。爲便於分析,現全文引錄如下:

> 學者立身之本,文者經國之資,豈可假以虛名,必須徵其實效。如聞明經射策,不讀正經,抄撮義條,才有數卷。進士不尋史傳,惟讀舊策,共相模擬,本無實才。所司考試之日,曾不揀練,因循舊例,以分數爲限。至於不辨章句,未涉文詞者,以人數未充,皆聽及第。其中亦有明經學業該深者,唯許通六經;進士文理華贍者,竟無甲科。銓綜藝能,

遂無優劣。試官又加顏面,或容假手,更相屬請,莫憚糾繩。由是僥倖路開,文儒漸廢。興廉舉孝,因此失人。簡賢任能,無方可致。自今已後,考功試人,明經試帖,取十帖得六以上者;進士試雜文兩首,識文律者,然後並令試策。日仍嚴加捉搦,必才藝灼然,合升高第者,並即依令。其明法並書、算貢舉人,亦量准此例,即為恒式。^{②④}

此詔涵義豐富,所涉問題較多,在分析之前,須先介紹一些較有代表性的記載:

《唐會要》云:

　　　　調露二年四月,劉思立除考功員外郎,先時,進士但試策而已,思立以其庸淺,奏請帖經及試雜文。自後以為常式。^{②⑤}

《宋本册府元龜》云:

　　　　調露二年四月,劉思立除考功員外郎。先時,進士但試策而已,思立以其庸淺,奏請帖經及試雜文,自後因以為常。^{②⑥}

《玉海》云:

　　　　永隆二年,考功員外郎劉思立建言:明經多抄義條,進士惟誦舊策,皆無實才,而有司以人數充第。乃詔:自今明經試帖,粗十帖得六以上,進士試雜文二篇,通文律者,然後試策。^{②⑦}

《封氏聞見記》云:

　　　　開曜元年,員外郎劉思立以進士准(按:疑作惟)試時務策,恐複傷庸淺,請加試雜文兩道,並帖小經。^{②⑧}

《新唐書·選舉志》云:

　　　　永隆二年,考功員外郎劉思立建言,明經多抄義條,進士惟誦舊策,皆亡實才,而有司以人數充第。乃詔自今明經試帖,粗十得六以上,進士試雜文二篇,通文律者,然後試策。^{②⑨}

《舊唐書·劉憲傳》云:

　　　　父思立……後遷考功員外郎,始奏請明經加帖、進士試雜文,自思立始也。^{③⓪}

類似的記載尚多,茲不備引。這些記載看上去似乎大同小異,但若細加比較,就會發現它們並不一致,且互有出入。

　　先說時間問題。劉思立的上奏和朝廷的下詔,顯然屬兩個時間。由於這段時間改元頻繁,易致混亂。據兩《唐書》及《資治通鑑》:儀鳳四年(679)六月十三日改元調露,調露二年(680)八月二十三日改元永隆,永隆二年(681)九月(一作十月)三十日改元開曜,也就是說:

　　　　公元679年6月13日至年底為調露元年;

　　　　公元680年1月1日至8月13日為調露二年;

公元 680 年 8 月 13 日至年底為永隆元年；

公元 681 年 1 月 1 日至 9 月 30 日為永隆二年，其後為開曜元年。

劉思立於調露二年四月除考功員外郎，其時尚爲考功員外郎“掌天下貢舉之職”[31]的時代，因此，上奏建言乃是其職責分內之事。《條流明經進士詔》在一定意義上代表了朝廷高層決策者對劉思立上奏所作出的反應。《唐大詔令集》載此詔下署“永隆二年八月”，也就是説，劉思立於出任考功員外郎的當年四月上言，至次年八月朝廷才下詔，中間歷時近一年半。可見，習慣上將劉思立建言的時間説成是“永隆二年”是不够準確的，而説成“開曜元年”亦欠妥當。

次説內容問題。劉思立之奏與朝廷之詔不僅在發表時間上有距離，而且在內容上也不盡一致。應該把劉思立上言的內容與朝廷詔令的內容區別開來，二者畢竟不是一回事，不能混爲一談。《條流明經進士詔》大抵包含這樣一些主要內容：

一是申明二科取士的基本宗旨和原則，這就是所謂“學者立身之本，文者經國之資，豈可假以虛名，必須徵其實效”。簡言之，就是注重學問和文藝，講求名實相符。

二是指明二科考試取人中的不足和弊病。明經科的主要問題在於：“明經射策，不讀正經，抄撮義條，才有數卷。”“正經”，應是指所習所試經典的本文。[32]“義條”，指一些關於經文解答的集要，大約是“標準答案”、“模擬試題”之類。從應試者方面看，爲的是簡便省事，捷徑速達；但從國家造士選材方面看，這種做法則是偷工減料，捨本逐末。進士科的主要問題在於：“進士不尋史傳，惟讀舊策，共相類比，本無實才。”“不尋史傳”，應是指不去到史傳本文裏總結歷史的經驗教訓以解答現實中出現的問題。“惟誦舊策”，則是只去背誦已有的對策範文或擬作。這樣互相模擬，哪裏會培養出實學真才來呢？朝廷負責考試取人的部門和官員的問題在於：“所司考試之日，曾不揀練，因循舊例，以分數爲限。至於不辨章句，未涉文詞者，以人數未充，皆聽及第。其中亦有明經學業該深者，唯許通六經；進士文理華贍者，竟無甲科。銓綜藝能，遂無優劣。試官又加顏面，或容假手，更相屬請，莫憚糾繩。”這裏有考試“舊例”上的問題；也有取人“名額”上的問題；有試官“顏面”上的問題；也有士子“優劣”上的問題。

三是指出這些弊病後果的嚴重性：“由是僥倖路開，文儒漸廢。興廉舉孝，因此失人。簡賢任能，無方可致。”選拔不到合格的人材，國家便無法任用賢能，長此以往，文儒政治就會敗壞。

四是宣布改革和完善考試取人的具體辦法，此即：“自今已後，考功試人，明經試帖，取十帖得六以上者；進士試雜文兩首，識文律者，然後並令試策，日仍嚴加捉搦。必才藝灼然，合升高第者，並即依令。其明法並書、算貢舉人，亦量准此例，即爲恒式。”調整涉及到的科目和試制有：

　　明經科：今後必須先試帖經，及格然後才允許參加試策；

　　進士科：今後必須先試雜文，及格然後才允許參加試策；

　　明法科、明書科、明算科：參照施行。

最後申明，這些規定必須長期而普遍地執行下去。

　　從詔文中可以看到：經過自國初至今近六十年的施行，明經、進士二科已由最初的一切便於人材進用的初衷，漸而演變爲士子投機取巧務求一第的局面，嚴重背離了朝廷設科取士的本旨，其不良後果已經引起朝廷高層的深切關注和憂慮，確實到了非"條流"不可的時候了。

　　從對明經、進士考試弊病的指陳裏我們可以窺見，明經科和進士科所試之策，似乎有着明顯不同：明經科偏重於"經"、"義"、"章句"、"學業"等方面；進士科偏重于"史傳"、"文詞"、"文理"等方面。也就是説，雖然都是"策"，但明經更強調"經義"內涵、"章句"功夫等"學業"水平；進士則更強調"史傳"內涵、"文詞"藝能等"文理"水平。另外，不論是言及舊例還是新規時，除了新增加的試項外，並没有涉及試策以外的其他試項，這也從一個方面表明，直至此前，明經科大抵仍"止試策"。

　　現在再來看劉思立奏之內容。在上面所引録的幾條較有代表性的材料中，關於劉思立建言內容的記載大抵可分爲以下三種情況：

　　第一種是以《唐會要》和《宋本册府元龜》爲代表，它們顯然係據同一材料來源。其特點是只説到劉思立"奏請帖經及試雜文"，而且僅提及"先時進士但試策而已"，並没有提到明經科。給人的印象是：加試帖經和雜文是思立"奏請"原有之內容，此其一；其二，仿佛加試帖經和雜文與明經科了不相干，只是進士一科的事情；其三，均未提及永隆二年的《條流明經進士詔》，仿佛加試帖經及雜文在調露二年就已確定下來了。

　　第二種是以《玉海》和《新唐書·選舉志》爲代表，它們的口徑完全相同。其特點是：所記劉思立建言內容只言及"明經多抄義條，進士惟誦舊策，皆無實才，而有司以人數充第。"亦即只指出明經、進士及有司三個方面的弊端，並没有涉及改善辦法亦即加試帖經和雜文的問題，此其一；其二，在記載加試時，都明確冠以"乃詔"二字，以表明所加試者乃係詔令之內容；其三，繫事於永隆二年，仿佛思立建言和詔令發佈同爲此時。

　　第三種以《封氏聞見記》爲代表，其記載頗有些特別：它不僅將思立建言置於開曜元年，還謂思立"請加試雜文兩道，並帖小經。"而且並不及於明經科，也不及於《條流明經進士詔》，似乎思立只請求進士加試雜文和帖小經，並獲得了批准。

　　至於《舊唐書·劉憲傳》的記載可以歸入第一種情況，即認爲明經加試帖經、進士加試雜文都是思立所奏，而不及於《條流明經進士詔》。

由於劉思立所奏原文已不得而見,我們現在很難確切指出這些記載與奏文之間的確切差距,只能通過分析比較來獲得相對合理的認識,好在有《條流明經進士詔》可以作爲參照。比較而言,《封氏聞見記》的説法疏誤較多,在時間和内容上均有明顯問題:《條流明經進士詔》發佈於開曜以前,思立之奏更在此詔之前,可見其記時不確;言帖經而不及明經科,則是其記事不備。但它關於進士加試雜文並"帖小經"的説法,却非空穴來風,此説爲《唐語林》所本,《唐六典》中也載有帖小經的内容。㉝

我們注意到,劉思立的上奏與朝廷的頒行《條流明經進士詔》二事在《唐會要》中是被分開來記述的:前者被置於《貢舉中》之《進士》門裏,"思立以其庸淺,奏請帖經及試雜文,自後以爲常式"即出現於此;而後者則被置於《帖經條例》題下。這應該是經過辨別後的慎重處理。也就是説,王溥(還有《册府元龜》編者)認爲劉氏上奏和朝廷下詔是發生在不同時間、性質不同的兩件事,而且劉思立是奏及進士加試帖經的。杜佑的語氣似乎更爲肯定:"至調露二年,考功員外郎劉思立始奏二科並加帖經。"而進士加試帖經爲《條流明經進士詔》中所無,這種"多"出來的内容,不會是杜佑等人的妄加,必是有所根據的,或者他們見到過思立奏文本亦未可知。因此,劉思立建言中確有明經、進士加試帖經的内容,是大抵可信的。

我們還注意到,杜佑並沒有説到劉思立奏中有加試雜文的内容,而是在間隔一句之後,叙述永隆二年之詔令内容時才説到加試雜文的。從叙述邏輯的嚴密性及語意的連貫性上看,如果思立奏中確有進士加試雜文的内容的話,那麼杜佑理應在叙述"二科並加帖經"時很自然地順勢而下,一併説到。他之所以特意分開來記述,特別是對思立建言的"調露二年"和詔令發佈的"永隆二年",作了準確而分明的交待,無不顯示出這位深諳當代典章故事的專家兼政要的細緻與嚴謹。也可以説,杜佑如此處理實際上已經透露出這樣的信息:即劉思立之奏可能原本就未及進士科加試雜文的問題,至於那些關於思立建言加試雜文的記載,多是誤將詔令中加試雜文的内容歸屬思立所致。

這個推測,在《玉海》和《新唐書·選舉志》的記載中也可以找到一定的參證。二書在述及思立所奏時,都不言加試内容,而只提到考試取人的諸弊端。這可以理解爲因緊接著要叙述的詔令内容中有加試内容,故可省略。但值得注意的是,根據二書所述,劉思立關於諸弊端的指陳,從根本上説乃是集中指向"本無實才"的,這和《唐會要》與《宋本册府元龜》所記"思立以其庸淺",《封氏聞見記》所云"(思立)恐複傷膚淺"的意思是一致的。也就是説,思立的建言和改善,都是針對"無實"而發的,但加試雜文並不能解決"無實"的問題。從《條流明經進士詔》中可以看到,進士加試雜文,主要是爲了考查"文律",是與"文理華贍"相應的;而明經加試帖經,主要是爲了考查"正經",是與"經學該深"相應的。而經學該深才是所謂的"實才"。因此,如果劉思立對症下藥的話,他也理應建言加試帖經。因爲,如果僅就"實才"而言,加試雜文反而更易流於"庸淺"或"膚淺",後來人們關於進士取人易致"浮薄"的紛紛指責,往往正是針對"試雜文"而發的。當然,帖經到後來也引起了人們的指責,不過就當時而言,建議加試帖經的可能性勿寧說更大一些,當然這並不是說沒有加試雜文的可能。

還有一些情況也可以旁證以上推測:早在調露二年劉思立上奏之前,進士科考試就已經有了試雜文的先例。所謂"雜文",即"謂箴、銘、論、表之類。"㉞據《唐會要》載:"貞觀二十二年九月,考功員外郎王師旦知舉,時進士張昌齡、王公瑾並有俊才,聲振京邑。而師旦考其文、策全下,舉朝不知所以……"㉟謂之"文、策全下",可見試策之外尚有試文。貞觀二十二年(648)早於調露二年(680)三十多年。又《登科記考》卷二顯慶四年條,於"進士二十人"下注云:"《詞學指南》:'顯慶四年,進士試《關內父老迎駕表》、《貢士箴》'。"檢王應麟《詞學指南·表》云:"唐顯慶四年進士試《關內父老迎駕表》。"㊱《詞學指南·箴》云:"唐進士亦試箴。"注曰:"顯慶四年試《貢士箴》。"㊲顯慶四年(659)亦早於調露二年二十餘年。所以有學者認為:"永隆二年詔,只是將由來已久的考雜文定為常規。"㊳既然進士科已有試雜文之先例,劉思立於上奏中不再請求"加試"雜文,也是可以理解的。

據此,我們大抵可以認為,劉思立調露二年的建言,主要是指出明經、進士考試取人中存在的諸多弊端,並建議二科都加試帖經。他的建言顯然引起了朝廷上層的高度重視,但並沒有立刻作出反應,而是經過一年多之後才發佈詔令。之所以反應如此之"遲",只要看看詔令的內容就會明白:詔令雖然很大程度地採納了劉思立的意見和建議,但仍有許多自己的特點:其原則之明確,指責之嚴屬,籌措之全面,改進之穩當,要求之嚴格,凡此等等,恐怕是劉思立作為新上任的吏部考功員外郎所不便說也不能道的吧!而明法、明書、明算等科的一併"條流",更為劉思立所始慮未及。這些都反映了朝廷統籌全局的高層意圖。而這些意圖的最後確定,需要有一個聽取意見、考察現狀、討論得失、研究辦法,最後擬定詔書、發佈天下的過程,有大量的工作要做。這在那樣的政治條件和通訊條件下,是不會很快就完成的。當然,反應"遲緩"也可以說明高層對此事的慎重。而在詔令中,只令明經加試帖經,進士則加試雜文,並連同明法、明書等一併考慮,表明統治高層對劉思立的建言既有所採納,又有所捨棄,並且有所發展和提高。其中流露出來的統治集團之意圖十分明顯:朝廷將進一步強化已經初步形成的明經、進士各有偏重的格局,一個沿着"經學"之途,另一個沿着"文學"之途,大力推進。這不論是從政治方針的全局性上說,還是就造士取材的豐富性而言,都可以收到互相補充,全面發展的效果。

我們這樣理解,並不是要貶低劉思立的"功績",即使他的確沒有建議進士加試雜文,也不會影響他在唐代科舉考試史上的地位。實際上,作為一位新就任的考功員外郎,他顯然要比以前乃至以後許多在此位置上的人更瞭解現狀,更具有見識,更勇於提出問題和解決問題。他的主要貢獻在於：通過建言，引起了開國以來統治高層第一次對科舉（常選）考試進行全面的反思和整理，進一步明確了取士的方針和目標，糾正了存在的缺點與弊端，肯定了已有的科目特點，制定了統一的考試取人條例，爲唐代科舉進一步走向規範化和制度化作出了法令保證。在此之前，唐代科舉一直擺脱不了"多因隋舊"的尾巴，至此可以説明經、進士的考試取人已基本"唐代化"了。劉思立關於加試帖經的建言，被吸收到新的明經考試辦法中來，不論其後來實行的效果如何，其糾正"無實"之病的初衷是應該得到稱讚的，富有積極的建設性意義。因而思立之奏對唐代的明經考試影響尤其深遠；至於進士加試雜文，雖然未必出自思立所奏，但它之所以能被寫入詔令，則與他的建言不無關係。無論如何，"加試雜文"勢必進一步強化進士科的特點，並加速其"文學化"的過程，加強其"文學"品質，對於唐代文學的"繁榮"功莫大焉。但這些都是後來"發展"的結果，其"功"主要在於統治者的不斷強化和引導，如果把這些都歸功於劉思立，恐怕連他本人也不敢説"受之無愧"吧！

五

讓我們再回到明經試策的話題上來。現在可以肯定地説，永隆二年的《條流明經進士詔》在唐代明經考試史上具有里程碑意義，在此之前，明經科止有試策一項；在此之後，則有兩個試項：先帖經，及格之後，再試策。試策在最後，也就是説，試策相當於決賽，合格與否，是決定最終及第與否的關鍵，其意義之重要，不言自明。

永隆二年所制定的"條例"，維持使用了較長一段時間，大約直到開元末，才有較大的調整，在將近六十年中試制相對穩定。但這並不是説其間一點變化也没有。《唐語林》云：

　　　唐朝初，明經取通兩經，先帖文，乃按章疏試墨策十道……後明經停墨策，試口義，並時務策三道。[39]

根據以上所論，這裏的"唐朝初"，似乎不够準確：如果是指唐前期五六十年，則那時明經還没有帖經；如果是指其後，則立國五六十年之後（甚至到開元後期）還稱"初"，則此"初"又未免過長，但在没有確證之前，我們也只好將其視作永隆二年以後的情況。

根據這裏的記述，明經考試可以區别爲兩個階段："唐朝初，明經取通兩經，先帖文，乃按章疏試墨策十道"，可以算作第一個階段。"先帖文"，就是先帖經，這顯然是將永隆二年以後的情況當成"唐朝初"的情況了。除了時間上稍嫌不確外，内容上則是可信的；"按章疏試墨策十道"，是對當時明經試策的很可寶貴的説明。因爲此前我們只知道明經試策，却不知此"策"究竟爲何物。現在我們便可以説：其時的明經試策，是用筆墨書寫的形式來進行的，故稱爲"墨策"；其時明經試策的内容，是以（儒家）經典的"章疏"爲根據的。明白了這兩點，我們就會對《條流明經進士詔》所謂"如聞明經射策,不讀正經,抄撮義條,才有數卷"有更加確切的理解。"義條"實際上就是對"章疏"的"抄撮",爲應付考試之用。明乎此,我們上面關於明經科偏重於"經"、"義"、"章句"、"學業"等方面的論述,也就有了更具體的對應。然則,唐代的明經試策在相當長的時期裏,所試的就是這種以經典章疏爲内容的墨策,也就是通常所説的"經策"或"經義策"。而"明經取通兩經"之説,則與我們上文關於"明經"既是一個"總名"又是一個具體科目亦即"二經"爲明經之本目的論述相吻合。

《唐語林》的這條記載可以在《唐六典》中獲得支持。《唐六典》云:"舊制:諸明經試每經十帖、《孝經》二帖、《論語》八帖、《老子》兼注五帖,每帖三言,通六已上,然後試策十條,通七,即爲高第"。[40]又云:"諸明經試兩經,進士一經,每經十帖。《孝經》二帖,《論語》八帖。每帖三言。通六已上,然後試策:《周禮》、《左氏》、《禮記》各四條,餘經各三條,《孝經》、《論語》共三條。皆錄經文及注意爲問。其答者須辨明義理,然後爲通。通十爲上上,通八爲上中,通七爲上下,通六爲中上。其通三經者,全通爲上上,通十爲上中,通九爲上下,通八爲中上,通七及二經通五爲不第。"[41]《唐六典》始修於開元十年,撰成於開元二十七年,則此處所謂"舊制"當爲開元二十五年以前之制。"試策十條"應該是指經策。此處的"皆錄經文及注意爲問。其答者須辨明義理,然後爲通。"實際上也就是"按章疏試墨策",亦即經策或經義策。十條經策的分配辦法是——以具體的"明經科"爲例:須試兩經,可以是一大經與一小經,也可以是兩種中經。如果其中有《周禮》、《左氏》、《禮記》三種正經中的任何一種,都是四條策題;此外還須試其他正經,每種經都是三條策,選試一種即可;《孝經》、《論語》爲"諸明經"所必須兼習,合起來共有三條策,也是必須考試的。這樣總共正合十條策之數。

順便説一下試帖情況:"諸明經試每經十帖"中的"每經"也是指所應"明經"科目所規定的經目而言的,但它不是幾種經合起來試十帖,而是須試的每一種經都試十帖,只有《孝經》與《論語》屬兼習性質,才合起來試十帖。"《老子》兼注五帖",應理解爲《老子》正文五帖、注文五帖,合起來也是十帖。[42]"每帖三言",即每三個字爲一帖,亦即空出(或遮住)三個字讓考生"填空"。

至於最後及第的等級評定,看來主要是以試策的成績爲依據,仍以具體的"明經科"爲例:

甲科	通十	上上第
乙科	通八	上中第
丙科	通七	上下第
丁科	通六	中上第

這就是所謂的"通六已上爲第"或"通七即爲高第",高第亦即上第。這四個等第也稱甲乙丙

丁四科。不過,這可能只是規定而已,在實際的施行中,很少有得上第的。[43]

這些都是唐初以來(包括加試帖經之後)明經試制的較爲具體的内容,《唐語林》的記載看來正是這一時期的明經考試情况較爲可信的反映。

"後明經停墨策,試口義,並時務策三道"。可以視爲第二個階段,其時當在開元二十五年,其年正月,玄宗發佈《條制考試明經進士詔》,詔曰:

> 致理興化,必在得賢;强識博文,可以從政。且今之明經、進士,則古之孝廉、秀才。近日以來,殊乖本意。進士以聲韻爲學,多昧古今;明經以帖誦爲功,罕窮旨趣。安得爲敦本復古,經明行脩? 以此登科,非選士取賢之道也。其明經自今已後,每經宜帖十,取通五已上,免舊試一帖。仍案問大義十條,取通六已上,免試經策十條。令答時務策三道,取粗有文性者與及第。其進士宜停小經,准明經例,帖大經十帖,取通四已上。然後准例試雜文及策,考通與及第。其明經中,有明五經以上,試無不通者;進士中,兼有精通一史,能試策十條得六已上者,委所司奏聽進止。其應試進士等,唱第訖,具所試雜文及策,送中書門下詳覆。其所問明經大義,日仍須對同舉人考試。庶能否共知,取捨無愧。有功者達,可不勉與![44]

《册府元龜》於此文下注云:"此詔因侍郎姚奕奏也"。《通典》亦稱"禮部侍郎姚奕奏"。可是姚奕的奏文今已不得見。《唐會要》云:"開元二十四年十月,禮部侍郎姚奕請進士帖《左氏傳》、《周禮》、《儀禮》,通五與及第"。[45]大概是其所奏内容之一部分,僅涉及進士考試,較簡略。從詔文内容看來,其中想必有對科舉考試中某些弊端的指陳以及改進的建議,其性質應與當年劉思立的上奏相近,而其中某些内容却"適得其反",這是很耐人尋味的。此時的姚奕,也是新近由禮部侍郎專知貢舉的官員。[46]

開元二十五年的《條制考試明經進士詔》在内容上也可以分作四個部分:

首先,這是申明二科取士的基本宗旨。"致理興化,必在得賢;强識博文,可以從政"表明,明經、進士二科取人,重在賢能:致理興化,意味着德行方面的"賢";强識博文,意味着才藝方面的"能"。"且今之明經、進士,則古之孝廉、秀才。"則表現了玄宗欲將明經、進士與漢人孝廉、秀才相參照的某種"復古"情趣。和高宗《條流明經進士詔》的"宗旨"相比,祖孫兩代的好尚有着明顯的不同,是頗耐人尋味的。

其次是指出考試取人中的弊端。現在的問題是:"進士以聲韻爲學,多昧古今;明經以帖誦爲功,罕窮旨趣。"正所謂此一時也,彼一時也。當初有感於"不辨章句,未涉文詞",因而加試帖經與雜文,孰料不到六十年,"聲韻"和"帖誦"竟成了弊端! 不過,這也是"考試文學"所難免的問題,甚至可以說是它的特點之一。當然,玄宗的指責,還與他自己的"旨趣"有關,如剛才說到的"復古"問題。詔中還有:"敦本復古,經明行脩"的表述,再一次體現了玄宗對明經、進士二科古代"本義"的追求。而這又是和開元政治濃鬱的崇古氛圍密切相關的。此屬別一問題,茲不多及。

接下來就是出臺新的考試取人條例。新條例的内容有兩個方面:其一屬於考試的項目和内容。這裏既考慮到明經和進士的通常情況,也考慮到一些特殊情況,茲一並列表如下:

明經科	通常明經	帖經　每經十帖　通五以上 問義　十條　通六以上 時務策　三道　粗有文理	進士科	通常進士	帖經　大經十帖　通四以上 雜文　兩首 時務策　五道
	特殊明經	五經以上　試無不通		特殊進士	兼通一史　(史)策十條

從表中可以看到:在新條例中,明經的試項增加到三項。與以前相比發生的變化是:帖經仍然保留,但放寬了及格要求,由過去的通六以上,改爲現在的通五以上,即所謂"免舊試一帖";取消了以前的墨策,而改爲口問大義,及格標準爲通六以上;新增加時務策三道,及格標準爲粗有文理。至此,唐代明經科的三個試項已全部產生,亦即明經三場考試的制度宣告確立。

很明顯,新條例最大的變化就在於增加了三道"時務策",也就是説,玄宗朝廷關於明經科的改進意圖主要是由時務策來體現並承擔的。這很能説明時務策在開元二十五年以後明經科中的重要地位。同時,時務策的加入,有可能使明經、進士二科的差別變小,因爲儘管它只要求"粗有文理",但畢竟加强了明經的"文理"素質,而進士科一直是以"文理"見長的。同時,改原來的經策爲現在的問義,也有助於提高明經的應對能力。另一方面,進士科改帖小經爲帖大經,也有促使進士向明經接近的作用。這樣,自唐初以來就分道揚鑣,愈馳愈遠的明經、進士二科,從今以後也許會日益靠攏,並轡而行了。

其二,屬於考試的具體做法:明經在口問大義時"須對同舉人考試"。看來這是要當着考官和其他考生的面回答大義,這樣可以"庶能否共知,取捨無愧";"進士等"在被確認及格之後,還要"具所試雜文及策,送中書門下詳覆。"亦即由中書門下再作一次復核審查,以確定成績的優劣與真僞。明經所試之時務策是否也要送中書門下"詳覆"? 現在還不能確斷。這些新規定,一方面增加了考試的難度,使考生及第的可能性變得更小,但同時也促使他們更加注重真才實學,打消僥倖心理;另一方面,考試的透明度也因之得到了提高,對衆答問,多方審核,帶有相當程度的"公開化"性質,可以更加有效地防止假冒庸濫和徇私舞弊,減少偶然性,增加公正性。這些都可以看成是唐代常科制度走上完善和成熟的標誌。

六

開元二十五年制定的新條例,標誌着明經、進士等考試的制度化和"唐代化",並在後來得到較爲穩定的施行,特別是試時務策三道,幾乎没什麼異議。只是在帖經方面,有過很小變化。[47]

德宗建中元年,國子司業歸崇敬曾建議:

> 其禮部考試之法,請無帖經,但于所習經中,問大義二十,得十八爲通。兼《論語》、《孝經》,各問十得八,兼讀所問文注義疏,必令通熟者爲一通。又於本經問時務策三道,通二爲及第。其中有孝行聞於鄉閭者,舉解具言于習業之下。省試之日,觀其所實,義少兩道,亦請兼收。其天下鄉貢亦如之。習業考試,並以明經爲名。得第者,授官之資與進士同。

詔下百僚議以聞,"大抵以習俗既久,重難改作,其事不行。"[48]歸崇敬的建議可能因對試制變動太大,也未必合理,故未被採納,但它已經透露出某種要改革的消息。

文獻記載表明,到了建中二年,明經(還有進士)試制有過一次調整。《册府元龜》云:

> (建中)二年十月,中書舍人趙贊權知貢舉。先時,進士試詩、賦各一篇,時務策五道;明經策三道。贊奏以箴、論、表、贊代詩賦,仍各試策三道。[49]

《唐會要》卷七十五《明經》述其奏文云:

> 應口問大義明經等舉人,明經之目,義以爲先,比來相承,惟務習帖,至於義理,少有能通。經術浸衰,莫不由此。今若頓取大義,恐全少其人。欲且因循,又無以勸學。請約貢舉舊例,稍示考義之難。承前問義,不形文字,落第之後,喧競者多。臣今請以所問,録於紙上,各令直書其義,不假文言。既與策有殊,又事堪徵證,憑此取捨,庶歸至公。如有義、策全通者,五經舉人,請准廣德元年七月敕,超與處分。明經請減二選。伏請每歲甄獎,不過數人。庶使經術漸興,人知教本。敕旨:明經義、策全通者,令所司具名聞奏,續商量處分。餘依。

綜合兩段材料,可知趙贊所奏,亦係針對明經、進士考試之弊而發,並提出了相應的改革措施。從保留下來的材料看,趙贊奏文中可能原有關於試雜文及策之弊端的内容,但已經佚失,只有改進"措施"幸賴後人轉述而得不失。[50]此前的進士所試有五道"時務策";"雜文"有詩、賦各一篇。但在明經試策方面,看不到趙贊有何意見和建議,則明經的三道"時務策"可以不變。

趙贊集中陳述的是明經"口問大義"問題,約其意思,有三點尤可注意:

　　其一爲"承前問義,不形文字,落第之後,競喧者多。"則知自開元二十五年改墨策爲"口問大義"後,也有其不足和弊病。由於明經問義並不形諸筆墨,致使落第者"競喧",又無從徵證。的確,要讓考官和考生試後仍能記得考試時的"大義"問答,顯然是困難的。因而被黜落者"競喧"既不可免,查證起來也很困難。這或許正是當年玄宗反復要求對衆考試大義的原因之一吧!

　　其二爲"臣今請以所問,録於紙上,各令直書其義,不假文言。"提出用筆墨回答問義,這是趙贊的首倡。然則,這種形諸筆墨的"問義"也就可以稱之爲"墨義"了。

　　其三爲"既與策殊"。可見這種録於紙上的答卷,仍屬"經義"性質,而不是"策"。故奏文及敕旨兩次使用了"義、策全通"的表述。

　　這樣我們就可以比較清楚地看到:唐代明經關於"經義"的考試,由開元二十五年以前的試"墨策",到開元二十五年以後的試"口義",再到建中二年以後的試"墨義",在大約一百六十年間,發生了三次大的變化。儘管墨策、口義、墨義在内容上可能並沒有本質差別,但在形式上確爲三個不同的東西,唐人於此,並不混淆。如元和二年十二月禮部貢院奏五經舉人"請罷試口義,准舊試墨義十條。"元和七年十二月,韋貫之又奏"試明經請(停)墨義,依舊格問口義。"[51]皆有明顯區別,但學術界對此尚未能辨析清楚。如傅璇琮先生在談到武德七年《令諸州舉送明經詔》徐松所注:"按是時秀才、進士、明經皆試策而已"[52]時,認爲:"這可能是一個誤會,其實詔文中所謂'試策',就是經問大義,而不是一般意義的對策或策問。"對於《唐六典》卷二《尚書吏部》:"通六已上,然後試策,《周禮》、《左氏》、《禮記》各四條,餘經各三條,《孝經》、《論語》共三條。皆録經文及注意爲問。其答者須辨明義理,然後爲通"一段注文,傅先生認爲:"這裏所説的試策,就是指《周禮》等各經書的問答經義,而不是另寫策文"。這裏似有不够清楚的地方。根據我們上面的論述,在永隆二年以前,明經考試只有試策一項而無其他,這時的策,是以經典章疏爲主的"墨策";其後直至開元二十五年以前,明經考試只有帖經和墨策二項;自開元二十五年直至建中二年,明經考試才有帖經、口義、時務策三項。徐松所注,正當永隆以前,那時還没有"經問大義",故謂明經試策乃是指試墨策;《唐六典》注文爲開元二十五年以前事,那時"口問大義"的條例尚未出臺,故仍是試墨策。且注文中已説"皆録經文及注意爲問",顯係"墨問",則答者也應用筆墨。另外,傅先生還説到:"墨策也就是用文字而不是用口試答問經文大義。"[53]這容易讓人誤以爲"墨策"就是"口義"的文字形態。其實,口義的文字形態乃是"墨義",而墨策就是墨策,它的對應物應爲"口策"。[54]

　　綜前所述,唐代明經僅就試策而言,大抵有墨策、時務策兩種。二者分屬不同時期的不同策種,目前尚未見同時或同科(届)並用的記載。墨策後來雖爲口義所取代,但口義並不等於墨策的口頭化。墨策被取代後,其"策"的意義可能有一部分轉由"時務策"來承擔了。由於明經的對策幾乎没有一篇保存下來,[55]這使得我們很難準確指出唐代明經的墨策、口義、墨義和時務策之間的具體區别。推想明經的"時務策"應不會是單純的時務策問目,而應是與"經義"有一定聯繫的問題,應試者須援經義以論時務,與進士所試之單純論時務或據前史論時務之時務策應有所不同。墨策在唐代實行得比較早,應該與早期"多因隋舊"取士制度有關。明經試"時務策"三道的制度,雖然制定得比較晚,但自經確立後,執行起來似乎比較徹底,很少有異議和反復,因而可以説是唐代明經考試中特點比較突出實行比較穩定的一個試項。另外,墨策曾經是明經的唯一試項,時務策始終是明經(考試時)的最後一個試項,特别是"時務策",一經實行,便無動摇。這些都表明試策在明經科中的不容置疑的重要地位。

總觀唐代常明經試策,以下幾點印象比較深刻:

第一,唐代的"常明經"考試制度大抵可以分爲三個階段,其中第一個階段約六十年,策爲唯一試項;第二階段約五十年,爲帖經與策兩項,但帖經係"加試",則策仍爲根本試項;第三個階段時間最長,雖説多爲帖經、問義和時務策三項,但前兩項仍然帶有"加試"性質,而且,由於"問義"特别是"墨義"很可能是早期"經問策"的變形,仍未脱"策"的屬性,遂使"時務策"倒很像是新增加的試項。因此,在明經的"三項試"試制中,策既是根本試項,而且佔有大部分位置,足見策的地位不僅没有减弱,反而呈現出不斷加强的趨勢。

第二,唐代明經試制雖然也受到過議論,也有過調整,但對試策幾乎從未有過懷疑和動摇;而且無論怎樣調整,都没有出現不利於試策的舉措,因而試策是唐代明經考試中争議最少、地位最穩固的試項。

第三,無論是在兩項考試還是在三項考試的體制裏,試策始終放在最後一項進行,這使試策具有决定及第與否和及第等級高下的作用,因而成爲明經考試中最具關鍵意義的試項。

第四,在明經考試中,試"帖經"主要是考查經學"常識",而試策主要是考查理解、發揮和應用,這些都是相對高於"常識"的素質和能力,也是當局設立此科收取人材的重心所在,因而也是應試者用功的重點所在。這就是説,試策承擔着最爲重要的考試旨趣和職能。

另外,從明經系列各科所試策種來看,儒經、道經、律令、書法等,皆可用"策"考試,這意味着,在當時的條件下,試策是考查多方面"知識"和"能力"的最有效而可行的手段。

因此我們可以説,試策,是唐代明經考試中應用得最爲持久、普遍,地位最爲鞏固,意義最爲關鍵的重要試項;因而"策"也就成了明經考試中最爲關鍵的文體;同時,不論是在"止試策"的體制下,還是在兩項和三項試制下,策都是明經考試中唯一成"文"的文體,因而也是主考者和應試者都必須高度重視的文體。從這些意義上看,説唐代明經科是"以策取士",也不爲過。

① “官人”，語出《尚書·皋陶謨》：“禹曰：‘……知人則哲，能官人’。”孔穎達《疏》云：“……知人之善惡，則爲大智，能用官得其人矣。”（《尚書正義》卷四）則“官人”爲選人命官之義，亦即“官人”主要是指一種選拔人材任命官職的活動（行爲）；人材一旦獲得任命，便成爲身帶一定官職的人員，在此“官人”乃是指具有某種官職身份的“人”；成爲官人之後，便要過着一種“做官”生活，這種生活與國家的政治活動密切聯繫，或者説國家的政治生活正是由大大小小無數官人的做官生活構成的，是某種群體的“做官”活動；另外，“官人”在古代也可作爲妻子對丈夫的稱謂，在舊小説戲文等通俗文藝中往往用作對男子的禮稱。於是“官人”的含義就變得豐富而複雜起來。不過，我們所説的唐代“官人文學”，主要是指唐代官方和個人在選官、做官活動中所實際運用的各種文體。

②㉛　《唐六典》卷二《尚書吏部》。［唐］李林甫等修撰，北京中華書局陳仲夫點校本，1992 年 1 月版。下引同此。

③⑧㉔　《新唐書》卷四十四《選舉志》上。［宋］歐陽修、宋祁修撰，中華書局點校本，1975 年 2 月版。下引同此。

④　據徐松《登科記考》統計，自高祖李淵武德四年（621）至後周世宗柴榮顯德六年（959），三百多年間，進士科的舉行最爲嚴格正規，極少停缺。計有：龍朔三年、總章二年、咸亨二年、咸亨三年、上元三年、儀鳳元年、儀鳳二年、儀鳳三年、調露元年、延載元年、景龍三年、寶應元年、貞元二十年、中和四年、天復二年、天復三年、（後梁）乾化四年、龍德元年、（後唐）同光元年、天福四年、天福五年等。這些停缺大多是在政治動盪的非常時期，也就是説，唐代的進士科始終保持着每年一度的試制，不到萬不得已是不會輕易停缺的。這也從一個方面反映出唐代進士科制度化程度之高。而明經科在《登科記考》裏，竟有二百九十四年的缺載。當然，唐人不可能在這麼長的時間裏不舉行明經科。《登科記考》的缺載，其主要原因蓋在於徐松所説的：“《玉海》引《中興書目》云：‘崔氏《登科記》一卷，載進士、諸科姓名。’是諸科姓名各始于崔氏，樂史沿而不改。所謂諸科者，謂明法、明字、明算、史科、道舉、《開元禮》、童子也，明經不在此數。何以明之？明經每歲及第將二百人，其數倍蓰於進士，而《登科記》總目所載諸科人數皆少於進士。《玉海》云：‘《登科記》顯載進士，續之者自元和方列制科。’言進士、制科對明經爲義也。《韓文五百家注》每詳科目，惟牛堪明經及第，注文一無徵引，知明經爲記所無矣。”（《登科記考·凡例》）可知徐松之所以缺載明經如此之多，乃是由於唐人《登科記》原本不載明經。然則唐人之所以不載，必有其理由，其中可能與視明經不若進士如此之貴重有關。至於唐代明經科的具體停舉情況，限於材料不足，目前只能存而不論。《登科記考》，［清］徐松撰，中華書局趙守儼點校本，1984 年 8 月版。下引同此。

⑤　詳見《唐六典》卷二《尚書吏部》及卷四《尚書禮部》。

⑥　《唐語林校正》卷八《補遺》。周勛初校云：“唐朝初原書作‘國初’。”［宋］王讜撰，周勛初校證，北京中華書局 1987 年 7 月版。下引同此。

⑦　《唐六典》卷三十《三府督護州縣官吏》。

⑨　《唐摭言》卷一《統序科第》。［五代］王定保撰，上海古典文學出版社標點本，1957 年 4 月版。下引同此。

⑩　徐松《登科記考》卷一云：“是年下詔，而舉人至明年始集，故曰不貢舉。《永樂大典》載《衡水縣經志》云：‘蓋聞達字藝成，冀州衡水縣人。武德四年，以經明行修徵爲國子博士。’按冀州爲寶建德地，此或因赦詔而舉之。”按：徐松所説“明年始集”應是據正常情況的推測。若依《唐摭言》，詔發於四月一日，舉人於十月隨物入貢，也並非來不及。且冀州五月即告平定，蓋聞達即爲當年貢士明經亦非不可能。何況草創之初，或可從權。因此，即使以詔敕發佈之日爲唐代貢舉之開始亦未嘗不可，故不必推遲至武德五年。

⑪　《通典》卷一五《選舉》三。［唐］杜佑撰，北京中華書局王文錦等點校本，1988 年 12 月版。下引同此。

⑫　《册府元龜》卷六三九《貢舉部·條制一》。［宋］王欽若等編，北京中華書局影印明刻初印本，1960 年 6 月版。下引同此。

⑬　參見《玉海》卷一一五《選舉·科舉二》及《通典》卷一五《選舉》三。《玉海》，［宋］王應麟編，南京江蘇古籍出版社影印清光緒九年浙江書局本，1987 年 12 月版。下引同此。

⑭　《全唐文》卷八九七。［清］董誥等編，上海古籍出版社據揚州官本縮影，1990 年 12 月版。下引同此。

⑮　《全唐文》卷三。

⑯　《登科記考》卷一。

⑰　《唐會要》卷七十五《帖經條例》。［宋］王溥撰，北京中華書局《叢書集成初編》聚珍版排印本，1985 年新 1 版。下引同此。

⑱　事詳《貞觀政要》卷七《崇儒學》。［唐］吳兢編撰，上海師範大學古籍整理組校點本，上海古籍出版社 1978 年 9

月版。

⑲ 《舊唐書》卷四《高宗本紀》上。[後晉]劉昫等撰，北京中華書局點校本，1975 年 5 月版。

⑳㉒ 《唐會要》卷七十五《明經》。

㉑ 《登科記考》卷二。

㉓ 《通典》卷一五《選舉》三。

㉔ 《唐大詔令集》卷一〇六。"取"，《宋本册府元龜》作"粗"。《全唐文》卷十三題爲《嚴考明經進士詔》。《唐大詔令集》，[宋]宋敏求編。上海學林出版社洪丕謨張伯元沈敖大標點本，1992 年 10 月版。下引同此。《宋本册府元龜》，[宋]王欽若等編，北京中華書局影印宋刻殘本，1989 年 1 月版。下引同此。

㉕ 《唐會要》卷七十六《貢舉》中《進士》。

㉖ 《宋本册府元龜》卷六三九《貢舉部·條制》。按：明本《册府元龜》作"調露三年"，誤。

㉗ 《玉海》卷一一五《選舉·科舉二》。

㉘ 《封氏聞見記》卷三《貢舉》。《唐語林》卷八述此同。《封氏聞見記》，[唐]封演撰，臺灣商務印書館影印文淵閣《四庫全書》本，上海古籍出版社縮印，1987 年 6 月版。

㉚ 《舊唐書》卷一九〇中《劉憲傳》。

㉜ 《唐六典》卷二《尚書吏部》云："正經有九：《禮記》、《左傳》爲大經；《毛詩》、《周禮》、《儀禮》爲中經；《周易》、《尚書》、《公羊》、《穀梁》爲小經"。

㉝ 按：《唐六典》卷四《尚書禮部》注進士試帖經云："舊例帖一小經，通六已上"。此"舊例"雖未詳何時，然可知《封氏聞見記》所言有據。

㉞ 參見徐松《登科記考》卷二永隆二年條。

㉟㊺ 《唐會要》卷七十六《貢舉中·進士》。

㊱ 見《玉海》卷二百三。

㊲ 見《玉海》卷二百四。

㊳ 參見《唐代文學的文化精神》第 572 頁。鄧小軍著，臺灣文津出版社 1993 年初版。

㊴ 《唐語林校正》卷八《補遺》。

㊵ 《唐六典》卷四《尚書禮部》注文。

㊶ 《唐六典》卷二《尚書吏部》注文。

㊷ 現在還不太清楚的是：如果在同時須試的各經（如二經）中，有的（一經）試帖已經通六，而有的（另一經）却未能通六，該怎樣確定其成績是否及格，能否進入下一輪的試策呢？

㊸ 《通典》卷一五《選舉》三云："按令文：科第秀才與明經同爲四等，進士與明法同爲二等。然秀才之科久廢，而明經雖有甲乙丙丁四科，進士有甲乙二科，自武德以來，明經唯有丁第，進士唯乙科而已。"明本《册府元龜》卷六四〇載此明經"丁第"上有"丙"字，而《宋本册府元龜》無之。

㊹ 《宋本册府元龜》卷六三九《貢舉部·條制》。明本《册府元龜》卷六三九《貢舉部·條制一》述此同，唯"行脩"作"行修"。《全唐文》卷三十一載此題曰《條制考試明經進士詔》。《登科記考》錄此作"免舊試一策"，注謂據《册府元龜》、《唐會要》，然以二書核之，均作"十"，其所據版本不同歟？又"粗有文性"，《通典》、《唐會要》、《登科記考》等皆作"粗有文理"。

㊻ 《唐摭言》卷一《進士歸禮部》云："雋、秀等科，比皆考功主之。開元二十四年，李昂員外性剛急，不容物，以舉人皆飾名求稱，搖蕩主司，談毀失實，竊病之而將革焉。集貢士與之約曰：'文之美惡，悉知之矣，考校取捨，存乎至公，如有請托于時，求聲於人者，當首落之。'既而，昂外舅常與進士李權鄰居相善，乃舉權於昂。昂怒，集貢人，召權庭數之。權謝曰：'人或猥知，謀聞於左右，非敢求也。'昂因曰：'觀衆君子之文，信美矣。然古人云：瑜不掩瑕，忠也。其有詞或不典，將與衆評之若何？'皆曰：'惟公之命。'既出，權謂衆曰：'向之言，其意屬吾也。吾誠不第決矣，又何藉焉！'乃陰求昂瑕以待之。異日論文，昂果斥權章句之疵以辱之。權拱而前曰：'夫禮尚往來，來而不往，非禮也。鄙文不臧，既得而聞矣。而執事昔有雅什，嘗聞于道路，愚將切磋，可乎？'昂怒而嬉笑曰：'有何不可！'權曰：'"耳臨清渭洗，心向白雲閑。"豈執事之詞乎？'昂曰：'然。'權曰：'昔唐堯衰耄，厭倦天下，將禪于許由。由惡聞，故洗耳。今天子春秋鼎盛，不揖讓於足下，而洗耳，何哉？'是時國家寧謐，百僚畏法令，兢兢然莫敢跌。昂聞惶駭，颠起，不知所酬。乃訴于執政，謂權風狂不遜。遂下權吏。初，昂強復，不受屬請，及有請求者，莫不先從。由是廷議以省郎位輕，不足以臨多士，乃詔禮部侍郎專之矣。"《大唐新語》卷十述此文字稍有不同。最後曰："憲司以權言不可窮竟，乃寢罷之"。《宋本册府元龜》卷六三九《貢舉部·條制》收

有此詔文,曰:"(開元) 二十四年三月詔曰:'每歲舉人,求士之本。專典其事,寧不重歟? 頃年以來,唯考功郎所職,位輕務重,名實不倫。欲盡委長官,又銓選猥積。且六官之列,體骨是同。況宗伯掌禮,宜主賓薦。自今已後,每歲諸色舉人及齋郎等簡試,並於禮部集。既衆務煩雜,乃委侍郎專知'。"這就是唐代貢舉由吏部移歸禮部,由考功員外郎主持改爲禮部侍郎專知的大致過程。當然,促使朝廷作出如此重大調整的原因,必不止于此,李權事件只不過是其直接因素而已。《玉海》卷一一五《選舉·科舉》一謂詔令發佈於三月十二日,並云:"禮部選士自此始"。又注曰:"(開元)二十五年丁丑,始命侍郎姚奕興舉"。"興",當作"典"。則禮部選士及侍郎專知實際是從開元二十五年開始實行的。而姚奕的上奏,當在貢舉歸禮部詔令發佈之後亦即姚奕本人掌選之後,《條制考試明經進士詔》發佈之前。

㊼ 如:《唐會要》卷七十五《帖經條例》云:"天寶十一載七月,舉人帖及口試,並宜對衆考定,更唱通否"。(按:"七月"後疑奪"敕"字)則試帖亦須當衆考定。同年十二月敕禮部:"比來試人,頗非允當。帖經首尾,不出前後。複取"者"、"也"、"之"、"乎"頗相類處下帖,爲弊已久,須有釐革。禮部請每帖前後,各出一行,相類之處,並不許帖"。次年六月禮部奏:"以貢舉人帖經,既前後出一行,加至帖通六與過"。

㊽ 事詳《舊唐書》卷一四九《歸崇敬傳》。按:《登科記考》繫此文於建中元年,但本傳述此前曰"時皇太子欲以仲秋之月,于國學行齒胄之禮",則時德宗尚爲太子,故其事應在大曆末。

㊾ 《册府元龜》卷六四〇《貢舉部·條制二》。"仍各試策三道",《宋本册府元龜》作"二道"。《全唐文》卷五二六收此文題爲《請以箴表等代詩賦奏》,首句即云:"箴論表贊代詩賦,仍各試策三道"。此殆非奏文之完篇。

㊿ 《册府元龜》是將上面所錄兩段文字揉在一起叙述的,然自"應口間大義明經等舉人"以前,顯係編者轉述之語;自此以後,才類奏文口吻,《唐會要》即以爲奏文。然兩段似皆有缺。

51 均見《唐會要》卷七十五《明經》。按:韋奏"請"後奪"停"字,《册府元龜》即作"請停"。

52 《登科記考》卷一。

53 均見《唐代科舉與文學》第 118 頁。傅璇琮著,西安陝西人民出版社,1986 年 10 月版。

54 不過,一些記載反映,墨義在建中二年以後實行得並不是很徹底,中間可能還有過反復。上引元和二年禮部貢院所奏,已爲證明。在此之前,顧少連曾於貞元十三年以尚書左丞權知貢舉時就有過奏議,云:"伏以取士之科,以明經爲首,教人之本,則義理爲先。至於帖書,及以對策,皆形文字,並易考尋。試義之時,獨令口間。對答之失,覆視無憑。黜退之中,流議遂起。伏請准建中二年十二月勑,以所間錄於紙上,各令直書其義,不假文言,仍請依經疏對奏。"(《册府元龜》卷六四〇《貢舉部·條制二》)是再次請求試墨義,並得到了批准。可見此前的實行並不嚴格。而元和七年韋貫之所奏,則要求停墨義,依舊試口義,也得到了允許。是有所反復。到了太和二年十二月,禮部貢院又奏:"五經、明經舉人試義,請准元和十四年十一月四日勑,以墨義代口義"。(《册府元龜》卷六四一《貢舉部·條制三》)是又一次反復。

55 地上的文獻,至今未見其例;地下的材料,1964 年新疆吐魯番阿斯塔那 27 號唐墓出土有《論語鄭氏注》對策殘片,有學者"認爲它原是唐代前期西州地區流行的一件《鄭注》對策範本"。(王素《唐寫〈論語鄭氏注〉對策殘卷與唐代經義對策》。《文物》1988 年第 2 期。)"經義對策"的判斷有失確切,但此件屬墨策性質則大抵無疑。

敦煌寫本《文子》殘卷校證

朱　大　星

　　《漢書·藝文志》載《文子》①九篇，注云："老子弟子，與孔子並時。而稱周平王問，似依託者也。"又《舊唐書·經籍志》録魏李暹注爲十二篇，與今篇次同。晁公武疑爲暹析之。②黄震、章炳麟亦疑《文子》爲僞書。③黄雲眉謂其爲僞書。④而唐蘭認爲《文子》應是先秦重要典籍之一，並非僞書。⑤今人江世榮也認爲其非僞書。⑥辨其文者：柳子厚謂"其渾而類者少，竊取他書以合之者多。凡孟管輩數家，皆見剽竊，嶢然而出其類。其意緒文辭，又牙相抵而不合。不知人之增益之歟？或者衆爲聚斂以成其書歟"，⑦因而疑其爲駁書。胡應麟、姚際恒亦謂《文子》爲駁書。⑧孫星衍則力持是書並非駁書。⑨又陶方琦曰："《文子》雖冠以'老子曰'，中間有'故曰'，實引《淮南》作爲老子之語。"⑩梁啓超曰："此書自班氏已疑其依託。今本蓋並非班舊，實僞中出僞也。其大半勦自《淮南子》。"⑪江世榮則認爲《淮南子》取諸《文子》。⑫今取二書勘驗，則尚難遽下斷論。惟《淮南子》一書，傳寫既久，偶有《淮南》誤而《文子》不誤者，存以互校，不無裨益。

　　因《文子》成書較早，歷兩千餘年至今，宋以前傳本已極罕見，故二十世紀初在敦煌藏經洞發現的寫本《文子》尤顯珍貴。《敦煌寶藏》（以下簡稱《寶藏》）收録與《文子》有關者凡六種，詳述如下：

　　P.2380　《寶藏》題名《開元廿七年寫文子題記》。此卷凡六行，載抄寫年月"大唐開元二十七年二月一日"、抄寫緣由"開元聖文神武皇帝上爲宗廟下爲蒼生内出錢七千貫敬寫"及初校者、再校者、三校者姓名。

　　P.2456　《寶藏》題名《大道通玄要卷第一並序》、《升玄内教經卷第八》、《老子道經卷上》、《文子道元第一》、《妙真經卷上》、《靈寶自然經訣》、《上清太極寶籤上説卷》、《莊子外篇知北遊第廿二》、《老子德經卷下》、《上清經三天正法卷》、《靈寶洞玄法輪經卷》、《神仙鉤注經》、《妙真經卷上》、《文子九守第三》、《升玄内教經卷第三》、《上清化胎精中經卷》、《上清太上帝君九真中經卷》、《文子微明第七》，上述内容應當總定名爲《道經雜抄》。《文子》内容散見於其中，計有三處。其中《文子·道元第一》，凡六行，起"老子曰道者虚無平易"，迄於"心不憂樂德之至也"，卷面較清晰。《文子·九守第三》，凡八行，起"老子曰天地未形"，迄於"沖氣以爲和"，首行第一字較模糊。《文子·微明第七》，凡十行，起"中黃子曰天有五方"，迄於"萬物玄同無非無是"，末行"無是"二字脱落。上述三處《文子》内容雖未集中在一處，但其筆迹、行款均一致。

P.3768　《寶藏》題名《文子·道德第五》。此卷卷面較清晰，凡百五十六行，每行五至二十三字不等，絶大多數爲二十字左右，起"道不戰而克"，迄於"平王曰寡人聞命"。首行自第八字至行末共九字殘損，卷末載有校定日期"天寶十載七月十七日"及校者姓名。此卷篇幅與今本《文子·道德第五》相當，卷中"民"、"世"、"治"三字皆不諱。

P.2810(甲) + S.2506(甲) + P.4073 + P.2810(乙)⑬　（均爲《文子·下德》内容）

P.2810　《寶藏》題名《文子下德篇殘卷》。P.2810號包含 P.2810(甲)、P.2810(乙)兩個殘卷。P.2810(甲)，凡八行，起"人地之生財大本不過五行"，迄於"德有心則險"，自第二行處分段，末行前十三字缺損，"治"字照録，其後當緊接 S.2506(甲)（指 S.2506 前七行内容：起"心有目則眩"，迄於"因物以識"）。P.2810(乙)緊接 P.4073"霸者則四"處，凡八行，起"時君者用六律"，迄於"秋收冬藏取與"，首行第二字至第六字、第十一字、第十五字，末行行首四字及行末兩字皆殘損。卷中"世"字缺筆避諱，而"治"照録，則此卷當爲唐寫本。從字體及行款看，它們本當屬同一卷，後被析爲兩個殘卷。但這兩個殘卷並不相連，它們中間約脱去十四行，脱去的這部分内容就是 S.2506(甲)及 P.4073 所載内容。

S.2506　《寶藏》題名《文子》，全卷凡十四行，字體秀美，分別於第三行、第八行、第十二行處分段，第十三行第七字模糊，文中"世"字缺筆避諱，此卷亦當爲唐寫本。爲便於叙述，我們將 S.2506 分爲 S.2506(甲)和 S.2506(乙)。S.2506(甲)：指 S.2506 前七行内容，起"心有目則眩"，迄於"因物以識"。S.2506(乙)：指 S.2506 後七行内容：起"足者因其所有"，迄於"可得而量也明可"。必須指出的是：S.2506(乙)並不緊接 S.2506(甲)，黄永武先生誤綴以成文，當據正。今按：S.2506(乙)當居 P.2810(甲)之前，但並不相連，據行款估計它們中間約脱去二十四行。

P.4073　《寶藏》題名《文子》。此卷前面緊接 S.2506(甲)第七行"因物以識"，後接 P.2810(乙)"時君者用六律"，凡八行，起"物因人以知人也"，迄於"霸者則四"。卷面較模糊，首行殘損嚴重，第五行第三字第四字脱落。

今按：S.2506(乙)、P.2810(甲)、S.2506(甲)、P.4073、P.2810(乙)五個卷子字體都相同；行款也一致：即除分段處外，每行皆爲十七字；均只諱"世""民"二字；且後四個卷子前後銜接自然。由此可知，上述五個卷子實爲同一卷撕裂而成，且後四個卷子彼此相連，但 S.2506(乙)與後四個卷子不相連。另外需要指出的是：《舊唐書·玄宗本紀》云："（天寶元年）二月丁亥，上加尊號爲開元天寶聖文神武皇帝。……（天寶元年）二月丙申，莊子號爲南華真人，文子號爲通玄真人，列子號爲沖虛眞人，庚桑子號爲洞虛真人。其四了所著書改爲真經。"但P.3768 校定日期爲天寶十載，且校者爲道學博士，其對道經當比較熟悉。按理此卷應定名《通玄真經》才是，而仍定名爲《文子》。又《寶藏》所錄 P.2380 未見《文子》内容，然譚蟬雪先生據 P.2380 指出：尊《文子》爲《通玄真經》在史書記載(742 年)的三年前已行之，並認爲據此可補史書之闕，不知其所據何本。⑭又《舊唐書·玄宗本紀》云："開元二十七年二月己巳(即二月七日)，玄宗加尊號開元聖文神武皇帝。"《新唐書·玄宗本紀》云："開元二十七年二月己巳，羣臣上尊號曰開元聖文神武皇帝，大赦。"《唐會要》卷一《帝號上》云："開元二十七年二月七日，(玄宗)加尊號開元聖文神武皇帝。"而 P.2380 抄寫年月爲"大唐開元二十七年二月一日"，却已出現尊號"開元聖文神武皇帝"，與史書記載有出入。

雖然敦煌本《文子》多有可取之處，却也非字字珠璣，故不揣淺陋，意欲辨其是非。今據敦煌本爲底本，合以《二十二子》本(上海古籍出版社 1986 年縮印浙江書局彙刻本，以下簡稱二十二子本)、《四部叢刊三編》本(上海涵芬樓影印常熟瞿氏鐵琴銅劍樓藏明刊本，以下簡稱叢刊本)、《叢書集成初編》本(據鐵華館叢書版影印本，以下簡稱集成本)、《四部備要》本(上海中華書局據守山閣本校刊本，以下簡稱備要本)、道藏本《通玄真經》(文物出版社、上海書店、天津古籍出版社，1988 年版，以下簡稱道藏本)、《羣書治要》(以下簡稱《治要》)、⑮《諸子平議補錄》、⑯《敦煌古籍叙錄》⑰諸書加以考正，得劄記若干條，彙爲一編，以求正於方家。

1.嗜欲不載，虛之至也；無所好憎，平之至也；一而不變，靜之至也；不與物雜，粹之至也；心不憂樂，德之至也。⑱**(《道原》)**

按："心不憂樂"，二十二子本作"不憂不樂"，叢刊本、集成本、備要本、道藏本同。今謂"心不憂樂"於義爲長。《莊子·刻意》："故心不憂樂，德之至也；一而不變，靜之至也；無所於忤，虛之至也；不與物交，惔之至也；無所於逆，粹之至也。"《淮南子·原道》："故心不憂樂，德之至也；通而不變，靜之至也；嗜欲不載，虛之至也；無所好憎，平之至也；不與物散，粹之至也。"文稍異，義並同敦煌本。蓋即《文子》所本。又徐靈府注云："憂樂不掛於心，喜怒不形於色，觸事即真，故曰玄同者也。"徐氏所見本蓋亦作"心不憂樂"。

2.聖人者，應時偶變，見形施宜。(《道德》)

按："偶"，二十二子本作"權"，叢刊本、集成本、備要本、道藏本同。"偶變""權變"義近，似皆可通，然此以作"偶變"者義長。偶者，配合也，偶變即應變。《淮南子·齊俗》："此皆聖人之所以應時耦變，見形而施宜者也。""偶"與"耦"同。《文子》蓋即取自《淮南子》。又《文子·九守》："是故聖人持養其神，和弱其氣，平夷其形，而與道浮沈，如此則萬物之化無不偶也，百事之變，無不應也。"可資比勘。

3.中五有公人、中人、信人、義人、禮人;次五有士人、工人、庶人、農人、商人。(《微明》)

按:後"中"字及"庶人"二字,二十二子本、叢刊本、集成本、備要本、道藏本分別作"忠"、"虞人"。今謂:"中""忠"二字敦煌本常通假,當以作"忠"爲本字。又謂"庶人"一般與"天子"相對而言。《文子·道德》:"自天子以下至於庶人,各自生活。"《文子·自然》:"自天子至於庶人,四體不勤,思慮不用,於事求贍者,未之聞也。"《爾雅·釋水》:"天子造舟,諸侯維舟,大夫方舟,士特舟,庶人乘泭。"《莊子·漁父》:"天子諸侯大夫庶人,此四者自正,治之美也,四者離位而亂莫大焉。"皆其例。上文"士人、農人、工人、商人"則是以行業別之,"庶人"疑當作"虞人"。《史記·貨殖列傳》:"夫山西饒材、竹、穀、纑、旄、玉、石……皆中國人民所喜好,謠俗被服飲食奉生送死之具也。故待農而食之,虞而出之,工而成之,商而通之。"又引《周書》曰:"農不出則乏其食,工不出則乏其事,商不出則三寶絶,虞不出則財匱少。"皆農、虞、工、商對文。故以"虞人"爲佳。又徐靈府此句下注云:"事上曰士,攻器曰工,掌山澤曰虞,治田曰農,通貨曰商。"則徐氏所見唐本亦作"虞",可爲佐證。

4.法陰陽者,承天地之和,德與天地參,明與日月並,精與鬼神總。(《下德》)

按:上文二十二子本作"法陰陽者,承天地之和,德與天地參光,明與日月並照,精神與鬼神齊靈",叢刊本、集成本、備要本、道藏本同,非是。今謂"參"、"並"、"總"義近,皆有合或並列義。《書·西伯戡黎》:"乃罪多參在上,乃能責命於天。"孔傳:"言汝罪惡衆多,參列於天上。"《玉篇·糸部》:"總,合也。"《廣韻·董韻》:"總,合也。"《楚辭·東方朔〈七諫·怨思〉》:"冰炭不可以相並兮。吾固知乎命之不長。"王逸注:"並,併也。"《廣韻·静韻》:"併,合和也。"是其證。"德與天地參,明與日月並,精與鬼神總"即《文子·精誠》"故大人與天地合德,與日月合明,與鬼神合靈,與四時合信"之意,文義順適。《淮南子·本經》同敦煌本,亦可爲證。若依它本,則文義不暢,又失其儷偶,蓋淺人不明句義而妄增字以求解也。

5.故道有智則亂,德有心則險,心有目則眩。(《下德》)

按:"目"字,叢刊本作"眼",集成本、備要本、道藏本同。雖"眼"與"目"同義,然此處當以"目"字爲是。舊注云:"智亂,無爲之道;心險,自安之德;目眩,清素之心。"《淮南子·主術》:"道有智則惑,德有心則險,心有目則眩。"惑,即亂也,義同。二十二子本亦同敦煌本。且《文子》一書多以"目"字行文。《九守》:"故五色亂目,使目不明;五音入耳,使耳不聰;五味亂口,使口生創。""清目不視,静耳不聽,閉口不言。"《上仁》:"以天下之目視,以天下之耳聽,以天下之心慮,以天下之力争。"故當以"目"字爲佳。

6.國有亡主,世無亡道,人有窮,而理無不通。(《下德》)

按:上文《淮南子·主術》作"故國有亡主而世無廢道,人有困窮而理無不通"。俞樾校曰:"此本作'國有亡而世無亡道','國有亡''人有窮'相對成文,衍'主'字,脱'而'字,與下句不一律。且國亡即主亡，不必言主也。《淮南子·主術》亦作‘國有亡主’，並下句‘人有困窮’以儷之，非其本文也。”今謂俞説不可從。上文當讀作：“國有亡主，世無亡道，人有窮，而理無不通”。“窮”前當脱一“困”字。上述四句皆四字連文，各相對成文。“人有困窮”承前“國有亡主”，“理無不通”承前“世無亡道”，下句申述上句之意。若依俞説，則“人有困窮”句失其對應矣。今本同敦煌本。

7. 動静調受陰陽，喜怒和受四時。（《下德》）

按：“喜”字，二十二子本、備要本、道藏本同，叢刊本、集成本作“嗔”，誤。前句“動”“静”爲反義，則此當以作“喜怒”爲是。“喜”“怒”常反義連言。《文子·九守》：“夫哀樂者，德之邪；好憎者，心之累；喜怒者，道之過。”《文子·道原》：“夫喜怒者，道之衰也；憂悲者，德之失也。”又《文子·下德》：“理好憎即憂不近也，和喜怒即怨不犯也。”皆其例。另從句意看，亦當以“喜怒”爲是。《淮南子·本經》作：“動静調於陰陽，喜怒和於四時。”文稍異，義並同。若作“嗔”，則“嗔怒和受四時”與“動静調受陰陽”義不諧，且失其儷偶。

8. 德施方外，名聲傳於後世。（《下德》）

按：“施”，二十二子本作“流”，叢刊本、集成本、備要本、道藏本同。今謂“施”字爲是。《文子》一書多以“德施”行文。《道原》：“德施百姓而不費。”《九守》：“德施天下守以讓。”《淮南子·本經》作“德澤施於方外，名聲傳於後世”，義同。

9. 戴圓履方，抱表寢繩。（《下德》）

按：叢刊本、集成本並脱“戴”字，且“抱”字作“枹”。今謂有“戴”字是，“枹”字爲“抱”字之形誤。戴圓履方，古之常語。圓，天也；方，地也。抱表寢繩，意謂堅持德操。“戴圓履方”與“抱表寢繩”相對爲文，無“戴”字，則文不成義。又“戴圓”“履方”“抱表”“寢繩”皆動賓結構詞語，兩兩相對爲文。《淮南子·本經》亦作“戴圓履方，抱表寢繩”，二十二子本、備要本、道藏本同。又《文子·微明》：“是故能戴大圓者履大方，鏡大清者視大明，立大平者處大堂。”可爲佐證。

10. 末世之法，高爲量而罪不及，重爲任而罰不勝，危爲難而誅不敢。（《下德》）

按：二十二子本無“危”字，又二十二子本、叢刊本、集成本、備要本、道藏本“難”前有“其”字，皆非。“高爲量而罪不及”、“重爲任而罰不勝”、“危爲難而誅不敢”三句排比爲文。王念孫曰：危，猶高也；難，艱難之事；而責之以必能，乃畏難而不敢爲，則從而誅之，“危爲難而誅不敢”正與“高爲量而罪不及”“重爲任而罰不勝”同義。《淮南子·齊俗》：“高爲量而罪不及，重爲任而罰不勝，危爲禁而誅不敢。”《莊子·則陽》：“匿爲物而愚不識，大爲難而罪不敢，重爲任而罰不勝，遠其塗而誅不至。”《吕氏春秋·適威》：“煩爲教而過不識，數爲令而非不從，巨爲危而罪不敢，重爲任而罰不勝。”文義並與此同，可證。

11. 獸窮則齧，鳥窮則啄。（《下德》）

按："齧"，二十二子本作"觸"，叢刊本、集成本、備要本、道藏本、《治要》引同。今謂"齧"字於義爲長。《説文·角部》："觸，抵也。"《淮南子·兵略》："凡有血氣之蟲，含牙帶角，前爪後距，有角者觸，有齒者噬。"蓋"觸"者，用角抵也。若無角獸，則不可觸矣，故以作"齧"字爲佳。

12. 故有道即和，無道即荷。（《道德》）

按："和"，二十二子本、備要本同，叢刊本、集成本作"知"，非是。此句上文云："小弱有道，不争而得；舉事有道，功成得福；君臣有道即忠惠；父子有道即慈孝；士庶有道即相愛。"上述之"不争而得""功成得福""忠惠""慈孝""相愛"，皆"和"之意也；又"和""荷"爲韻，作"知"則與文意抵牾且失其韻矣。又按："荷"字，二十二子本、叢刊本、集成本、備要本皆作"苛"。今謂"荷""苛"二字互通。《禮部·檀弓下》："夫子曰：'何爲不去也？'曰：'無苛政'。"陸德明釋文："苛，本亦作荷。"《左傳·昭公十三年》："苛慝不作。"陸德明《釋文》："苛，本或作荷。"可證。

13. 故聖人體道反生，不化以待化，動而無爲。（《道德》）

按："生"字，二十二子本作"至"，叢刊本、集成本、備要本、道藏本同。錢熙祚校備要本曰："'至'字誤，《齊俗訓》作'性'。"今謂"生"字是。生者，性也。《文子》一書中皆"反性"連用。《上禮》："是故至人之學也，欲以反性於無，遊心於虛。"《下德》："夫縱欲失性，動未嘗正，以治生即失身，以治國即亂人，故不聞道者，無以反性。"《道原》："人生而静，天之性也。感物而動，性之害也……故通於道者，反於清静。"反於清静，即反性也。又"故不聞道者，無以反其性；不通物者，不能清静。"《淮南子·齊俗》："故聖人體道反性，不化以待化，則幾於免矣。"皆其證。作"反至"則義不可通。

14. 老子曰："至德之世，賈便其市，農樂其野，大夫安其職，處士修其道，人人自樂其間。"（《道德》）

按："人人自樂其間"，二十二子本作"人民樂其業"，叢刊本、集成本、備要本、道藏本同，非是。上文蓋言至德之世，賈、農、大夫、處士各安其職，各樂其樂。《淮南子·俶真》："古者至德之世，賈便其肆，農樂其業，大夫安其職，而處士修其道……世之主有欲利天下之心，是以人得自樂其間。"義同。後人爲求與"大夫安其職，處士修其道"儷偶而改"人人自樂其間"作"人民樂其業"，則前後語義相複，非其旨也。又按："修"字當爲"循"之誤。隸書"修""循"形近，故致誤也。

15. 聖人和愉寧静，生也；志得道行，命也。（《道德》）

按：敦煌本"静"字原脱，今據它本補。又"志得"二字，二十二子本作"至德"，叢刊本、集成本、備要本、道藏本同。錢熙祚校備要本曰："'至德'二字誤，俶真訓作'志得'。"今謂錢説是。"志得道行""和愉寧静"皆爲並列短語，作"至德"則不一律也。又"生"讀作"性"。《淮南子·俶真》作"古之聖人，其和愉寧靜，性也；其志得道行，命也。"可證。

16. 故生遭命而後能行，命得生而後能明。（《道德》）

按：後"生"字，二十二子本作"時"，叢刊本、集成本、備要本、道藏本同，非是。生者，性也。命者，天命也。命得其根本清靜之性，所以能明。《淮南子·俶真》："故性遭命而後能行，命得性而後能明。"可證。

17. 好與，則無定分。上之分不定，即下之望無上。（《道德》）

按：後"上"字，二十二子本、備要本、道藏本作"止"，叢刊本、集成本作"息"。今謂"上"蓋"止"字之誤。息，亦止也。《淮南子·詮言》："好與，則無定分。上之分不定，則下之望無止。"可證。

18. 由是觀之，井不足任，道術可因，明矣。（《道德》）

按："井"字，二十二子本、叢刊本、備要本、集成本、道藏本皆作"財"。今謂"井"字當作"才"，形近致誤也。其上文云："獨任其智，失必多矣。好智，窮術也。""好勇，危亡之道也。""好與，來怨之道也。"又《文子·下德》云："故人才不可專用，而度量、道術可世傳也。"《淮南子·詮言》："仁智勇力，人之美才也，而莫足以治天下。由此觀之，賢能之不足任也，而道術之可修，明矣。"皆其證。二十二子本等本作"財"，則當讀作"才"。《孟子·盡心上》："君子之所以教者五：有如時雨化之者，有成德者，有達財者，有答問者，有私淑者。"焦循正義："財即才也。"

19. 執一者，見小也；無為者，守靜也。見小故能成大，守靜故能為天下正。（《道德》）

按：上句二十二子本、備要本作"執者，見小也，見小故不能成其大也。無爲者，守靜也，守靜能爲天下正。"叢刊本、集成本、道藏本作"執一者，見小也，小故能成其大也。無爲者，守靜也，守靜能爲天下正。"今謂敦煌本於義爲長。積小成大，聚少成多，古今恒理。《文子·九守》："夫道大以小而成，多以少爲主，故聖人以道莅天下。柔弱微妙者，見小也。儉嗇損缺者，見少也。見小故能成其大，見少故能成其美。"《文子·自然》："夫天地不懷一物，陰陽不產一類。故海不讓水潦，以成其大；山林不讓枉橈，以成其崇；聖人不辭負薪之言，以廣其名。"徐靈府注曰："唯一故能總衆以禦物，唯大故能見小而不遺。"皆言見小而能成其大。"見小故不能成其大也"、"小故能成其大也"皆與文義不合。又按："天下"二字疑衍。"執一者，見小也"與"無爲者，守靜也"、"見小故能成大"與"守靜故能爲正"各相對爲文。有"天下"二字，則失對。

20. 知者不以德為事；勇者不以位為暴；仁者不以位為惠；可謂一也。（《道德》）

按：前"位"字，備要本同，二十二子本、叢刊本、集成本、道藏本皆作"力"。今謂"位"字是，首句"德"字疑亦爲"位"之誤。此句下文云："人以其位達其好憎，下之徑衢不可勝理。"徐靈府注亦云:"不擇道而妄爲,不在位而濟惠,能全五者,可謂一矣。"《淮南子·詮言》亦作:"智者不以位爲事,勇者不以位爲暴,仁者不以位爲惠。"則爲"位"字明矣。

21.因春而生,因秋而收,所生不德,所殺不怨,即幾於道也。(《道德》)

按:"收"字,二十二子本作"殺",叢刊本、集成本、備要本、道藏本及《淮南子·詮言》同。今謂"殺"字是。殺者,滅也。《莊子·大宗師》:"殺生者不死,生生者不生。"成玄英疏:"殺,滅也。""所生不德"承前"因春而生","所殺不怨"承前"因秋而殺",其意謂春秋無心,生殺有時,皆因自然之性,故生者不以爲德,殺者不以爲怨,如此,則達於道也。又《文子》一書多以"生"、"殺"對舉爲文。《上禮》:"其德生而不殺,與而不奪。"《下德》:"用六律者,生之與殺也,賞之與罰也,與之以奪也,非此無道也。"皆其證。《太平御覽》卷二十四引亦作"殺"。

22.上操約少之分,下效易爲之功,是以君臣久久而不相厭也。(《下德》)

按:"君臣",叢刊本、集成本作"居日",非是。"君臣"承上文之"上""下"二字。又"久久而不相厭也",二十二子本作"久而相厭也",叢刊本、集成本、備要本、道藏本、《治要》引皆作"久而不相厭也"。俞樾校曰:"是以君臣久而相厭也,'厭'上脱'不'字,當據《淮南子·主術》補。"今謂俞説是。徐靈府注云:"在於簡易故無勞厭。"又舊注云:"簡易之道可大可久。"亦其切證。《淮南子·主術》此句作"上操約省之分,下效易爲之功,是以君臣彌久而不相厭",與敦煌本義近。

23.莫不仰德而生。(《下德》)

按:"仰",二十二子本、備要本同,叢刊本、集成本、道藏本作"依"。今謂"仰德"爲長。《後漢書·鄧禹傳》:"今吾衆雖多,能戰者少,前無可仰之積,後無轉饋之資。"李賢注:"仰猶恃也,音魚向反。"《説文·人部》:"依,倚也。从人,衣聲。""仰""依"義近,然"仰德"常見。《文子·上禮》:"上古真人,呼吸陰陽,而羣生莫不仰其德以和順。"《淮南子·泰族》:"四海之内,莫不仰上之德,象主之指。"《淮南子·本經》亦作"莫不仰德而生",皆用"仰德"一詞。

24.故守分修理,失之不憂,得之不善。(《道德》)

按:"修",二十二子本作"循",叢刊本、集成本、備要本、道藏本同。今謂"循""修"敦煌本常互誤,此以"循"字是。循者,因也,順也。又"善"字二十二子本、叢刊本、集成本、備要本、道藏本作"喜","喜"字是,當據正。《淮南子·詮言》:"守其分,循其理,失之不憂,得之不喜。"亦用"喜"字。

①　《文子》一書,北魏以來,有李暹、徐靈府、朱弁三家注,今存唐徐靈府注十二卷與宋朱弁注七卷。清代俞樾《諸子平議補録》偶有涉及《文子》例,又清代錢熙祚曾校備要本《文子》,近代著名學者王重民曾校《文子·道德第五》,然皆衹列出異文而已。

②　見晁公武《昭德先生郡齋讀書志》卷三上(《四部叢刊三編·史部》),上海·商務印書館,民國二十四年。

③　見黃震《黃氏日鈔》卷五十五《讀諸子一》，乾隆三十二年刻本，頁 12—13。見章炳麟《菿漢微言》，民國五年鉛印本，頁 65。

④　見黃雲眉《古今僞書考補正》，齊魯書社，1980 年，頁 232—235。

⑤　參閱唐蘭《馬王堆出土〈老子〉乙本卷前古佚書的研究》，載《考古學報》1975 年第 1 期。

⑥⑫　參閱江世榮《先秦道家言論集、〈老子〉古注之一——〈文子〉述略——兼論〈淮南子〉與〈文子〉的關係》，載《文史》第 18 輯，頁 247—259。

⑦　見柳宗元《柳河東全集》，中國書店，1991 年，頁 47—48。

⑧　見胡應麟《少室山房筆叢》卷 31《四部正訛》，光緒二十二年廣雅書局校刊本，頁 4；見姚際恒《古今僞書考》，北平·景山書社，民國十八年，頁 51—52。

⑨　見孫星衍《問字堂集·卷四·文子序》，北京·中華書局，1996 年，頁 88。

⑩　轉引自張心澂《僞書通考》，上海書店，1998 年，頁 699。

⑪　見梁啓超《飲冰室合集》之八十四《漢書藝文志諸子略考釋》，北京·中華書局，1989 年，頁 21。

⑬　爲便於叙述，筆者將 S.2506 分爲 S.2506(甲)與 S.2506(乙)兩部分，將 P.2810 分爲 P.2810(甲)與 P.2810(乙)兩部分，其具體所指見行文。

⑭　見譚蟬雪《敦煌道經題記綜述》，載陳鼓應主編《道家文化研究》第 13 輯，北京·三聯書店，1998 年，頁 13。

⑮　魏徵《羣書治要》，上海·商務印書館，民國二十五年。

⑯　俞樾《諸子平議補録》，北京·中華書局，1956 年。

⑰　王重民《敦煌古籍叙録》，北京·中華書局，1979 年。

⑱　敦煌寫本《文子》與今本《文子》"即""則"常互換，因其例多，故不一一出校。又敦煌寫本中的俗字、常見異體字皆徑行改正，也不再出校。

《魏書》諸紀時誤補校(續六)

牛繼清　張林祥

54.(孝昌三年)九月辛卯,東豫州刺史元慶和以城南叛。戊子,蠕蠕國遣使朝貢。(卷九頁247)

"校勘記"云:"《北史》卷四'辛卯'作'己未',按是年九月辛酉朔,既無'己未',亦無'辛卯'。"今按《魏書》卷一百五之一《天象志一》作:"三年九月己卯。東豫州刺史元慶和據城南叛。"己卯十九日,戊子二十八日,合序,是。則《魏紀》誤己卯爲"辛卯",《北史》則誤己卯爲"己未"。至如《梁書》卷三《武帝紀下》作:"冬十月庚戌,魏東豫州刺史元慶和以渦陽內屬。"正如《魏志》"校勘記"所說:"記月不同,當是各據奏報。"《資治通鑑》卷一百五十一梁紀七亦繫冬十月然不書日。

55.(孝昌三年)十有一月己丑,葛榮攻陷冀州,執刺史元孚,逐出居民,凍死者十六七。(卷九頁247)

按陳《表》十一月庚申朔,十二月己丑朔,十一月內無己丑,《北史》卷四《魏本紀四》、《資治通鑑》卷一百五十一梁紀七同誤。下接"十有二月戊申"條,疑陳《表》排朔有誤。

56.(孝莊帝建義元年七月)辛巳,尚書奏斷百官公給衣冠、劍佩、綬爲。壬子,光州人劉舉聚衆數千反於濮陽,自稱皇武大將軍。(卷十頁258)

按七月丙辰朔,辛巳二十六日,無壬子。下接"八月"條,當爲"壬午"之訛,壬午二十七日,"子""午"形近。《北史》卷五《魏本紀五》、《資治通鑑》卷一百五十二梁紀八同誤。

57.(出帝太昌元年)九月癸未,以侍中、驃騎大將軍、左光祿大夫封津爲儀同三司。庚子,帝幸華林都亭……。(卷十一頁285)

按九月壬辰朔,無癸未,庚子初九日。上承八月"辛卯"條,"癸未"當係"癸巳"(初二日)、"乙未"(初四日)之一訛。姑存疑。

58.(東魏孝靜帝天平三年)二月丁未,蕭衍光州刺史郝樹以州內附。丁酉,詔加齊文襄王使持節、尚書令、大行臺、大都督,以鮮卑、高車酋庶皆隸之。(卷十二頁300)

按二月壬申朔,無丁未,丁酉二十六日,《北史》卷五《魏本紀五》亦誤。上承正月"戊申"條,則"丁未"日干支有誤。

敦煌變文疑難字詞考辨

黄　征

　　敦煌變文是唐五代宋初漢語俗語詞的淵藪,雖經業師蔣禮鴻、郭在貽先生和徐震堮、徐復、項楚等先生的精心研究,筆者與張涌泉先生又窮八年匯校匯注之艱辛,但仍然留有一些疑難字詞待質。這些字詞或孤證難明,或多義易淆,都已成爲考辨研究的難中之難。雖然如此,我們却不能對這些難題熟視無睹,不聞不問。所以筆者不揣鄙陋,試就其中若干字詞續作考辨,拋磚引玉,以就教于方家。

　　本文所引變文原文,皆以拙著《敦煌變文校注》①爲本,只列篇名、頁數、行數而略去書名。

揀異　諫異　揀別

　　這幾個詞語都是"區别"、"排除"之意。《金剛般若波羅密經講經文》:"此是弟三施設大利心也。就此文中,分之爲二:弟一、政法利益,校量勝劣,適來所唱是也。弟二、安立弟一義,順成返顯,揀異凡夫。兩段不同,且當弟一政施法利者。……"(639·7)又同頁接着的韻文:"校量功德言談了,揀異凡夫事若何? 大衆斂心合掌着,高聲好爲唱將羅。"兩例的"揀異凡夫",字面不易察覺,很難確定是什麽意思。然而,我們如果細心將前後文讀完,會領悟到"揀異"爲"區别"、"排除"之意,"揀異凡夫"的意思就是區别出凡夫、排除掉凡夫。這一點在原文的後文有一段話可以證明:"言'須菩提,如來說有我,即非有我'者,蓋緣凡夫之人,用爲有我,如來與斷也。"其中"如來與斷"是説如來與那些"有我"偏執的凡夫斷絶傳教關係,"斷"就是"揀異"的最好注脚。"揀異"有時又寫作"諫異","諫"是"揀"的借音字。《維摩詰經講經文(一)》:"經曰'一時。'一時者,諫異餘時,故曰一時。又解云:説者聽者共相會遇,更無前後,啄啐同時,故曰一時。"(757·2)與此語例相似的,還有《雙恩記》:"'一時'者,師子合會,説聽究竟,總言一時,揀異餘時。"(925·4)字即作"揀"而不作"諫"。《敦煌變文校注》第781頁注148云:"'揀異餘時',謂所揀擇爲此一時而非彼一時也。"所釋近是,而以"揀擇"釋"揀異",且將"揀異"二字拆開分説,顯然猶未盡愜。實際上"揀異"是個俗語詞,結構十分穩定,偶然作"諫異"則是抄寫人以近音字臨時代換而已。"揀異餘時"就是區别餘時、排除餘時的意思。與"揀異"意義相同的還有"揀别",如《佛説阿彌陀經講經文(二)》:"前言六塵净者,弟一色清(净)者,二十種色者,聊申揀别,青莫(黄)赤白四種色,經中具説有四般連(蓮)花也。"(687·5)所謂"聊申揀别",就是聊申區别,將二十種色中的青、黄、赤、白等色區别開來,排除其他顏色相混雜。"揀異"、"揀别","異"就是"别",故二詞義同。要理解這些詞語的意義,關鍵在于"揀"字。事實上"揀"在此已經不是"揀擇"之意,而是由"揀擇"義引申出來的"排除"義。"揀擇"的結果有二:一是留取,二是去除。因此而來的詞義也有二:一是留取,二是去除,所以"揀"在訓詁學上已是一個"反訓詞",即一詞而具正、反二義。這種情況在"揀"的同義詞"擇"上也同樣存在。《吕氏春秋·情欲》:"耳不樂聲,目不樂色,口不甘味,與死無擇。"高誘注云:"擇,别也。"又《史記·李斯列傳》:"是以太山不讓土壤,故能成其大;河海不擇細流,故能就其深。""不擇細流"即不排除細流,小大不捐之意。《漢語大詞典》第六册第 917 頁"擇"字下第 4 義項用此例,謂"擇"通"釋","捨棄"義。此雖得其義而未得其理,不知"擇"字本有"區别"、"排除"的反訓義,根本不必破讀爲"釋"字。又《敦煌文獻語言詞典》[②]收有"揀異"、"諫異"二條,釋爲"揀擇差别,區分異同",依據是丁福保《佛學大辭典》[③]的"簡别"條:"簡擇差别之意。又曰簡異、别異、分異,略曰簡。謂簡擇諸法之同,而明其差别也。"然而,丁説並不正確,如果用在變文"揀異凡夫"、"揀異餘時"等例中根本無法通解,所以有必要重新作出解釋。

□我

《難陀出家緣起》:"掃又掃不得,難陀又怕妻怪,惡發便駡世尊:'論(輪)王祇此不紹,作個師僧,□我他人!'"(591·13)引文中的缺文,原形作"揸",是個草書,筆者一直未能録正。此字根據字形應該是"揸",其常義是"刺"、"擊"。"揸我他人"仍頗費解,根據上下文的意思推測,"揸"似乎有"揪住"之意。這是難陀埋怨其師兄的話,因爲其師兄多次設法剃度難陀都没有成功,這次又要來揪住不放,所以難陀才有怨言。然而"揸"字用例未廣,仍有待于考證。

依負

《金剛般若波羅密經講經文》:"雖然萬法總皆空,依負還須立祖宗。"(640·6)引文中"依負"二字費解,"負"應是"舊"的形近誤字。"雖然……,依舊……"是一種讓步複句句式。

黑侵侵

濃黑貌。《妙法蓮花經講經文(四)》:"昔有五百長者,身色一似黑灰。知佛現大光明,不敢向前禮拜。我佛只爲憐憫,怕伊心地羞慚。忽然變却金容,也作灰身形狀。此人灰相黑侵侵，終日羞慚惡業深。欲禮毫光長隱映，每逢妙相即沉吟。"(746·21)《敦煌變文校注》注曰：
"侵侵，形容醜陋之狀。"按："侵侵"作爲"黑"的後補成分，它只能對"黑"作一點意義加强作
用，而不能自己另外表達"醜"的意義。實際上，表達"醜"義的是"黑侵侵"整個詞，因爲在古
代面貌黑色是醜陋的象徵。"黑侵侵"一詞雖然不習見，但與之類似的詞語"黑乎乎"、"黑黢
黢"、"黑浸浸"、"黑黝黝"、"黑林侵"等，都是形容黑色之深的。

烺

《維摩詰經講經文(一)》："狂癡心，煎似鍋，焰焰添莘(薪)烺天猛。"(762·6)《敦煌變文校
注》曰："烺，蔣禮鴻謂是'焥'的形近誤字。近是。……但'焥'是一個生僻字，未見于載籍使
用，……實在令人懷疑。……我們懷疑'烺'爲'烺'的誤字。'烺'爲'朗'字别構。……'烺天
猛'指火焰之烈把天都照明了。……"按：此上兩説似皆未妥，"烺"應該是"張"的形誤字。
"張天"是一個經常用以形容灰塵、烟焰飛騰的形容詞，例如《張議潮變文》："分兵兩道，裏合
四邊。人持白刃，突騎争先。須臾陣合，昏霧張天。"(180·4)"張天"與此同，即滿天之意。此
詞早已有之，如《三國志·周瑜傳》："頃之，烟炎張天。""烟炎"之"炎"音義同"焰"，故變文"焰
焰添莘(薪)張天猛"句與《三國志》句意思相同。

鬼神挨

《維摩詰經講經文(二)》："人躍躍，遞相催，早入毗耶滅障災。獻草梵王行宕宕，擎花帝
釋相鬼鬼。能競舞，鬼神挨，乾闥婆王百萬垓。頻奏清歌鳴四諦，或吹雅樂滅三災。"(809·5)
"鬼神挨"之"挨"，原卷作"埃"，《敦煌變文校注》據項楚先生説改爲"挨"，釋爲"形容密集排
列"。按：如不考慮押韻，"埃"字也有可能是"族"字形近之訛。"族"爲"聚集"義，變文中有其
例子，如《張議潮變文》："僕射與犬羊決戰一陣，回鶻大敗，各自蒼黄抛棄鞍馬，走投入納職
城，把勞(牢)而守。於是中軍舉華(畫)角，連擊鉦鉦，四面族兵，收奪駝馬之類一萬頭匹。"
(181·6)"四面族兵"即四面聚兵，"族"爲"聚"義甚明。"族"字原卷清晰，《敦煌變文集》原編
者王重民先生録作缺文"□"，蓋未詳"族"字之義也。《廣雅·釋詁三》："族，聚也。"《莊子·在
宥》："雲氣不待族而雨，草木不待黄而落。"皆可證。"族"字敦煌俗字多作"族"形，如《伍子胥
變文》："隱藏之者，法有常刑：先斬一身，然誅九族。"(3·3)"族"字即作上形。"族"字還有寫
作"挨"者，如《魏張猛碑》刻字；有寫作"祑"者，如《隋造龍華碑》，皆見于《碑别字新編》。[④]故
"族"、"挨"或"埃"形近，可以無疑。描寫鬼神聚集的情節，《破魔變》(532—534頁)有詳述，可
參閲。至于"挨"字，雖然也是唐朝俗語詞，但用例不廣，變文中未見第二例。P.3906《碎金》
平聲："相偓倚　烏皆反　又挨。"這是對"挨"的用法的較早記載，更早的只有白居易《歲除對

酒》詩：“醉依^{烏皆反}香枕卧，慵傍煖爐眠。”字乃作“依”。實際上這個詞就是後來常見的“依
偎”，大多以雙聲聯綿詞形式出現，較少單用，大概到元代“挨”字才廣泛使用。

身似劣

《維摩詰經講經文（二）》：“金翅鳥，力無諧，搦得高山碎若灰。爲喫龍多身似劣，幾椎摩
（魔）衆吼如雷。”（809·6）“身似劣”，《敦煌變文校注》注云：“末字未詳。”按：此一“劣”字當即
“㳙”字之省，亦即“錢”字草書。那麽“爲喫龍多身似錢”如何理解呢？我認爲可以這樣理解：
“錢”（銅錢、銀錢等硬幣）是圓形的，而金翅鳥由于喫下太多的龍，肚子也變圓了，就像一個圓
圓的錢幣一樣，雖然錢幣的圓是扁平的圓，鳥肚的圓是鼓起的圓，但本體與喻體之間仍然有
一部分是完全相同的，所以變文就以錢喻身了。

搨眼

《維摩詰經講經文（二）》：“裁羅異錦作衣裳，只要莊嚴不净物。假使搗眉兼搨眼，直饒塗
粉與茶油。”（812·20）按：“搨”應即“撑”字，“撑眼”是指某些長着眯縫小眼的人爲了美容而特
意將眼皮撑大，這與“搗眉”（拔去部分顯得太寬的眉毛）、塗粉、茶油（搽髮膏）等項都是化妝
打扮的方法。

苻枝

《維摩詰經講經文（四）》：“實冠亞而風颮苻枝，瓔珞搖而霞飛錦樹。”（861·15）引文中的
“苻枝”令人費解，劉凱鳴先生校作“玚枝”，《敦煌變文校注》疑當作“符枝”。按：二説皆當未
確，“苻”應是“花”字之訛，“花枝”與“錦樹”恰可相對。

虚急急

《維摩詰經講經文（四）》：“修心修行是真修，莫學愚人向外求。愛慕幡花虚急急，攀緣香
火大攸攸。”（867·8）按：“虚急急”費解，以“急急”來形容“虚”貌，不符合語法常規。疑“虚”字
當作“驅”，音近而誤。“驅急急”形容急迫貌，符合文意。“虚”與“驅”有相代之例，如《破魔
變》：“一世似風燈虚没没，百年如春夢苦忙忙。心頭手託細參詳，世事從來不久長。”（531·8）
其中“虚没没”三字，乙卷第二抄本寫作“驅役役”，形容疲于奔命貌，與“驅急急”意思相同。

作生

應即“作物生”的縮略。《維摩詰經講經文（五）》：“歌與樂，競吹唯，合雜喧嘩溢路排。魔女魔王入室也,作生嬈惱處唱將來。"(885·21)《敦煌變文校注》謂"作生"之"生"當作"甚",未確。"生"、"甚"二字在中古音中不相通,"甚"爲禪母寢韻字,是閉口音,而"生"爲生母庚韻字,非閉口音,差别十分明顯。"作生"應是"作物生"的縮略,意思是"怎麽樣"。S.610《啓顏録》:"虢州録事姓盧,家中有棗新熟,乃詣刺史,云:'有新棗願欲奉公。'刺史甚喜。録事乃令其弟將棗來,送與刺史宅。已通,刺史未取棗間,其弟乃自喫棗總盡。須臾,録事自來問:'使君取棗未?'其弟報云:'向來已自喫盡。'録事大怒云:'癡漢,他唤你作何物人?'其弟報云:'只唤作盧録事弟。'又問云:'作勿生即喫盡如許棗?'其弟又報云:'一顆一顆喫即盡。'"這則笑話中的"作勿生",就是"作物生","作物生即喫盡如許棗"是盧録事責備弟弟怎麽會把送人的禮品喫了那麽多,没有想到弟弟竟説"一顆一顆喫即盡",使盧録事又好氣又好笑。"作物生"通常還寫作"作麽生",又簡作"作麽",習見于禪宗語録之中,此不具引。參閲拙文《輯注本〈啓顏録〉匡補》。⑤

遥日月

《長興四年中興殿應聖節講經文》:"鯨眼光生遥(摇)日月,屭龍烟吐化樓臺。還緣知道貢明主,多少龍神送過來。"(6226)引文中的"遥日月",《敦煌變文校注》校爲"摇日月",恐未確。此句是説鯨眼反射的光很明亮,以至于要與日、月抗衡。據此,"遥"的本字應該是"耀"而非"摇"。"耀日月"是説在日、月面前閃耀發光也,以見其亮度之强。

没没

朦朧虚無貌。《破魔變》:"合嘆傷,争堪你却不思量:一世似風燈虚没没,百年如春夢苦忙忙。心頭手託細參詳,世事從來不久長。"(5317)"虚没没","没没"作"虚"的後補成分,其爲虚貌甚明。又如《全宋詞》⑥第55册2891洪咨夔《次及甫韻送致遠别》:"塞塵没没馬蕭蕭,世事今朝異昨朝。"(34483頁)以"没没"來形容塞上風塵的迷漫朦朧,恰可互相證發。字又作"漠漠",如洪咨夔《宿柂頭次及甫入沌韻》:"長烟漠漠非吾土,老樹離離似我家。"(34484頁)《破魔變》:"忙忙濁世,争戀久居? 摸摸昏迷,如何擬去?"(531·6)"摸摸"應即"漠漠"的借音字。

徒疾

《金剛般若波羅密經講經文》:"塞謾罵(罵),世間術,莫行邪行莫徒疾。眼見先靈皆妄語,耳聽天樂不着實。"(640·9)引文中"謾罵"是否爲"謾罵"的借音字尚有待考證,此不具論。"莫徒疾"之"徒",《敦煌變文校注》疑爲"妒"之借音字,恐未確。"徒"應爲"圖"之同音借字,

"圖疾"是説希求迅疾達到目的,也就是速登覺路、早上西天之意。所以其上説"莫行邪行","邪行"是指邪徑、歪路,比喻不正當的方法、手段。

所

《佛説阿彌陀經講經文(一)》:"摩陀羅報提舍曰:'何幸得陪高論,慶喜至心不盡。……我有一女在家,性行不方柔順。見汝少俊聰明,且要從其□□。羨君持論世間無,藝業精通盡不如。感得王臣生□□,□□□□□□□。我有端嚴一個女,願所他門給事須。(下缺)'"(670·17)引文中"所"字《敦煌變文集》原録者王重民先生誤録爲"聽",且疑該句當作"願許他門給事頻"。《敦煌變文校注》認爲"給事須"不誤,而"所"字"於文中意有未安,或當從原文校作'許'"。按:"所"字是"使"字的借音字,"願使他門給事須"是説願意到他家去侍侯他,意即願意嫁給他。此上"且要從其"句的兩個缺文,根據文義和韻脚,應可補作"婚聘"或"聘問"。"所"與"使"在敦煌方音中同音,多有相代之例。如《孔子項託相問書》:"……婦坐使姑,鷄化爲雉,狗化爲狐,是何也?"(358·7)"使"字 P.3833 卷即作"所"字。

修免

《妙法蓮華經講經文(二)》:"爾時喜見菩薩既愛修行,即自思惟:我此一身,爲於衆生,應不遍布。我須求佛,一法扶助此身,長劫修免闕敗云云。"(720·19)按:"長劫修免闕敗"句費解,"修"當是"還"之誤字。敦煌寫本中,"修"與"循"形近,而"循"又與"還"形近,故"修"當是"還"之形近誤字。《妙法蓮華經講經文(三)》:"恭敬便生千種福,受持還免百般殃。"(7282)即用"還免"之語。

多翼

《妙法蓮華經講經文(三)》:"勸君速解架頭鷹,從他多翼飛雲外。勸君速斷貪嗔網,早覓高飛去净方。"(728·13)"多翼"費解,《敦煌變文校注》注云:"多,原卷作'夛',似非'多'字。俟再考。"按:此字爲"多"草書之楷化,因與"兩"字的草書形近而訛。"兩"字草書作"夛","多"字草書作"夊",極其相似,故易訛。"從他兩翼飛雲外",是任從他架頭鷹拍動兩翼飛向雲外的意思。

世路

世俗,世人。《妙法蓮華經講經文(三)》:"弟三黄昏:黄昏時節獻香花,定與門徒長道牙。日影沉時須覺悟,蟾蜍出即便諮嗟。浮生歲月如流水,世露光陰似落花。此際虔心生鄭重,必教功德勝尋常。”(7333)“世露”,《敦煌變文校注》據蔣冀騁説校作“世路”,甚是。然釋“世路”爲“人世之路”,則仍未確當。根據文意,“世路”在此應是“世俗”、“世人”之意,而非“人世之路”。所舉劉禹錫詩句“世路榮枯見幾回”、張喬詩句“已知世路皆虚幻”,皆當同。又如《捉季布傳文》:“藏着君來憂性命,送君又道滅一門。世路盡言君足計,今且如何免禍迍?”(9614)“世路”丁卷、庚卷作“世上”,皆即世俗、世人之意。《全宋詩》第55册洪咨夔《乙酉六月十九日應詔言事九月一日去國一首》:“人心天理推詳易,世路交情點檢難。”亦其例。

碧落 碧沼

《維摩詰經講經文(一)》:“當日菴園會,高低集聖賢。如花攢碧落,似錦□□□。”(760·10)按:“碧落”是藍天之意,用在這裏不够妥貼。“落”字疑當作“沼”,“碧沼”指清澈的水池,“如花攢碧沼”是説如同蓮花聚集在清澈的水池中一樣。“碧沼”一詞在講經文常見,例如同在此篇即有兩例:“瓔珞珊珊,頭冠耀耀,相嚴清净如蓮開碧沼之中,交接圓明似月處清霄之内。”(759·9)“青眼似蓮澄碧沼,白毫如練照乾坤。菴園聖會何(河)沙衆,没一個端嚴似世尊。”(765·16)

英信

《維摩詰經講經文(一)》:“一國綺羅闐塞路,萬門英信滿長街。高低隊隊如雲雨,總到菴園會裏來。”(763·14)“英信”二字費解,徐震堮先生疑當作“慕信”,袁賓先生認爲當作“英彦”,楊雄先生認爲當作“英賢”,《敦煌變文校注》認爲“英信”不誤,指英傑之信士,“信”與“彦”、“賢”形音皆殊,恐無緣致誤。按:從表面看來,“信”與“彦”、“賢”確實形音皆殊,但進一步考察,却不無關係。“信”字右半爲“言”,而“言”與“彦”聲、韻相同,只是聲調有平、去之别。根據敦煌文獻假借字互代的規律,平、去假借是極爲普遍的現象,所以不存在“形音皆殊”的隔閡。至于“賢”字,聲母爲匣母而非疑母,所以與“言”不大可能相亂。敦煌文獻中讀半邊字的情況極爲普遍,例如“栖”讀作“西”,“苦”讀作“古”,皆是。詳參拙文《敦煌俗音考辨》⑦中《秀才識字讀半邊》一節。再説與“信”形近的還有“唁”字,其讀音即與“彦”相近了。因此,我認爲袁賓説“英信”爲“英彦”之誤是可從的。

超詳

《維摩詰經講經文(一)》:“佛力難思變現强,迥於羣衆獨超詳。巍巍岳色冲天净,蕩蕩金容比日光。”(765·12)按:引文中“冲天净”應讀作“衝天净”,而“超詳”應讀作“超常”。“詳”字音“似羊切”,邪母陽韻;“常”字音“市羊切”,禪母陽韻。二字讀音極爲相似,故易假借。例如

《廬山遠公話》:"是時遠公開經之題目,便感得地皆六種震搖,五色常(祥)雲;長空而遍;
……""常"既與"祥"通,當然也就可與"詳"通了。至于"詳"字作動詞詞尾,如"端詳"、"推詳"
等,"詳"字雖已虛化爲詞綴,但仍然還略微含有它本來的意義。試以"推詳"爲例。《全宋詩》
第 55 册洪咨夔《乙酉六月十九日應詔言事九月一日去國一首》:"人心天理推詳易,世路交情
點檢難。"(34530 頁)"推詳"是推測、推斷義,"詳"字即仍然帶有微弱的"詳細"之意。

指住

《維摩詰經講經文(一)》:"忽然聽唱我聞名,會下喧喧方指住。滿窟高僧始信知,一筵羅
漢皆開悟。"(755)引文中的"指住",楊雄先生認爲當作"止住",《敦煌變文校注》謂楊説近是。
按:"指住"與"止住"是兩回事,"指住"的"指"是實實在在的用手指指點,"指住"對方的話題,
是佛教僧侶互相辯難常有的事。例如《廬山遠公話》:"嘆之已了,擬入經題。其時善慶亦其
堂内起來,高聲便唤,指住經題。四衆見之,無不驚愕。善慶漸進前來,指云:'道安上人,大
能説法,闍梨開經講讚,渲(宣)佛真宗;……未審所講是何經文?爲諸衆生,宣揚何法?誰家
章疏,演唱真宗?欲委根元,乞垂講説。……'"(264)由此可見,"指住經題"、"指云"的"指",
決非"止"的假借字,不可隨便替換。

聒

《維摩詰經講經文(一)》:"滿堤羅綺裝紅日,塞地笙歌聒瑞風。帝子庶人生踴躍,一時遥
禮玉毫中。"(770·21)"聒"字,《敦煌變文校注》疑當讀作"刮"。按:"聒"字不煩校改,"塞地笙
歌聒瑞風"是説遍地在瑞風裏喧響,"聒"是動詞,表示笙歌的嘈雜喧鬧,而不是表示下面的
"瑞風"刮得很猛。況且既稱"瑞風",就是和風,不可能用個强勢動詞"刮"來表示。

取自

《維摩詰經講經文(二)》:"直須曉會取自兼他,便是夜頭破斷索。忘(妄)憶妻兒執着貌,
還如疑索是毒蛇。"(807·6)按:此段引文應該每句都是七言,而首句"直須曉會取自兼他"爲
八言,難以通讀。仔細考察此句文字,其實可以斷定"取"字爲衍文,不應録出。"取"字原形
作"耴",應該表示寫"自"字而有誤,遂在字側加删除符"卜",然後下面接寫正確之字"自"。
如今校録者將"取自"二字全部録出,致使句意不明。所謂"直須曉會自兼他"者,是説要讓自
己和他人明白。

驅雲唱電

《維摩詰經講經文(二)》：“龍天八部總崔嵬，佛作光風去又迴。弄影弄身左右轉，驅雲唱電勢恢[恢]。”(809·7)按：“驅雲唱電”費解，“唱”當爲“喝”之誤字。“驅雲喝電”猶今常言“呼風喚雨”也。

巨鑊

《維摩詰經講經文(二)》：“心如巨鑊，能拔煩惱之根；意若洪波，潑滅無明之火。”(809·17)按：“鑊”字音同“獲”，意爲“鍋子”，那麼，“心如巨鑊”怎麼就“能拔煩惱之根”了呢？這是不可思議的比方。仔細尋繹文意，我認爲這裏有個錯字，即“鑊”當作“钁”，“钁”字音同“攫”，大鋤也，而大鋤正是可以刨除“煩惱之根”的工具。

一吟百謨(諾)

《維摩詰經講經文(二)》：“舉步千人，一吟百謨(諾)。”(810·3)按：“吟”字費解，當爲“呼”字之訛。

私

《維摩詰經講經文(二)》：“此者是：六道作往來之客，三塗爲鎮店之人。私爲癡愚，無能曉會。”(810·3)按：“私”當爲“斯”之同音借字。

地

《維摩詰經講經文(二)》：“維摩便語王孫曰：舊事從頭要改更。屼屼(岏岏)地貪於癡欲海，忙忙維入淤泥坑。”(811·12)按：“地”字當爲衍文。

拔

《維摩詰經講經文(二)》：“有弱滿輪明月，讓光於星斶(斗)之前；萬仞青山，辭峭拔丘陵之下。”(812·13)按：“拔”字當爲“於”字形近之訛。

輕志

《維摩詰經講經文(三)》：“輕志易落，更無返樹之期；細雨辟地，豈有歸雲之日。”(834·18)按：“志”字徐震堮先生疑爲“花”之訛，近是。今考文義，“輕志”二字皆誤，應作“紅蕊”，蓋手寫草書，形近易訛。又“辟”字應徑錄作“辭”字。

①　《敦煌變文校注》,黄征、張涌泉校注,中華書局 1997 年 5 月出版。書的前半部爲黄征校注,後半部爲張涌泉校注。

②　《敦煌文獻語言詞典》,蔣禮鴻主編,黄征、張涌泉等參撰,杭州大學出版社 1994 年 9 月出版。

③　《佛學大辭典》,丁福保編著,文物出版社 1984 年新一版。

④　《碑別字新編》,秦公編,文物出版社 1985 年版。

⑤　拙文原刊于《俗語言研究》第 2 期,1995 年出版;又收入拙著《敦煌語文叢説》,臺灣新文豐出版公司 1997 年出版。

⑥　《全宋詩》,北京大學出版社 1998 年 12 月出版。

⑦　拙文《敦煌俗音考辨》,刊于《浙江社會科學》1993 年第 4 期,又收入《敦煌語文叢説》中。

新羅崔致遠生平著述及其
漢文小説《雙女墳記》的創作流傳

李　時　人

　　崔致遠(857—?)是對中國與朝鮮半島文化交流作出傑出貢獻的人物。唐懿宗時，十二歲的新羅少年崔致遠渡海赴唐土留學，十八歲考中進士，二十歲起獲委宣州溧水縣尉三年，後又入淮南節度使、諸道行營兵馬都統高駢揚州幕，先後任館驛巡官、都統巡官職務四年。二十八歲時以唐使節身份歸新羅，拜侍讀兼翰林學士、守兵部侍郎、知瑞書監，僅一年多，因遭疑忌，出爲太山郡、富城郡太守六年。復被召入朝，任“阿飡”六年。四十二歲被免官，後終老于山林。

　　崔致遠雖然不是朝鮮半島高麗王朝以前留學中國的第一人，却是在漢語寫作方面取得成績最大、對後世影響亦最大的一位。其在唐土即以善文辭稱，故高駢曾“專委筆硯”。其《桂苑筆耕集》二十卷，主要收其在高駢幕府中所作詩文，爲朝鮮半島現存最早的一部個人詩文集。回新羅後又繼續從事漢語寫作數十年，有大量著述流傳。故後世朝鮮半島的學人皆尊其爲東國漢語文學之宗。李氏朝鮮時徐有榘《校印〈桂苑筆耕集〉序》云：“我東詩文集之祇今傳者，不得不以是集爲開山鼻祖，是亦東方藝苑之本始也。”①近世如 1948 年初版、1992 年修訂的趙潤濟著《韓國文學史》亦有如下論斷：

　　　　崔致遠甚得後世韓國學者尊崇，一致公認他是韓國漢文文學的宗祖。但是，實際上韓國漢文學此前已有，只不過是到崔致遠這裏才完全形成。自崔致遠以後，漢文文學開始大規模發展，它對韓國的國文文學産生了巨大的影響，這尤其值得我們注意。②

　　在中國，崔致遠一直被視爲新羅流寓作家。宋代歐陽修、宋祁等修《新唐書》，曾在《藝文志》中著録了崔致遠《桂苑筆耕集》二十卷、《四六》一卷。1934 年出版的譚正璧撰《中國文學家大辭典》和 1992 年出版的周祖譔主編《中國文學家大辭典·唐代卷》等皆收有《崔致遠》條目。

　　崔致遠一生生活于新羅和唐土兩地，其著述除《桂苑筆耕集》完整傳世，餘則散佚于中國和朝鮮半島。以往中國學人對崔致遠著述的了解,曾僅限于《桂苑筆耕集》。至清陸心源編《唐文拾遺》輯録其文,始于《桂苑筆耕集》之外的朝鮮半島古代漢籍《東國通鑑》等輯出佚文四篇。③近年又有一些有關論著提及崔致遠散見于《東文選》等古籍中的佚詩。④但崔致遠還有數量不少的著述,比如崔致遠後裔崔國述所輯之《孤雲先生文集》三卷及佚名輯《孤雲先生續集》一卷——其中多崔致遠歸新羅以後的作品,亦收有《桂苑筆耕集》之外在唐土的作品——就很少有中國學人注意到。⑤因此,中國有關文史工具書對崔致遠的介紹,以及一些有關論文對崔致遠生平著述的論述就難免出現各種疏誤。

幾年前,我編纂《全唐五代小説》時,曾輯録了南宋張敦頤《六朝事迹編類》卷下"雙女墓"條所引唐代文言小説《雙女墳記》的節文。當時雖然是作爲佚名作品輯録的,但我頗疑這篇小説的原作者就是崔致遠,所以作了一條比較長的箋文加以説明。⑥最近,我有機會作進一步的考察,發現這篇漢文小説確實可以肯定是崔致遠年輕時在唐土的創作,全文尚比較完整地保存在李氏朝鮮時期的漢籍中。而這篇《雙女墳記》原作于唐土,應是崔致遠最具代表性的文學作品。

本文旨在在前人研究的基礎上,比較全面地考察崔致遠的生平著述,最後論述崔致遠《雙女墳記》的創作與流傳。

一、生平事迹考略

中國文化很早就傳入朝鮮半島,並長時期保持着對朝鮮半島文化全面深刻的影響。據載,公元6世紀,新羅真興王和高句麗嬰陽王時,已經開始學習中國,分别用漢字記録本國的歷史。"三國時代"的百濟亦有《古記》。10世紀王氏高麗代興,仿宋朝置編修官修實録。仁宗王構時又命金富軾(1075—1152)仿中國的《史記》,編修紀傳體的史書《三國史記》五十卷,是爲朝鮮半島現存的最早史書。《三國史記》卷四六(列傳第六)有《崔致遠傳》:

> 崔致遠,字孤雲,或云海雲,王京沙梁部人也。史傳泯滅,不知其世系。致遠少精敏好學,至年十二,將隨海舶入唐求學,其父謂曰:"十年不第,即非吾子也。行矣勉之。"致遠至唐追師,學問無怠,乾符元年甲午,禮部侍郎裴瓚下一舉及第。調授宣州溧水縣尉,考績為承務郎、侍御史内供奉,賜紫、金魚袋。時黄巢叛,高駢為諸道行誉兵馬都統以討之,辟致遠為從事,以委書記之任。其表狀書啓,傳之至今。及年二十八歲,有歸寧之志。僖宗知之,光啓元年,使將詔書來聘,留為侍讀兼翰林學士,守兵部侍郎、知瑞書監事。致遠自以西學多所得,及來將行己志,而衰季多疑忌,不能容,出為太山郡太守。唐昭宗景福二年,納旌節使兵部侍郎金處誨没於海,即差橻城郡太守金峻為告奏使。時致

遠為富城郡太守,祇召為賀正使。以比歲饑荒,因之盜賊交午,道梗不果行。其後致遠亦嘗奉使如唐,但不知其歲月耳。故其文集有《上太師侍中狀》云:……(略)此所謂太師侍中,姓名亦不可知矣。致遠自西事大唐,東歸故國,皆遭亂世。屯邅塞連,動輒得咎。自傷不偶,無復仕進意,逍遥自放山林之下、江海之濱。營臺榭,植松竹,枕藉書史,嘯詠風月。若慶州南山、剛州冰山、陝州青凉寺、智異山雙溪寺、合浦縣別墅,此皆遊焉之所。最後,帶家隱伽耶山海印寺,與母兄浮圖賢俊及定玄師結為道友,棲遲偃仰,以終老焉。始西遊時,與江東詩人羅隱相知。隱負才自高,不輕許可人,示致遠所製歌詩五軸。又與同年顧雲友善。將歸,顧雲以詩送別,略云:“我聞海上三金鼇,金鼇頭戴山高高。山之上兮珠宮貝闕黄金殿;山之下兮千里萬里之洪濤。傍邊一點鷄林碧,鼇山孕秀生奇特。十二乘船渡海來,文章感動中華國。十八横行戰詞苑,一箭射穿金門策。……”《新唐書·藝文志》云:“崔致遠《四六集》一卷、《桂苑筆耕》二十卷。”注云:“崔致遠,高麗人,賓貢及第,為高駢從事。”其名聞上國如此。又有文集三十卷,行於世。初我太祖作興,致遠知非常人,必受命開國,因致書問,有“鷄林黄葉、鵠嶺青松”之句。其門人等至國初來朝,仕至達官者非一。顯宗在位,為致遠密贊祖業,功不可忘,下教贈内史令,至十四歲太平三年癸亥二月,贈諡文昌侯。⑦

本篇是後人所寫的第一篇崔致遠傳記,又載于史書,故後世多沿其説。然金富軾時代已距崔致遠二百餘年,隔朝異代,世事變遷,材料泯没。所以這篇傳記雖然大體寫出了崔致遠的生平經歷,但其中多處語焉不詳,亦有一些模糊不清,或與其他載籍抵牾的地方。需要進一步考察、辨析和説明。

出生、籍里、家世、字號　崔致遠于唐僖宗乾符元年(874)十八歲時在唐土考中進士(清徐松《唐登科記考》卷二三)。其《〈桂苑筆耕〉序》中言“自年十二離家西泛……觀光六年,題名榜尾”。據此,其入唐時間當在新羅景文王金膺廉八年(行唐年號,懿宗咸通九年,公元868年)。以此上推,其生年當是新羅憲安王元年(行唐年號,宣宗大中十一年,公元857年)。

《三國史記·崔致遠傳》謂其爲“王京沙梁部人”。徐友榘《校印〈桂苑筆耕集〉序》謂其爲“湖南之沃溝人”。這兩種説法有很大的不同。新羅統一後分全國爲九州,下設117個郡,首都金城位于慶州,稱王京。崔致遠《上太師侍中書》曾言:“伏聞東海之外有三國,其名馬韓、卞韓、辰韓。馬韓則高麗,卞韓則百濟,辰韓則新羅也。”(《孤雲先生文集》卷一)則新羅是辰韓所建立的國家。據《三國史記·新羅本紀》記載,古代辰韓土地上有六個村落,一爲閼川楊山村(後稱及梁部、中興部),二爲突山高墟村(後稱沙梁部、南山部)……新羅初建時,據説即以這六村爲中心,改稱六部,六村的貴族也就構成了統治新羅的貴族階層。新羅貴族分聖骨、真骨、六頭品、五頭品、四頭品五個身份等級,不同等級的貴族擔任官職是有限制的。新羅貴族官分十七等,⑧屬于"聖骨"等級的貴族可以直到繼承王位,"真骨"可以擔任從第五品位的"大阿飡"到最高品位的"伊伐飡"官職。從崔致遠後來被真聖女主封爲第六品位的"阿飡"官職,可知他應出身于新羅"六頭品"等級的貴族家庭,屬慶州人無疑。慶州在東海岸的慶尚北道。"湖南"指的是西海岸的全羅道(全羅南道、全羅北道),"沃溝"爲郡名,屬全羅北道,其原爲"馬韓"之地。兩者相距甚遠,不知徐有榘何有此說?

新羅國都金城有嵩福寺,爲景文王金膺廉(公元861—874年在位)嗣位之初時所建。崔致遠在其所撰《大嵩福寺碑銘並序》中曾提到其父肩逸在"先朝結構之初",任從事于都城(《孤雲先生文集》卷三)。《孤雲先生事迹》引《家乘》云崔致遠"父諱肩逸",或因此而來。金東勛在《晚唐著名詩人崔致遠》一文中說:"他的父親崔冲,曾作過新羅文昌令。"則未詳所據。⑨

《三國史記·崔致遠傳》云:"崔致遠,字孤雲,或云海雲。"然徐友榘《校印〈桂苑筆耕集〉序》則曰:"公名致遠,字海夫,孤雲其號也。"按古人取名取字的一般規律,似以字海夫、號孤雲爲合理。疑《三國史記》之"海雲"爲"海夫"之誤。除了號"孤雲"外,崔致遠還曾別署"桂苑行人"和"桑丘使者"。《孤雲先生續集》所收《上宰國戚大臣等奉爲獻康大王結華嚴經社願文》結末署"中和二年桂苑行人崔致遠撰",《大華嚴宗佛國寺毘盧遮那文殊普賢像讚並序》結尾署"光啓丁未正月八日桂苑行人崔致遠撰";又,《王妃金氏爲考繡釋迦如來像幡讚並序》結末署"桑丘使者崔致遠"。可證。

入唐、科考及任溧水縣尉 崔致遠于唐懿宗咸通九年(868)入唐,在唐學習六年,僖宗乾符元年(874)考中進士。這一科的主考官是禮部侍郎裴瓚,崔致遠一直與其保持着良好的關係。⑩

《三國史記·崔致遠傳》于"乾符元年甲午,禮部侍郎裴瓚下一舉及第"下緊接:"調授宣州溧水縣尉,考績爲承務郎、侍御史內供奉,賜紫、金魚袋。"給人的感覺似乎是崔致遠上第後即任溧水縣尉,任滿後"考績爲承務郎、侍御史、內供奉,賜紫、金魚袋。"後世朝鮮半島高麗、朝鮮時代人在叙述崔致遠事迹時往往是這樣理解的。但實際情况不可能是這樣。

崔致遠《〈桂苑筆耕〉序》自述其在唐行迹,在"觀光六年,金名榜尾"後云:"尋以浪迹東都,筆作飯囊……而後調授宣州溧水尉……"又,崔致遠乾符六年冬(879)所作《初投太尉啓》自述云:"自十二則別鷄林,至二十得遷鶯谷,方接青衿之侶,旋從黃授之官。"(《桂苑筆耕集》卷一七)因知其十八歲中進士,二十歲任溧水尉,期間實有兩年時間。這兩年崔致遠主要居于東都洛陽,即所謂"浪迹東都,筆作飯囊"。崔致遠之所以兩年以後才被委官,是因爲唐代進士及第只是取得"出身",即任官的資格,但還不能算入仕,要授官還須經過吏部的考選,即所謂"釋褐試"。"釋褐試"一般在春暮舉行,由吏部員外郎主持。估計崔致遠是參加了乾符三年(876)春的吏部試後被委官的。⑪

乾符三年冬,崔致遠到宣州溧水縣上任。唐制,縣分上、中、下三等,溧水縣爲上縣。上縣設縣尉兩人,官階從九品上(《新唐書》卷四四《職官志》)。唐朝實行錢本位的幣制,晚唐時,上縣縣尉的月俸是錢二萬,即二十貫(《新唐書》卷五五《食貨志》),另外還有其他一些雖不見于法令而被視爲正當的收入,故崔致遠自稱"禄厚官閑",並自詡"仕優則學",不廢寫作(《〈桂苑筆耕〉序》)。

乾符六年(879)冬,崔致遠溧水縣尉任滿卸任,未有新的任命,因準備參加吏部的"宏詞"科考試,以謀出路。此即其《初投太尉啓》中所言的"乍離一尉,欲應三篇"(《桂苑筆耕集》卷一七)。後其致高駢的《長啓》亦言及:"前年冬罷離末尉,望應宏詞,計决居山,暫爲隱退。"(《桂苑筆耕集》卷一八)恰本年十月,高駢因與黄巢作戰的戰功,由鎮海軍節度使升任淮南道節度副大使、知節度事並兼鹽鐵轉運使。⑫崔致遠得以就近改爲向高駢投啓獻詩,希望能從幕府求前程。

崔致遠溧水尉任滿,不可能因考績而獲"承務郎、侍御史内供奉,賜紫、金魚袋"。唐制,"承務郎"爲唐文職散官名,從八品下;"侍御史"官階爲從六品下(《舊唐書》卷四二《職官一》)。"侍御史内供奉"表示是定額以外的人員,帶有"同侍御史"官階的意思。而"賜紫、金魚袋"是唐代三品以上的服飾(《舊唐書》卷四五《輿服》)。儘管晚唐官銜品階和章服賞賜比較濫,但這些也不可能是一個縣尉通過考績所能獲得的。實際上這些都是崔致遠在入高駢幕府後高駢爲其陸續奏請的。

在高駢幕府　溧水距淮南節度治所揚州很近,所以乾符六年冬崔致遠卸溧水尉後,得以很快進入高駢幕府。在此之前,崔致遠的進士同年顧雲已加入高駢幕府,故崔致遠入幕當與顧雲有一定關係。⑬但從《桂苑筆耕集》所保存下來的有關材料看,有一個"客將"在這其中亦起了重要作用。他不僅指點了崔致遠,也向高駢作了某種程度的推薦,崔氏所投獻的書啓和詩文也是他代爲遞呈的。至三四年後,崔致遠欲歸新羅,亦先與這位"客將"商量,説明這位"客將"其時還在高駢帳下(《桂苑筆耕集》卷一九《與客將書》)。所謂"客將"應該指的是出身外蕃的軍官。《桂苑筆耕集》卷一四"舉牒"有《客將哥舒璘兼充樂營使》,這位幫助崔致遠的客將很可能就是這位哥舒璘。⑭

經由這位客將,崔致遠向高駢遞呈了一封書啓,簡叙自己的經歷,並附上了五篇文章以及一百首七言詩(《桂苑筆耕集》卷一七《初投太尉啓》)。高駢在收到崔致遠的書啓和詩文後,對其有所饋贈,因此崔致遠再呈上一封長信,表示感謝和投效的意願(《桂苑筆耕集》卷一七《再獻啓》)。接着又呈上歌咏高駢事功的七言絶句三十首(《桂苑筆耕集》卷一七《獻詩啓》)。高駢于是同意崔致遠入幕,並委任其爲"署充館驛巡官"。崔致遠從八品下的"承務郎"官銜應是這時取得的。[15]

第二年,僖宗改元廣明元年(880)。三月,朝廷加授高駢"諸道兵馬行營都統"(《舊唐書》卷一九下《僖宗本紀》),命其出征黃巢。高駢率軍隊進駐東塘(今江蘇揚州市東),作出進兵的姿態,但很快又回軍。由于帳下諸郎官對崔致遠的贊揚,夏天,高駢將崔致遠的"署充館驛巡官"改爲"署館驛巡官"(《桂苑筆耕集》卷一八《謝改職狀》)。由于各藩鎮擁兵自保,這一年黃巢軍北上,渡過長江,十一月破洛陽,十二月進入京城長安,唐僖宗出奔四川。

廣明二年(881)三月,僖宗下詔加高駢檢校太尉,兼東面都統,京西、京北神策諸道兵馬等使,促其出師。崔致遠代高駢寫了《謝加太尉表》(《桂苑筆耕集》卷二)。五月,高駢再次集結舟師于東塘,聲言要出兵西討黃巢。軍隊駐扎東塘達百餘日,在這期間,高駢向朝廷保薦顧雲爲觀察支使,留守後方(《桂苑筆耕集》卷六《請轉官從事狀——某官顧雲》),而將崔致遠升爲都統巡官,負責隨軍文書等事。大概在此時高駢爲崔致遠奏請了"殿中侍御史内供奉"的官銜品階,還爲崔致遠奏請了章服,使崔致遠以從七品上的官階,能穿四品的緋服和佩掛銀魚袋。[16]巡官在幕府中的職位雖然不是很高,其上尚有副使、判官、支使、掌書記、推官等,但崔致遠自己感覺升遷太快,故上書辭讓。[17]當然後來還是接受了這一職務。

高駢大軍雖駐東塘而不前進,引起朝廷和周圍諸鎮的疑忌,僖宗下詔高駢,令其回保淮南。高駢接到詔書後仍作出出兵的姿態,命崔致遠代他寫了一篇《檄黃巢書》(《桂苑筆耕集》卷一一)。可是待七月八日《檄黃巢書》發布,僖宗七月十一日的另一道詔書亦已下達,告訴他各地軍隊已圍攻黃巢,勝利在望,令其不必出兵。[18]朝廷加銜高駢爲侍中,封勃海郡王(《舊唐書》卷一四九下《高駢傳》),但罷免了他的都統和鹽鐵轉運使的職務,取消了他指揮諸道兵馬的權力和財權,而改命王鐸爲都統(《舊唐書》僖宗本紀)。此時的高駢一方面上書對朝廷表示不滿,另一方面又上書建議出奔四川的僖宗來江淮,崔致遠爲其代寫了《請巡幸江淮表》(《桂苑筆耕集》卷二)。

中和二年(882),官軍與黃巢軍互有勝負。五月,高駢見僖宗不來江淮,又主動駐軍東塘,並移書鄰軍,要他們共同勤王,崔致遠代高駢寫了《告報諸道徵會軍兵書》(《桂苑筆耕集》卷一一)。中和三年(883),高駢再次命崔致遠代其寫表,請僖宗來江淮(《桂苑筆耕集》卷二《請巡幸第二表》),仍未被采納。四月官軍收復京師,高駢感到自己十分被動,于是上表請辭去各項職務,以試探朝廷的態度。崔致遠代其寫了《讓官請致仕表》(《桂苑筆耕集》卷二)。

中和四年(884)六月,黃巢被殲,崔致遠代高駢作了《賀殺黃巢表》(《桂苑筆耕集》卷一)。此時的高駢已經感覺到前路渺茫,並因此意志消沉,溺于仙道。作爲高駢"專委筆硯"的幕僚,崔致遠審時度勢,知道自己在唐帝國已經不可能再有作爲,于是想到了歸國。崔致遠先將自己的想法告訴了當初推薦自己的"客將"(《桂苑筆耕集》卷一九《與客將書》),然後向高駢提出,得到同意(《桂苑筆耕集》卷二〇《謝許歸謹啓》)。

崔致遠在唐土實際上一直與新羅保持着聯繫,或許因爲崔致遠的關係,新羅與淮南藩鎮還建立了某種特殊的關係。[19]在崔致遠要求請假回國的時候,正有新羅入淮南使金仁圭在淮南,崔致遠的堂弟崔栖遠也以新羅入淮南使錄事的名義來到淮南,因此頗疑崔致遠決定回國與他們有一定關係。中和四年(884)八月下旬,崔致遠已經離職(《桂苑筆耕集》卷二〇《謝再送月錢料狀》),高駢送了二十萬錢(兩百貫)作爲行裝費(《桂苑筆耕集》卷二〇《謝行裝錢狀》),並爲其準備了專船。經崔致遠向高駢請求,金仁圭和崔栖遠得搭乘崔致遠的船一起回新羅,高駢還贈送了崔栖遠一筆錢。[20]

崔致遠十月由揚州啓程。其《石峰》詩序記云:"中和甲辰年冬十月,奉使東泛,泊舟於大珠山下。"(《桂苑筆耕集》卷二〇)據崔致遠沿途寫給高駢的書信,崔致遠的專船是由揚州沿大運河北上,至楚州山陽(今江蘇淮安),順淮河入海(《桂苑筆耕集》卷二〇《楚州張尚書水郭相迎因以詩謝》),沿海岸北行過大珠山(今山東膠南),抵登州乳山(今山東文登縣西南)。此時已是隆冬,難以渡海,于是崔致遠寫信給高駢,請求來年"春日載陽"時再起程(《桂苑筆耕集》卷二〇《太尉別紙五首》)。

中和五年(885)正月初,崔致遠在登州作了一篇《祭巉山神文》,所具官銜是"淮南入新羅兼送國信等使、前都統巡官、承務郎、殿中侍御史內供奉,賜緋、(銀)魚袋"(《桂苑筆耕集》卷二〇)。至三月回到了新羅(《三國史記·憲康王本紀》)。

次年,新羅憲康王十二年(886),崔致遠向憲康王呈送了《桂苑筆耕集》二十卷,所署的時間是"中和六年正月"。實際上中和五年三月,僖宗已改元"光啓"。由《〈桂苑筆耕〉序》所署時間,知崔致遠在登州起程時尚不知道改元的消息。不過,值得注意的是崔致遠《桂苑筆耕序》具銜已與《祭巉山神文》不同。其官銜是"淮南入本國兼送詔書等使、前都統巡官、承務郎、侍御史內供奉、賜紫、金魚袋"。其中改"兼送國信等使"爲"兼送詔書等使","殿中侍御史內供奉"已升爲"侍御史內供奉",改"賜緋、魚袋"爲"賜紫、金魚袋"。[21]這種改變使崔致遠由藩鎮信使升爲送詔書的國使,官階亦大大提高了。估計這是中和五年正月至三月間崔致遠在登州,東渡船起航前所得到的恩榮,當是高駢爲其特別奏請而來的。

歸于新羅　唐僖宗中和五年(即光啓元年,公元885年)三月,崔致遠以唐使節身份回到新羅。《三國史記·崔致遠傳》記云:"光啓元年,使將詔書來聘,留爲侍讀兼翰林學士,守兵部侍郎、知瑞書監事。"《東史綱目》五上乙巳憲康王十一年三月條所記同。

離開藩鎮割據、戰亂頻仍的中國,崔致遠回到同樣處于衰世的新羅。《三國史記·崔致遠傳》記其歸新羅後,"自以西學多所得,及來將行己志,而衰季多疑忌,不能容,出爲太山郡太守"。而至唐昭宗景福二年(893),新羅真聖女主召崔致遠爲入唐賀正使,崔致遠已在富城郡太守任上。《孤雲先生事迹》引《家乘》記云：憲康王"十二年丙午(唐僖宗光啓二年)七月王薨，朝廷多疑忌，出爲太山郡太守。"言其歸新羅次年，憲康王薨後即被貶謫。然《孤雲先生集》卷一有《謝賜詔書兩函表》，是唐光啓二年(886)崔致遠爲在位僅一年的定康王金晃所作，因知其被貶太山郡似應在定康王即位以後，或是在定康王卒後真聖女主上臺時。

再檢《孤雲先生續集》，有《王妃金氏爲先考及亡兄追福施穀願文》結尾署"中和丁未年暢月(十一月)富城太守崔致遠"。"中和丁未"爲唐僖宗光啓三年(887)。因知崔致遠被謫爲太山郡太守後很快即轉任富城太守，在太山郡任上可能還不到一年。

崔致遠任地方官五六年，直至真聖女主七年(唐昭宗景福二年，公元893年)才將其從富城郡太守任上召回爲入唐賀正使，又因道路梗阻未能成行。大概崔致遠也因此被留在朝中。時新羅朝政紊亂，時局動蕩不安。次年二月，崔致遠進《時務策》十餘條，以圖振興，真聖女主"嘉納之"，並"拜致遠爲阿飡"。[22]目前尚不知崔致遠所進《時務策》到底提了些什麼建議，是否得到實行，但崔致遠在朝任官則直到孝恭王金嶢二年(行唐年號，唐昭宗乾寧五年，公元898年)，達五、六年。

《孤雲先生文集》卷一有《新羅賀正表》、《讓位表》、《起居表》、《謝嗣位表》、《謝恩表》、《謝不許北國居上表》、《謝賜詔書兩函表》及《遣宿衛學生首領等入朝狀》、《奏請宿衛學生還蕃狀》等，皆爲其代新羅國王所作。其中除《謝賜詔書兩函表》是唐光啓二年(886)爲在位僅一年的定康王金晃所作，其餘大多是這五、六年間崔致遠代真聖女主及孝恭王所作：《新羅賀正表》爲代真聖女主作，賀唐昭宗李曄改元景福，時爲景福二年(893)真聖女主召崔致遠爲入朝賀正使時，雖然此次因道梗不果行，但却留下了這篇《賀正表》。《讓位表》爲真聖女主于唐乾寧四年(897)六月一日讓位于王太子金嶢一事，因慶賀使入唐所附的奏表。《謝嗣位表》、《謝恩表》、《謝不許北國居上表》等皆爲代孝恭王金嶢所作。孝恭王元年(行唐年號，唐昭宗乾寧四年，公元897年)，唐昭宗因新羅使崔元回國，追贈新羅兩位已故國王官銜。《東史綱目》五下有記載：孝恭王元年"秋七月，唐册封景文王、憲康王，王遣使入朝。先是，真聖具表請追贈前王，至是，慶賀使判官崔元還，詔贈景文王爲太師，憲康王爲太傅，各賜官告一通。王遣使謝恩，崔致遠制表。"

但到了孝恭王二年(行唐年號，昭宗光化元年，公元898年)，崔致遠不知何故被免官。《東史綱目》五下戊午孝恭王二年："阿飡崔致遠有罪免。"一般認爲崔致遠四十二歲起即開始隱居山林，大概因此而來。因爲這一年崔致遠正好四十二歲。被免官後，崔致遠退居迦耶山等地。

再登唐土　崔致遠回新羅後確實曾爲使再登唐土。《三國史記·崔致遠傳》記其在真聖女主七年(893)奉召爲入唐賀正使，但因途多盜賊，"道梗不果行"。後又言："其後亦嘗奉使入唐,但不知其歲月耳。”

　　檢崔致遠曾寫過一篇《大唐新羅國故曦陽山鳳巖寺教諡智證大師寂照之塔碑銘並序》(即《鳳巖寺智證大師寂照塔碑》),結末所署的官銜爲“入朝賀正兼延奉皇花等使、朝請大夫、前守兵部侍郎、充瑞書院學士、賜紫、金魚袋臣崔致遠奉教撰”。㉓崔致遠還曾撰有《唐大薦福寺故寺主翻經大德法藏和尚傳》,其結末所署官銜爲:“海東新羅國侍講兼翰林學士、承務郎、前守兵部侍郎、權知瑞書監事、賜紫、金魚袋。”㉔兩相比較,《智證碑》所署官銜明顯高于《法藏傳》。按唐制,“承務郎”爲從八品下階文散官,“朝請大夫”爲從五品上階文散官(《舊唐書》卷四二《職官一》),因此,“入朝賀正兼延奉皇花等使、朝請大夫”應是崔致遠充當入唐賀正使時所得的新官銜。現在還不知道這一新的官銜是崔致遠真聖女主七年(893)被召爲賀正使時所得,還是此後再次使唐時所得? 亦不清楚崔致遠是何時撰寫這篇碑文的。估計崔致遠不管何時獲此官銜,其再次奉召使唐也是這個官銜。

　　崔致遠第二次入唐,在景福二年(893)真聖女主召其爲入朝賀正使而因道梗不果行之後,或在孝恭王二年(898)被罷官以後重新被召,而且確實登上了唐土。此有其《上太師侍中狀》爲證。《三國史記・崔致遠傳》引有這篇《上太師侍中狀》,並言:“此所謂太師侍中,姓名亦不可知也。”《上太師侍中狀》是崔致遠登上唐土以後爲請求某一位“太師侍中”的幫助而寫的,其文在簡述高麗、百濟、新羅與唐王朝關係的歷史,特別強調了新羅與唐王朝的往來以後寫道:

　　　　今某儒林末學,海外凡材,謬奉表章,來朝樂土,凡有誠懇,禮合披陳。伏見元和十二年,本國王子金張廉,風飄至明州下岸,浙東某官,發送入京。中和二年,入朝使金直諒,為叛臣作亂,道路不通,遂於楚州下岸,邐迤至揚州,得知聖駕幸蜀,高太尉差都頭張儉,監押送至西川。已前事例分明,伏乞太師侍中,俯降台恩,特賜水陸券牒,令所在供給舟舡、熟食及長行驢馬草料,並差軍將,監送至駕前。”(《三國史記・崔致遠傳》,引又見《孤雲先生文集》卷一)

由此可知,這位“太師侍中”實際是掛“太師侍中”銜的一位沿海地方長官。崔致遠之所以寫信給他,是希望他“俯降台恩,特賜水陸券牒,令所在供給舟舡、熟食及長行驢馬草料,並差軍將,監送至駕前”。

　　唐時東部沿海很多港口有新羅商船出入。但新羅使節來唐,則規定要在登州(今山東蓬萊)登陸,然後從青州(今山東益都)經兗州等地前往長安。登州原屬青密節度使(駐青州)管領。上元二年(761)合平廬節度使與青密節度使,置“平廬淄青節度使”,仍駐青州。平廬淄青節度使自永泰元年(765)起“兼押新羅、渤海兩蕃使”,負責處理唐與新羅、渤海關係以及接待兩國使者,故登州城內特設有新羅館、渤海館。但從這段文字看,崔致遠一行此次所至的口岸不太可能是平廬淄青節度使所轄地方。因爲護送新羅使者到朝廷是平廬淄青節度使職責所在,無須特別請求。而崔致遠書中特別擧元和十二年和中和二年故事,也說明崔致遠一行此次不是按常規在登州上岸,而是在登州以外的地方,所以才要求對方援例照辦。再說,從唐朝滅亡的天祐四年(907)往上推到景福二年,即真聖女主七年(893),十餘年間先後擔任平廬淄青節度使的王敬武、王師範、王重師、韓建四人,無一人有"太師侍中"的官銜。㉕

　　唐時,因爲政治或自然的原因,新羅使節在登州以外的淮南和兩浙一帶港口上岸,原有先例。從崔致遠《上太師侍中狀》看,崔致遠此行也是因遇到一些特殊情況才不得不在登州以外的港口上岸。問題在于什麼時間,在哪個港口登陸? 已有學者對這兩個問題進行了專門的研究。金榮華先生認爲時間是天復二年(902)或三年(903),地點在淮南,"太師侍中"指的是當時的淮南節度副大使、知節度事楊行密;㉖樊文禮、梁太濟先生認爲時間應是天祐元年(904)至唐朝滅亡的天祐四年(907)之間,地點在兩浙,"太師侍中"指的是當時的浙西節度使錢鏐。㉗兩種說法都提出了理由,不過都屬于難以確定的推論,還有待于進一步的確證。

　　但不管是在淮南上岸,還是在兩浙登陸,崔致遠這次重登唐土,大概都是一次暗淡的行程。目前還沒有發現中國和朝鮮半島有什麼材料記載了崔致遠這次入唐的結果。很有可能崔致遠這次重登唐土的時間正是唐王朝滅亡的前夕,因此那位"太尉侍中"或許沒有給與他什麼幫助,或許後來事情的發展已經根本用不着再去觀見大唐皇帝了。

　　晚年及身後　崔致遠再登唐土,可以說親眼目睹了輝煌的大唐帝國的最後日落西山,當時的新羅王朝亦已處于風雨飄搖之中。因此,再次回歸新羅以後,崔致遠或許仍然在朝一段時日,但不會有所作爲。目前我們所能見到他最後一篇有年月的作品是《新羅壽昌郡護國城八角燈樓記》(《孤雲先生文集》卷三),首句稱"天祐五年戊辰冬十月"。"天祐"是唐哀帝李柷的年號,實際上"天祐"並無"五年",是年已是後梁太祖朱晃開平二年(908),而前一年新羅即已改行後梁年號。這說明崔致遠或許已經不在朝了。

　　《三國史記·崔致遠傳》謂崔致遠晚年以爲高麗太祖王建必受命開國,"因致書問,有'雞林黄葉、鵠嶺青松'之句"。似乎只是一種傳聞,或者爲高麗時人所造作。又傳說新羅敬順王二年(行後唐年號,明宗天成元年,公元928年),崔致遠曾代王建作《檄甄萱書》,則更無可能。因爲是年王建已開國十一年,《三國史記》也僅言"其門人等至國初來朝,仕至達官者非一",未說崔致遠有投奔新朝之事。不過在高麗王朝,崔致遠確實受到封贈。高麗顯宗十一年(行宋年號,天禧四年,公元1020年)追贈其爲"內史令,從祀先聖廟庭";十四年(行契丹年號,太平三年,公元1023年)"贈謚文昌侯"。不過那已是崔致遠身後近百年的事了。後來李氏朝鮮亦多次表彰崔致遠,並免其後裔兵役等(《孤雲先生遺事》引《家乘》)。

　　崔致遠最後不知所終。《三國史記·崔致遠傳》記其晚年隱居山林之下、江海之濱,或與事實出入不大。傳説朝鮮半島各地留有不少崔致遠的遺迹,如慶尚道伽耶山中的上書莊、讀書堂,慶尚道咸陽郡的學士樓,陜川郡海印寺洞(紅流洞)的題詩石、吟風瀨、筆泚岩;全羅道南原府異智山的斷俗寺、青鶴洞等。㉘雖然無以考訂其實,却表明了後世朝鮮半島人民對崔致遠的尊崇與懷念。

二、著　述　考　略

崔致遠回到新羅以後,將自己在高駢幕中所寫的詩文編成《桂苑筆耕集》二十卷,並作了《進詩賦表狀等集狀》(即徐有榘刊活字本《桂苑筆耕集》卷首《〈桂苑筆耕〉序》),其中介紹了自己的經歷和著述情況:

> 臣自十二離家西泛……觀光六年,金名榜尾。此時諷咏情性,寫物名篇,曰賦曰詩,幾溢箱篋。但以童子篆刻,壯夫所慚。及忝得魚,皆爲棄物。尋以浪迹東都,筆作飯囊,遂有賦五首、詩一百首、雜詩賦三十首,共成三篇。爾後調授宣州溧水縣尉,禄厚官閑,飽食終日。仕優則學,免擲寸陰。公私所爲,有集五卷。益勵爲山之志,爰標"覆簣"之名。地號中山,遂冠其首。及罷微秩,從職淮南。蒙高侍中專委筆硯,軍書幅至,竭力抵當,四年用心,萬有餘首。然淘之汰之,十無一二。敢比披沙見寶,粗勝毀瓦畫墁。遂勒成《桂苑集》二十卷。

據此,知崔致遠留學期間,詩賦習作幾溢箱篋,然皆爲其所棄。至中進士後在東都兩年,曾有今體賦一卷五首、五七言詩一卷一百首、雜詩賦一卷三十首,在溧水時又有《中山覆簣集》五卷,當時尚存,其散佚于後世。崔致遠在淮南幕四年,詩文共有萬餘首(篇),然"淘之汰之,十無一二",編成《桂苑筆耕集》二十卷。

《三國史記·崔致遠傳》記崔致遠"又有文集三十卷行於世",不詳所指,今亦不傳。朝鮮半島古代漢籍《三國史記》、《東文選》、《東國通鑑》等皆收有崔致遠佚文。後崔國述輯爲《孤雲先生集》三卷,又有佚名編《孤雲先生續集》一卷,將這些佚文收羅在一起。崔國述于《孤雲先生集》目錄後著録崔致遠"集外書目"有:

> 《桂苑筆耕》二十卷、《經學對仗》三卷——右既有成秩,今不復編。

> 《中山覆簣集》五卷、《私試時體賦》五首一卷、《五七言時體詩》一百首一卷、《雜詩賦》三十一卷、《四六集》一卷、《東國輿地説》、《古今年代曆》、《上時務書》,元集三十卷——右並有題目而不得其文未能入編。

《經學對仗》,未見,疑非崔致遠著述。《古今年代曆》則或記爲《帝王年代曆》,與《四六》、《東國輿地説》、《上時務書》等皆不傳。根據目前所掌握的材料,崔致遠現存著述主要收于

《桂苑筆耕集》、崔國述輯《孤雲先生集》和佚名輯《孤雲先生續集》中,估計在古代朝鮮半島的漢籍裏還有一些佚文有待發現,有些篇目還須要據其他載籍或碑銘等進行校勘。

現存《桂苑筆耕集》有多種版本,然以徐有榘活字本爲最早的善本。㉙檢查所收篇目數量爲420首(篇):

　　　　卷一表10首,卷二表10首,卷三奏狀10首,卷四奏狀10首,卷五奏狀10首,卷六堂狀10首,卷七別紙20首,卷八別紙20首,卷九別紙20首,卷一十別紙20首,卷十一檄書4首、書6首,卷十二委曲20首,卷十三舉牒25首,卷十四舉牒25首,卷十五齋詞15首,卷十六祭文、書、疏、記10首,卷十七啓、狀10首附詩30首,卷十八書狀、啓25首,卷十九狀、啓、別紙、雜書20首,卷二十啓、狀、別紙、祭文10首詩30首。

《孤雲先生集》三卷、《孤雲先生續集》一卷所收篇目計有80首(篇):

　　　　《孤雲先生集》卷一賦1首、詩32首、表7首、狀6首、啓1首、記3首,卷二碑2首,卷三碑2首、贊2首。

　　　　《孤雲先生續集》詩12首、序1首、記1首、贊4首,願文7首、傳1首。

《孤雲先生集》和《孤雲先生續集》所收作品並不完全是歸新羅所作,至少其中有如下的一些作品原作于唐土:

　　　　《孤雲先生文集》:《江南女》、《饒州鄱陽亭》、《山陽與鄉友話別》、《長安旅舍與于慎微長官接隣》、《贈雲門蘭若智光上人》、《登潤州慈和寺上房》、《秋日再經盱眙縣寄李長官》、《贈吳進士巒歸江南》、《暮春即事和顧雲支使》、《和張進士喬村居病中見寄》、《姑蘇臺(殘句)》、《上襄陽李相公讓館給啓》)。

　　　　《孤雲先生續集》:《和李展長官冬日遊山寺》、《汴河懷古》、《辛丑年寄進士吳瞻》、《和顧雲支使暮春即事》(與《孤雲先生文集》重複)。

僅據《桂苑筆耕集》、《孤雲先生集》和《孤雲先生續集》統計,崔致遠現存詩文已有500首(篇),扣除重複的《和顧雲支使暮春即事》,尚有499首(篇)。如加上其他佚文,則超過500篇,在朝鮮半島高麗朝以前的漢語作家中,其傳世著述數量無疑是最多的。這些著述對朝鮮半島的漢文寫作以及漢語文學的發展所產生的巨大影響,歷代朝鮮半島的學人們顯然有遠比我們更爲深刻的認識。而由于崔致遠長期流寓中國,其傳世著述以作于唐土者爲多,因此他的著述似亦應引起我們的足夠重視。

以往由于《桂苑筆耕集》等崔致遠的著述在中國長期不傳,所以歷代中國學人無法對其加以研究和利用。㉚自清末《桂苑筆耕集》從朝鮮傳入以後,已經逐漸引起中國學人的注意。如本世紀四十年代陳寅恪先生在《韋莊〈秦婦吟〉校箋》中就曾說:"崔致遠《桂苑筆耕集》代高駢所作書牒,關於汴路區域徐州時溥、泗州于濤之兵爭及運道阻塞之紀載甚多,俱兩《唐書》

及《通鑑》等所未詳,實爲最佳史料。"③①近年來,頗有一些學者以《桂苑筆耕集》爲史料來研究晚唐史實和藩鎮情況,③②也有學者據之考察晚唐應用文的文體。③③

　　當然,相比較而言,崔致遠現存著述中以應用文字較多,詩賦等文學作品在名家輩出的唐土並不顯得特別出衆,所以中國學人從文學角度重視崔致遠者不多。崔致遠創作的漢文小説《雙女墳記》更是長期被埋没和忽視。

三、漢文小説《雙女墳記》的創作與流傳

　　由于古代朝鮮半島與中國大陸的特殊關係,所以每個歷史時期都有大量的中國書籍傳入。大約十二世紀時,北宋太宗太平興國年間編纂的《太平廣記》已經傳入當時的李氏朝鮮。李氏朝鮮世祖八年(行明年號,天順六年,公元 1462 年),成仁(1421—1484)編輯了《太平廣記》的節縮本《太平廣記詳節》五十卷,加上從其他朝鮮漢籍中輯録的五十卷,刊成一百卷的《太平通載》。《太平通載》卷六八收有一篇《崔致遠》,全文如下:

　　崔致遠,字孤雲,年十二西學於唐。乾符甲午,學士裴瓚掌試,一舉登魁科,調授溧水縣尉。嘗遊縣南界招賢館,館前岡有古冢,號雙女墳,古今名賢遊覽之所。致遠題詩石門曰:

　　　　"誰家二女此遺墳?寂寂泉扃幾怨春。形影空留溪畔月,姓名難問冢頭塵。芳情倘許通幽夢,永夜何妨慰旅人?孤館若逢雲雨會,與君繼賦洛川神。"

　　題罷到館。是時月白風清,杖藜徐步,忽覩一女,姿容綽約,手操紅袋,就前曰:"八娘子、九娘子傳語秀才,朝來特勞玉趾,兼賜瓊章,各有酬答,謹令奉呈。"公回顧驚惶,再問:"何姓娘子?"女曰:"朝間披榛拂石題詩處,即二娘所居也。"公乃悟。見第一袋,是八娘子奉酬秀才,其詞曰:

　　　　"幽墳離恨寄孤墳,桃臉柳眉猶帶春。鶴駕難尋三島路,鳳釵空墮九泉塵。當時在世長羞客,今日含嬌未識人。深愧詩詞知妾意,一回延首一傷神。"

　　次見第二袋,是九娘子,其詞曰:

　　　　"往來誰顧路傍墳,鸞鏡鴛衾盡惹塵。一死一生天上命,花開花落世間春。每希秦女能抛俗,不學任姬愛媚人。欲薦襄王雲雨夢,千思萬憶損精神。"

　　又書於後幅曰:"莫怪藏名姓,孤魂畏俗人。欲將心事説,能許暫相親?"公既見芳詞,頗有喜色,乃問其女名字,曰"翠襟"。公悦而挑之,翠襟怒曰:"秀才合與回書,空欲累人。"致遠乃作詩付翠襟,曰:

　　　　"偶把狂詞題古墳,豈期仙女問風塵?翠襟猶帶瓊花艷,紅袖應含玉樹春。偏

隱姓名欺俗客，巧裁文字惱詩人。斷腸唯願陪歡笑，祝禱千靈與萬神。"

繼書末幅云：

"青鳥無端報事由，暫時相憶泪雙流。今宵若不逢仙質，判却殘生入地求。"

翠襟得詩還，迅如飆逝。致遠獨立哀吟，久無來耗，乃咏短歌。

向晕，香氣忽來。良久，二女齊至。正是一雙明玉，兩朵瑞蓮。致遠驚喜如夢，拜云："致遠海島微生，風塵末吏，豈期仙侶猥顧風流？輒有戲言，便垂芳躅。"二女微笑無言。致遠作詩曰：

"芳宵幸得暫相親，何事無言對暮春？將謂得知秦室婦，不知元是息夫人。"

於是紫裙者恚曰："始欲笑言，便蒙輕蔑。息嬀曾從二婿，賤妾未事一夫。"公言："夫人不言，言必有中。"二女皆笑。致遠乃問曰："娘子居在何方？族序是誰？"紫裙者隕泪曰："兒與小妹，溧水縣楚城鄉張氏之二女也。先父不為縣吏，獨占鄉豪，富似銅山，侈同金谷。及姊年十八，妹年十六，父母論嫁，阿奴則定婚鹽商，小妹則許嫁茗估。姊妹每說移天，未滿于心。鬱結難伸，遂至夭亡。所冀仁賢，勿萌猜嫌。"致遠曰："玉音昭然，豈有猜慮？"乃問二女："寄墳已久，去館非遙，如有英雄相遇，何以示現美談？"紅袖者曰："往來者皆是鄙夫，今幸遇秀才，氣秀鼇山，可與話玄玄之理。"致遠將進酒，謂二女曰："不知俗中之味，可獻物外之人乎？"紫裙者曰："不飡不飲，無饑無渴，然幸接瓌姿，得逢瓊液，豈敢辭違？"於是飲酒各賦詩，皆是清絕不世之句。

是時明月如畫，清風似秋，其姊改令曰："便將月為題，以風為韻。"於是致遠作起聯曰："金波滿目泛長空，千里愁心處處同。"八娘曰："輪影動無迷舊路，桂花開不待春風。"九娘曰："圓輝漸皎三更外，離思偏傷一望中。"致遠曰："練色舒時分錦帳，珪模映處透珠櫳。"八娘曰："人間遠別腸堪斷，泉下孤眠恨無窮？"九娘曰："每羨嫦娥多計較，能抛香閣到仙宮。"

公嘆訝尤甚，乃曰："此時無笙歌奏於前，能事未能畢矣。"於是紅袖乃顧婢翠襟，而謂致遠曰："絲不如竹，竹不如肉，此婢善歌。"乃命[訴衷情]詞。翠襟斂衽一歌，清雅絕世。

於是三人半酣，致遠乃挑二女曰："嘗聞盧充逐獵，忽遇良姻；阮肇尋仙，得逢嘉配。芳情若許，姻好可成。"二女皆諾曰："虞帝為君，雙雙在御；周良作將，兩兩相隨。彼昔猶然，今胡不爾？"致遠喜出望外，乃相與排三凈枕，展一新衾。三人同衾，繾綣之情，不可具談。致遠戲二女曰："不向閨中作黃公之子婿，翻來塚側夾陳氏之女奴，未測何緣，得逢此會？"女兄作詩曰："聞語知君不是賢，應緣慣與女奴眠。"弟應聲續尾曰："無端嫁得風狂漢，強被輕言辱地仙。"公答為詩曰：

“五百年來始遇賢，且歡今夜得雙眠。芳心莫怪親狂客，曾向春風占嶺仙。”

小頃，月落鷄鳴，二女皆驚，謂公曰：“樂極悲來，離長會促，是人世貴賤同傷。況乃存没異途，升沈殊路？每慚白晝，虛擲芳時，只應拜一夜之歡，從此作千年之恨。始喜同衾之有幸，遽嗟破鏡之無期。”二女各贈詩曰：

“星斗初回更漏闌，欲言離緒淚闌干。從茲更結千年恨，無計重尋五夜歡。”

又曰：

“斜月照窗紅臉冷，曉風飄袖翠眉攢。辭君步步偏腸斷，雨散人歸入夢難。”

致遠見詩，不覺垂淚。二女謂致遠曰：“倘或他時重經此處，修掃荒冢。”言訖即滅。

明旦，致遠歸冢邊，彷徨嘯咏，感嘆尤甚，作長歌自慰曰：

“草暗塵昏雙女墳，古來名迹竟誰聞？唯傷廣野千秋月，空鎖巫山兩片雲。自恨雄才為遠吏，偶來孤館尋幽邃。戲將詞句向門題，感得仙姿侵夜至。紅錦袖，紫羅裙，坐來蘭麝逼人薰。翠眉丹頰皆超俗，飲態詩情又出羣。對殘花，傾美酒，雙雙妙舞呈纖手。狂心已亂不知羞，芳意試看相許否？美人顏色久低迷，半含笑態半含啼。面熟自緣心似火，臉紅寧假醉如泥。歌艷歌，打懽合，芳宵良會應前定。纔開謝女啓清談，又見班姬摘雅咏。情深意密始求親，正是艷陽桃李辰。明月倍添衾枕恩，香風偏惹綺羅身。綺羅身，衾枕思，幽懽未已離愁至。數聲餘歌斷孤魂，一點寒燈照雙淚。曉天鸞鶴各西東，獨坐思量疑夢中。沈思疑夢又非夢，愁對朝雲歸碧空。匹馬長嘶望行路，狂生猶再尋遺墓。不逢羅襪步芳塵，但見花枝泣朝露。腸欲斷，首頻回，泉户寂寥誰為開？頓轡望時無限淚，垂鞭吟處有餘哀。暮春風，暮春日，柳花撩亂迎風疾。常將旅思怨韶光，況是離情念芳質。人間事，愁殺人，始聞達路又迷津。草没銅臺千古恨，花開金谷一朝春。阮肇劉晨是凡物，秦皇漢帝非仙骨。當時嘉會杳難追，後代遺名徒可悲。悠然來，忽然去，是知雲雨無常主。我來此地逢雙女，遥似襄王夢雲雨。大丈夫，大丈夫！壯氣須除兒女恨，莫將心事戀妖狐。

後致遠擢第東還，路上歌詩曰：“浮世榮華夢中夢，白雲深處好安身。”乃退而長往，尋僧於山林江海，結小齋，築石臺，耽翫文書，嘯詠風月，逍遥偃仰於其間。南山清凉寺、合浦縣月影臺、智異山雙溪寺、石南寺，墨泉石臺種牡丹，至今猶存，皆其遊歷也。最後隱於伽耶山海印寺，與兄大德賢俊、南岳師定玄，探賾經論，遊心冲漠，以終老焉。㉞

據《太平通載》編者注，本篇原出《新羅殊異傳》。《殊異傳》是新羅末年或高麗初的一本漢籍，原書已佚，僅有若干篇佚文存于《太平通載》、《大東樂府羣玉》等李氏朝鮮時代的漢籍中。㉟關于《殊異傳》的編撰者，歷來有崔致遠和朴寅亮二說，又有金陟明補作說。㊱然對于

《太平通載》所引的這篇《崔致遠》,不少學者傾向于非崔致遠所作。如韓國學者趙潤濟先生儘管對《崔致遠》評價很高,但認爲本篇"只不過是借崔致遠之名演繹出一段文學作品而已",並認定其是高麗時代的作品:

> 顯然,這篇《崔致遠》不是一篇口頭傳述的故事,而是某一特定作者的創作。即使它不是朴寅亮的作品,也不可能是古代口傳下來的傳説,而是高麗時代的作品,具體時代定為朴寅亮時代較為穩妥。⑤

將《崔致遠》産生的時代定爲高麗時代,也就是説根本没有考慮崔致遠是其作者。其他一些韓國學者,也多認爲其作于高麗初期。中國學者韋旭升在《朝鮮文學史》一書中不僅不同意這篇作品是崔致遠所作,甚至不認爲它本來就是一篇完整的叙事作品,其中的長詩僅僅是爲了配合傳奇故事而由後人創作的。⑧

韋旭升先生在《朝鮮文學史》中稱本篇爲《仙女紅袋》,另稱長詩爲《雙女冢》,而不提《太平通載》中的《崔致遠》,不知何故? 因爲所謂《仙女紅袋》實爲另一本朝鮮漢籍《大東韵府羣玉》引用《殊異傳》中同一篇文章所列的條目名稱。該條全文如下:

> 崔致遠西遊,嘗遊招賢館,前岡有古冢,號雙女墳,致遠題詩石門云云。忽覩一女,手操紅袋,就前曰:"八娘、九娘各有酬答,謹令奉呈。"公回顧驚惶,問:"何姓娘子?"曰:"朝間拂石題詩,即二娘所居也。"公見第一袋,是八娘奉酬,第二袋,是九娘奉酬,又書後幅曰:"莫怪藏名姓,孤魂畏俗人。欲將心事説,能許暫相親?"公既見芳詞,頗有喜色,乃問其女名字,曰"翠襟"。公乃作詩付翠襟云云。又書末幅云:"青鳥無端報事由,暫時相憶泪雙流。今宵若不逢仙質,判却殘生入地求。"翠襟得詩,迅如飆逝。公獨立哀吟,良久,香氣忽來,二女齊至。正是一雙明玉,兩朵瑞蓮。公驚拜云:"海島微生,風塵末吏,豈期仙侣猥顧凡流?"乃問曰:"娘子居何方? 族序是誰?"紫裙者隕泪曰:"兒與小妹,乃張氏二女也。先父富似銅山,侈同金谷。姊年十八,妹年十六,父母論嫁,阿姊則定婚鹽商,小妹則許嫁茗估。每説移天,未滿于心。鬱結難伸,遽至夭亡。今幸遇秀才,氣秀鼇山,可與話玄玄之理。"是夕明月如晝,清風似秋,將月為題,以風為韻。公作起聯云:"金波滿目泛長空,千里愁心處處同。"八娘繼曰:"輪影動無迷舊路,桂花開不待春風。"九娘又繼曰:"圓輝漸皎三更外,離思偏傷一望中。"云云。竟不知所去。《新羅殊異傳》⑨

《大東樂府羣玉》是權文海于李氏朝鮮宣祖二十二年(行明年號,萬曆十二年,公元1589年)所編,是一本按韻目編排的辭書,類似于中國的《佩文韻府》,供文人作詩文時查找詞藻所用,故其不過取文中"仙女紅袋"一詞作爲詞目,"仙女紅袋"並不是原文的題目。如果我們將其所引的文字與上引《太平通載》卷六八《崔致遠》對照,不難看出兩者確實同出一源。只不過《大東樂府羣玉》所引的文字比較簡略,或者説不過是一種摘録。

《太平通載》所引《崔致遠》有詩作十餘首,特別是最後一首長歌長達六十餘句,按趙潤濟先生說“作爲口頭傳述的稗說是不可想像的,它必然是某一文人的戲作”。⑩這無疑是一個切中肯綮的看法。而如果確是這樣,照我看來,這一作者恐怕只能是崔致遠。

所以這樣說的第一條理由是:這篇小說不僅在朝鮮半島流傳,在中國亦很早就有所流傳。中國南宋高宗紹興時張敦頤撰《六朝事迹編類》卷下“墳陵門”第十三“雙女墓”曾引有《雙女墳記》:

> 《雙女墳記》曰:有雞林人崔致遠者,唐乾符中補溧水尉,嘗憩於招賢館,前岡有冢號曰“雙女墳”,詢其事迹,莫有知者,因為詩以吊之。是夜感二女至,稱謝曰:“兒本宣城郡開化縣馬陽鄉張氏二女。少親筆硯,長負才情,不意為父母匹於鹽商小竪,以此憤恚而終,天寶六年同葬於此。”宴語至曉而別。在溧水縣南一百一十里。⑪

後寶祐時馬光祖、周應谷纂修《景定建康志》卷四十三《風土志二·古陵諸墓》及元張鉉纂修《至正金陵新志》卷二十二下《古迹志》皆有“雙女墳”,亦皆引《雙女墳記》,文字與《六朝事迹編類》只有極小的差異,顯然源于《六朝事迹類編》。⑫

《六朝事迹類編》明確指出所引係篇名爲《雙女墳記》的文章。儘管所摘引的文字極爲簡略,但其所叙故事的框架、情節進程以及地點、人物,與《殊異傳》中的《崔致遠》都有着密合對應的關係——特別是其中“有雞林人崔致遠,唐乾符中補溧水尉”,以及二女自稱張氏二女,“爲父母匹於鹽商小竪,以此憤恚而終”等語——證明這篇《雙女墳記》的節錄與《崔致遠》應出于一篇文章。雖然節錄極爲簡略,中間亦有傳鈔中的訛誤,但却無可懷疑地保留了這篇小說《雙女墳記》的原名。

如果說此篇不是崔致遠在唐土時所作,且流傳于唐土,而是崔致遠身後近一個世紀的高麗朴寅亮時代的人所作,又傳到中國,且在中國造成相當的影響,幾乎是難以想像的事。

第二條理由是:《雙女墳記》是一篇典型的唐代“文人短篇小說”,非長期濡染唐代的“士風”與“文風”者所不能爲。

正如趙潤濟先生所言“《崔致遠》已經是一篇完全的傳奇小說,同後代出現的《金鰲新話》相比毫不遜色。”⑬唐代文人小說被後人稱爲“傳奇”,這一概念的提出和爲人們所接受,本身已說明唐代文人小說確實是中國文學史上一個特殊的文學現象。值得特別注意的是,唐代文人小說作者多爲當時科舉選官制度下的讀書士子,亦以同樣的人羣作爲接受的對象。唐代的科舉選官制度造就了一大批不同于往古的讀書士子,他們在思想精神上異于以往爲禮法所拘的世族文人;以詩賦爲考試內容,導致了當時普遍的駢麗華艷的文風;而因爲科考、游宦而長期留滯他鄉,則造成了這些讀書士子挾妓遨游、詩酒放浪的風習。所有這些原因造就了唐代文人小說一種屬于時代的、特殊的精神內容和美學風貌。

　　唐代文人小說不僅"叙述宛轉，文辭華艷"（魯迅《中國小說史略》第八篇），"著文章之美，傳要眇之情"（唐沈既濟《任氏傳》），而且往往對男女情愛、仙道鬼神等種種不拘于禮法的内容無所規避，因而是那個時代讀書士子的精神活動的一種表現。隨着時代的變遷，唐代文人小說所表達的生活和精神内容已很難爲後世文人所理解，所以有"唐士大夫多浮薄輕佻，所作小說無非奇詭妖艷之事"的批評（清錢大昕《十駕齋養心録》卷一八）。崔致遠長期生活于唐土，其創作自然受到這種普遍的"士風"和"文風"的影響，後世朝鮮半島的文人對此亦並非没有微詞。如許筠（1569—1618）《惺叟詩話》中說："崔孤雲學士之詩，在唐末，亦鄭谷、韓偓之流，卒佻淺不厚。"朴寅亮時代的朝鮮半島文人，實在很難作出如《雙女墳記》這種在他們看來幾乎是怪誕不經内容的小說。

　　《雙女墳記》文詞華麗，詩文參差交錯，呈現出比較典型的唐代文人小說的格局和風範。其主體部分混然天成，詩文之間存在着不可分割的有機聯繫，不可能是先有傳說故事的框架，然後又加以增飾的。即使是文末以長詩配文，也是唐人小說中"詩"與"文"相輔相成的特殊範式。不僅長詩内容與前文妙合無垠，就其詩的内容與格調亦非後世高麗文人所能配加。只有小說的開頭和結尾部分才明顯看出後人改動的痕迹。特別是小說的結尾述及崔致遠歸新羅後隱居終老一段，與《三國史記·崔致遠傳》所述同出一轍，顯然是後人對崔致遠隱居生活的補述。其中"後致遠擢第東還"一句明顯是這種鑲接的痕迹。因爲開頭已有崔致遠登科第後任溧水尉的叙述，此再言"後——崔致遠擢第東還"顯然與前文矛盾。

　　《雙女墳記》無論是内容和形式都深受張文成《游仙窟》的影響。頗疑這篇小說原來亦是第一人稱叙事。假若我們去掉本文的開頭、結尾一些很可能是後人添加的文字，改小說叙事爲第一人稱，或許整篇小說會更顯得文理暢達、風神流動。

　　《雙女墳記》所叙故事發生的時間爲崔致遠任溧水縣尉時，其創作則應是其入高駢幕府以後。中晚唐的藩鎮幕府不僅爲當時的士子們提供了一條政治和生活的出路，也使文人們因此獲得了一個展示才華的空間，在某種意義上，中晚唐藩鎮幕府甚至可以說是當時文學創作的一個温床。更何況高駢在當時的節度使中以喜文學稱，而且對文人往往愛護有加。崔致遠入幕以前，高駢任西川節度使時曾舉薦爲其掌書記的裴鉶爲節度副使，與崔致遠同時而稍早入幕的顧雲，工筆札，有史才，亦被擢爲節度支使，皆爲明證。尤其值得注意的是，裴鉶恰是晚唐小說的代表作、著名短篇小說集《傳奇》一書的作者。[44]崔致遠在高駢幕時，晚唐時另一位小說家高彦休被委爲鹽鐵巡官，與崔致遠爲同僚，其收有不少小說的文集《闕史》亦作于高駢幕中。[45]唐人小說不少發端于當時的"文人沙龍"，或許，正是高駢幕府的這樣一種創作氛圍才誘發了崔致遠的《雙女墳記》創作。離開唐土以後，崔致遠何以能找到這種創作氛圍。

　　崔致遠在高駢幕中創作了《雙女墳記》,後來,既將其帶回新羅,亦有抄件留在了唐土,這就是爲什麽中國和新羅後來都有這篇小説流傳的原因。

① 朝鮮徐有榘於純祖李玜三十四年(行清年號,道光十四年,公元1834年)以活字排印之《桂苑筆耕集》是目前中國所傳各種版本的《桂苑筆耕集》之祖本。其卷首除徐有榘序外,另有洪奭周(1774—1842)《校印〈桂苑筆耕集〉序》和崔致遠《〈桂苑筆耕〉序》。本文所引《桂苑筆耕集》爲韓國成均館大學《崔文昌侯全集》(漢城,1972)影印徐有榘之原刊本,下引僅注卷數及篇名。《崔文昌侯全集》選收有《孤雲先生文集》三卷、《孤雲先生續集》及《孤雲先生事迹》(《史傳》、《家乘、年表》、《祠堂、致祭文、祝文、告由文》、《遺墟碑志》),均爲影印舊刊。

② (韓國)趙潤濟《韓國文學史》,張璉瑰據韓國探求堂1992年版譯,中國社會科學文獻出版社1998年5月版50頁。

③ 陸心源《唐文拾遺》卷三四至卷四三輯録崔致遠《桂苑筆耕集》所收之文,卷四三最後輯録崔致遠《上太師侍中書》,注出《東國通鑑》;卷四四輯録《有唐新羅國故智異山雙溪寺教諡真鑒禪師碑銘並序》、《有唐新羅國故兩朝國師教諡大朗慧和尚白月葆光之塔碑銘並序》、《大唐新羅國故鳳巖山寺教諡智證大師寂照之塔碑銘並序》,未注出處。見上海古籍出版社影印《全唐文》附《唐文拾遺》。

④ 何鳴雁《新羅詩人崔致遠》,《社會科學戰綫》1984年4期。金東勛《晚唐著名詩人崔致遠》,《中央民族學院學報》1985年1期。陳尚君曾將兩文所列崔致遠不見于《桂苑筆耕集》之詩20餘首輯入《全唐詩續拾》卷三六(中華書局1992年版《全唐詩補編》1242—1246頁)。另,(日本)上毛河世寧《全唐詩逸》卷中輯有崔致遠詩一首,逸句七聯(見中華書局1960年4月排印本《全唐詩》附録,10193頁)。

⑤ 《孤雲先生集》三卷,崔致遠後裔崔國述編。首有自署"後孫國述"所作《〈孤雲先生文集〉編輯序》,署"時旃蒙赤奮若(乙丑年)林鍾月(六月)金藏之日"。序文内有"生于千載之後"語。又有《〈孤雲先生文集〉重刊序》,署"丙寅六月下浣後學光州盧相稷"。《孤雲先生續集》一卷,無序跋。

⑥ 李時人編校《全唐五代小説》卷七一,陝西人民出版社1998年9月版1978—1979頁。

⑦ (朝鮮)金富軾《三國史記》卷四六(列傳第六),韓國精神文化研究院1979年校勘本441—444頁。

⑧ 據《三國史記·職官上》,新羅官分十七等,分別名爲:伊伐湌、伊湌、迎湌、波珍湌、大阿湌、阿湌、一吉湌、沙湌、級伐湌、大奈麻、奈麻、大捨、小捨、吉士、大烏、小烏和造位。

⑨ 金東勛《晚唐著名詩人崔致遠》,《中央民族學院學報》1985年第1期。按:高麗實行科舉制後,有崔冲(984—1068),爲穆宗時狀元,以立私學著名,被稱爲"海東孔子",然已晚于崔致遠百年。

⑩ 從目前掌握的材料看,崔致遠在唐交往的人中間,以裴瓚、高駢和顧雲三人最爲重要。裴瓚是其恩師,高駢爲其恩主,顧雲則是同年兼同事。裴瓚,字公器,江南吳人。咸通十四年(873)冬遷禮部侍郎,次年(乾符元年)春主持進士試,七月外放爲潭州刺史、湖南觀察使。崔致遠在乾符三年(876)冬獲委溧水尉,由長安赴任曾取道湖南謁見裴瓚。廣明元年(880)冬裴瓚奉詔回洛陽,因洛陽已被黃巢攻陷而滯留襄陽。裴瓚再從弟裴璙攜家人三十餘口從江南往襄州裴瓚處,中途遇盜,阻于滁州,曾向崔致遠求援。崔致遠向高駢上書,請求高駢在河道税收處("盧壽管内場院或堰埭")中給裴瓚之弟裴璙一個散職,支些俸禄養家,以便裴璙去襄陽迎接裴瓚(《桂苑筆耕集》卷一八《與恩門裴秀才求事啓》)。後來裴瓚到揚州曾與崔致遠居所與之見面(《桂苑筆耕集》卷一四《謝降顧狀》),崔致遠尚有詩奉和裴瓚(《桂苑筆耕集》卷二〇《奉和座主尚書避難過維揚寵示三絶句》)。裴瓚隱居楚州和任官河南時,崔致遠亦一直與其有書信聯繫(《桂苑筆耕集》卷一九《濟源別紙》、《上座主尚書別紙》、《迎楚州行李別紙》等)。中和三年(883)後,裴瓚還朝爲吏部侍郎,旋遷禮部尚書。崔致遠回新羅當年,還代新羅國王代擬了一封給裴瓚的信,爲當年崔致遠考中進士事向其表示特别的感謝(《與禮部裴尚書狀》,《孤雲先生文集》卷一)。

⑪ "釋褐試"又稱"關試",因經過考試即可入仕做官,脱去平民的粗麻布衣(褐衣)而得名。考試内容爲試判兩節,即試作兩篇判獄訟的"判詞"。參見傅璇琮《唐代科舉與文學》,陝西人民出版社1986年10月版419頁。

⑫ 高駢(821—887),字千里,幽州(今北京)人。南平郡王高崇文孫,世爲禁軍將領。少習武,亦好文學,多與儒士交游。大中時爲靈州大都督府左司馬,咸通時授秦州刺史兼防御使。僖宗時任劍南西川節度使等要職。至乾符六年朝廷任其爲淮南節度副大使、知節度事兼鹽鐵轉運使,又授其爲諸道兵馬都統,令其率軍討伐黃巢。然駢擁兵自重,逗撓不行,朝廷因削其兵權和財權,而加其侍中銜,封渤海郡王。駢上書詆毁朝廷,後又篤于神

仙,致使部下多叛離,光啓三年(887)爲部將畢師鐸囚殺。騈"好爲詩,雅有奇藻",亦善書法。有集散佚,《全唐詩》卷五九八編其詩爲一卷;《全唐文》卷八○二録其文五篇,《唐文拾遺》又收其文三篇。生平事迹見兩《唐書》本傳。

⑬　顧雲,字垂象,一字士龍,池州秋浦(今安徽貴池)人。出身鹽商家庭,與杜荀鶴、殷文圭、鄭谷、羅隱等交往。初舉進士不第,乾符元年(874)與崔致遠同榜進士,授秘書省校書郎,後入高騈幕府,任行營都招討判官、節度支使等。光啓三年(887)高騈爲部將畢師鐸所殺,雲退居霅州。大順時,宰相杜讓能薦入朝,任太常博士,與盧知猷、陸希聲等分修宣、懿、僖三朝實録,書成,加虞部員外郎。乾寧初卒。著述多散佚。《全唐詩》卷三六録其詩一卷,《全唐詩補遺·續拾》補收二卷。又,存文二十三篇,《全唐文》編爲一卷。從《三國史記·崔致遠傳》所摘顧雲贈崔致遠詩及崔致遠《和顧雲支使暮春即事》等材料,可以看出兩人不僅有同年之誼,而且相互推崇,關係十分好。

⑭　頃接臺灣中正大學陳益源教授寄贈金榮華《崔致遠在唐事迹考》一文(載1985年9月臺灣福記文化圖書有限公司版《中韓交通史事論叢》3—45頁)複印件。該文對崔致遠在唐事迹考證甚詳,惟其中談及"客將"時說:"這位及時指點了崔氏的人姓甚名誰? 來自何國? 如今已無從考知;只曉得他不是新羅人,當時應當是高騈麾下的一員武將。他不僅指點了崔氏,也向高騈作了某種程度的推薦,崔氏所投獻的書啓和詩篇就是他代爲遞呈的。"因《桂苑筆耕集》卷一四"舉牒"有《客將哥舒瑢兼充樂營使》。我估計高騈帳下的客將就是這位哥舒瑢。其姓"哥舒",應爲唐時突厥突騎施哥舒部落人。該族當時有名者有玄宗時河西節度使、封西平郡王的哥舒翰。哥舒翰在"安史之亂"時領兵迎敵,兵敗被俘降,後爲安禄山之子安慶緒所殺。後其子哥舒曜德宗時爲東都、汝州行營節度使,遷河南尹,貞元初召入爲鴻臚卿,終右驍衛上將軍;又一子哥舒晃代宗時爲循州刺史,曾舉兵造反,占據廣州十年,被殺於洴溪。

⑮　"館驛巡官"是節度使衙門的文職官員,"署充館驛巡官"意爲編外人員,或一種臨時差遣。後來高騈改崔致遠爲"署館驛巡官",去掉一個"充"字即成正式編制。節度使幕府官員了明確職級,需要帶上郎官或御史銜,一般應在授其官時同時授與。"承務郎"爲從八品下的文職散官,館驛巡官即相當于此官階。

⑯　《桂苑筆耕集》卷一八《長啓》云:"某東海一布衣也,頃者萬里辭家,十年觀國,本望止於榜尾科第,江淮一縣令耳。前年冬罷離末尉,望應宏詞,計決居山,暫爲隱退,學期至海,更自琢磨,俱緣祿俸無餘,書糧不濟,輒攜勃卒,來掃膺門。豈料太尉相公,迥垂獎憐,便畀職秩。……某自江外一上縣尉,便授内殿憲秩,又兼章綬。且見聖朝簪裾,烜赫子弟,出身入仕,二三十年猶掛藍袍,未趨蓮幕者多矣,況如某異域之士乎? 昔有一日九遷,無以及斯榮盛。"按:唐垂拱年間改殿中侍御史爲從七品上(《舊唐書》卷四二《職官一》)唐制,"三品已上服紫,五品以下服緋,七品服緑",又,三品已上金魚袋,五品以上銀魚袋,開元以後恩賜緋、紫服例兼賜魚袋,謂之"章服"(《舊唐書》卷四五《輿服》)。

⑰　《桂苑筆耕集》卷一八《長啓》實專爲表示辭讓而作。

⑱　《桂苑筆耕集》卷一一《答襄陽郤將軍書》載有這兩道詔書。實際上當時唐軍並未形成必勝之勢,只是因爲朝廷不滿高騈擁兵不進要削其兵權的托詞。

⑲　《桂苑筆耕集》卷一一所載書啓有《新羅探候使朴仁範員外》,知中和二年(882)左右新羅曾派朴仁範以探候使名義來淮南。後中和四年(884)又有新羅入淮南使金仁圭至淮南,崔致遠的堂弟亦以新羅入淮南使録事身份到淮南。又《孤雲先生續集》所收崔致遠《上宰國戚大臣等奉爲獻康大王結華嚴經社願文》所署時間爲"中和二年",其時崔致遠尚未回新羅,是在淮南高騈幕中所作。

⑳　見《桂苑筆耕集》卷二《上太尉別紙》、卷二○《謝賜弟棲遠錢狀》等。

㉑　殿中侍御史官階爲從七品上,侍御史爲從六品下(《舊唐書》卷四二《職官一》)。

㉒　見《三國史記》卷一一《真聖王本紀》記載。又,《孤雲先生事迹》引《輿地勝覽》:"上書莊在慶州金鰲山北蛟川上,真聖主八年,先生上書陳時務十餘條,此其地也。州人今建屋守護。"

㉓　《智證碑》現存于慶尚北道聞慶郡加恩西院北里鳳巖寺,立碑年代是新羅景明王朴升英八年(924)。碑文見于《韓國金石全文》上册246—256頁,漢城亞細亞文化社1984。《孤雲先生文集》卷三及《唐文拾遺》卷四四所録,皆無具銜。

㉔　《法藏傳》見《孤雲先生續集》,又見《華嚴經師子章校釋附録》,中華書局1983年版。

㉕　王敬武,初事平盧節度使安師儒,中和二年(882)驅逐師儒,自任留後,官終校檢太尉、同中書門下平章事,見兩《唐書》本傳。王師範,龍繼元年(889)繼其父敬武爲平盧留後,校檢尚書、御史大夫,累加官至校檢太傅、同平章事、上柱國,封琅邪郡公,天祐二年(905)徙河陽節度使(見《舊唐書》卷二○上《昭宗紀》、卷二一《哀帝紀》))。

王重師,文德至乾寧年間(888—897)朱全忠曾奏授校檢右僕射,尋授校檢司空,天祐二年任平廬留後、校檢司徒。天祐中徙雍州節度使,加同平章事(見《舊五代史》卷一九《王重師傳》)。韓建,光啓二年(886)任華州節度使,曾累加校檢太尉、平章事,乾寧三年(896)兼中書令,光化元年(898)守太傅、中書令,封許國公,天祐三年(906)六月接王重師任平廬節度使,朱全忠代唐,徵爲司徒、平章事,充諸道鹽鐵轉運使(見《舊五代史》卷一五《韓建傳》)。

㉕　金榮華《崔致遠在唐事迹考》,載臺灣福記文化圖書有限公司 1985 年 9 月版《中韓交通史事論叢》3—45 頁。

㉗　樊文禮、梁太濟《崔致遠再次踏上唐土的時間和地點》,《韓國研究第四輯》(金健人主編),學苑出版社 2000 年 3 月版 96—109 頁。

㉘　《叢書集成》初編本(佚名)《朝鮮志》卷上。《孤雲先生遺事》引《輿地勝覽略》另有伽耶山致遠村等記載。

㉙　國內有十餘家圖書館藏有《桂苑筆耕集》的刊本、鈔本,其中有數家所藏爲(朝鮮)徐有榘刊本或覆刊本,《中國古籍善本書目·集部》(上海古籍出版社 1996 年 12 月版)著錄了其中三種清鈔本。通行的《四部叢刊初編》本(1926 年商務印書館)爲上海涵芬樓借印無錫孫氏朝鮮舊刊本;《叢書集成初編》本係據清道光二十九年(1849)潘仕成所刊《海上仙館叢書》本排印,多有脫譌。

㉚　除《新唐書·藝文志》外,《崇文總目》亦曾著錄《桂苑筆耕集》,說明北宋館閣中應有此書,但司馬光、范祖禹在洛陽修《資治通鑑》、《考異》中却未提此書隻字片言。宋以後公私書目則均無此書的記載。

㉛　引自陳寅恪《寒柳堂集》(《陳寅恪文集》之一),上海古籍出版社 1980 年 6 月版 117 頁。

㉜　楊渭生《崔致遠與〈桂苑筆耕集〉》,《韓國研究》第二輯,杭州大學出版社 1995 年 7 月版 1—13 頁。陳志堅《〈桂苑筆耕集〉的史料價值試析》,《韓國研究》第三輯,杭州市出版社 1996 年 12 月版 64—79 頁。

㉝　梁太濟《"別紙"、"委曲"及其他——〈桂苑筆耕集〉部分文體淺說》,《第二屆韓國傳統文化學術研討會論文集——韓國傳統文化·歷史卷》(黃時鑒主編),學苑出版社 2000 年 10 月版 16—31 頁。

㉞　《太平通載》一百卷,或云八十卷,據說今在朝鮮半島已無完帙。或云僅存十餘卷。李仁榮在《〈太平通載〉殘卷小考》(《震旦學報》第 12 卷,1940)考殘本二册,存卷六八至七〇、卷九六至一〇〇,計八卷。請友人遍查原書不得,此據之轉引。

㉟　據韓國一些著述介紹,除《太平通載》卷六八所收《崔致遠》外,《殊異傳》還存有如下佚文:《圓光法師傳》(《海東高僧傳》、《三國遺事》),《阿道傳》(《海東高僧傳》),《脫解》(《三國史節要》卷二),《花王》(《三國史節要》卷八),《迎烏郎細烏女》(《筆苑雜記》卷二),《寶開》(《太平通載》卷二〇),《首插石楠》(《大東樂府羣玉》卷八),《竹筒美女》(《大東樂府羣玉》卷九),《老翁化物》(《大東樂府羣玉》卷一二),《仙女紅袋》(《大東樂府羣玉》卷一五),《虎願》(《大東樂府羣玉》卷一五),《心火燒塔》(《大東樂府羣玉》卷二〇)等。各書所引,或注爲《殊異傳》,或注爲"古本《殊異傳》",或注爲《新羅殊異傳》。

㊱　成任《太平通載》、權文海《大東樂府羣玉》、金烋《海東文獻總錄》、朴榮大《增補文獻備考》謂《殊異傳》爲崔致遠編撰;高麗僧覺訓《海東高僧傳》則謂朴寅亮編撰。參見(韓國)趙潤濟《韓國文學史》,張璉瑰據韓國探求堂 1992 年版譯,中國社會科學文獻出版社 1998 年 5 月版 65 頁。按:朴寅亮(?—1096)是高麗朝著名的文臣,字代天,號小華。高麗文宗朝文科及第,歷任要職,官至參知政事,文宗王徽三十四年(1080)以禮部侍郎身份同金覲出使宋朝,宋人盛贊二人之詩,將二人詩作刊印成《小華集》。撰有史書《古今錄》等。高麗詩人李奎報(1168—1241)稱:"我東之以詩鳴于中國,自三子始。"(《白雲小說》)"三子"即指崔致遠、朴仁範和朴寅亮。

㊲㊵㊸　(韓國)趙潤濟《韓國文學史》,張璉瑰據韓國探求堂 1992 年版譯,中國社會科學文獻出版社 1998 年 5 月版 63—64 頁。

㊳　韋旭升《朝鮮文學史》,北京大學出版社 1986 年 10 月版 67—68 頁。

㊴　(朝鮮)權文海《大東樂府羣玉》卷一五,清嘉慶三年(1789)朝鮮刻本。

㊶　張敦頤《六朝事迹類編》,《叢書集成》初編本。按:張敦頤,字養正,南宋歙州婺源人。高宗紹興八年(1138)進士,初爲南劍州教授,後歷知舒、衡二州。撰有《柳集音辨》、《衡陽圖志》等書。

㊷　《景定建康志》係寶祐五年(1257)馬光祖任建康留守時,請于朝,屬幕僚周應和撰,景定元年(1260)年完成。(北京)中華書局《宋元方志叢刊》第二册影印。元張鉉纂修《至正金陵新志》,(北京)中華書局《宋元方志叢刊》第二册影印。

㊹　裴鉶,《全唐文》卷八〇五收其咸通九年(866)任高駢掌書記所作《天威徑新鑿海派碑》,小傳謂其後官成都節度副使。《唐詩紀事》卷六七記其乾符五年(878)以御史大夫爲成都節度副使,作《石室詩》。後不知所終。所著小說集《傳奇》三卷,現存三十四篇。參見李時人《全唐五代小說》卷六三,陝西人民出版社 1998 年 9 月版

1742 頁。

㊺　高彦休(854—?)，號參寥子。自言乾符元年(884)進士，後入高駢幕。崔致遠《桂苑筆耕集》卷四代高駢所作《奏請從事狀》之一，即爲其請官的奏狀。狀中稱其爲"攝鹽鐵判官、朝議郎、守京兆府咸陽尉、柱國"。其所著《闕史》三卷傳于後世。參見李時人《全唐五代小説》卷七五，陝西人民出版社 1998 年 9 月版 2066 頁。

（2000 年 11 月 23 日至 2001 年 1 月 23 日）

中華書局校點本《新唐書》
質疑一百一十則（下）

馬　俊　民

73.《新書》卷83《諸帝公主》載："開元新制：……皇子王户兩千，主半之。左右以爲薄。帝曰：'百姓租賦非我有，……女何功而享多户邪？使知儉嗇，不亦可乎？'于是，公主所稟殆不給車服。後咸宜以母愛益封至千户，諸主皆增，自是著于令"。按：文中前載"皇子王户二千，主半之"。則據此知開元新制，初玄宗女封公主者享實封"一千户"。但後文又云："後咸宜以母愛益封至千户，諸主皆增"。若此，豈不前後矛盾？考同書卷82《十一宗諸子》云："開元後，……皇子封王，户兩千，公主五百。咸宜公主以母惠妃故，封至千，自是，諸公主例千户止"。《舊書》卷107《玄宗諸子》載開元初定食實封户數也是："皇女爲公主者賜封五百户"。後咸宜公主"以母惠妃封至一千户，諸皇女爲公主者，例加至一千户"。由此可斷前引《諸帝公主》文中"主半之"誤，當改爲"主五百户"。

74.(1)《新書》卷83《諸帝公主》載："(玄宗女)廣寧公主……下嫁程昌胤，又嫁蘇克貞"。(2)同書卷76《楊貴妃傳》載"(天寶)十載正月望夜，妃家與廣寧主僮騎争闕門，……主見帝泣，乃詔殺楊氏奴，貶駙馬都尉程昌裔官"。(3)《舊書》卷51《楊貴妃傳》載："十載正月望夜，楊家五宅夜遊，與廣平公主騎從争西市門。楊氏奴揮鞭及公主衣，公主墮馬，駙馬程昌裔扶公主，因及數撾。公主泣奏之，上令殺楊氏奴，昌裔亦停官"。(4)《通鑑》216天寶十載正月條載："楊氏五宅夜遊，與廣平公主從者争西市門(胡三省注："廣平"，《新書》作"廣寧")，楊氏奴揮鞭及公主衣，公主墜馬，駙馬程昌裔下扶之，亦被數鞭。公主泣訴于上，上爲之杖殺楊氏奴。明日，免昌裔官"。(5)《唐會要》卷6《公主》載："廣寧，降程昌胤，後降蘇克貞"。(6)《册府》卷300《外戚部·選尚》載："程昌裔尚玄宗第二十六女廣寧公主(小字注：後降蘇恬，一云蘇克真)。"按：前引資料關于玄宗女封號和駙馬名有異，現考如下：其一、(1)(2)(5)(6)云"廣寧"，(3)(4)云"廣平"。胡三省注《通鑑》時即指出(1)(4)的不同，然未考。今也難斷誰訛，存疑。其二、(1)(5)云"程昌胤"，(2)(3)(4)(6)皆曰"程昌裔"，似以後者確。一因記此者資料多且(3)成書最早;二因胡三省注《通鑑》時指出公主名(1)(4)的不同,但未指出駙馬名的不同,或其所見的(1)也作"裔";三因(1)(2)同書,但(2)記作"裔"。綜合思之故作上推斷。附提一句,(1)(5)記"蘇克貞",(6)作"蘇克真",似類書抄刻之誤,當以前者確。

75.《新書》卷83《諸帝公主》載:"(代宗女)新都公主,貞元十二年下嫁田華,具禮光順門,五禮由是廢"。按:《唐會要》卷6《公主》載:"新都,降王贊;後降田華"。《册府》卷300《外戚部·選尚》載:"王贊爲同州朝邑尉,授光禄少卿同正,尚代宗女新都公主。後降田華"。另,前引《唐會要》還載:"(貞元)四年二月七日,太常卿董晋奏曰:'今月八日,正衙册新都長公主。準開元禮,其日皇帝御正衙,命使行册禮,……伏準貞元二年五月册嘉誠公主,……皇帝並不御正殿,……遂爲典故'。又奏:'今月十日新都長公主出嫁,行五禮。準舊例,並合前一日于光順門行五禮。今奉敕,其日早于光順門便行册禮。遂爲故事'"。此即前引《新書》所記之詳細內容,然記新都公主嫁田華日期是"貞元四年二月十日"。再考《舊書》卷145《董晋傳》,知董晋在貞元五年已由"太常卿"遷"門下侍郎、同平章事",而後再未任"太常卿"職,可證前引《唐會要》載董晋以"太常卿"身份上奏此事的時間不誤,而新都公主于"貞元四年"嫁田華的時間也不誤。總之,前引《新書》脫新都公主先降"王贊",應補;二云"貞元十二年"下嫁田華也誤,當爲"貞元四年二月十日"。

76.《新書》卷99《李大亮傳》載:"李大亮……祖琰,爲魏度支尚書"。按:《舊書》卷62《李大亮傳》載:"李大亮,……後魏度支尚書琰之曾孫"。兩者有異。考《新書》卷72《宰相世系二上》載:"(李)琰之"子"李綱";李綱子"充節";李充節子"大亮"。《北史》卷100《序傳》載:"(李)韶族弟琰之,……二子綱、慧,……(綱)子充節,……(充節)子大亮"。《魏書》卷82《李琰之傳》載:"李琰之,……司空韶之族弟。……二子綱、惠"。這些資料均證前引《新書·李大亮傳》中"琰"乃"琰之"脫文,而且李琰之是李大亮的"曾祖"而非"祖"。另,附提一句,前引《舊書·李大亮傳》標點爲"後魏度支尚書琰之曾孫",此誤,應標爲"後魏度支尚書琰之曾孫"。

77.《新書》卷101《蕭嵩傳》載:"露布至,帝大悦,授嵩同中書門下三品"。按:《舊書》卷99《蕭嵩傳》也載"乃加嵩同中書門下三品"。但檢兩唐書《玄宗紀》均記作"同中書門下平章事"。《新書》卷62《宰相表》和《通鑑》卷213開元十六年十一月條同此。思兩唐書《玄宗紀》本《實録》,資料價值更高,且記"同中書門下平章事"者多,似以此爲確。

78.《新書》卷102《格輔元傳》載:"(格)輔元者,……父處仁,仕隋爲剡丞"。按:同書卷74《宰相世系四上》載格輔元父處仁無官職,其伯父"德仁,隋剡丞"。兩者不同。考《舊書》卷70《格輔元傳》載:格輔元"伯父德仁,隋剡縣丞"。而《元和姓纂》卷10所載格輔元父處仁也無官職。由此可斷前引《新書·格輔元傳》中"父處仁,仕隋爲剡丞",是將輔元伯父的官職誤記在其父名下。另,對讀兩唐書《格輔元傳》,從"隋剡縣丞"至"當時號爲'陳留八俊'"一段內容完全相同,推知《新書》簡化《舊書》而成。但《新書》將《舊書》"伯父德仁"擅改爲"父處仁",這樣便將隨後一段内容也張冠李戴了。故《新書》或應按《舊書》所記,或在"父處仁"後加"伯父德仁"才確。

79.《新書》卷104《張行成傳》載:"高宗即位,(張行成)封北平縣公,監修國史。……俄拜尚書左僕射、太子少傅"。按:同書卷3《高宗》、卷61《宰相表》、《通鑑》卷199、《册府》卷72《帝王部·命相》均載張行成于高宗永徽二年八月所任官職爲"尚書右僕射",而任"左僕射"者是于志寧。故可斷《新書》前引文中"俄拜尚書左僕射"乃"尚書右僕射"之訛。另,《舊書》卷4《高宗上》"校勘記(三)"糾正了《本紀》中訛"右僕射"爲"左僕射"的錯誤,但同書卷78《張行成傳》却忽略了,其文中"(永徽)二年八月,拜尚書左僕射"也應改爲"拜尚書右僕射"。

80.《新書》卷105《長孫無忌傳》載:"上元元年,追復(長孫無忌)官爵,以孫元翼襲封"。按:檢《舊書》卷5《高宗下》載:上元元年九月"癸丑,追復長孫無忌官爵,仍以其曾孫翼襲封趙國公,許歸葬于昭陵先造之墳"。《通鑑》卷202載:上元元年"九月,癸丑,詔追復長孫晟、長孫無忌官爵,以無忌曾孫翼襲爵趙公,聽無忌喪歸,陪葬昭陵"。再檢《新書》卷72《宰相世系二上》、《元和姓纂》卷7和《古今姓氏書辨證》卷27長孫氏,知長孫無忌子名"冲"、孫名"延"、曾孫名"元翼"。這些資料均證:《新書·長孫無忌傳》前引文云"元翼"(也簡稱"翼")是長孫無忌"孫"誤,實是"曾孫"。此外《舊書》卷65《長孫無忌傳》載:"上元元年,優詔追復無忌官爵,特令無忌孫延主齊獻公之祀",而不記"元翼"襲封趙國公事。據《元和姓纂》卷7和《新書》卷72《宰相世系二上》可知,長孫無忌父長孫晟唐爵"齊獻公"。再考前引《通鑑》文中載:"詔追復長孫晟、長孫無忌官爵"。或長孫無忌一族昭雪後,由長孫無忌孫"延"襲長孫晟"齊獻公"爵而主一族之祀,而由長孫無忌曾孫"元翼"襲其趙國公爵?

81.《新書》卷106《郭正一傳》載:"郭正一,……永隆中,遷秘書少監,檢校中書侍郎,詔與郭待舉、岑長倩、魏玄同並同中書門下承受進止平章事。平章事自正一等始。永淳中,真遷中書侍郎"。《舊書》卷190《文苑中·郭正一傳》載:"郭正一,……永隆二年,遷秘書少監,檢校中書侍郎,與魏玄同、郭待舉並同中書門下同章事。宰相以平章事爲名,自正一等始也。永淳二年,正除中書侍郎"。按:兩唐書《高宗紀》、《新書》卷61《宰相上》、《通鑑》卷203皆將郭正一、郭待舉、岑長倩、魏玄同等任相時間記于"永淳元年四月丁亥"。另,《新書》卷102《岑長倩傳》、卷117《魏玄同傳》,《舊書》卷70《岑長倩傳》也皆將此事記于"永淳中",時間相合。故可斷兩唐書《郭正一傳》前引資料中"永隆中"、"永隆二年"均誤,當改爲"永淳元年"。若此,《新書·郭正一傳》中之"永淳中,真遷中書侍郎",也當改爲"二年,真遷中書侍郎"(此除前引《舊書·郭正一傳》可證外,《新書·宰相表》載此事于"弘道元年四月壬申",即"永淳二年四月壬申"),行文前後時間才不悖。

82.《新書》卷106《劉祥道傳》載:"祥道少襲爵,歷御史中丞。顯慶中,遷吏部黃門侍郎,知選事"。按:"黃門侍郎"乃門下省次官,稱"吏部黃門侍郎",殊不合情理。考《舊書》卷81《劉祥道傳》載:"祥道少襲父爵。永徽初,歷中書舍人、御史中丞、吏部侍郎。顯慶二年,遷黃門侍郎,仍知吏部選事"。《通鑑》卷200顯慶二年十二月條載:"以吏部侍郎劉祥道爲黃門侍郎,仍知吏部選事"。由此可知,《新書·劉祥道傳》記"顯慶中,遷吏部黃門侍郎"一句,意指劉祥道于顯慶二年"由吏部侍郎遷黃門侍郎"事。此也屬《新書》"文省有時失真"之一例。若此,當標點爲"遷吏部、黃門侍郎",或可勉强表達此意。

83.《新書》卷106《孫處約傳》載:"孫處約,始名道茂"。按:同書卷73《宰相世系表》載:"後魏有清河太守(孫)靈懷,……靈懷曾孫茂道。茂道,始名處約,字歷道"。兩者記載有異。考《舊書》卷4《高宗紀》、卷45《輿服志》、卷81《孫處約傳》均載其名爲"茂道"。特別是《舊書·孫處約傳》詳載:孫處約"尋避中宮諱,改名茂道"。總之,這些資料均證《新書·孫處約傳》前引文誤,而《宰相世系表》中"茂道,初名處約"確。另,《唐故司成孫公墓志銘並序》載:"公諱處約,字茂道"(見《考古與文物》1983年第一期黃明蘭《唐故司成孫處約墓志銘淺釋》中錄文),此也證前述"茂道"確。但黃先生云:"新舊唐書一曰避諱改名茂道,一曰始名道茂,當應以志正史書之誤"。筆者認爲可正《新書·孫處約傳》之誤。而證《舊書·孫處約傳》也誤似應慎重:一因此屬孤證;二《新書·宰相世系表》載其字"歷道"非"茂道",而《舊書·孫處約傳》明言其改名"茂道"之因。云"茂道"是字而不是所改名,則無法解釋此內容。

84.《新書》卷108《婁師德傳》載:"聖曆三年,突厥入寇,詔(婁師德)檢校并州長史、天兵軍大總管。九月,卒于會州,年七十"。按:《舊書》卷93《婁師德傳》載:"聖曆二年,突厥入寇,復令(婁師德)檢校并州長史,仍充天兵軍大總管。是歲九月卒"。再檢《新書》卷4《則天皇后》載:聖曆"二年四月壬辰,魏元忠檢校并州大都督府長史、天兵軍大總管,婁師德副之,以備突厥。……(八月丁未)婁師德薨"。而同書卷61《宰相表》和《通鑑》卷206所記時間、內容與此完全相同。另,《新書》卷122《魏元忠傳》載聖曆二年"檢校并州長史、天兵軍大總管,以備突厥"的是魏元忠。《舊書》卷92《魏元忠傳》也載:"聖曆二年",魏元忠"檢校并州長史"。從以上資料可知:其一、前引《新書·婁師德傳》中"聖曆三年"當是"聖曆二年"之訛。一因除此其他各資料均記是"聖曆二年";二因婁師德于聖曆二年己死,不可能于"聖曆三年"任職。其二、兩唐書《婁師德傳》說婁師德于聖曆二年任"并州長史、天兵軍大總管"不確,任此職者是魏元忠,婁師德實"副之",即任"天兵軍副大總管"。其三、兩唐書《婁師德傳》說婁師德死于"九月",也欠準確,當是"八月丁未"。

85.《新書》卷110《尚可孤傳》載:尚可孤"上元中,……累授左、右威衞大將軍,封白水縣伯,爲神策大將。以功試太常卿。徙封馮翊郡王,食實户一百五十。……朱泚之難,召可孤,……進軍與李晟收長安,爲先鋒。以功加檢校尚書右僕射,封馮翊郡王,食實户二百"。按:檢《舊書》卷144《尚可孤傳》載:尚可孤"上元中歸順,累授左、右威衞二大將軍同正,充神策大將,以前後功改試太常卿,仍賜實封一百五十户。……及涇原兵叛,詔徵可孤軍至藍田,……京師平,以功升檢校右僕射,封馮翊郡王,增邑通前八百户,實封二百户"。同書卷134《渾瑊傳》載平定朱泚之亂後,論收京師之功,"駱元光、尚可孤五百户"。同書卷12《德宗紀》載:興元元年六月己酉,"駱元光、尚可孤加檢校左右僕射,皆實封五百户"。《册府》卷128《帝王部·明賞二》載:興元元年六月,"駱元光檢較(校)右(應爲"左")僕射,賜實封五百户,……尚可孤右僕射,賜實封五百户"。據上引資料可知:其一、《新書·尚可孤傳》引文前云肅、代之際尚可孤已封"馮翊郡王",後文又云德宗朝"封馮翊郡王",而其間未有削爵和復爵之記載,于情理不合。考《舊書·尚可孤傳》不記其肅、代之際有"馮翊郡王"之爵號,僅記德宗朝因參加平定朱泚之亂受封"馮翊郡王"爵號,故可推斷《新書》引文中前所記"徙封馮翊郡王"似衍文。其二、關于尚可孤在德宗興元元年六月因收復京師功賜實封户數,兩唐書《尚可孤傳》均記"二百户"。但《舊書》之《渾瑊傳》、《德宗紀》,以及《册府》則皆記其此時被賜實封"五百户"。特別是《舊書》之《德宗紀》、《渾瑊傳》將同時賜實封"五百户"的尚可孤和駱元光(又名李元諒)合記在一句中,而駱元光此次受賜"實封五百户",和《舊書》之《德宗紀》、《渾瑊傳》及《新書》卷158《李元諒傳》所記均同(《舊書》卷144《李元諒傳》雖載李元諒"實封七百户",但據同書《德宗紀》知其貞元元年八月又加實封"二百户",也可推知其興元元年六月受賜實封是"五百户"),此也旁證尚可孤興元元年六月受賜實封不可能是"二百户"。由此可斷兩唐書《尚可孤傳》所載"實封二百户"均是"五百户"之訛,且《新書》似照錄《舊書》之誤所至。此外,《新書·尚可孤傳》"校勘記(五)"曰:"徙封馮翊郡王食實户一百五十,下文又謂'以功加檢校尚書右僕射,封馮翊郡王,食實户二百'。文重而實封數異。按《舊書》卷144《尚可孤傳》云'以功升檢校右僕射,封馮翊郡王,增邑通前八百户,實封二百户。'疑實封户當是'二百'。"這裏指出"文重"是正確的,惜未斷誰非。另,"疑實封户當是'二百'"則誤,順辨于此:兩唐書《尚可孤傳》均載尚可孤于肅、代之際"以前後功改試太常卿,仍賜實封一百五十户。"《新書》本傳還載其于肅宗上元時受封"白水縣伯",故最初享有"一百五十户"實封是無疑的。而至興元元年六月又因功增實封至"五百户"。前已考,此不贅述。

86.《新書》卷120《崔玄暐傳》載:"長安元年,(崔玄暐)爲天官侍郎,……三年,授鸞臺侍郎、同鳳閣鸞臺平章事,……四年,遷鳳閣侍郎"。按:據兩唐書《則天皇后》、《新書》卷61《宰相上》、《通鑑》卷207均載崔玄暐于"長安四年六月"爲同鳳閣鸞臺平章事。由此可斷前引《崔玄暐傳》載"三年"任相誤,當是"四年"。另,《舊書》卷91《崔玄暐傳》誤同《新書》,也當糾正。

87.《新書》卷121《王毛仲傳》載:王毛仲"及與葛福順爲姻家,而(李)守德及左監門將軍盧龍子唐地文、左右威衛將軍王景耀高廣濟數十人與毛仲相倚杖爲姦。……(開元)十九年,有詔貶(毛仲)瀼州,福順壁州,守德嚴州,盧龍子、唐地文振州,王景耀党州,高廣濟道州,並爲別駕員外置"。按:從引文前句行文可知"左監門將軍"似有兩人:一名"盧龍子",一名"唐地文",標校者將兩者下各標人名號也以爲若此。而後文云貶振州的也似這兩人。但檢《舊書》卷106《王毛仲傳》載:"又福順子娶毛仲女,宜德、唐地文等數十人皆與毛仲善,倚之多爲不法。……玄宗恐其黨震懼爲亂,……詔曰:'……(王毛仲)可瀼州別駕員外置長任,……勿許東西及判事。'左領軍大將軍耿國公葛福順,貶壁州員外別駕;左監門將軍盧龍子唐地文,貶振州員外別駕;右武衛將軍成紀侯李守德,貶嚴州員外別駕,……右威衛將軍王景耀,貶党州員外別駕;右威衛將軍高廣濟,貶道州員外別駕"。《通鑑》卷213開元十八年十一月載:"毛仲與左領軍大將軍葛福順、左監門將軍唐地文、左武衛將軍李守德、右威衛將軍王景耀、高廣濟親善,福順等倚其勢,多爲不法"。開元十九年正月條載:"壬戌,下制,但述毛仲不忠怨望,貶瀼州別駕,福順、地文、守德、景耀、廣濟皆貶遠州別駕"。從《舊書》前後行文中可知"盧龍子"非人名,乃是唐地文的"爵號",故和前葛福順爵號"耿國公",後李守德爵號"成紀侯"相應。再細察《舊書》和《通鑑》的行文,也可知列舉的王毛仲黨羽是葛福順、唐地文、李守德、王景耀、高廣濟,而無"盧龍子"其人。由此可斷《新書》前引文中"盧龍子"若作人名解則無其人;若作"爵號"解,而前後有爵者均不標爵號,也不合行文體例。故實屬衍文,當刪去。

88.《新書》卷131《李回傳》載:"李回字昭度,新興王德良六世孫"。同書卷78《宗室傳》載:"長樂郡王幼良,……六世孫回"。同書卷70《宗室世系上》載:"長平蕭王叔良"子"郇國公孝協";孫"襲郇國公思忠";曾孫"建成";玄孫"峻嶨";六世孫"如仙",七世孫"回"。按:上引《新書》三處記載李回譜系各異。考兩唐書《宗室傳》均云長平蕭王李叔良子名"孝協",爵"郇國公",這與上引《新書·宗室世系》相符。而《舊書》卷173《李回傳》記李回父名"如仙",也與《宗室世系》相合。故李回當是李叔良直系後代。另,《宗室世系》詳記李回是李叔良"七世"孫,此也比籠統記其爲"六世"孫可靠些。

89.《新書》卷137《郭子儀附昕傳》載:"(郭子儀)子昕,肅宗末爲四鎮留後。關、隴陷,不得歸,……建中二年,昕始與伊西、北庭節度使曹令忠遣使入朝。德宗詔曰:'……令忠可北庭大都護、四鎮節度留後,賜李氏,更名元忠。昕可安西大都護、四鎮節度使'"。按:《舊書》卷120《郭子儀附昕傳》載:"(郭子儀)子昕,肅宗末爲四鎮留後。自關、隴陷蕃,爲虜所隔,……昕阻隔十五年,建中二年,與伊西、北庭節度使李元忠俱遣使于朝,德宗嘉之,詔曰:'……伊西、北庭節度使李元忠,可北庭大都護;四鎮節度留後郭昕,可安西大都護、四鎮節度使'"。比較記載同一件事兩資料,可知後引文不同前者的是:李元忠無"四鎮節度留後"一職。何者爲確? 考《舊書》卷 12《德宗上》載同一事爲:"詔曰:……伊西、北庭節度觀察使李元忠可北庭大都護,四鎮節度留後郭昕可安西大都護、四鎮節度觀察使"。再考《唐會要》卷 73《安西都護府》建中二年七月條、《通鑑》卷 227 建中二年七月條也均記李元忠爲"北庭大都護",無"四鎮節度留後"職;四鎮留後郭昕升任"安西大都護、四鎮節度使",又和前引《舊書》兩條資料相同。況郭昕在四鎮任節度使,而以北庭的大都護、節度使去遥兼"四鎮節度留後"也不符唐制。故可斷前引《新書》中李元忠之"四鎮節度留後"爲衍文。

90.《新書》卷 138《李抱玉傳》載:"李抱玉,本安興貴曾孫"。按:汪籛先生據《新書》卷 75《宰相世系表》和《金石萃編》卷 103《李抱真德政碑》指出"抱玉實興貴三世孫,新傳作興貴曾孫誤"(《汪籛隋唐史論稿》第 246 頁)。另,再檢《元和姓纂》卷 4 也載李抱玉是安興貴"玄孫",此爲汪先生增一證。

91.《新書》卷 149《第五琦傳》載:"第五琦……太守賀蘭進明才之。安禄山反,進明徙北海,奏琦爲録事參軍事。時賊已陷河間、信都,進明未戰,玄宗怒,遣使封刀趣之,……進明懼,不知所出。琦勸厚以財募勇士,出賊不意。如其計,復收所陷郡。肅宗駐彭原,進明遣琦奏事,既謁見,即陳:'今之急在兵,兵强弱在賦,賦所出以江淮爲淵。若假臣一職,請悉東南寶貨,飛餉函、洛,唯陛下命'。帝悦,拜監察御史、句當江淮租庸使。遷……河南等五道支度使"。按:《舊書》卷 123《第五琦傳》記此事爲:"第五琦……時太守賀蘭進明甚重之。會安禄山反,進明遷北海郡太守,奏琦爲録事參軍。禄山已陷河間、信都等五郡,進明未有戰功,玄宗大怒,遣中使封刀促之,……進明惶懼,莫知所出,琦乃勸令厚以財帛募勇敢士,出奇力戰,遂收所陷之郡。令琦奏事,至蜀中,琦得謁見,奏言:'方今之急在兵,兵之强弱在賦,賦之所出,江淮居多。若假臣職任,使濟軍須,臣能使賞給之資,不勞聖慮'。玄宗大喜,即日拜監察御史,勾當江淮租庸使。尋拜殿中侍御史。尋加山南等五道度支使"。比較兩資料可知有四點不同:其一、前者說賀蘭進明遣第五琦向駐彭原的肅宗奏事,後者是向駐蜀中的玄宗奏事。其二、前者記第五琦向肅宗奏事時建議以江淮財賦支撑唐軍事需要,而後者所記是向玄宗。其三、前者云肅宗聽第五琦建議後大悦,提升其爲"監察御史、句當江淮租庸使";後者云玄宗大喜,授其此官。其四、前者云肅宗又將琦遷"河南等五道支度使";後者從文意體察似玄宗給"加山南等五道度支使"。

考《通鑑》卷 218 載:至德元年八月,"北海太守賀蘭進明遣録事參軍事第五琦入蜀奏事,琦言于上皇,以爲:'今方用兵,財賦爲急,財賦所産,江、淮居多,乞假臣一職,可使軍用無乏'。上皇悦,即以琦爲監察御史、江淮租庸使"。十月,"第五琦見上(指"肅宗")于彭原,請以江、淮租庸市輕貨,泝江、漢而上至洋川,令漢王瑀陸運至扶風以助軍;上從之。尋加琦山南等五道度支使"。據此記載並揆諸兩唐書《第五琦傳》前後文意可作出以下判斷:其一、《新書·第五琦傳》云賀蘭進明遣第五琦到彭原向肅宗奏事誤。這不僅爲《舊書·第五琦傳》和《通鑑》所證，另據文中記載，前賀蘭進明因作戰不利被玄宗嚴責，後采第五琦建議立功，自然要向玄宗奏事報功了。況肅宗至德元年七月甲子才在靈武即位，而八月癸未第五琦已到蜀中。從北海郡(今山東省青州市)至今成都，路途遙遙，蜀道艱險，推斷其從北海郡出發時肅宗尚未即位，或即使即位靈武(今寧夏靈武西北)，進明也難知曉，故派第五琦向玄宗奏事更合情理。若此，第五琦以江淮財賦支撐唐軍事的建議應是向玄宗提出的，並獲得賞識，被玄宗提升爲"監察御史、句當江淮租庸使"。其二、又據《通鑑》，八月"癸巳"，即第五琦見玄宗十天後玄宗才知肅宗已即位；"己亥"日派韋見素等奉傳國寶傳位；九月丙子，于順化(今陝西慶陽)見到肅宗；十月，第五琦由蜀到彭原拜見肅宗，再次提出先時的建議，也被采納。由此可知《新書》修撰時似因遵守"事增于前，文省于舊"的原則，將第五琦向玄宗、肅宗兩次奏事合爲一次叙述，致使史實含糊不清。再者，從兩傳内容來看，《新書》多與《舊書》相同，也似取材于後者而並非有新的史源。其三、《新書》記加第五琦"河南等五道支度使"，而《舊書》《通鑑》均作"山南等五道度支使"，似後者確。特別是關于"度支使"，胡三省注云："度支使始此"，並引資料加以説明。而"支度使"在唐出現甚早，《通鑑》卷203光宅元年十一月條胡三省就有注，想其不會忽略兩者的區別。另，關于此職，《新書》和《通鑑》皆記是肅宗所命，此確；而《舊書》從行文上讀似乎是玄宗所加，自然欠妥。

　　92.《新書》卷154《李晟附愬傳》載："(李)愬知其隙可乘，乃遣從事鄭澥見裴度告師期，于時元和十一年十月已卯。師夜起，(李)佑以突將三千爲前鋒，李忠義副之"。按：《通鑑》卷240載：元和十二年"冬，十月，甲子，遣掌書記鄭澥至郾城，密白裴度"。"辛未"，李愬"命李佑、李忠義帥突將三千爲前驅"。此與前引《新書》所記時間相差一年。考《舊書》卷15《憲宗》載：元和十一年十二月"甲寅，以閑厩宮苑使李愬檢校左散騎常侍，兼鄧州刺史，充唐隨鄧等州節度使"。可知"元和十一年十月"李愬尚未負討吳元濟之任。同書同卷又云：元和十二年十月"已卯，隨唐節度使李愬率師入蔡州"。而《新書》卷7《憲宗》也載克蔡州在"元和十二年十月"。故可斷《新書》前引文"元和十一年十月已卯"，當是"元和十二年十月已卯"之訛。另，關于李愬奇襲蔡州有關"月"、"日"記載的歧異，可見《通鑑》卷240元和十二年十月甲戌條《考異》，此不贅。

　　93.《新書》卷169《李藩傳》載：李藩"父承仕，爲湖南觀察使"。按：據同書卷72《宰相世系二上》、《舊書》卷148《李藩傳》、《白居易集》卷68《海州刺史裴君夫人李氏墓志銘》均記李藩父名"承"。故可斷前引《新書·李藩傳》中"承仕"之"仕"字乃衍文。另，考《新書》卷159《盧坦傳》載："盧坦字保衡，河南洛陽人。仕爲河南尉"。觀此行文中"仕爲"連用，或前誤在標點，即應標點爲"父承，仕爲湖南觀察使"。

94.《新書》卷174《李逢吉傳》和《楊嗣復傳》載李逢吉黨羽"八關十六子"中有一人名"李續"。而《舊書》卷167《李逢吉傳》和卷176《楊嗣復傳》記此人名"李續之"。考《通鑑》卷243長慶三年九月條考異引《敬宗實錄》,文中兩次均記此人名"李續之",並在長慶四年正月條正文中也記作此名。由此可斷前引《新書》傳中"李續"當是"李續之"的脫文。

95.《新書》卷182《王溥傳》載:"王溥字德潤,失其何所人"。然同書卷72《宰相世系二中》却記其出自太原"大房王氏"。溥父名"聰";祖"堪,定陵令";從祖名"正雅"。正雅父名"翃";翃兄名"翊"等。考《通鑑》卷262天復元年條載"(王)溥,正雅之從孫也"。卷244大和五年條又云:"正雅,翃之子也"。此和《宰相世系二中》所記相符。另,兩唐書都有《王正雅傳》和《王翃傳》,內也均説王翃"太原晉陽人"(或稱"并州晉陽人"、"太原人"),而王翃兄名翊,子是正雅。若此,似可斷王溥出自太原王氏大房,前引《新書·王溥傳》中"失其何所人",屬史家疏忽漏記。然這裏也有一疑點,即《宰相世系二中》記王翊父名"光謙",而兩唐書均不載翊父是何人,却同記"正雅,字光謙"。如此祖之"名"成了孫之"字",這在唐避家諱的情况下似不可能。此待考。

96.《新書》卷197《李素立傳》載:"李素立,……父正藻,爲隋水部郎"。按:《舊書》卷185《李素立傳》也載李素立"父政藻,隋水部郎中"。但《新書》卷72《宰相世系二上》載李素立父"政期,水部郎中",伯父"政藻,宜州長史"。考《北齊書》卷22《李義深傳》、《北史》卷33《李義深傳》均載李正(政)藻于隋任"宜州長史",此和《宰相世系二上》所載李政藻官職恰合,而不載其任過"水部郎中"。又據前引表載李政藻弟李政期任"水部郎中"。由此推測,或兩唐書《李素立傳》中李素立父"政藻"是"政期"之訛。若此,上述各書所記有關此內容便相互吻合了。

97.《新書》卷197《李素立附從遠傳》載:"(李)從遠清密有學,神龍初,歷中書令、太府卿,累封趙國公,謚曰懿"。按:《舊書》卷185《李素立附從遠傳》載:"(李)從遠,景雲中歷黃門侍郎、太府卿"。兩者不同。考《新書》卷72《宰相世系二上》載:"從遠,黃門侍郎、趙郡懿公",同前引《舊書》所載"黃門侍郎"官銜。另,"中書令"是當然正宰相,查《新書·宰相表》、《唐會要·帝號》、兩唐書《中宗紀》、《通鑑》,也不見李從遠在中宗、睿宗朝任過宰相。由此可斷,前引《新書·李素立附從遠傳》中"歷中書令"乃"歷黃門侍郎"之訛。

98.《新書》卷206《武承嗣傳》載:"承嗣既還,擢尚輦奉御,襲周國公"。《舊書》卷5《高宗紀》載:咸亨五年"四月辛卯,以尚輦奉御、周國公武承嗣爲宗正卿"。但《舊書》卷183《武承嗣傳》載:"承嗣……自嶺南召還,拜尚衣奉御,襲祖爵周國公"。《通鑑》卷202載:上元元年(即咸亨五年)三月,"皇后奏召武元爽之子承嗣于嶺南,襲爵周公,拜尚衣奉御。夏四月,辛卯,遷宗正卿"。按:兩云"尚輦奉御",兩云"尚衣奉御",難斷誰訛,留疑待考。

　　99.《新書》卷206《武攸寧傳》載："攸寧,……聖曆初,同鳳閣鸞臺平章事"。按:《舊書》卷6《則天皇后》聖曆元年九月條載:"建昌王攸寧同鳳閣鸞臺平章事"。同前。但《新書》卷4《則天皇后》、卷61《宰相表》和《通鑑》卷206皆載:聖曆元年"九月甲子,以夏官尚書武攸寧同鳳閣鸞臺三品"。是"平章事"還是"三品",尚難斷誰訛,留疑待考。

　　100.《新書》卷206《韋温傳》載:韋后"又以從子播、捷從弟璿、高、嵩分領左右羽林軍"。按:其文和標點頗不確,應是"又以從子播、捷,從弟璿,甥高嵩分領左右羽林軍"。其考詳見《中華書局校點本〈舊唐書〉質疑五十五則》第46條。

　　101.《新書》卷206《武承嗣傳》載:"初,后擅政,……又贈……(武)士稜孫攸暨千乘王。"按:岑仲勉先生于《元和姓纂》"校記"中指出"《新書》206稱士稜孫攸暨,誤"。即據《舊書》卷183《武攸暨傳》、《新書》卷74《宰相世系四上》、《元和姓纂》卷6武氏條,可知武攸暨實是武懷道子、武士讓孫。"校勘記"應注明。

　　102.《新書》卷216《吐蕃傳》載德宗爲求助于吐蕃討朱泚之叛,"初,與虜約,得長安,以涇、靈四州畀之"。同書卷139《李泌傳》則記:"始,朱泚亂,帝約吐蕃赴援,略以安西、北庭"。按:"涇、靈四州"乃"安西、北庭"之訛。其考詳見拙文《中華書局校點本〈舊唐書〉質疑五十五則》第41條。

　　103.(1)《新書》卷216《吐蕃上》載:"悉諾邏恭禄……入陷瓜州,……帝乃用蕭嵩爲河西節度使,……明年,……鄯州都督張志亮又戰青海西,……隴右節度使杜賓客以强弩四千射虜,破之祁連城下"。(2)《舊書》卷196《吐蕃上》載"其年九月,吐蕃大將悉諾邏恭禄……攻陷瓜州城,……乃命兵部尚書蕭嵩爲河西節度使,……明年秋,……隴右節度使、鄯州都督張忠亮引兵至青海西南渴波谷,與吐蕃接戰,大破之……。八月,蕭嵩又遣副將杜賓客率弩手四千人與吐蕃戰于祁連城下,……賊徒大潰"。(3)《通鑑》卷213載:開元十五年"九月丙子,吐蕃大將悉諾邏恭禄……攻陷瓜州。……(閏月)辛巳,……以朔方節度使蕭嵩爲河西節度等副大使。……(開元十六年七月)乙巳,河西節度使蕭嵩、隴右節度使張忠亮大破吐蕃于渴波谷(《考異》曰:《實錄》、《唐曆》、《蕭嵩傳》作"張志亮"。今從《舊本紀》、《吐蕃傳》);……(八月)辛卯,左金吾將軍杜賓客破吐蕃于祁連城下。時吐蕃復入寇,蕭嵩遣賓客將强弩四千擊之"。(4)《舊書》卷99《蕭嵩傳》載:"(開元)十五年……吐蕃大將悉諾邏恭禄……攻陷瓜州城,……乃以嵩爲兵部尚書、河西節度使……。明年秋,吐蕃大下……,隴右節度使、鄯州都督張志亮引兵至青海西南渴波谷,與吐蕃接戰,大破之。八月,嵩又遣副將杜賓客率弩手四千人,與吐蕃戰于祁連城下"。(5)《新書》卷101《蕭嵩傳》載:"會吐蕃大將悉諾邏恭禄……陷瓜州,……帝擇堪任邊者,徙嵩河西節度使,……會鄯州都督張志亮破賊青海西,嵩又遣副將杜賓客率强弩四千與吐蕃戰祁連城下"。(6)《册府》卷986《外臣部·征討五》載:"是月(指

"開元十六年七月"),簡較("檢校")兵部尚書蕭嵩、鄯州都督張志亮攻拔吐蕃城。……八月,蕭嵩遣右金吾將軍杜賓客擊吐蕃,戰于祁連山,大破之"。

　　按:上引各資料記同一事,然有歧異,現考于下:其一、(1)云杜賓客時任"隴右節度使",而(2)(4)(5)均記其是河西節度使蕭嵩的"副將";(3)(6)雖未明載,但文中記蕭嵩"遣"杜賓客云云,證賓客是嵩部下,絕非任同級的"隴右節度使";另,從(2)(3)(4)還可知時任"隴右節度使"的是"張志(忠)亮",杜賓客不可能同時任此職。由此可斷(1)誤,(2)(4)(5)所載確。其二、(1)(4)(5)(6)皆記"張志亮",而(2)(3)爲"張忠亮"。司馬光修史即發現此分歧而取後說。從前引《考異》看,司馬光棄《實録》、《唐曆》和兩唐書《蕭嵩傳》的記載,卻從《舊本紀》、《吐蕃傳》,似可商榷。一因《實録》是這些資料中最原始的,而其次是《唐曆》;二因即使《舊本紀》所載也不同:司馬光所見者是"張忠亮",而中華書局校點本兩唐書《玄宗紀》均作"張志亮"。總之,記"張志亮"的資料不僅多而且可靠性大。又"志"、"忠"字形相近,似後是前者之訛,當以"張志亮"確。這裏附提一句,(3)云蕭嵩職前爲"河西節度等副大使",後云"河西節度使",其他各資料全同後者。筆者認爲這並非職務的變更。開元十五年五月玄宗以諸子兼"諸軍節度大使",如慶王潭即兼"河西諸軍節度大使",但"實不出外"(參見《舊書》卷8《玄宗》、《通鑑》卷213),故蕭嵩是以"副大使知節度事"(職名見《新書》卷19《百官四下》)。故史籍有的稱"副大使",有的稱"節度使",而(3)前稱"河西節度等副大使",後稱"節度使",再後又稱"河西節度副大使"(見"十一月癸巳"條),其故在此。

　　104.(1)《新書》卷217《回鶻上》載:"婆閏死,子比粟嗣"。(2)《唐會要》卷98《迴紇》載:"婆閏卒,子比來栗代立"。(3)《舊書》卷195《迴紇傳》載:"龍朔中,婆閏死,姪比粟毒主領迴鶻"。(4)《册府》卷967《外臣部·繼襲二》載:"龍朔中婆閏死,姪比粟毒主領迴紇"。(5)《通鑑》卷200龍朔元年十月條載:"回紇酋長婆閏卒,姪比粟毒代領其衆"。(《考異》曰:《新書》傳云:"婆閏卒,子比粟嗣"。今從《舊傳》。)按:上述資料關于婆閏死後繼承人和他的關係及姓名多有歧異,現考如下:其一、(1)(2)載繼承人爲婆閏"子",而(3)(4)(5)均云是其"姪"。司馬光著《通鑑》時就發現(1)與(3)的歧異,他采取了(3)的説法,這是有見地的。似應以此爲確。其二、關于姓名,(1)云"比粟",(2)云"比來栗",(3)(4)(5)皆記爲"比粟毒"。特別值得注意的,司馬光在《考異》引宋版《新書》則爲"比粟"。由此可斷今本《新書》"比栗"是"比粟"之訛。另,"比粟"和"比粟毒"讀音相近,當是譯成漢字時詳略之別。總之,"比粟毒"、"比粟"確,"比栗"、"比來栗"似誤。

　　105.(1)《新書》卷219《北狄·契丹》載:"開元二年,盡忠從父弟都督失活以默啜政衰,率部落與頡利發伊健啜來歸,……後二年,與奚長李大酺皆來,詔復置松漠府,以失活爲都督,封松漠郡王,授左金吾衛大將軍,……帝以東平王外孫楊元嗣女爲永樂公主,妻失活。明年,失活死”。(2)同書同卷《北狄·奚傳》載:“玄宗開元二年,(大酺)使奧蘇梅落丐降,封饒樂郡王、左金吾衛大將軍、饒樂都督。詔宗室出女辛爲固安公主,妻大酺。明年,身入朝成昏”。(3)《舊書》卷199《北狄·契丹》載:“開元三年,其首領李失活以默啜政衰,率種落內附。……于是復置松漠都督府封失活爲松漠郡王,拜左金吾衛大將軍兼松漠都督。……明年,失活入朝,封宗室外甥女楊氏爲永樂公主以其妻之。六年,失活死”。(4)同書同卷《北狄·奚國》載:“開元三年,大輔遣其大臣粵蘇梅落來請降,……封大輔爲饒樂郡王,仍拜左金吾員外大將軍、饒樂州都督。五年,……其年,大輔入朝,詔封外甥女辛氏爲固安公主以妻之”。(5)《通鑑》卷211載:開元四年八月“辛未,契丹李失活、奚李大酺帥所部來降。制以失活爲松漠郡王、行左金吾大將軍兼松漠都督,……大酺爲饒樂郡王、行右金吾大將軍兼饒樂都督”。又載:開元五年“四月甲戌,賜奚王李大酺妃辛氏號固安公主。……十一月,丙申,契丹王李失活入朝。十二月,壬午,以東平王外孫楊氏爲永樂公主,妻之”。卷212載:開元六年五月,“契丹王李失活卒”。(6)《新書》卷5《玄宗》載:開元四年“八月辛未,奚、契丹降”。(7)《舊書》卷8《玄宗》載:開元五年三月“丁巳,以辛景初女封爲固安縣主,妻于奚首領饒樂郡王大酺。……十一月己亥,契丹首領松漠郡王李失活來朝,以宗女爲永樂公主以妻之”。開元六年五月,“契丹松漠郡王李失活卒”。(8)《唐會要》卷6《和蕃公主》載:“永樂,宗室女,開元二十五年十一月三日出降契丹松漠郡王李失活”。“固安,從外甥女辛氏,開元五年二月出降奚首領李大酺”。(9)同書卷96《契丹》載:“開元二年,……失活請歸款,復封失活爲松漠都督,……五年十二月,以東平王外孫楊元嗣女爲永樂公主出降,失活親迎之,……六年,失活卒”。(10)同書卷96《奚》載:“開元五年,大酺入朝,爲饒樂郡王,……詔封外生女爲固安公主以妻之。其年,大酺與契丹首領李失活來朝”。(11)《通典》卷200《邊防十六·北狄》載:“大唐開元五年二月,奚首領李大酺入朝,封從外甥女辛氏爲固安公主以妻之”。“開元五年十一月,封宗室女爲永樂公主出降契丹松漠王李失活”。(12)《册府》卷979《外臣部·和親二》載:開元四年“十二月詔曰,固安縣主取來年二月五日出適奚都督李大酺”。開元五年“八月詔曰,……楊元嗣第七女……可封永樂出降契丹松漠郡王李失活。……又詔封從外生女辛氏爲固安公主出降奚王饒樂郡王李大酺”。(13)同書卷964《外臣部·封册二》載:“(開元)四年八月,契丹李失活、奚李大酺各以所部來降,制曰:……契丹松漠州都督李失活、奚饒樂州都督李大酺等並材雄劍騎,……失活可封松漠郡王……行左金吾衛大將軍,大酺可封饒樂郡王……行右金吾衛大將軍,並員外置”。(14)同書卷977《外臣部·降附》載:開元四年“九月,契丹李矢(失)活、奚李大酺各以所部來降”。

　　按:前引各資料關于李失活、李大酺降唐時間;李失活、李大酺娶唐公主時間;李失活卒年;以及李大輔還是李大酺?多有歧異。現考訂如下:其一、李失活、李大酺降唐時間,(1)

(2)(9)云"開元二年",(3)(4)云"開元三年",但(5)(6)(13)(14)皆云"開元四年",特別是(5)(6)爲編年體,詳記在該年"八月辛未",比較可靠,而(13)也記該年"八月"。似以"開元四年八月辛未"爲確。其二、李失活娶永樂公主時間,(1)云"後二年",即"開元四年";(3)云"明年",也指"開元四年",兩者同。但(5)(7)(9)(11)(12)皆云"開元五年"。特別是(7)資料來源于《實錄》,最具權威性,且詳記于該年"十一月己亥";(11)在這些史籍中成書最早,也記于該年"十一月"。似當以"開元五年十一月己亥"爲最準確。另,(8)記"開元二十五年十一月三日",其中"開元二十五年"是"開元五年"之訛,此已爲前引資料所證;若此,"開元五年十一月三日"即該年該月的"己亥"日,這又和(7)所記完全相合,也爲前説添一佐證。其三、李大酺娶固安公主時間,(2)云開元三年(文中"明年"所指)入朝成婚,但(4)(5)(7)(8)(10)(11)(12)均載于"開元五年"成婚,無疑此確;然其中"月"、"日"分歧尚難斷定。其四、(1)云李失活死于開元五年(文中"明年"所指),然(3)(5)(7)(9)均載于"開元六年",且(5)(7)還詳載于"開元六年五月",當以此爲確。其五、(1)(2)(5)(7)(8)(10)(11)(12)(13)(14)均載爲"李大酺",僅(4)記爲"李大輔",當以前者確。

106.(1)《新書》卷219《北狄·契丹》載:"明年,失活死,……以其弟中郎將娑固襲封及所領"。(2)同書同卷《北狄·奚》載:"延寵殺公主復叛,詔立它酉婆固爲昭信王、饒樂都督,以定其部"。(3)《舊書》卷199《北狄·契丹》載:"六年,失活死,……失活從父弟娑固代統其衆,遣使冊立,仍令襲其兄官爵"。(4)同書同卷《北狄·奚》載:"天寶五載,又封其王婆固爲昭信王,仍授饒樂都督"。(5)《唐會要》卷96《契丹》載:"六年失活卒,……冊立其從父弟娑固爲松漠郡王"。(6)同書同卷《奚》載:"延寵殺公主復叛,詔立它酉婆固爲昭信王,仍授饒樂都督"。(7)《通鑑》卷212載:開元六年"五月,……契丹王李失活卒,癸巳,以其弟娑固代之"。(8)同書卷215載:天寶五載"四月,癸未,立奚酉婆固爲昭信王"。(9)《冊府》卷964《外臣部·封冊二》載:開元六年"六月,以故松漠郡王李失活弟中郎將婆固爲松漠都督"。(10)同書同卷《外臣部·封冊三》載:"(天寶)五載四月,封奚王婆固爲昭信王,仍授饒樂都督"。

按:上引資料(1)(3)(5)(7)(9)記同一事,(2)(4)(6)(8)(10)記同一事,但人名有歧異。現考如下:其一、(1)(3)(5)(7)記契丹李失活弟名"娑固",僅(9)云"婆固",思(9)爲類書,似抄刻至誤,當以"娑固"確。另,(1)(7)(9)云"娑固"是李失活"弟",(3)(5)云是"從父弟"。似前者爲泛稱而後者更準確。其二、關于奚王,(2)(6)(10)爲"婆固",(4)(8)爲"娑固"(與前述契丹王同名),難斷誰訛,留疑後考。順記一筆,即(7)將"娑固"代其兄李失活爲王記在"開元六年五月癸巳"條,(9)記于同年"六月"。檢《二十史朔閏表》,該年五月"甲午"朔,"癸巳"不可能在"五月";而"七月初一"爲"癸巳"日,故(7)誤,(9)記"六月"也欠妥。當以"開元六年七月癸巳"爲確。

107.(1)《新書》卷219《北狄·奚》載:"延和元年,以左羽林衛大將軍幽州都督孫佺、左驍衛將軍李楷洛、左威衛將軍周以悌率兵十二萬,爲三軍,襲擊其(指奚李大酺)部"。(2)同書卷106《孫佺傳》載:"(孫)佺,延和初,爲羽林將軍、幽州都督,率兵十二萬討奚李大酺,分三屯,以副將李楷洛、周以悌領之"。(3)《舊書》卷199《北狄·奚》載:"延和元年,左羽林將軍、檢校幽州大都督孫儉,率兵十二萬以襲其部落"。(4)《舊書》卷7《睿宗》載:延和元年六月"庚申,幽州都督孫儉率左驍衛將軍李楷洛、左威衛將軍周以悌等,將兵三萬,與奚首領李大輔("酺"之訛,考見108條)戰于硎山,……儉没于陣"。(5)《通鑑》卷210載:延和元年六月"庚申,幽州大都督孫佺與奚首李大酺戰于冷陘(和"硎山"指一地,考見110條),全軍覆没。是時,佺帥左驍衛將軍李楷洛、左威衛將軍周以悌發兵兩萬、騎八千,分三軍,以襲奚、契丹"。(6)《舊書》卷81《孫佺傳》載:"(孫)佺,睿宗時爲左羽林大將軍,征契丹戰殁"。(7)《元和姓纂》卷4載:孫處約生"佺","佺,幽州都督"。(8)《新書》卷73《宰相世系三下》載:"(孫)佺,幽州都督"。

按:上引資料記相同事多有歧異,現考訂如下:其一、孫佺討奚帥兵數字,(1)(2)(3)云"十二萬",而(4)云"三萬",(5)云"兵(指步兵)二萬、騎八千"。筆者認爲:"十二萬"恐唐出兵時虛張聲勢的數字;(5)所載是精確的兵數;而(4)的數字是約略計算,實和(5)同。其二、(3)(4)云"孫儉",而(1)(2)(5)(6)(7)(8)皆云"孫佺",特別(6)與(3)(4)書同,且是專傳,記載人名更可靠些,故斷"孫佺"確。其三、孫佺的官職,(3)(5)云"大都督",而(1)(2)(4)(7)(8)均記"都督",似"都督"確。其四、孫佺另一官職,(1)(6)云"大將軍",(2)(3)云"將軍",難斷誰訛,留疑待考。

108.(1)《新書》卷219《北狄》載:"顯慶間可度者死,奚遂叛。五年,以定襄都督阿史德樞賓、左武候將軍延陀梯真、居延州都督李含珠爲冷陘道行軍總管。明年,詔尚書右丞崔餘慶持節總護定襄等三都督討之。奚懼乞降,斬其王匹帝"。(2)《通鑑》卷200載:顯慶五年五月"戊辰,以定襄都督阿史德樞賓、左武候將軍延陀梯真、居延州都督李合珠爲冷岍道行軍總管,各將所部兵以討叛奚,仍命尚書右丞崔餘慶充使總護三部兵,奚尋遣使降。更以樞賓等爲沙磚道行軍總管,以討契丹,擒契丹松漠都督阿卜固送東都"。(3)《册府》卷986《外臣部·征討五》載:顯慶五年"五月,以定襄都督阿使德樞賓、左武候將軍延陀梯真、居延州都督李合浦並爲冷硎道行軍總管,各領本蕃兵以討叛奚。仍命尚書左丞崔餘慶充使總護三蕃。尋而奚遣使降附,改樞賓等爲沙磚道行軍總管以討契丹。(擒)松漠都督阿卜固,送之東都。並擒叛奚謀主匹帝禿帝,斬之而還"。(4)《新書》卷3《高宗》載:顯慶五年十二月,"阿史德樞賓及奚、契丹戰,敗之"。

按:上述資料記同一件事但有歧異,現考如下:其一、(1)云崔餘慶持節總護定襄等三都督是在"明年",即顯慶六年;但(2)(3)均詳記在"顯慶五年五月戊辰";(4)雖未明確記此事,但記"顯慶五年十二月,阿史德樞賓及奚、契丹戰,敗之",此也可證崔餘慶"充使總護三部兵"不可能在顯慶六年,因征討奚、契丹的任務已完何需再命統帥? 且從理揆之,顯慶五年五月任命樞賓等三部兵討叛奚,自應同時任命統帥,如何能等到次年! 故可斷(1)文中"明年"兩字是衍文。其二、(1)云"李含珠",(2)云"李合珠",(3)云"李合浦"。(2)名中"合"字與(3)同,而"珠"字與(1)同,似(2)確。其三、(1)(2)云崔餘慶的官職是"尚書右丞",而(3)云"尚書左丞"。當以前者確;後者似類書抄刻至誤。此外,(1)云"冷陘道",(2)云"冷岍道",(3)云"冷硎道"。據(2)胡三省注:"岍與硎同"。而"硎"、"陘"讀音同,可斷"三道"意同而寫法異。

109.(1)《新書》卷 220《日本傳》載:"長安元年,其王文武立,改元太寶,遣朝臣真人粟田貢方物。……武后宴之麟德殿"。(2)《舊書》卷 199《日本傳》載:"長安三年,其大臣朝臣真人來貢方物。……則天宴之于麟德殿"。(3)《唐會要》卷 100《日本國》載:"長安三年,遣其大臣朝臣真人來朝,貢方物。……宴之麟德殿"。(4)《通典》卷 185《邊防·倭》載:"武太后長安二年,遣其大臣朝臣真人貢方物"。按:前引(1)的"校勘記(五)"指出上述資料中時間記載的歧異,然未做考訂。筆者再檢:(5)《舊書》卷 6《則天皇后》載:長安二年"冬十月,日本國遣使貢方物"。(6)《册府》卷 970《外臣部·朝貢三》載:"長安三年十月,日本國遣其大臣朝臣貢("真"之訛)人貢方物"。(7)《日本史年表》(東京學藝大學日本史研究室編,東京堂出版,1996 年版)引《續紀》云:"大寶 1 辛丑(公元 701 年,即唐長安元年)文武天皇任命遣唐持節使粟田真人等爲遣唐使"。另記文武天皇是"文武 1 年"(697)即位。分析以上資料可做如下推斷:其一、據(7)可知文武天皇即位于"文武 1 年",即唐武則天神功元年;而唐"長安元年"和日本文武天皇改元"大寶"年同。故知(1)云"長安元年,其王文武立,改元大寶"不確,應作"神功元年,其王文武立,長安元年,改元大寶"。其二、關于朝臣真人粟田來唐貢方物的時間,當以(4)(5)所載"長安二年"確。因(5)本《實錄》編年體,記時間最有權威,且詳;(2)(3)(6)之"三年"均似"二年"訛文。另,據(7)知"大寶 1 年"(即長安元年),文武天皇命朝臣真人粟田爲"遣唐使",從時間、路程推算,于次年即長安二年到唐也更合乎情理,不應遲至第三年。總之,神功元年,日本王文武立,長安元年,改元太(大)寶,遣朝臣真人粟田爲遣唐使貢方物,二年十月,到唐。

110.(1)《新書》卷 222《南蠻下·驃》載:"貞元中,王雍羌聞南詔歸唐,有內附心,……雍羌亦遣弟悉利移城主舒難陀獻其國樂,至成都,韋皋復譜次其聲。……凡曲名十有二,……其樂五譯而至,德宗授舒難陀太僕卿,遣還"。(2)同書卷 22《禮樂十二》載:"(貞元)十七年,驃國王雍羌遣弟悉利移、城主舒難陁(按:與"陀"音同)獻其國樂,至成都,韋皋復譜次其聲"。(3)《舊書》卷 13《德宗》載:貞元十八年正月"乙丑,驃國王遣使悉利移來朝貢,並獻其國樂十二曲與樂工三十五人"。(4)《元稹集》卷 24《樂府》載:"驃國樂:《李傳》云:貞元辛巳歲,始來獻"。(5)《白居易集》卷 3《諷諭三》載:"驃國樂:貞元十七年來獻之。(詩云)雍羌之子舒難陀,來獻南音奉正朔"。(6)同書卷 57《與驃國王雍羌書》載:"勅:驃國王雍羌:……秉事大之明義。又令愛子,遠赴闕庭,萬里納忠,……今授卿檢校太常卿;並卿男舒難陀那及元佐摩訶思那等二人,亦各授官告"。(7)《說郛》卷 67《驃國樂頌》載:"驃國王子獻其樂器。初,驃國之王舉國送之,且訓其子曰,聖唐恩澤,宏被八埏"。又頌辭云:"至若驃國,來循萬里。進貢其音,敢愛其子"。(8)《唐會要》卷 100《驃國》載:"貞元十八年春正月,南詔使來朝。驃國王始遣其弟悉利移來朝。……(驃國)君臣父子,長幼有序,然無見史傳者。今聞南詔異牟尋歸附,心慕之,乃因南詔重譯,遣子朝貢。……又獻其國樂二十二曲,與樂工三十五人來朝"。(9)《通鑑》卷 236 載:貞元十八年"春正月,驃王摩羅思那遣其子悉利移入貢。……因南詔入見,乃獻其樂"。(10)《舊書》卷 197《驃國傳》載:"驃國,……食境土者羅君潛等二百九十部落。其王姓困没長,名摩羅惹。其國相名摩訶思那。……古未嘗通中國。貞元中,其王聞南詔異牟尋歸附,心慕之。十八年,乃遣其弟悉利移因南詔重譯來朝,又獻其國樂凡十曲,與樂工三十五人俱。……尋以悉利夷為試太僕卿"。(11)《册府》卷 972《外臣部·朝貢五》載:"(貞元)十八年正月,驃國王始遣其弟悉利移來朝,獻其國樂凡十曲,與樂工三十五人"。

按:上引資料記同一事,然多有不同。陳寅恪先生引(1)(3)(4)(5)(6)(7)(8)(9)(10)(11)後指出:其一、關于時間記載的不同,"蓋實以貞元十七年來獻,而十八年正月陳奏之于闕庭也"。其二、在引(10)中指出:"據《新唐書》222 下《南蠻傳驃傳》所標舉者應有十二曲"。在引(11)中據同書 570《掌禮部·夷樂門》,注明是"十二曲"。(筆者補充云:此外,(3)也記"獻其國樂十二曲"。總之,(10)(11)的"十曲"、(8)的"二十二曲"均是"十二曲"之訛。)其三、陳先生還指出:"驃國王所遣之使,諸書所記互相乖異"。並說:"唐頌白書俱當時之文件,其他諸書亦皆可信之史籍,而牴牾若此,殊不可解"。

筆者補充認為,在這些資料中應以(6)最具權威,因這是白居易任翰林學士起草頒發的詔勅,決無差錯,應以此為據化解他疑:(6)云驃國王派到唐的使者名"舒難陀那"(也譯"舒難陀"),(5)完全同,(1)(2)人名也同。另據(1)(2)記"舒難陀"時任"悉利移城主",而(1)在列舉驃國"凡鎮城九"中確有"悉利移"城,故推斷"悉利移"是城名而非人名。若此,(3)(8)(9)(10)(11)載"悉利移(或"夷")"為人名誤。推其源或《德宗實錄》將"悉利移城主舒難陀"誤簡作"悉利移"而導致這些記載的錯誤? 關于驃國王派遣的使者是"子"還是"弟",(6)勅書中兩處標明是其子("又令愛子,遠赴闕庭";"卿男舒難陀那");(5)完全同;且(7)(9)也云"遣子"。而云遣"弟"的是(1)(2)(10)(11)。(8)前云"弟",後云"子";(3)只云"遣使",兩資料可忽略不記。從史源上綜合比較這些資料,無疑云"遣子"可信度高。這裏附帶說明,中華書局校點本(1)、(2)標點不同。(2)標爲："驃國王雍羌遣弟悉利移、城主舒難陁獻其國樂"。來唐似"悉利移"和"舒難陁"兩人。筆者認爲真若此,(6)不會不提及國王弟"悉利移"。還是(1)標點確。另,據(8)是否可解釋爲"始遣其弟悉利移來朝",後又"遣其子朝貢"? 也非。因本資料和(10)都證"貞元十八年"驃國王第一次遣使到唐,而"古未嘗通中國";(8)記"驃國王始遣其弟悉利移來朝",和後文云"因南詔重譯,遣子朝貢",均指"貞元十八年"同一件事,然文中有錯訛而已。關于驃王名,(6)云"雍羌",(1)(2)(5)同,僅(9)記作"摩羅思那"。檢史載驃國相名"摩訶思那",此與"摩羅思那"音近,或(9)誤"相"名爲"王"名?

　　總之,正如陳先生所考:貞元十七年驃國王派使者入唐,十八年正月給德宗陳奏殿堂,共十二曲。筆者又考:驃國王名雍羌,所派使者是其子,名舒難陀那(也譯"舒難陁"),時任悉利移(一作"夷")城主。

　　附提一筆:(10)載"二百九十部落",據(1)(8)均載"二百九十八"部落,當以後者數確。

《魏書》諸紀時誤補校（續七）

牛繼清　張林祥

59.（孝靜帝興和二年）三月己卯，蕭衍遣使朝貢。（卷十二頁304）

按三月己酉朔，無己卯。《北史》卷五《魏本紀五》作："三月乙卯，梁人來聘。"乙卯初七日，是。此"己卯"爲乙卯之訛。

60.（興和三年）三月己酉，梁州人公孫貴賓聚衆反，自號天王。（卷十二頁304）

按三月癸酉朔，無己酉。《北史》卷五《魏本紀五》作"三月乙酉"，乙酉十三日，是。此"己酉"爲乙酉之訛。

61.（興和三年十月）甲寅，班（新制）於天下。己巳，發夫五萬人築漳濱堰，三十五日罷。癸亥，車駕狩於西山。（卷十二頁305）

按十月己亥朔，甲寅十六日，無己巳，癸亥二十五日，《北史》卷五《魏本紀五》同。《資治通鑑》卷一百五十八梁紀十四作"乙巳"，乙巳初七日，不當在甲寅後，亦誤。應係"丁巳"（十九日）、"己未"（二十一日）之一誤。

62.（興和）四年春正月丙辰，蕭衍遣使朝貢。夏四月丙寅，遣兼散騎常侍李繪使於蕭衍。乙酉，以侍中、廣陽王湛爲太尉，以尚書右僕射高隆之爲司徒，以太尉、彭城王韶爲録尚書事。丁亥，太傅尉景坐事降爲驃騎大將軍、開府儀同三司。辛卯，以太保厙狄干爲太傅，以領軍將軍婁昭爲大司馬，封祖裔爲尚書右僕射。

五月辛巳，齊獻武王來朝。（卷十二頁305）

按正月戊辰朔，無丙辰；四月丙申朔，無丙寅、乙酉、丁亥、辛卯四日。《北史》卷五《魏本紀五》同，《資治通鑑》卷一百五十八梁紀十四"四月"諸日亦誤。《疑年録》云："或此'四月'爲'五月'之誤。"然下文有"五月辛巳"條。且五月丙寅朔，辛巳（十六日）不得在乙酉（二十日）、丁亥（二十二日）、辛卯（二十六日）之後，欠妥。如上屬三月，則又丁卯朔，無丙寅。姑存疑。

63.（孝靜帝武定元年）秋八月乙未，以汾州刺史斛律金爲大司馬。壬午，遣兼散騎常侍李渾使於蕭衍。（卷十二頁306）

按是月戊午朔，無乙未，壬午二十五日。"殿本"、《北史》卷五《魏本紀五》均作"乙丑"，乙丑八日，日序亦合，是。此"乙未"爲乙丑之誤。

64.（武定三年）冬十月，遣中書舍人尉瑾使於蕭衍。乙未，齊獻武王請邙山之俘，釋其桎梏，配以人間寡婦。（卷十二頁308）

按十月丙午朔，無乙未。《北史》卷六《齊本紀上》、《北齊書》卷二《文宣帝紀》、《資治通鑑》卷一百五十九梁紀十五皆同誤。《北史》"校勘記"云："是年閏十月，丙子朔，乙未是二十日。疑'乙未'上脱'閏月'二字。"或爲"己未"之誤，己未十月十四日。姑存疑。

宋代皇儲制度研究（上）

朱瑞熙　　祝建平

　　宋代統治階級吸取前朝的歷史教訓，爲了確保皇位繼承的穩定性和皇權的連續性，較爲關注皇儲的確立和培養，並逐步建立起一套皇儲制度。這套制度包括皇子的教育培養和管理，皇太子的選拔和册立，東宮的管理，皇太子教育和練政等。這套制度取得了一定的成效，成爲兩宋延續三個多世紀統治的一個重要因素。

一、皇子的培養

　　兩宋摒棄了秦漢以來帝王即位就册立太子的傳統，實行長期空虛儲位的政策，一方面爲了避免儲位既正而引起的皇子間血腥爭鬥的局面，另一方面也體現了兩宋帝王爲了帝國的長治久安而奉行的教條：國家的興衰在于皇室，皇室的興衰在于皇子，皇子的善惡優劣在于皇子培養，尤其是皇子教育。有鑒于此，宋代歷朝帝王有意遲開東宮，積極培養皇儲候選人，增加選擇餘地，保證皇儲的素質和能力，以固萬世不撝之業。

（一）皇子的教育機構

　　宋代皇子出生後並不即刻封王，必須年長至出閣才能獲封王的權利。皇子教育主要分爲兩個階段，其中以十五歲爲界，通常是"八歲入小學，十五入大學。"[1]但這裏的小學、大學祇是一種泛稱。真止的教育機構主要有四種。

　　其一，宮學。初創于太宗至道元年(995)，當時太宗爲了皇侄等設置師傅以成教養而立，又稱諸王宮學。北宋時宮學祇設小學，諸王宮子孫從八歲到十四歲皆可以入學，每天背誦二十個生字，所以，教學祇停留在識字記事啓蒙階段。[2]大中祥符年間，皇子的入學年齡基本上穩定在十歲，但仍然規制不全，管理混亂。嘉祐元年(1056)八月，樞密使韓琦上疏仁宗，要求另建内書院，"選宗室賢者升于内學"，想讓仁宗收養宗子進宮學學習，但未被批准。[3]崇寧元年(1102)十一月，在宰相蔡京的建議下，宮學終于從單一小學制擴展到大、小學並存，並且添置了教授兩員，規定"應宗子年十歲以上入小學，二十以上入大學，年不及而願入者，聽從便。"④這樣,就把皇子入大學年齡一下子提高到二十歲。但事實上,由于北宋後期宗室數量的劇增,宫學不僅僅是皇子的學校了,五服以内的皇親子弟都可以入學,並且成了學生主體。兩宋之交,戰事不斷,宫學一度廢止。高宗紹興五年(1135),錢觀復奏請朝廷重立宫學,並且進一步擴大校舍,創立學規,使其正規化。但由于高宗朝後,皇子人數較少,因此通常祗在資善堂就學,這樣宫學就成了單一的宗室學校。寧宗嘉定九年(1216),正是考慮到宫學已經成了宗子學校,與宗學設置重疊,所以將宫學併入宗學。⑤淳祐三年(1243),由于理宗無子,又在宫中設立内小學,以待皇子誕生或宗子過繼。大理少卿蔡仲龍力請理宗收養宗子入内小學,稱"須早爲權宜之計,以繫天下之心"。⑥可見内小學實際上是皇儲的準東宫性質學校。

其二,資善堂。是宋代皇子肄學的主要場所。在宋代並非所有皇子都能入資善堂學習,祗有那些有可能立爲太子的皇子才能進入學習,因此它也是東宫學習的準備期。資善堂設立于真宗大中祥符九年(1016),初建于元符觀南面,真宗親自爲堂竣工作記,並刻在堂中的石碑上,賜名"資善",⑦取"資良士贊導爲善"之意。⑧當時爲壽春郡王的趙禎(即後來的仁宗)成爲資善堂第一位學生。以後每逢皇子出外就傅,就選擇官員兼領資善堂講讀。元豐八年(1085),哲宗初開講筵,"詔講讀官日赴資善堂,以雙日講讀,仍輪一員宿直。"因此形成了資善堂逢雙開講,晚間留人以備詢問的故事。⑨政和元年(1111)二月,太史局決定:定王桓、嘉王楷于三月前往資善堂聽讀。靖康元年(1126),太子諶亦在資善堂設立學舍,並受國子監督學。紹興中,重建資善堂,皇子令瑗入讀。理宗朝,資善堂就設在内小學裏,孟啓曾往堂中就學。

其三,皇太子宫小學。實際上是皇孫學習場所,創立于紹興三十年(1160)。當時孝宗被封爲建王,皇孫莊文魏王愭和光宗出外入學,以王十朋爲皇太子宫小學教授,輔導皇孫學業。淳熙七年(1180),英國公擴就學,亦進入東宫小學,以秘書省正字楊輔兼小學教授。⑩

其四,宗學。主要是皇室疏屬子弟就學之所,但由于宋代皇室屢缺後嗣,故歷朝都有收養皇子的習慣,而這些皇子的早期教育通常是在宗學中完成的,所以,宋代對宗學教育也很重視。元祐六年(1091),宗室令鑠奏請創建宗學,但是工程完成後,却將校舍賜給了宰相蔡確。崇寧初,又曾重建宗學,但由于種種原因,終及北宋一代,宗學未能成功。紹興十四年(1144),在宗子的共同要求下,"始建宗學于臨安,……置諸王宫大小學教授一員。"⑪生員共一百人,其中大學生五十人,小學生四十人。在學者皆"南宫北宅子孫也。若親賢宅近屬,則别置教授,以館職兼,不在宗學之列。"⑫嘉定七年(1214),宗學再度擴建,宗學教授亦改稱爲宗學博士,另設立宗學諭一員。兩年後,由于宫學的併入,宗學隸宗正寺管轄,使宗子從學之風彬彬可觀。⑬正是由于宗學的設立,使統治者在挑選宗子入繼皇統的時候有了可靠的依據,也使未來的皇子能夠繼續接受正規教育,保證了皇子的擇優選擇。

(二)皇子學官的設置

儘管皇子學校形式不一的設立了,但事實上許多學校都是臨時設立或就某一朝特設而已,加上史料短缺有些已無法得知。宋代皇子主要就讀的是宮學和資善堂,其中擔任講讀的官員通常是兼任,並且要求是"天下有學行"之士。⑭講筵官一般由在任講讀官或執政大臣推薦,經皇帝親自接見並且以經術考試後才委以重任。嘉祐六年(1161),王獵被吳奎推薦爲諸王宮侍講,宰相韓琦稱贊王獵,認爲衹有他和當時得寵的孟恂"不通私謁,足見其有守。"⑮

宋代宮學講筵官設置約有八種:傅、長史、司馬、諮議參軍、友、記室參軍、王府教授、小學教授。而事實上"傅及長史、司馬,有其官而未嘗除。"⑯太平興國八年(983),太宗諸子出閣時,楚王府曾置諮議參軍兩員,陳王府一員;天禧二年(1018),昇王府置諮議一員,主要是備皇子詢問之用。諸王府友設立于大中祥符九年,當時仁宗被封爲壽春郡王,年齡還不到十歲。宰執們希望設立翊善等官,但真宗認爲一旦設立王府官,府屬都要拜見郡王,爲了培養仁宗謙遜尊師的善習,真宗明示"朕欲令尊禮師友,相見相拜,故以王友命之。"⑰所以,命張士遜、崔遵度二人爲王友。嘉祐八年(1063),淮陽郡王頊開府置官,呂誨認爲"王今未出閣,當且設師友,不宜遽置僚屬。臣欲朝廷先正陶等名位,名位既正,則禮分自安。"⑱可見王友通常在皇子年幼未出閣前設立,達到尊師敬友目的。記室參軍是記錄皇子日常言行、功過的官員,以便爲日後的儲位選擇提供參考,因此通常擢用"詞翰之選。"⑲雍熙二年(985),諸王出閣,太宗除拜虞部郎中王龜從兼陳王府記室參軍,畢士安兼冀王府記室參軍等,認爲"諸子生長宮廷,未閑外事,年漸成人,必資良士贊導,使日聞忠孝之道。"⑳其餘王府官中侍講、王府教授、小學教授主要以講解經史爲主,他們是真正的教育者,自宋初設立後,職位相對穩定。治平二年(1065),都官員外郎孫永爲王府侍讀,屯田員外郎孫固爲王府侍講。除上述常設官員外,宋代有時還設立一些臨時官員,以履行監督、勸學的職能。真宗咸平三年(1000),昇王府就曾以張旻爲學長,張景宗爲副學長,楊崇勳等爲學察。㉑在慎重選擇王府官後,皇帝便對他們加倍信任,寄以輔導皇子的厚望。淳化五年(994),姚坦任益王府翊善,由於他爲人耿直,每事必加勸諫,所以與宮中官吏關係不和。有人便唆使益王稱病不朝,企圖讓皇帝降罪于姚坦。太宗在查明真相後,對各級官吏一併拖至後院,各杖打數十以示懲罰,說:"吾選端士爲王僚屬,固欲輔佐王爲善。今王不能用規諫而又詐疾,欲使朕逐去正人以自便,何可得也?"㉒

資善堂官屬設有翊善、直講、贊讀、說書、皇太子宮小學教授、資善堂小學教授。其中"翊善、贊讀、直講皆舊制,說書而下,中興以後增置。"㉓翊善主要是輔佐皇子行善積德的官員,地位尤爲重要。太平興國八年(983),以戴元、楊可法爲皇子翊善;治平二年(1065),邵亢爲潁王府翊善,英宗特地在羣玉殿召見,詢訪世務,大稱其"學士,真國器也。"㉔後來邵亢又擢升爲諫官。紹興五年(1135),建國公從學時,范冲爲翊善,此人學識淵博,厚德穩重,"朝論以爲極天下之選。"㉕寧宗在王邸,黃裳日日教誨寧宗要收復失土,親自做成渾天儀和輿地圖,並且賦詩詞,勉勵寧宗學習要像"天之運行而不息,及念祖宗郡國大半陷爲賊區",培養寧宗憂國憂民之心。㉖贊讀,宋初稱爲皇子侍讀,太平興國二年設立,八年又設立皇子位伴讀。但至道立儲後,由于與太子侍讀相同,故改名贊讀。仁宗朝以後,一旦封立皇子,便設立皇子位伴讀、皇子位説書等。但這些官員並非日赴資善堂,管理很鬆散。司馬光針對這一情況指出:"今(王)陶等雖爲皇子之官屬,若不日日得見或見而遽退,語言不洽,志意不通,未嘗與之論經術之精微,辨人情之邪正,究義理之是非,考行已之得失。教者止于供職,學者止于備禮。"㉗形成了有名無實的狀況。南渡後,資善堂教育才受到普遍重視,各類官職一應俱全,教育效果也相對提高。皇太子宮小學教授設立于淳熙七年(1180),當時皇孫英國公就傅,詔立王十朋爲小學教授。資善堂小學教授設立于慶元六年(1200),時以國子監博士蕭逵兼任。由于當時皇子年幼,未設立翊善,而皇太子宮小學教授又是皇孫的師傅,所以寧宗以資善堂小學教授命之,從此成爲定制。㉘嘉泰三年(1203),著作佐郎鄒應龍兼任小學教授。

(三)皇子的教育

作爲天下之本——太子的候選人,皇子的教育程度高低,將直接影響到太子的才能素質,因此宋代對皇子教育也極爲重視。從皇子一出生,一系列的學前教育便隨之展開。由于皇子幼年教育史料的短缺,現難以重現詳細情況,但作爲近世王朝的一部分,宋代也繼承了歷代幼子保育方法,讓其耳聞目染正道之事,以此達到皇子正太子正,太子正天下正的統治目的。一旦小皇子長到六至八歲,教育問題也便提上了議事日程。宋初由于統一戰爭的緣故,對皇子教育無暇顧及。真宗朝始引起重視,真宗勉勵皇子勤于學習,認爲"惟學讀書最爲好事,朕遵行之未嘗失墜。令(今)諸院能奉承先訓,亦皇族盛美之事。"㉙他將皇族中優秀的書法、詩歌收藏于秘閣,以示恩寵。大中祥符二年,真宗召集皇室子弟參觀龍圖閣藏書,並且對寧王元偓勤學《尚書》、《論語》褒揚一番。㉚仁宗時,將督促皇子教育一事專門授權于大宗正事,要求"自今帥諸宗子勵翼一心,周旋六藝,以廢學爲恥,以飭身爲賢。"㉛皇帝一面勉勵皇子求學,一面又親自擢用王府官。諸王府侍講孫奭博學古今,端拱年間還祇在國子監任直講,太宗視察國子監時,詔令孫奭講解《尚書·説命》,雖然孫奭年少位卑,但却講解清晰、聲音宏亮,太宗贊嘆道:"天以良弼賚商,朕獨不得邪?"㉜遂擇爲王府官。壽春郡王開府時,詔令宰執推薦端方純明、有德行大臣爲王友,經過層層篩選,最後以張士遜、崔遵度爲王友。史稱遵度"與物無競,口未嘗言是非,清潔完如,不喜名勢……善琴,得古人深趣,著《琴箋》十篇。"㉝孝宗爲皇子時,王十朋任小學教授,高宗常自稱"十朋皆朕親擢。"㉞王府官選定後,皇帝並非聽任其便,相反要經常監督教育質量的好壞。雍熙中,侍講邢昺獻《分門禮選》二十卷于太宗,太宗採用《文王世子》篇詢問入内西頭供奉官衛紹欽,"昺爲諸王講説,曾及此乎?"衛紹欽回答説:"諸王常時訪昺經義,昺每至發明君臣父子之道,必重復陳之。"㉟太宗這才欣然寬慰。真宗一日對宰相説:"朕每戒宗子作詩習射,如聞頗精習,將臨觀焉。"㊱因此,到節、朔日,便令皇室子弟表演學藝,以考查他們學業如何。理宗對皇子的監督尤爲重視,時度宗剛入内小學肄學,理宗常令李昂英稟奏教學進程,自稱"朕于小學之教甚留心。"㊲因此,南宋湧現了一批像王十朋、黄裳一樣兢兢業業、輔導皇子的王府官。王府官也通常因輔導有勞而倍受禮遇,但一旦發生失誤便行貶黜。昭成太子元僖病殁後,有人告發元僖之死是被嬖妾張氏所迷惑以及種種張氏專恣之事,太宗立即將輔導元僖的官僚一並貶謫,"開封府判官、右諫議大夫吕端,推官、職方員外郎陳載並坐裨贊有失,端黜爲衛尉少卿,載爲殿中侍御史。許王府諮議、工部郎中趙令圖,侍講、庫部員外郎閻象,並坐輔導無狀,削兩任免。"㊳

皇子教育主要側重于未成年以前,多數在宫廷小學中學習,而小學又是"學事親、學事長"的場所,因此,皇子所學科目也以人倫孝道爲主,有《尚書》、《周易》、《孝經》、《論語》等啓蒙教材。㊴王府官除講經授課外,還經常伴隨皇子出入,"居處燕游,講論道義,聳善抑惡。"㊵以身體力行規諫皇子。樓鑰在上疏中要求府屬多進一些金玉良言,並讓其成爲考核府屬優劣的標準。他説:"臣竊聞祖宗時,應東宫王府官屬每五日必使進嘉言善行一條。臣愚欲望睿旨申行故事,使臣等每五日必以一事進,如有己見,因而詳論其是非當否,不問興衰治亂,帝王臣子。凡古人言行可以勸、可以戒者,採于百家,擇其機要,以奉太子,則上性愈明,輔成儲德。"㊶可見皇子教育内容雖然淺顯,但所涉及範圍極廣。黄裳在王邸時,輔導尤爲盡心,自天文地理人事以及三代、漢唐治亂得失原因,本朝典章制度人才議論之要,没有不向寧宗一一闡明的,並隨時規勸。寧宗即位後,高度評價黄裳敢于進諫的作風,"黄翊善之言亦難堪,惟我則能受之。"㊷縱覽兩宋皇子教育,主要側重于四個方面:

第一,訓誡皇子知孝悌之道。宋代尤其注重孝義,人們認爲"先王有至德要道,以訓天下,民用和睦","孝,德之本也,教之所由生也"。㊸深深意識到要使趙氏長存,必使臣僚盡孝,欲使臣僚盡孝,必使天下盡孝。因此,皇子的孝道教育便成了天下百姓行孝的楷模。徽宗設立的三舍法中,以八行、八刑作爲考核學生標準,其中八行爲孝悌、睦姻、任恤、忠和,以"孝悌忠和爲上,睦姻爲中,任恤爲下"。㊹將孝悌放在教育的第一位,足見其重視程度。益國公孟啓入資善堂就學,左丞相謝方叔認爲"進善不特教以章句,凡事皆當訓導,使知孝悌、知田務。"㊺

第二,告誡皇子不得荒于游玩。當太宗子兖王元傑花費巨資營建假山,衆人皆奉承稱好時,祇有翊善姚坦冷冷地説:"但見血山耳,安得假山?"神宗在潁王府,韓維擔任記室參軍,每遇詢訪,必悉心答對。有一天韓維陪同潁王讀書,宦官將一種特制的舞蹈靴子進獻潁王,韓維爲防止潁王沉湎游玩,厲聲斥責宦官:"王安用舞靴?"潁王自知理虧,當場將靴毁掉。⑥真宗開資善堂時,明令伴讀官不得在堂中嬉戲雜耍,嚴禁在堂中放置玩具。⑰有力地防止了皇子年幼不識事務,放縱游樂,耽誤學業的弊端出現。

第三,叮囑皇子要恪守祖宗家法。宋代家法內容龐雜,其中之一便是注重儒學傳統教育。治平中,潁王將自己新抄録的《韓非子》交給府屬校對,王府官孫永以此書並非儒學傳統書目爲理由,批評道:"韓非險薄無足觀。"事實上,韓非是戰國時期著名的法家代表,主張變法革新,這和以祖宗家法爲歷朝寶典的宋代格格不入,因此,潁王祇好找借口説:"録此備藏書之數,非所好也。"⑱

第四,傳授皇子禮儀知識。歷代王朝都有自己相應的一套繁瑣禮儀,以此用來區別貴賤,劃分社會等級,皇子的禮儀知識教育主要體現在君臣有別和尊師尊親上。宋代統治者並不像唐代一樣努力抬高皇子地位,使他們自幼培養帝王風範,形成權力意識,相反是處處貶抑皇子,使其深知謙遜禮讓、君臣有分之道,以免發生像唐代一樣皇子權高震主圖謀不軌等家庭悲劇。英宗在王府中時,每次拜見教授,都要齊整衣冠,恭恭敬敬,深以爲"師也,敢弗爲禮。"⑲正是在皇帝的勉勵、王府官的輔導下,皇子們逐漸形成了好學之風,兢兢求學,他們學習書法、詞章,講論孝道,友愛兄弟。史稱兗王元傑"穎悟好學,善屬詞,工草、隸、飛白,建樓貯書二萬卷"。⑳益端獻王頵喜好醫學,親自著成《普惠集效方》。㉑政和中,定王桓好學不逸,認爲資善堂講讀時間太少,主動要求徽宗延長講讀時間,他在奏疏中稱:"如臣之愚,正當力學,不可曠日,豈應擬視經筵? 兼臣問安視膳之外,還過府第,綽有餘暇。況不同往日,深在禁嚴,出入不敢自便。今欲乞聖慈許令每日不拘早晚,但稍有間隙,即請學官赴廳講讀,所貴爲學日益,有以副聖慈眷撫之意。"㉒但總體上宋代皇子教育還是比較輕鬆,擁有大量的閑暇時間,這與清代皇子讀書相比,的確差了許多。據史書記載,乾隆時皇子讀書極爲刻苦,趙翼以爲"本朝家法之嚴,即皇子讀書一事,已迥絶千古。余內直時,屆早班之期,率以五鼓入,時部院百官未有至者,惟內府蘇喇數人往來。黑暗中殘睡未醒,時復倚柱假寐,然已隱隱望見有白紗燈一點入隆宗門,則皇子進書房也。……乃日日如是。既入書房,作詩文,每日皆有課程,未刻畢,則又有滿洲師父教國書,習國語及騎射等事,薄暮始休。"㉓

(四)皇子的管理

宋代皇子的管理隸屬于宗正寺和大宗正司,主要負責對皇子學習的監督,皇族譜牒的修録、出閣儀制以及收養皇子時的推薦等事務。宗正寺歷代都有,宋承襲唐而設,主要修定譜牒圖籍。仁宗時,隨着皇室成員的增加,宗正寺已不再適應現狀,大宗正司應運而生。景祐三年(1036),創建大宗正司,掌"訓導,糾違失。凡宗族之政令皆關掌,奏事毋得專達,先詳視可否以聞。"⑭在皇子教育中,大宗正司有監督職能,凡"子弟不率教,俾教授官、本位尊長具名申大宗正司,量行戒責。教授官不職,大宗正司密訪以聞。"⑮因此,大宗正司除了監督皇子學習外,還有監督王府官是否盡職。英宗時,判大宗正事允弼修定了《皇親聽書等賞罰規式》,從而使賞罰有文可依,納入制度。⑯此外,親王諸宮司還負責各王宮出納財務事,以諸司使兼任,如果缺任便由内臣充都大管勾或都監。⑰

　　皇子到一定年齡時就應該離開内宮,出外開府設僚屬,稱作出閣。由太史局選定黄道吉日並討論具體儀制。皇子出閣年齡應爲十六歲。如欽宗生于元符三年(1100),政和五年(1115)出閣;孝宗生于乾道四年(1168),淳熙十一年(1184)出閣。但皇子到了出閣年齡並非一定要出閣,有時由于皇帝寵愛,也可適當延長。

　　宋代皇子夭折現象普遍,正如清代學者趙翼所説的"宋皇后所生太子皆不吉。"⑱皇室經常收養宗子于宮掖,以繫天下之心,等待皇子誕生,一旦皇子不誕,這些宗子便以皇子身份入居儲位。在收養宗子過程中,選擇推薦優秀的近屬宗子是大宗正司不可推卸的職責,因爲他們每天都要記錄宗子功過,祇有他們最清楚每位宗子的品質優劣。嘉祐中,知諫院范鎮曾就促請仁宗"以太祖之心,行真宗之故事,擇宗室賢者,異其禮物而施之政事,俟有聖嗣,復遣還邸。"⑲高宗時,又設立南外、西外宗正寺。紹興中,西外宗正寺曾推薦太祖後代五六人以備高宗挑選。根據《宋史》記載,兩宋期間共收養八位宗子以備儲位,其中三位皇子後來登基稱帝。咸平六年(1003),信國公祐病情加劇,真宗遂收養商王元份之子允讓于宮中,仁宗出生後才以隆重儀式送回舊邸。仁宗朝共收養宗子兩位,其中允初最初由劉太后收養。根據張方平在吕夷簡神道碑中記載:劉太后"嘗自言夢周王祐(真宗長子,早夭)來告,將脱生荆王宮中。時允初始生(允初,荆王少子,所謂五相公者),太后欲取入宮養之,吕夷簡爭之,乃止。"⑳允初後來還是被"養禁中"。長成後,太后仍想留他在宮中,"使從帝誦讀",不料又遭到吕夷簡的反對,吕提出:"上富春秋,所親非儒學之臣,恐亡益聖德"。才將允初送還王邸。㉑皇子宗實自幼養于宮中,後來温成張妃有寵,宗實復歸舊邸。嘉祐末年,仁宗仍無子嗣,再度入繼宗實,册爲皇子,即後來的英宗。高宗亦收養了兩位皇子。建炎三年(1129),皇子旉去世後,由于時局動蕩,大臣再次請高宗選宗子繼立。文林郎婁寅亮率先上疏,希望高宗"于伯字行下,遴選太宗諸孫有賢德者,視秩親王,使牧九州,以待皇嗣之生。退處藩服,更加廣選宣祖、太宗之裔,材武可稱之人升爲南班,以備環列"。㉒高宗迫于形勢,選宗子伯琮、伯玖入繼,並且命婕妤張氏、才人吴氏保養。紹興十五年(1145),伯琮、伯玖出閣,官屬禮制相等,號稱東、西府。紹興三十二年(1162),伯琮被立爲太子,即後來的孝宗。寧宗朝收養皇子二人。慶元四年(1198)兗王去世，寧宗收養與愿在宫中，賜名曮，聽讀資善堂，後封爲太子，嘉定十三年病死。[63]寧宗再次選擇太祖十世孫貴和入宫，賜名竑。嘉定十七年寧宗去世，史彌遠矯詔立另一宗子趙昀爲帝，即爲理宗，皇子竑在"霅川之變"後不久被賜死。理宗無子，于淳祐六年(1246)收養同母弟之子孟啓在宫中，後立爲皇子，景定五年登基稱帝。

二、太子的選拔與册立

經過皇子學校的初步教育以及王府官、大宗正司乃至皇帝本人的監督和觀察，皇子的品德、才能、健康狀況等能夠大致了解。當皇子年齡漸長，尤其是在皇帝晚年時，立儲問題更顯得急迫。仁宗晚年第一次患病，不能登殿視朝，"中外惴恐，臣下爭以立嗣固根本爲言"。大臣韓琦乘便進言："皇嗣者，天下安危之所繫。自昔禍亂之起，皆由策不早定。陛下春秋高，未有建立，何不擇宗室之賢者，以爲宗廟社稷計？"[64]但太子的選拔必須極其慎重，一旦選用非人，王朝安危衹在頃刻之間，因此宋代帝王對于太子選拔尤其重視，寧可延緩不願草就。

(一)選拔權力的歸屬

宋代皇帝通常不主動提出建儲事宜，而是由臣僚成爲立儲輿論的造就者，但並非任何臣僚都可以上書請求帝王立儲。其中一個明顯的限制就是武臣不得言立儲事，否則將被認爲僭越。鑒于唐代歷史，宋代嚴厲禁止皇太子與武臣來往，以免兩相勾結，謀國篡位。南宋岳飛曾上書請"皇子出閣，以定民心"，實際上是請高宗立儲。高宗則以"此事非卿所當預"一句話打斷了岳飛。[65]根據統計，兩宋建言立儲的官員以中書宰相和臺諫官爲主，一來他們位高而言有力，二來身居言職，乃其份内之事。仁宗時，知諫院范鎮上書立儲，"伏惟陛下拔其尤賢者，優其禮數，試之以政……與圖天下之事，以繫天下人心。"[66]章奏十九上，被罷爲糾察在京刑獄。嘉祐中，張昪(康節)任御史中丞，深知仁宗在立儲一事上舉棋不定，心情煩悶，他便採用巧妙的方式向他建言。有一天，仁宗對張昪説："卿孤寒，凡言照管。"張昪認爲仁宗才是孤寒之士，他説："臣家有妻孥，外有親戚，陛下惟昭陽二人而已，豈非孤寒？"[67]仁宗因此感慨不已，遂立志選定皇儲。經過臺諫官的屢次進言，使朝廷上下在立儲一事上形成了共識，這時兩府宰臣才開始出面勸皇帝立儲。乾道六年(1170)，虞允文請求退朝後留班奏事，力請孝宗立儲，"自古人君即位，一二年後必建立儲貳，以隆萬事之統……況今日聖志已定，將大有爲于天下，若一旦虜敗盟，連兵兩淮，六飛必須順動，監國撫軍，誰任其責？臨事之變，倉卒議之，當有不如人意處。"[68]鑒于宋初故事，臣僚一般也不在皇帝即位後馬上建言立儲，總要在耐心等待幾年甚至十幾年後才敢建言。他們採取各種方式暗示皇帝立儲，避免直諫招來雷霆之怒。在皇子屢屢夭折情況下,他們又通過各種祭祀方法來祈求皇子誕生。仁宗時,著作佐郎何鬲上書請取柴氏譜系中尊長以祭祀周朝皇靈。神宗朝,又立程嬰、公孫杵曰廟,以旌揚忠義,使國統後繼有人。[69]在進諫中多數臣僚爲避免猜忌,祇是泛泛而言,並不指明皇儲姓名。除非當皇子已公認爲皇儲接班人祇是未册立時,才敢指名道姓。英宗即位後,淮陽郡王仲鍼居長,呂誨在建言時就直接指明淮陽郡王。元豐七年(1084),神宗與羣臣賜宴,令延安郡王侍立一邊,在宋代祇有太子才能享受這種待遇,因此次年神宗被疾時,王珪在奏疏中也指明立延安郡王,"願早建東宮"。[70]儘管臣僚頻頻上言立儲,但真正册立太子卻很晚,這一點與宋以前各代差異很大。太宰徐處仁認爲,"昔漢文帝從代來即位,才數月之間,有司固請預建太子。唐太宗内禪,未逾兩月,亦立太子"。[71]太宗即位後,馮拯等上書奏請立太子,因言詞不謹,被太宗怒斥之嶺南,從此,"中外無敢復言者"。仁宗時,大臣請立太子,認爲若不早立,將有"播遷之禍"。仁宗大怒,欲加貶竄,幸有宰執極力解釋,才幸免于難。[72]所以,耿直大臣一旦奏請皇帝立儲,便惶惶不可終日。陳洙在遞交了奏狀後,連後事也向家人作了交待,他說:"我今日入一文字,言社稷大計。若得罪,大者死,小者貶竄,汝輩當爲之備。"不久,送奏狀的人還沒有返回,陳洙便憂心如焚,暴病而死。[73]南渡以後,這種狀況才有所改變,皇帝也不再追究論罪。孝宗認爲皇儲册立乃天經地義之事,無須忌諱猜疑,並在實際立儲行動上表明了這一觀點。

在臣僚屢次進言立儲後,皇帝便授意兩府大臣共議建儲之事。此時宰執"由朝廷出別旨"共赴樞密院南部的議事廳或中書門下的議事堂,甚至在皇帝病床前直接商議。宋代政治比較開明,"無(每)事付之外庭,採于公論,左右便嬖,絕不預政。"[74]對于皇儲的預立,皇帝不僅不會聽從近習之語,相反嚴格禁止。兩府大臣也祇有在皇帝授意下才能議立皇儲,而且必須保證絕對保密。宋初宰相權力較重,"臺諫、侍從莫敢議己",[75]加上宰執與臺諫有避猜忌之嫌,所以宰執通常自成一派。英宗在即位前被任命爲大宗正時,宰執經商議後迫請仁宗"不恤惡怒……正名皇子。"當仁宗舉棋不定受内臣讒間時,韓琦"密與仁宗議定立嗣",並說:"事若行,不可中止,陛下斷自不疑,乞内中批出。"[76]事後,富弼、文彥博、王堯臣再度商議立儲,並秘而不宣,連英宗本人也不知道。直到神宗朝堯臣子王同老奏明,才知此事。每逢皇帝病危,宰執通常連夜住在禁中,以防不測。仁宗病危,兩府大臣雖然身在禁中,但仍然不知皇上病情,文彥博憤怒地訓斥内臣爲什麼不讓他們預知皇上近況,說:"天子違豫,海内寒心。彥博等備位兩府,與國同安危,豈得不預知也?"嚴令内臣隨時稟告,否則以軍法論處。[77]元符三年(1100),哲宗去世,爲了立儲問題,宰執與太后發生了激烈爭論。當時太后欲立端王趙佶,但宰相章惇認爲趙佶輕佻又非嫡長不當立。由于事出倉卒,宰執間並未商議達成一致意見,曾布便以"章惇並不曾與衆商量"爲理由支持太后。[78]光宗即位後,由于與孝宗有矛盾,未

能盡孝,使朝廷上下一片混亂。宰執趙汝愚和韓侂胄密謀內禪,並獲太后支持,順利導演了
一幕紹熙內禪。[79]除了共議立儲外,宰府大臣在皇帝去世而皇子尚未册封爲太子時,還具有
一定的監督作用。他們充當了顧命大臣的角色,以保證皇帝生前屬意的皇子入繼正統。仁
宗去世時,皇子宗實和皇后之間由于內臣挑撥關係緊張,皇后對着宰臣們哭訴:"怎奈何? 相
公,官家無子。"言下之意欲另立皇子。韓琦一看事態嚴重,馬上屬言安穩皇后:"皇后不可出
此言,皇子在東宮,何不便宜宣入!"但皇后却認爲宗實祇是一名宗子,如果擁立必然會引起
他人爭奪。韓琦斬釘截鐵地打斷了皇后的話,並召學士草制。殿帥郝質爲證明是否是宗實
即位,叮囑儀仗隊要在他聲呼萬歲後才准許山呼。[80]寧宗病重時,召宰執大臣入禁中定議建
儲,由于史彌遠和皇子竑矛盾漸深,彌遠屢次在寧宗前中傷皇子竑。皇子竑對史彌遠的跋扈
專橫極爲不滿,彌遠特地買了一位鼓琴女子送給竑進行監視。皇子竑經常指着地圖上的瓊
崖説:"吾他日得志,置史彌遠于此。"[81]史彌遠爲寧宗去世後自己的仕途憂心忡忡,他一面詆
毀竑"溺女嬖,狎羣小,傲誕淫褻",[82]一面又設法另覓接班人。他挑選宗子昀爲沂靖王後嗣,
令國子學録鄭清之大力輔導,並約定事成之後許以宰相之位。嘉定十七年(1224),寧宗去
世,史彌遠矯詔立昀爲皇帝,皇子竑被賜死。劉克莊作詩諷刺道:"楊柳春風丞相府,梧桐夜
雨濟王家。"[83]

　　儘管宰執可以共議定儲,但其性質祇是提供一種參考,以佐證皇帝的選擇,故朱熹在評
論皇太子選拔時,認爲宰執祇是"力贊于外。"宋代是皇權高度集中的年代,皇權具有絶對不
可侵犯性,無論是宰相還是后妃、外戚。下面這段對話是最好的反映:仁宗有一次在庭院中
散步,偶而聽到墻外兩個衛士的談話,其中甲説:"人生富貴,在命有無。"乙説:"不然。今日
爲宰相,明日有貶削爲匹夫者;今日爲富家,明日有官籍而没之者,其權正在官家耳。"[84]淳化
五年(994),太宗問左諫議大夫寇準該立誰爲太子時,寇準巧妙地回避了這一問題,並奏請太
宗爲天下擇皇儲,"謀及婦人、宦官,不可也;謀及近臣,不可也。惟陛下擇所以副天下之望
者"。[85]明確表示祇有皇帝才擁有立儲的決策權。司馬光希望仁宗在擇儲時不要聽從近臣之
言,自己抉擇,決而不疑。吕誨明確表示在立儲大事上"人臣安得陳露事機",除非他想邀功
自居。[86]當皇帝病重口不能言時,爲了防止外臣矯詔策立,皇帝通常親手書寫皇儲名字。英
宗病危時,韓琦要求英宗早立太子以安人心,英宗親手書寫"立大王爲皇太子",爲避免産生
歧義,又在後面補上潁王頊。[87]但此時英宗已精疲力盡,汗如黃豆。孝宗被立爲太子時,高宗
向羣臣鄭重聲明,立儲出自本人意志,並非他人强迫。一旦大臣干擾立儲,必將受到懲處。
理宗欲立孟啓爲皇太子,但宰相吴潛屢屢上書反對,理宗一怒之下將吴潛貶往循州,後病死
于貶所。對于宦官干政,更是嚴懲不貸。天禧四年(1020),周懷政兄弟與客省使楊崇勳等密
謀發動政變,準備殺丁謂,謀立仁宗,不料事泄,周懷政被誅殺,其他涉及人一律遠貶邊地。[88]

　　由于太子册立較晚,有些皇帝在生前還來不及册立便去世了,這樣,太后在册立太子上就擁有相當大的權力。作爲先皇的正宮,皇太后在家族中威望極高,在羣臣中又作爲先皇的代言人,故備受尊重。太祖開國初,杜太后就有金匱之盟的約定,要求太祖"傳位汝弟,四海至廣,能立長君,社稷之福也。"太祖哭泣着説:"敢不如母教。"並讓趙普書寫于紙,放置金匱中,令宫人保存。⑧儘管金匱之盟的真實性仍待考證,但它客觀地反映了太后在皇儲册立上的權力。神宗晚年,邢恕、蔡確欲另立繼承人,但他們首先考慮到要拉攏高太后,才能確保事成。邢恕以家中白桃盛開爲神宗療疾爲借口,將皇后侄子公繪、公紀邀到府上,勸説道:"上疾不可諱,延安(即哲宗)冲幼,宜早有定論,雍、曹皆賢王也。"⑩妄圖通過兩位侄子達意于高太后,但高太后並没有答應,邢恕等反戈一擊,誣陷高太后,釀成十幾年的宮廷紛爭。哲宗去世時,向太后不同意章惇之意,認爲"俱是神宗之子,豈容如此分别? 于次端王當立。兼先帝嘗言端王有福壽,又仁孝,不同諸王"。⑪最終在曾布等支持下,由向太后定奪。高宗時張婕妤、吳才人分别撫養伯琮、伯玖,當時高宗欲立伯琮,但顯仁太后(按即徽宗韋貴妃)屬意伯玖,故此事久久未决。直到孝宗被册立時,高宗才吐出真言:"第恐顯仁皇后意所未欲,故遲遲至今"。⑫光宗四十歲時仍爲太子,頭髮已白,經常發牢騷,憲聖太后(按即高宗吳皇后)從中斡旋,孝宗才决計内禪。史彌遠矯詔册立皇侄昀,事先也是聯合楊皇后侄子楊谷、楊石傳意皇后,在得到楊皇后首肯後才敢行事。

　　據統計,唐代二十一位帝王中,按皇儲制度即位的祇有兩位,由權臣策立的一位,因宦官而立的多達九位,由母后干政登基的也有五位,是導致整個唐朝政治動盪的内在因素。而宋代太子的選拔是以大臣建言爲緣起,宰執共議提供參考並監督實施,皇帝擁有最終裁决權,在皇帝倉卒去世時又由太后一手主持的這種三位一體的選拔機制。這種機制是在確保皇權至高性的前提下實施的,爲皇權的平穩交接奠定了基礎,從而改變了東漢、李唐以來"女主、宦官、外戚之禍者,以立天子之權盡出其手"的局面。⑬

(二)太子選拔的標準

　　皇子經過系統的教育後,隨着年齡的長大,選拔成爲太子作爲皇位的繼承人是理所當然的事。但皇子並非祇有一位,而太子祇有一位,怎樣才能保證被選中的皇子能嗣承重任,這直接關係到皇權的綿延。宋代在三百年的統治中,逐漸形成了一套行之有效的選拔制度,成爲選拔、評定太子優劣的主要標準。

　　第一,宋代基本上遵行嫡長制選拔制度。宋以前歷代皇朝都嚴格奉行嫡長制,人們認爲"立嫡以長不以賢,立子以貴不以長"。⑭"聖人制禮,尊嫡卑庶,謂之儲君……庶子體卑,不得爲例,所以塞嫌疑之漸,除禍亂之源。"真宗排行第三,長兄漢王元佐患疾被廢,次兄元僖早死;仁宗爲真宗第六子,但五位長兄都早亡;仁宗三子早亡,收養宗實爲皇子,即爲英宗;神宗以英宗嫡長子即位;哲宗排行第六,五位兄長早亡;哲宗僅有一子且夭折,立弟徽宗爲帝;欽宗以嫡長子登基;其後太子諶、太子勇都是嫡長子;孝宗以養子即位;光宗乃孝宗第三子,但長兄愭早亡,次兄愷有疾病;寧宗以嫡長子入繼;此後理宗、度宗皆以養子即位。可見宋代雖然承襲了嫡長制,但並非盲目、呆板地照搬無誤,一旦發現嫡長子有不足勝任之處便另行選擇,主動換選太子。其中漢王元佐、簡王似、魏惠憲王愷都是因疾病而未能入選。所以,儘管立儲政策有了靈活性、實際性,但嫡長制仍然是貫穿立儲的準則。乾道元年,光宗爲恭王,時夫人李氏生子,王府官王淮對大臣說:“恭王夫人李氏四月十五日生皇長嫡孫。”但當時鄧王愭尚在世,孝宗即指出“不合稱嫡孫,祇令稱皇孫。”錢端禮也認爲“嫡庶具載禮經,所以別嫌疑,明是非,定猶豫”。[95]王淮被出任外官。自宋以後,嫡長制逐步鬆動,到了清代雍正元年(1723)則完全廢棄。雍正將皇儲姓名寫於絹書上,藏在盒中,放在乾清宮“正大光明”御匾後,直到皇帝去世才可打開,確立了秘密立儲制。[96]而宋代恰好是這一變化的過渡期。

第二,注重皇子的孝悌賢德,知書達禮。皇帝很重視平時對皇子學業、德行的考察,每次喜慶節日,都要在崇政殿或太清樓宴請時出題讓皇子應對,採用射、歌、詩各種形式,並讓宗子也參加,互相競爭。[97]英宗被收養入宮中,當時允初也在宮中,英宗便自覺地“遠其外誘,習其家法”,使自己在皇子中卓然不羣。[98]神宗在王府,侍讀李柬之嚴格將禮儀規範一一傳授。有一次,神宗在拜受英宗所賜生日禮物時,接物拜謝與禮制處處相符,得到朝臣一片贊嘆之聲。高宗時,孝宗和恩平郡王璩同養宮中,當時顯仁太后主張立璩,高宗爲了慎重,對他們進行了幾次考察。一次,高宗親自抄寫《蘭亭序》兩篇,要求二王依樣抄寫五百本。孝宗抄了七百本,而璩早已將此事遺忘。[99]又有一次,高宗各賜宮女十人給二王,教授史浩告誡孝宗應以禮相待,謹慎奉侍。幾天後,高宗果然召回宮女詢問,發現“恩平十人皆犯之,普安者皆完璧也。”[100]通過這兩件事的考察,使高宗堅定了選立普安郡王的決心。史稱孝宗在自幼入宮近三十年,“左右未嘗見有喜慍之色。趨朝就列,進止皆有常度,騎乘未嘗妄視,平居服御儉約,每以經史自適。”[101]

第三,皇子應該沉穩持重,有帝王風範。高宗時,伯琮、伯玖被選入宮時,伯琮起初因爲瘦弱被認爲沒有福氣而落選,幸虧高宗事後又想重新挑選,命令二人叉手並立以回答問題。這時恰有一貓從房中走過,伯玖忍不住踢了貓一脚,高宗就認爲伯玖輕躁不穩重,說:“此貓偶爾而過,何爲遽踢之? 輕易如此,安能任重耶?”[102]史彌遠爲了排斥濟王竑,讓余天錫另外挑選宗子兩人進行考察,以確定培養人。他將二人關進一個小黑屋中,自己隔着窗戶觀看。到晚上,一位宗子已焦躁不安,而另一位却凝然不動,不形于色。史彌遠最終決定將後一位宗子留下培養,即後來的理宗。[103]這種以穩重爲選擇標準的思想其實也是宋代家法的一種反映,它要求帝王處事不能意氣用事,講究以穩治國。

宋代還改變了唐代皇子出生即封王的現象,將儲位寓在京尹職位上。宋太祖祗授諸子以防禦使,到太祖去世,德昭、德芳仍未封王。陳傅良認爲,太祖此舉"起百世之後,獨追古意,自王禮殺而爲防禦使,非聖人能之乎?"[104]此後,歷朝因循,皇子初除一般從防禦使到國公、節度使、郡王,到出閣後才兼兩鎮封王。經過長期考察,皇帝讓屬意的皇子擔任京尹以練習政務,兩宋十八朝,太宗、真宗、欽宗、光宗都出任過京尹,他們正是從京尹的職位上,鍛煉處理政事能力,進而登上皇位的。

(三)選拔中的防範機制

爲了確保皇帝的立儲權不受其他勢力的干擾乃至逾越,宋代制定了一系列防範措施。首先,是嚴密宗室法,阻止宗室成員跨越雷池一步。鑒於唐代皇子們血腥爭奪儲位的歷史教訓,宋太祖明令"宗室不領兵"。[105]即使戰事初開,也嚴禁宗子領兵。建炎元年(1127),宗室趙叔近知秀州,招降在杭州起事的士兵陳通,却被人誣告謀亂,高宗不加查驗就令張俊誅殺。[106]與此同時,禁止宗室與臣僚來往,以免相互勾結形成勢力集團。凡是宗室人員出外,必須向宗正寺彙報,當天就歸,發現不軌即予處罰。仁宗曾向韓琦詢問宗室中何人可負重任,韓琦無可奈何地說:"宗室不與外人接,臣等何由知其人。"[107]當有人告密說秦王廷美欲發動政變時,太宗毫不心軟地剥奪王爵,將親弟弟貶爲涪陵縣公,置之于房州。此外,還嚴禁宗室干政,將宗室摒棄于朝堂議政之外。張方平在奏疏中説:"我國家祥符之前,皇親尚出臨郡,後絕外授"。[108]因此,神宗以後,宗室諸院極少出外領民事。仁宗即位時年幼,素有威名在外的"八大王"元儼,爲避免劉太后猜忌,"深自沉晦",閉門不出,假裝發狂不參加朝謁。[109]但明道二年(1033),有人傳語"八大王"爲天下兵馬大元帥時,劉太后立刻大興刑獄,逮捕了數百人嚴刑拷問。神宗熙豐變法引起朝廷上下一片議論。一天,他和祁王拜見太皇太后曹氏時,太皇太后曹氏認爲變法有諸多不對之處,祁王在一邊連連附和,神宗立刻怒斥祁王:"是我敗壞天下耶? 汝自爲之。"雙方不歡而散。[110]靖康後,時局動蕩,知宗正寺趙仲湜爲了向高宗表明自己無意政治,曾作詩自貶其容:"性比山麋,貌同野叟。隨圓就方,似無惟有。惟忠惟孝,不污不苟。皓月清風,良朋益友。湛然靈臺,確乎不朽"。[111]正因爲皇帝對宗室的層層防備,使宗室游離于皇權統治之外,成了貴族化的寄祿階層,與唐代宗室"入爲宰輔,出爲牧伯"形成了天壤之別。清代顧炎武在評價宋代宗室時說:"名曰天枝,實如棄物"。其次,是嚴禁后妃和外戚干預政事。兩宋后妃干預政事雖然比較多,但多數因爲帝王病重無力處理政事,一旦皇帝恢復健康,后妃便自動交出權柄,所以后妃干政祗是一種夫妻式的賢內助。仁宗曾令大臣不得執行宮闈旨令,並且認爲立儲大事"豈可使婦人知之?"哲宗時,章惇誣告高太后當年有廢立哲宗之意,而孟皇后當時奉事高太后,必有牽連,從而構成大獄,逮捕宮女、宦官三十多人,拷打得四肢斷裂。御史董敦逸在復查案件時,罪犯已奄奄一息,"無一人能出聲者。"後來孟皇后亦被廢黜。因此,有宋一代,后妃干政並未產生嚴重的政治危機,相反成了皇權順利交接的保護者。呂大防在評論宋代后妃時認爲"本朝宮禁嚴密,內外整肅,此治內之法也。前代外戚多預政事,常致敗亂,本朝皇后之族皆不預事,此待外戚之法也。"⑫此外,宋代還嚴禁宦官干預立儲。如果宦官與"外朝官非親戚往來,或出謁接見賓客者,並流二千里。"⑬皇帝也常常自我警告,認爲宦官干政是唐代弊政,怎麼能够重蹈覆轍。同時,朝臣對宦官也嚴密監督。宦官任守忠在仁宗晚年曾干預立儲,司馬光給以彈劾,羅列了十條罪名,指責任守忠"陰蓄奸心,沮壞大策。忌國家立長立賢,自欲于倉猝之際居中建議,擁幼弱昏懦之君,以邀大利,如有唐之季'定策國老,門生天子'。"于是任守忠被貶蘄州。⑭爲了避免宦官知曉外事,偷聽朝堂政務,臣僚們一致要求宦官在上朝時退避遠處,認爲"內臣不過去御座數步,君臣對問之言皆可聽聞,恐漏泄機事非便。"⑮孝宗朝以後,鑒于童貫領兵招來禍害,明令宦官不得兼武職。兩宋對于影響立儲的可能因素進行了最大程度上的防範,保證了立儲的順利進行。

(四)太子的册立

皇帝經過深思熟慮決定立儲時,通常命令宰相宣召翰林學士起草詔書,加以確定。如果是在晚上,則由當班的學士負責。由于立儲事關重大,爲了防止宰相假傳聖旨,學士通常要面見皇帝親耳所聞後才敢起草,以示慎重。仁宗末年,中書宣召學士王珪起草詔令,王珪認爲"此大事也,必須面奉聖旨。"英宗病危,已不能説話,宰相韓琦宣學士張方平起草,張方平親自走到病榻前受命。但英宗口齒不清,方平聽不清楚,便請英宗親筆書寫,可是英宗體力不支字迹模糊,無法辨認。方平再請英宗書寫,並大聲説:"必潁王也,嫡長而賢,請書其名。"英宗乃"力疾書以付"方平。⑯學士在肯定立儲出于皇帝後,便回到翰林學士院,鎖上院門,用白麻紙起草,每行祇寫四個字,也不加蓋印文。起草完畢,由皇帝審批後到天子正衙文德殿宣讀,並公告天下,宣告也祇用白麻紙上原文。⑰然後便由太常寺選擇黃道吉日準備册立慶典。册立太子的殿堂在宋代主要爲乾元殿或大慶殿。當天皇帝服袞冕,設黃麾仗以及宮廷樂隊于殿中,百官一早按班就位。太子則常服乘馬,到殿門外帳篷中,換下常服,穿朱明衣,戴遠游冠,手執桓圭,由三師、三少引進大殿,拜見皇帝。太常博士引導攝中書令在西階解劍、履,到太子位東,南向稱"有制",太子再拜皇帝。然後由翰林學士宣讀册立詔書,並由中書令將詔書授于太子,太子交右庶子保存,再將太子寶交于左庶子,最後從黃道出殿,換上常服回宮。至此,册立慶典結束,百官、宗王朝服入東宮參賀太子。⑱此外,宋代對那些作爲皇儲候選人但又夭折的皇子通常予以追贈，但並非像唐代一樣比比皆是，因爲宋代士大夫認爲"太子君之貳，將以付畀宗廟社稷之重，非官爵也。"⑲不主張追贈太子，這樣有悖于禮制。所以，兩宋三百年間祇追贈了三位太子，分別爲昭成太子元僖、悼獻太子祐、獻愍太子茂。

宋代在太子册立上表現出的一個明顯特點是晚立太子。一方面，是由歷史原因造成的，因爲唐代太子和皇子間互相傾軋，廢置無常，所以從唐中葉以後"人主始有惡聞立嗣者，羣臣莫敢發言，言則刑戮隨之。"⑳另一方面，皇帝也認爲"儲位既正，人性易驕，便自縱逸，不勤于學，浸有失德，不可不慮。"㉑因此，他們希望皇子能經練世務，通曉古今治亂，避免像唐太子承乾一樣表面一套，背後又一套，"每臨朝視事，必言忠孝之道；退朝後，便與羣小褻狎。"㉒真宗册封後拜見太廟，都人爭先觀看，有一位老人感慨地說："我昔頻睹是傳呼，今久不聞此聲矣。"㉓光宗因病禪位給嘉王（即寧宗），"嘉王已治判福州"，嘉王應召入宮，福州百姓便"排舊邸以入，爭持所遺，謂之掃閣。"㉔光宗時，大臣建言立儲，光宗不從。後來光宗又故意表示贊同，宰相立即上言，光宗這才訓斥宰相，認爲"儲不預建，建即代矣。朕第欲卿知其妄耳。"㉕現將宋代太子册立時間排列如下：

廟號	出生年	册立時間	登基時間	在儲位時間
真宗	乾德六年（968）	至道元年（995）	至道三年（997）	一年半
仁宗	大中祥符三年（1010）	天禧二年（1018）	乾興元年（1022）	三年
神宗	慶曆八年（1048）	治平三年（1066）	治平四年（1067）	一月
哲宗	熙寧九年（1076）	元豐八年（1085）	元豐八年（1085）	幾天
欽宗	元符三年（1100）	政和五年（1115）	宣和七年（1125）	十一年
孝宗	建炎三年（1129）	紹興三十二年（1162）	紹興三十二年（1162）	一月
光宗	紹興十七年（1147）	乾道七年（1171）	淳熙十六年（1189）	十八年
度宗	嘉熙四年（1240）	景定元年（1260）	景定五年（1264）	五年
太子諶	政和七年（1117）	靖康元年（1126）		
太子旉	建炎元年（1127）	建炎三年（1129）		
太子愭	紹興十五年（1145）	乾道元年（1165）		
太子曮	慶元元年（1195）	開禧元年（1205）		

該表顯示，宋代共册立太子十二名，其中四位早亡，祇有八位太子登基。這八位太子中，多數在成年之後册立，相對于唐代要晚上十多年，太子平均册立年齡在二十歲左右，而在位年月相當短，平均祇有五年，其中神宗、哲宗、孝宗都是在先帝去世時匆匆册立，旋而登基的。清康熙在評論皇儲册立時說："宋仁宗三十年未立太子，我太祖皇帝並未預立太子，太宗皇帝亦未預立太子。漢、唐以來，太子幼冲，尚保無事，若太子年長，其左右羣小，結黨營私，鮮有能無事者。"㉖言語之間對宋代晚立太子是很贊賞的。

---

① 朱熹：《四書章句集注·大學章句序》（中華書局 1983 年 10 月）。

②　(元)脱脱:《宋史》卷157《選舉三》(中華書局1977年11月)。

③　呂祖謙:《類編皇朝大事記講義》卷8《仁宗皇帝·教宗英·立儲嗣》(清道光間抄本)。

④　(清)徐松:《宋會要輯稿》帝系,5之17(臺灣新文豐出版社1976年)。

⑤　《宋史》卷157《選舉三》。

⑥　佚名:《宋史全文續資治通鑑》卷33《理宗三》(臺灣文海出版社)。

⑦　李燾:《續資治通鑑長編》卷86,大中祥符九年二月甲午(中華書局1995年4月版,下簡稱《長編》)。

⑧　王應麟:《玉海》卷130《官制·宗戚》(清光緒九年浙江書局本影印本)。

⑨　《宋史》卷162《職官二·資善堂》。

⑩　《玉海》卷129《官制·儲官》。

⑪　《宋史》卷157《選舉三》。

⑫　李心傳:《建炎以來朝野雜記》甲集卷13《取士·宗學》(叢書集成初編本)。

⑬　佚名:《續編兩朝綱目備要》卷14《寧宗皇帝》,嘉定七年八月癸巳(中華書局1995年7月)。

⑭　司馬光:《溫國文正司馬公文集》卷26《乞令皇子伴讀提舉左右人劄子》(四部叢刊初編本)。

⑮　《長編》卷195,嘉祐六年十月癸巳。

⑯　《宋史》卷162《職官二》。

⑰　《玉海》卷129《官制·儲官》。

⑱　《長編》199,嘉祐八年九月壬戌。

⑲　趙汝愚:《國朝諸臣奏議》卷60《百官門·東宮官屬》,張方平《上英宗乞推擇潁王府翊善》(臺灣文海出版社1970年5月)。

⑳　《宋史》卷281《畢士安傳》。

㉑　《長編》卷47,咸平三年十月辛亥。

㉒　陳模:《東宮備覽》卷6《規諫》(臺北四庫全書文淵閣本商務影印本)。

㉓　《宋史》卷162《職官二·資善堂》。

㉔　《長編》卷204,治平二年正月甲申。

㉕　《玉海》卷129《官制·儲官》。

㉖　樓鑰:《攻媿集》卷99《志銘·端明殿學士致仕、贈資政殿學士黃公墓志銘》(四部叢刊初編本)。

㉗　呂祖謙:《宋文鑑》卷48,司馬光《請令皇子伴讀提舉左右人》(上海古籍出版社1994年8月)。

㉘　《續編兩朝綱目備要》卷6《寧宗皇帝》,慶元六年四月。

㉙　《宋會要輯稿》帝系,4之2。

㉚　《宋會要輯稿》帝系,4之1。

㉛　《宋會要輯稿》帝系,4之6。

㉜　司馬光:《涑水記聞》卷4(中華書局1997年)。

㉝　文瑩:《玉壺清話》卷1(中華書局1984年)。

㉞　《宋史》卷387《王十朋傳》。

㉟　《宋會要輯稿》帝系,2之3。

㊱　《宋史》卷245《宗室二·鎮恭懿王元偓》。

㊲　《宋史全文續資治通鑑》卷34《理宗四》。

㊳　《宋史》卷245《宗室二·昭成太子元僖》。

㊴　《玉海》卷129《官制·儲官》;《宋會要輯稿》職官,7之42。

㊵　《玉海》卷129,《官制·儲官·嘉祐皇子位伴讀、說書》。

㊶　(元)祝淵:《古今事文類聚》遺集卷4《東宮官部》(臺北四庫全書文淵閣本商務影印本)。

㊷　《續編兩朝綱目備要》卷16《寧宗皇帝》,嘉定十七年閏八月丁酉。

㊸　唐明皇撰、邢昺疏:《孝經注疏》卷1《開宗明義第一疏》(臺北四庫全書文淵閣本商務影印本)。

㊹　(清)黃以周等:《長編拾補》卷27,大觀元年三月甲辰(上海古籍出版社1986年2月)。

㊺　《宋史全文續資治通鑑》卷34《理宗四》,淳祐十二年二月丁巳。

㊻　《長編》卷202,治平元年六月戊午。

㊼　《長編》卷86,大中祥符九年二月甲午。

(48) 《長編》卷 206,治平二年十月戊申。
(49) 《宋史》卷 13《英宗紀》。
(50) 《宋史》卷 245《宗室二》。
(51) 《宋史》卷 246《宗室三》。
(52) 《宋會要輯稿》帝系,2 之 19。
(53) (清)趙翼:《簷曝雜記》卷 1《皇子讀書》(叢書集成續編本)。
(54) 《長編》卷 119,景祐三年七月乙未。
(55) 《宋史》卷 162《職官二·親王府》。
(56) 《宋會要輯稿》職官,20 之 17。
(57) 《宋會要輯稿》職官,7 之 37。
(58) (清)趙翼:《廿二史劄記》卷 24(世界書局 1939 年)。
(59) 《類編皇朝大事記講義》卷 8《仁宗皇帝·教宗英·立儲嗣》。
(60) 蘇轍:《龍川別志》卷上(中華書局 1982 年 4 月)。
(61) 《長編》卷 112,明道二年四月己未。
(62) 李心傳:《建炎以來繫年要録》卷 45,紹興元年六月辛巳(中華書局 1988 年 4 月)。
(63) 《續編兩朝綱目備要》卷 5《寧宗皇帝》,慶元四年。
(64) 《宋史》卷 312《韓琦傳》。
(65) 黎靖德編:《朱子語類》卷 127《本朝一·高宗朝》(中華書局 1986 年 3 月)。
(66) 《宋文鑑》卷 47《奏疏》。
(67) (近人)丁傳靖:《宋人軼事彙編》卷 1《仁宗》(中華書局 1981 年 9 月)引《畫墁録》作"張文節嘉祐間長憲臺","文節"乃張知白謚號。據《宋史》卷 310《張知白傳》,張于仁宗天聖六年(1028)病逝。另據朱弁《曲洧舊聞》和《長編》卷 184 嘉祐元年九月癸卯,時張昪任御史中丞。張昪死後謚"康節"。
(68) 《續編兩朝綱目備要》卷 1《光宗皇帝》。
(69) 江少虞:《宋朝事實類苑》卷 18《典禮音律》(上海古籍出版社 1981 年 7 月)。
(70) 《長編》卷 351,元豐八年二月癸巳。
(71) 汪藻:《靖康要録》卷 4,靖康元年二月二十六日(文海出版社 1967 年 1 月)。
(72) 張端義:《貴耳集》卷下,"昔聞仁宗時"(中華書局 1958 年 10 月)。
(73) 《長編》卷 195,嘉祐六年九月。
(74) 陳傅良:《止齋先生文集》卷 26《中書舍人供職後初對劄子》(四部叢刊初編本)。
(75) 羅大經:《鶴林玉露》丙編卷 2《論事任事》(中華書局 1983 年 8 月)。
(76) 洪邁:《容齋三筆》卷 10《禁中文書》(上海古籍出版社 1978 年 7 月)。
(77) 《涑水記聞》卷 10。
(78) 曾布:《曾公遺録》卷 9(臺北四庫全書文淵閣本商務影印本)。
(79) 《鶴林玉露》甲編卷 4《紹熙甲寅内禪》。
(80) 《長編》卷 198,嘉祐八年四月壬申。
(81) 《宋史》卷 246《宗室三·鎮王竑》。
(82) 《宋史全文續資治通鑑》卷 31《理宗一》。
(83) (元)吴萊:《三朝野史》(《説郛》弓 49)。
(84) 曾敏行:《獨醒雜志》卷 2(上海古籍出版社 1986 年 6 月)。
(85) 《長編》卷 38,至道元年八月壬辰。
(86) 《長編》卷 195,嘉祐六年九月。
(87) 《長編》卷 208,治平三年十二月辛丑。
(88) 《宋史》卷 466《宦者一·周懷政》。
(89) 《長編》卷 2,建隆二年六月甲午。
(90) 《宋史》卷 471《奸臣一·邢恕》。
(91) 《長編》卷 520,元符三年正月己卯。
(92) 《建炎以來繫年要録》卷 184,紹興三十年二月甲子。

㉝ 《類編皇朝大事記講義》卷 4《太宗皇帝·立太子》。

㉞ 陳立:《公羊義疏》卷 1,隱公元年正月(商務印書館 1936 年 1 月)。

㉟ 《續編兩朝綱目備要》卷 1《光宗皇帝》。

㊱ 《清世宗實錄》卷 10,雍正元年八月甲子(臺灣華文書局 1968 年)。

㊲ 范鎮:《東齋記事》卷 1,"予譽修玉牒"(中華書局 1980 年 9 月)。

㊳ (清)王夫之:《宋論》卷 4《仁宗》(《船山遺書》第 11 冊,岳麓書社 1992 年 5 月)。

㊴ 《貴耳集》卷上《孝皇同恩平在潛邸》。

⑩⓪ 周密:《齊東野語》卷 11《高宗立儲》(中華書局 1983 年 11 月)。

⑩① 《建炎以來繫年要錄》卷 184,紹興三十年二月甲子。

⑩② 王明清:《揮麈後錄餘話》卷 1(中華書局 1961 年 10 月)。

⑩③ 《宋季三朝政要》卷 3《理宗》,景定五年冬十月(叢書集成初編本)。

⑩④ (元)馬端臨:《文獻通考》卷 277《封建考十八·宋諸王》(中華書局 1975 年 2 月)。

⑩⑤ 《貴耳集》卷上,"本朝故事"。

⑩⑥ 王明清:《揮麈錄·第三錄》卷 2《趙叔近守秀州》。

⑩⑦ 《長編》卷 395,元祐二年二月丁亥。

⑩⑧ 張方平:《樂全集》卷 10《芻蕘論五·宗室論·皇族試用》(臺北四庫全書文淵閣本商務影印本)。

⑩⑨ 《宋史》卷 245《宗室二》。

⑪⓪ 邵伯溫:《邵氏聞見錄》卷 3。

⑪① 葉紹翁:《四朝聞見錄》甲集《恭孝儀王大節》(中華書局 1989 年 2 月)。

⑪② 《長編》卷 480,元祐八年正月丁亥。

⑪③ 《慶元條法事類》卷 4《職制門·禁謁》(中國書店 1990 年 10 月影印本)。

⑪④ 《長編》卷 202,治平元年八月丙辰。

⑪⑤ 《長編》卷 195,嘉祐六年九月壬戌。

⑪⑥ 《蘇軾文集》卷 14《張文定公墓志銘》(中華書局 1986 年 3 月)。

⑪⑦ 《宋朝事實類苑》卷 29《詞翰書籍·白麻》。

⑪⑧ 《文獻通考》卷 257《帝系考八》;《宋史》卷 111《禮十四·冊命皇太子儀》。

⑪⑨ 《唐鑑》卷 9《玄宗中》。

⑫⓪ 《國朝諸臣奏議》卷 30《帝系門·皇太子上》,司馬光《上仁宗乞早定至策》。

⑫① 《續編兩朝綱目備要》卷 1《光宗皇帝》。

⑫② 《舊唐書》卷 76《太宗諸子·恒山王承乾傳》(中華書局 1975 年 5 月)。

⑫③ 蔡絛:《鐵圍山叢談》卷 5《皇太子始冊拜》(中華書局 1983 年 9 月)。

⑫④ 《四朝聞見錄》甲集《憲聖擁立》。

⑫⑤ 《鶴林玉露》甲編卷 4《紹熙內禪》。

⑫⑥ 《光緒會典事例》卷 304《禮部》(新文豐出版公司影印清光緒本)。

見于《永樂大典》的若干宋集三考(下)

孔 凡 禮

二一 梅 花 集 句

《大典》卷二千八百一十引"陳畢萬晏窩《梅花集句》"的詠黃香梅詩二首,又引"陳畢萬《集句》"的詠梅實詩二首,卷二千八百一十一引"陳畢萬《集句》"的詠臘梅詩一首。共五首。

陳畢萬的"畢萬",是名,是字,現在搞不清楚,但可以大致肯定"晏窩"是他的號,其號當因所居名晏窩而得。他的生平仕歷不詳,但可以從他的集句詩中做一點探討。

按陳畢萬所集詩的作者的集句多少,依次排列,其順序爲:黃庭堅(山谷)七句、呂本中(居仁)六句、蘇軾(東坡)五句;左緯、陳師道(無已)、舒亶、韓駒、晁補之(無咎)二句;杜牧、曾肇、徐俯、王安石(荊公)、洪炎、韓維(持國)、陳與義(去非)、許棠、王安中(履道)、晏幾道(叔原)、王旦、趙世長、孫覿(仲益)、李清照(易安)、祖可、鄭谷、毛滂(澤民)、張孝祥(于湖)、趙令時(德麟)、方干一句。

呂本中作《江西宗派圖》,以黃庭堅爲祖,其法嗣二十五人,上面提到的陳師道、僧祖可、徐俯、洪炎、韓駒以及呂本中都在內。見胡仔《苕溪漁隱叢話》前集卷四十八、趙彥衞《雲麓漫鈔》卷十四、劉克莊《後村先生大全文集》卷九十五、王應麟《小學紺珠》卷四。方回認爲陳與義(簡齋)也屬於江西宗派,在評與義《道中寒食》詩中,他就說詩以"老杜(杜甫)爲祖,……宋以後,山谷一也,後山二也,簡齋爲三,呂居仁爲四,曾茶山(按:謂曾幾)爲五"(《瀛奎律髓》卷十六)。

從以上的敘述裏,可以看出陳畢萬十分服膺江西宗派詩人,特別服膺黃庭堅、呂本中。據范季隨《陵陽先生室中語》,呂本中作《江西宗派圖》,爲少時事,時在北宋末。南渡初,其說盛行。宋孝宗乾道、淳熙間,陸游、楊萬里、范成大等大家出,江西宗派已不再居於統治地位。特別是陸游,"雖然拜曾幾爲師,但是似乎沒有受到什麼影響"(錢鍾書《宋詩選註·陸游》)。

有理由認爲,陳畢萬生活於南渡初江西宗派占統治地位的時期,即宋高宗時期,或及孝宗之初。

這是一個方面。

　　另一方面,陳畢萬所集詩的作者,杜牧、方干、鄭谷爲唐人;蘇軾、黃庭堅、王安石、曾肇、韓維、晁補之、王旦、毛滂、晏幾道、陳師道、趙令時、舒亶爲北宋人;左緯、徐俯、洪炎、王安中、孫覿、李清照、祖可爲北宋、南宋之交人;只有張孝祥生於高宗紹興二年(1132),爲南宋人。然孝祥卒於孝宗乾道六年(1170),還有另一位活到乾道五年的孫覿:可云孝宗初。如果陳畢萬生活在宋孝宗中、末期及以後時期,陸游已在詩壇上發揮巨大的作用,他有大量膾炙人口的梅花詩,陳畢萬不會不見到。

　　《梅花集句》不著録於《直齋書録解題》、《宋史·藝文志》。著録於《文淵閣書目》卷十,謂"陳晏窩《梅花集句》,一部,三册,缺"。此後未見著録,佚已久。

二二　王師愈文集

　　《大典》卷八千四百十三引《宋王師愈文集》的《論不可輕開兵端劄子》,卷一萬一千八百八十八引《王師愈集》的《九論監司黨局劄子》,卷一萬三千八十二引《宋王師愈文集》的《三論無妄動劄子》。

　　按:王師愈,字與正,一字齊賢,金華人。紹興十八年(1148)進士。歷崇政殿説書。紹熙元年(1190)卒,年六十九。事迹詳朱熹《晦庵先生朱文公文集》卷八十九《中奉大夫直焕章閣王公神道碑銘》;謂師愈"於文不苟作,議奏又多削稿,今次其存者若干卷藏於家"。熹之碑銘作於紹熙四年,其刊刻乃此以後事。

　　此集,《直齋書録解題》、《宋史·藝文志》均未著録。《大典》以後,亦未見著録,已久佚。

二三　趙彦端詩

　　《大典》卷二千六百三引"宋《趙彦端詩》"《玉真臺》五律一首。

　　按:彦端字德莊,號介庵。宋宗室。紹興八年(1138)進士。淳熙二年(1175)卒,年五十五。事迹詳韓元吉《南澗甲乙稿》卷二十一《直寶文閣趙公墓誌銘》。

　　《墓誌銘》云彦端"所爲文,類之爲十卷,自號《介庵居士集》"。知此集乃彦端所自定。《直齋書録解題》卷十七著録《介庵集》十卷,卷二十一《歌詞類》著録彦端《介庵詞》一卷,知其詞於集之外單行。

　　據《宋詩紀事》卷八十五,宋人引録彦端詩者尚多,知其詩頗爲流傳。《大典》以後,影印明抄本《詩淵》各册引録彦端《崇安道中》、《壽皇太子》、《看花回》等詩多達十六首。《介庵居士集》在此以後佚。彦端所撰《介庵詞》,今傳。

二四　劉夙文集

《大典》卷一萬四千五十引《劉夙文集》的《祭曾夫人文》。

按：夙字賓之，莆田人。紹興二十一年（1151）進士。嘗官著作佐郎，人以"著作"稱之。乾道七年（1171）卒，年四十八。事迹詳葉適《水心集》卷十六《著作正字二劉公墓誌銘》（正字乃夙之弟朔，卒於乾道六年）、《宋史翼》卷二十四傳。陸游稱夙爲"天下偉人"（《後村題跋》卷二《跋放翁與曾元伯帖》）。

《後村先生大全文集》卷一百七《跋二大父遺文》："右二父遺文十卷，附錄五卷，《史記考異》五卷，太守監丞宋公之所刊也。"夙乃克莊（後村）祖父，二父謂夙與朔。考以《墓誌銘》，知此太守乃衢州守，復考以商務印書館影印本《浙江通志》卷一百十五《職官》，知此太守乃宋濟。濟於理宗初知衢州，知《遺文》刊刻其時。跋謂此《遺文》乃夙與朔合集，夙之文"十居其九"。《大典》所錄之《劉夙文集》，當即此《遺文》，以夙之文居多，故以概其弟。

跋又謂"有《春秋比事》二十卷，別爲書"，不知刊刻與否。

宋李俊甫《莆陽比事》卷三"以詩名家，有文行世"條下注文："劉夙《奏議》一卷，《史記正誤》二卷，《春秋講義》一卷，《注漢書》、《續博古論》。"俊甫成書在前，故與克莊之跋有異。

真德秀《真文忠公文集》卷三十五有《著作劉公奏稿》跋稱"少時讀著作劉公所對《館職策》，未嘗不拊卷嘆息。今又從公之孫建陽令尹得公奏稿讀之，其《輪對》則斥近倖盜權。"考《後村先生大全文集》卷一百九十五附錄《劉公墓誌銘》，知克莊爲建陽令乃寧宗嘉定二年（1209）事。據此知《遺文》刊刻前，夙之文已在士大夫之間傳播。

《真文忠公文集》同上卷尚有《著作春秋講義》跋，其中有論秦穆公之文。

《劉夙文集》自《大典》以後，公私書目均未著錄，淹没已久。

二五　龔茂良集

《大典》卷一萬八千四百二引《龔茂良集》的《除洪帥謝陶憲啓》。

按：茂良字實之，興化軍人。紹興八年（1138）進士。淳熙五年（1178）卒，年五十八。謚莊敏。事迹見《宋史》卷三百八十五傳。

庫本《聖宋名賢五百家播芳大全文粹》卷十三有茂良《賀李右丞啓》，卷四十二有《赴任上漕使啓》。《大典》卷七千五百十七引《縉紳淵源》轉引茂良啓文達十二篇。足見茂良集頗爲流傳。

　　《直齋書録解題》卷二十《詩集類》著録茂良《静泰堂集》十卷,爲詩;卷二十二著録《龔實之奏稿》六卷。《莆陽比事》卷三"以詩名家,有文行世"條下,注云:"龔茂良,《静泰堂文集》並《奏議》。"《宋史》卷二百八《藝文》七著録"龔茂良《静泰堂集》三十九卷"。此三十九卷本《静泰堂集》,當爲茂良全部作品的結集,或即大典所引的《龔茂良集》。

　　自《大典》以後,《龔茂良集》未見著録,已早佚。

二六　經　濟　編

　　《大典》卷七千五百一十六引"李椿《經濟編》"的《奏改正倉額》。

　　按:椿字壽翁,洺州永年人。孝宗淳熙十年(1183)卒,年七十三。謚文肅。事迹詳楊萬里《誠齋集》卷一百十六《李侍郎傳》、朱熹《晦庵先生朱文公文集》卷九十四《敷文閣直學士李公墓誌銘》、《宋史》卷三百八十九傳。

　　《墓誌銘》作於椿卒後十年,未言及椿著述,《李侍郎傳》亦未言及,《經濟編》的刊刻當較晚。

　　《直齋書録解題》及《宋史·藝文志》均未著録《經濟編》,可爲《經濟編》晚出之證。《文淵閣書目》卷四《經濟》著録"《李文肅公經濟編》",謂"一部,四册,完全";又謂"塾本六册",知其時以多種版本刊行。《内閣藏書目録》卷三著録"《文肅李公經濟編》",謂"六册,全";並謂"宋敷文閣直學士李椿著"。此後未見著録。佚。

二七　定　齋　集

　　《大典》卷二千二百六十五引"宋林淳《定齋集》"詞七首,卷二萬三百五十三引"林淳《定齋集》"詞三首。他卷尚有引録。

　　按:淳字質甫(《直齋書録解題》卷二十一謂字太冲),福州長溪人。隆興元年(1163)進士。見《淳熙三山志》卷二十九。弟湜,紹興三十年(1160)進士。

　　乾道八年(1172),林淳以奉議郎知涇縣。甫至,首訪三農利病。邑有陳、雷二古塘,堙塞不理,爲豪家公據。淳議復之。明年榜示鄉户,修復古塘,民大稱惠。見嘉慶《涇縣志》卷十六《名宦》。淳熙元年(1174)離任,見同上書卷十三。

　　林淳嘗從陳知柔(體仁、休齋)游。《大典》卷二千二百六十二引淳《水調歌頭》,題作《温陵東湖次陳休齋體仁韻》。温陵乃泉州,知柔乃泉州人。紹興十二年進士。知賀州、循州。以不附秦檜,罷歸。詞有"底事賦歸休"之句,即作於知柔鄉居時。事迹見《閩中理學淵源考》

卷十二、《宋元學案補遺》卷四十四。淳熙十一年卒,朱熹《晦庵先生朱文公文集》卷八十七有祭文。

林淳嘗居杭州,今所存詞,大多吟詠西湖或憶西湖。

《直齋書錄解題》著錄林淳《定齋詩餘》一卷,知其詞在宋時即有單行本。嘉慶《涇縣志》卷三十有淳所作《秋霜閣》、《和李白遊水西詩次韻》、《琴溪》、《清心堂》等各體詩達十四首。當收在《定齋集》中,《定齋集》實爲詩詞合刊本。

《定齋集》自《大典》以後,未見公私書目著錄,已久佚。《定齋詩餘》亦久佚。

二八　小隱集

《大典》卷五千八百三十八引《洪文安公集》,爲詩;卷一萬一百十五引《洪公文安集》爲謝表;卷一萬四千四十六引《洪文安公小隱集》,爲祭文;卷二萬四百七十九引《洪文安公小隱集》,爲館職策問;卷二千九百七十二引《宋洪文安公集》、卷七千三百四引《洪文安公集》、卷七千三百二十五及七千三百二十六引《洪文安公小隱集》、卷一萬一百十六引《洪文安公集》爲制;其他各卷尚有多條引《洪文安公小隱集》、《洪文安公集》爲制。據此,知《洪文安公小隱集》實爲詩文綜合集。

按:洪文安公乃遵,皓之子,适之弟,邁之兄。鄱陽人。淳熙元年(1174)卒,年五十五。《宋史》卷三百七十三有傳。樓鑰《攻媿集》卷五十二有《洪文安公小隱集序》,謂小隱乃遵自號。

《直齋書錄解題》卷十八著錄《小隱集》七十卷,《宋史》卷二百八《藝文》七著錄同。自《大典》以後,公私書目皆未著錄,其淹没已久。

除《小隱集》外,遵尚有《泉志》,《直齋書錄解題》卷十四著錄,乃"記歷代錢貨",今有《津逮秘書》本、《學津討原》本,凡十五卷。尚有《訂正史記真本》一卷,有《學海類編》本;《翰苑遺事》一卷,有《知不足齋叢書》本、《學海類編》本;《洪氏集驗方》五卷,有《士禮居黃氏叢書》本;有《譜雙》,有《洪氏晦木齋叢書》本;有所輯《翰苑羣書》,《知不足齋叢書》本。

二九　橘園集

《大典》卷一萬四百五十八引有《李浩橘園集》的《禮策》,卷一萬八百七十六引有《李橘園集》的《賂虜策》。

按:浩字德遠,臨川人。橘園乃其號。紹興十二年(1142)進士。累官至吏部侍郎。淳熙三年(1176)卒,年六十一。事迹詳《南軒文集》卷三十七墓銘、《宋史》卷三百八十八傳。

此集,《郡齋讀書志》附志、《直齋書錄解題》皆未著錄,知流傳不廣。《宋史》卷二百八《藝文》七著錄《李浩文集》,當即此書,凡二卷。《文淵閣書目》卷四《經濟》著錄此書,謂:"《李橘園策》:一部,一册,完全。"據《大典》所引,以"策"名書,蓋志其實。

《内閣藏書目錄》卷三著錄《橘園先生集》,謂二册,三十七篇。《千頃堂書目》卷二十九著錄《李浩橘園集》二卷,知其書清初尚存,其亡佚乃此後不久事。

三〇　范石湖大全集

《大典》卷二千五百三十六引《宋范石湖大全集》的《殊不惡齋銘》。他卷引者尚多,書名分別作《石湖集》、《石湖大全集》、《范石湖大全集》。

按:石湖乃范成大之號,成大字至(一作致、志)能,自號石湖居士。吳郡吳縣人。紹興二十四年(1154)進士。紹熙四年(1193)卒,年六十八。事迹詳周必大《周益國文忠公集·平園續稿》卷二十二《資政殿大學士贈銀青光禄大夫范公成大神道碑》、《宋史》卷三百八十六傳。

《神道碑》謂自裒次詩文爲《石湖集》一百三十六卷。嘉泰三年(1203),成大之子范莘、范兹刻成大詩文凡百有三十卷(《石湖居士詩集》莘、兹跋)"于其家之壽櫟堂"。其後,《石湖大全集》刊於郡庠(淳祐《玉峰志》卷中《范成大傳》),未載卷數。《直齋書錄解題》卷十八《別集類》著錄《石湖集》一百三十六卷。《宋史》卷二百八《藝文》七著錄《石湖大全集》一百三十六卷。

據此,范莘兄弟所刻之本,當不包括《吳船錄》、《攬轡錄》、《驂鸞錄》、《桂海虞衡志》、《梅譜》、《菊譜》六種。此六種,每種計以一卷,適爲六卷。則玉峰郡庠之本或爲一百三十六卷本。

《大典》以後,明楊士奇等輯《歷代名臣奏議》,采成大奏議達二十餘篇;其後楊慎輯《全蜀藝文志》,錄成大文多篇;萬曆間,陳繼儒尚錄成大之文入《辟寒部》,流傳不絶。

清康熙戊辰,依園主人顧嗣立刻《石湖居士詩集》三十四卷,謂:"《石湖詩集》,……范文穆公手自編定。宋嘉泰間,其子莘等刻以行世,合詩文凡百有三十卷。明時曾已重刻,而流傳頗少。又有活板印本,殘闕甚多。"又云"先刻其詩集,以公諸同好"(《四部叢刊》初編影印上海涵芬樓藏吳郡顧氏愛汝堂刊本《石湖居士詩集》目次後題記)。

顧嗣立所云明代重刻的一百三十卷本《石湖集》,今未見著錄。其所云"活板印本",今尚有其書,爲弘治間金蘭館本,題《石湖居士集》,三十四卷。按:此乃詩集。此書今藏北京圖書館。知其時詩集已自全集分離出去,單獨刊行。

　　最值得注意的,是顧氏所說的"先刻其詩集"。據此,一百三十卷本的《石湖集》,其時還爲顧氏所收藏。《詩集》是依據宋本,其他想亦爲宋刻或源出宋刻。顧氏原有意在刻完《石湖居士詩集》後,接着刻包括文章和詞在內的其他大部分卷。顧氏的願望沒有實現,其他大部分遂湮沒於世。這是十分令人惋惜的。

　　元末陶宗儀輯《說郛》,收范成大《攬轡錄》、《驂鸞錄》、《桂海虞衡志》、《吳船錄》。然節略過多,已非原貌。今惟《驂鸞錄》、《吳船錄》有足本流傳。成大的《梅譜》、《菊譜》,今尚流傳。

　　散見於《大典》的及其他各書的范成大佚文,今人孔凡禮輯爲一編,題曰《范成大佚著輯存》,一九八三年三月,由中華書局出版。

三一　說齋集

　　《大典》卷六百二十四引《唐仲友說齋集》,爲詩;卷三千一百五十五引《宋唐仲友說齋集》,爲墓誌銘;卷七千五百七引《唐仲友說齋集》,爲記;卷一萬四百五十八引《唐仲友說齋集》,爲論;卷一萬四千四十六、卷一萬四千四十九、卷一萬四千五十二、卷一萬四千五十三爲祭文;卷一萬四千六百七爲啓;卷一萬四千七百七爲青詞;卷二萬二千一百八十一爲贊。《說齋集》當爲綜合性詩文集。

　　按:仲友字與政,號說齋,金華人。紹興二十一年(1151)進士。三十年再中宏詞科。淳熙十五年(1188)卒,年五十三。《南宋書》卷六十三、《宋史翼》卷十三有傳。

　　仲友博學工文,熟於度數。淳熙七年至九年知台州(《嘉定赤城志》卷九),頗有聲,而私於官妓。朱熹時爲浙東提舉,行部按其事,有按仲友狀六篇,見《晦庵先生朱文公文集》卷十八、十九,仲友遂罷去。《宋史》未能爲仲友立傳,當與此有關。

　　《直齋書錄解題》、《宋史·藝文志》皆未著錄《說齋集》,疑其書之出較晚。《文淵閣書目》卷九著錄"唐仲友《說齋文集》",謂一部二十二册,《菉竹堂書目》卷三同。《內閣藏書目錄》卷三著錄《說齋文集》二十一册,謂不全;又謂其書"凡四十卷,缺第二、第三卷,又別集三卷",當即《文淵閣書目》、《菉竹堂書目》著錄之本。《千頃堂書目》卷二十九著錄《說齋文集》四十卷(未云缺卷),又別集三卷。其書之佚,在此以後不久。

　　仲友著述豐富,今存者尚有《詩解鈔》一卷、《九經發揮》一卷、《魯軍制九問》一卷、《愚書》一卷,皆收《金華唐氏遺書》。其《帝王經世圖譜》十六卷,收入《四庫全書》。

　　又有《悦(〈千頃堂書目〉卷二十九作"說",〈雪舟脞語〉謂仲友號悦齋)齋文鈔》十卷,收入《金華唐氏遺書》。《千頃堂書目》謂爲元季仲友諸孫懷敬輯。

　　又《兩宋名賢小集》卷一百五十九收有仲友《說齋小集》一卷。

除此以外,尚有《六經解》一百五十卷、《諸史精義》一百卷、《陸宣公奏議解》十卷、《經史難答》一卷、《乾道秘府羣書新錄》八十三卷、《天文詳辨》三卷、《地理詳辨》三卷,均佚。

三二　承　明　集

《大典》卷一萬一千三百十二引倪思《承明集》的《重明節館伴語録》(並序)。

按:思字正父(甫),號齊齋,歸安人。乾道二年(1166)進士,淳熙五年(1178)中博學宏詞科。嘉定十三年(1220)卒,年七十四。謚文節。事迹見魏了翁《鶴山先生大全集》卷八十五《顯謨閣學士特贈光禄大夫倪公墓誌銘》、《宋史》卷三百九十八傳。

《墓誌銘》謂思著述凡四十種,其中有《承明集》四十卷。《直齋書録解題》卷十八別集類著録思《齊齋甲稿》二十卷等七種,卷二十二著録《齊齋奏議》三十卷等五種;《宋史》卷二百八《藝文》七著録思《倪思奏議》二十六卷等五種,另一處著録《兼山小集》三十卷:均不及《承明集》。《文淵閣書目》卷四《經濟》著録"倪思《承明集》",謂"一部,十册,完全"。

明《内閣藏書目録》卷三著録《承明集》,謂:"十册,全。"並謂:"宋侍郎倪思著,皆經筵講義登對語。"以後未見著録,其亡當在明末清初。

倪思以著述豐富名世,然完整地傳到現在的,大約只有《班馬異同》三十五卷,該書有《四庫全書》本。

三三　趙崇嶓集

《大典》卷二千二百六十引"趙漢宗《白雲小稿》"詩一首,卷二千二百六十四引"趙崇嶓《白雲小稿》"詩一首,卷五千八百四十引"宋《趙崇嶓集》"詩一首,卷七千九百六十引"趙漢宗《白雲小稿》"詞一首。

《趙崇嶓集》,爲詩、詞合集。

按:漢宗乃崇嶓之字。崇嶓自號白雲山人,南豐人。據《宋史》卷二百三十八《宗室世系表》十八,爲商王元份八世孫,太宗九世孫。慶元四年(1198)生。嘉定十六年(1223)進士。爲金谿主簿,辟石城令,改知淳安。上疏極論儲嗣未定及宦寺專權,不報,乃一再疏陳。累遷大宗正寺丞。監察御史洪天錫論宦者盧允升、董宋臣,疏留中不下。時謝方叔爲丞相,崇嶓移書責之。翼日,授天錫大理少卿。崇嶓遂以直聲聞。此乃寶祐三年乙卯(1255)事。久之卒於位。官至朝散大夫。事迹見乾隆《建昌府志》卷二十八傳並參《宋史》卷四百一十七《謝方叔傳》。《全宋詞》崇嶓小傳謂卒於寶祐四年以前,與《建昌府志》不同。

劉壎《隱居通議》卷九《趙白雲詩》謂崇嶓"爲人精俊灑落，富有文采，趙然謂宗籍冠"。以下並舉其一時傳誦之詩與句，謂"思致不羣，超出世俗"。又謂平生工字學，尤善作數尺字，筆法遒勁，江浙名區，多出其手。

《江湖後集》卷八有趙崇嶓詩。

《建昌府志》謂崇嶓有《白雲詩》，當即《白雲小稿》。《府志》又謂崇嶓尚有《奏議》、《酒邊集》。已久佚。影印明抄本《詩淵》第五冊第三二一〇頁有崇嶓《春宮詞》詩一首，當出自《趙崇嶓集》。《趙崇嶓集》以後未見著錄，佚。

三四　西巖吟稿

《大典》卷二千二百六十引"傅夢得《西巖吟稿》"的《過太湖》詩，卷三千五百七十九引"宋傅夢得《西巖吟稿》"的《許村》詩，卷一萬一千三百一十三引"傅夢得《西巖吟稿》"的《宿鎮江丹陽館》詩。

按：夢得生平仕歷不詳。影印明抄本《詩淵》各冊引有夢得詩二十七首，或云"傅夢得"作，或云出"傅夢得《西巖吟稿》"。其《宿鎮江丹陽館》一詩，即見《詩淵》第五冊三六二六頁。茲就《詩淵》夢得各詩，略探討其生平。

第五冊三七一三頁《平江承天寺》云："渡淮難久駐，此去別閭關。"似夢得爲平江人。同上冊第三七六九頁《題吳寺》有"不到吳墳久"之語。平江爲吳郡。

第五冊第三六八六頁《德清永興寺》有"待了功名債"之句，知夢得少嘗有志功名，希望進入仕途。云"債"，似並非完全出於内心。第一冊第一六頁《白髮》感嘆"勳業未能成"，知功名未就，未能進入仕途。作者寫此詩時，已年"近半百"，白髮"漸生三兩莖"。

第三冊第二〇五一頁《許村》云："人生要行樂，何苦戀京塵。"用此以自解。作者所云"樂"，據《詩淵》各詩，乃爲尋幽訪古。作者足迹所及地區，有今浙江、江蘇、福建各省。第三冊第一五九二頁《江湖偉觀》、第一九六一頁《錢唐》、第二一一二頁《水樂洞》、第五冊第三四六八頁《過蘭亭》、第三六八六頁《德清永興寺》、《德清太善寺》寫今浙江。第三冊第二一九〇頁《垂虹橋》、第四冊第二三八二頁《后土祠瓊花》、第三〇三二頁《多景樓》、第五冊第三一七七頁《揚州竹西樓》、第三六二六頁《宿鎮江丹陽館》、第三七一九頁《金山寺》、第三七三一頁《平江承天寺》、第三七六九頁《題吳寺》寫今江蘇。第三冊第一九五七頁《僊居縣》寫福建。他如第二冊第一三六六頁《伍林舟中》的伍林，第三冊第二〇五一、二〇八九頁《許村》和《元友山》，第五冊第三〇六九頁《沖天樓》、第三一九九頁《四山任鼓院》的地理位置，有待考察清楚，但大體說來，不會出上面所說的三省範圍。作者在《伍林舟中》，提到"人生踪跡"，"客裏行藏”，作者一生很大一部分時間，是在“客裏”度過。

《西巖吟稿》的“西巖”，也許是傅夢得的自號，也許是住地。一般説來，他過的是閑居生活。但他没有忘記國家，他在《錢唐》中寫道：“山外中原皆在望，英雄誰肯便心灰。”在《多景樓》中，他寫道：“望斷中原知幾州。”他時刻盼望着恢復。

作者在《德清太善寺》中寫道：“適意繞廊尋古迹，老僧領看建炎詩。”似乎“建炎詩”也算古迹，時間距離建炎已經相當長了。估計作者的生活時代約爲南宋末，略前於金未亡時。

《文淵閣書目》卷十月字號《詩詞》著録《傅西巖吟稿》，謂“一部，一册，缺”。自此以後，公私書目未見著録，佚已久。

三五　聽松吟稿

《大典》卷二千八百十三引“董杞《聽松吟稿》”的《詠梅》七絶一首。

《江湖小集》卷十三收董杞詩。小傳云：“杞字國材，番易人。”未云及詩集名稱。

《江湖小集》共收董杞詩九首，無《詠梅》詩。

三六　愚谷小稿

《大典》卷三千五百二十七引“李時《愚谷小稿》”的《柴門詩》七絶一首。

《江湖小集》卷十一收李時可詩。小傳云：“時字當可，里居未詳。劉克莊《千家詩》載其‘天寒鴉欲棲’一首。”未云及詩集名稱。

據小傳，作者“李時可”之“可”蓋衍。“天寒”詩見《千家詩》卷十三。按：除此以外，尚有卷三《十二月立春》一首。

《江湖小集》收時詩七首，無《柴門詩》。

三七　中興江湖集

《大典》卷一千五十六、卷二千二百六十四、卷二千八百九、卷二千九百五十二、三千一、三千四、三千五、卷八千八百四十四、卷九千七百六十五、一萬三千七十五、卷一萬四千三百八十、卷一萬四千五百七十六、卷一萬五千一百三十九等引《中興江湖集》詩。作者爲姜夔、方惟孫、大梁李氏、廬陵劉氏、莆陽柯氏、高氏、牛士良、曾鞏、高氏、敖陶孫、永嘉翁氏、金華山人、清苑趙氏、敖氏、葉嗣宗、佚名、趙文鼎、莆陽劉氏、危積等。

宋人著述中,提到《中興江湖集》的,有羅大經《鶴林玉露》。該書《乙編》卷四《詩禍》一則在敘述北宋詩禍以後,接着說:

> 渡江以來,詩禍殆絕,唯寶、紹間,《中興江湖集》出,劉潛夫詩云:"不是朱三能跋扈,只緣鄭五欠經綸。"又云:"東風謬掌花權柄,却忌孤高不主張。"敖器之詩云:"梧桐秋雨何王府,楊柳春風彼相橋。"曾景建詩云:"九十日春晴景少,一千年事亂時多。"當國者見而惡之,並行貶斥。

於是,便發生了詩禍。《四庫全書總目提要》卷一百八十七《江湖後集》條謂"《永樂大典》所載有《江湖集》、有《江湖前集》、有《江湖後集》、有《江湖續集》,有《中興江湖集》"。《鶴林玉露》所説的《中興江湖集》,當是包括《江湖集》、《江湖前集》、《江湖後集》、《江湖續集》以及《大典》所引《中興江湖集》在內全部江湖諸集的總稱。這屬於廣義,這在當時,可能有一定的代表性。《大典》所引《中興江湖集》,則屬於狹義。

今人胡念貽在《南宋江湖前後續集的編纂和流傳》(《文史》第十六輯)一文中認爲:《江湖前集》、《江湖後集》、《江湖續集》"可以稱之爲詩歌叢刊,因爲它所收的每一家都是集名,而且各自獨立","《中興江湖集》也許是適應讀者需要",從上述三集中"抽選出來"的。

胡先生的論點,一部分適用於《大典》所引《中興江湖集》,因爲詩作者姜夔、敖陶孫、曾鞏、方惟深、危積等都有集行世。

但是,另一部分却不適用。因爲,《大典》所引《中興江湖集》所録詩的作者有八位是婦女,她們連自己的名都沒有留下來,可以肯定,她們没有詩集行世。其餘的幾位作者,有的是山林隱逸之士,有的是聲聞不彰的文人,他們未必有集行世。

"江湖集"何以名"江湖"? 很值得探討。這裏有三種情況。第一,唐杜牧有"落魄江湖載酒行"之句。北宋范仲淹《岳陽樓記》說到"居廟堂之高,則憂其民;處江湖之遠,則憂其君"。"江湖"大約兼取以上二者。江湖諸集的作者,大都奔波江湖,居江湖之上,或者終身不仕,或者局處下僚,没有權勢。這是最重要的,也是最主要的。第二,鄭清之官至左丞相,他的《安晚堂詩集》收入江湖諸集中,應該怎樣解釋? 我想,這大約是因爲鄭清之詩的風格,與江湖諸集詩人的風格相近;還有一點,就是鄭清之與江湖詩人在感情上有較多聯繫。江湖諸集中,還有像方惟深這樣的北宋詩人的詩集,這又應該怎樣解釋? 我想,這大約是因爲方惟深的處境與江湖詩人相似之故。在江湖諸集中,二者屬於個別情況。

第三,在漫長的封建社會中,婦女受到歧視,即使身爲貴婦人,也只是居於從屬地位,廣大勞動婦女,則處於底層。整個説來,她們的處境,她們的命運,與流落江湖的詩人相比,倒更接近"江湖"一詞的實際涵義。還有,那些生活處境遠遠比不上江湖諸集中的詩人的聲聞不彰的詩人,自然更可以江湖詩人來概括。

　　這第三種情況,是根據《大典》所引《中興江湖集》產生的,與《江湖前集》、《江湖後集》、《江湖續集》不一樣,實際上,與以上三集,處於並列地位。有了這一部分作者和作品,江湖詩人的全貌才得以展示,江湖詩人才稱得上完整。這就是《大典》所引《中興江湖集》所顯示的特色。

　　不僅是特色,也是功績。編纂這樣的書,需要投入很大的力量,進行廣泛搜輯,然後進行挑選,這就需要時間。見於《大典》的這些作品,都是藝術上的上乘之作。編纂者能發掘到這些詩,説明他們有獨到的眼光和很高的藝術鑑賞力。其功績自不可忘。

　　《文淵閣書目》卷十月字號第一廚著録《宋中興江湖集》三部,其一注:“十册,殘缺。”其二注:“十五册,缺。”其三注:“五十二册,缺。”

　　從這裏可以推測,第一,《中興江湖集》以多種版本流傳,流傳的範圍相當廣泛;第二,册數的不同,説明所收的不同。都以“部”稱,説明問世時都是以完整的面貌出現的。五十二册的,大約屬於羅大經所説的《中興江湖集》那一類;十五册或十册的,大約屬於《大典》所引《中興江湖集》。前者屬廣義,後者屬狹義,均已久佚。

《全宋詩》補（下）

李 裕 民

44，李宗易（3/2047）

一，寄子瞻

誰將家集過幽都，每被行人問大蘇。莫把文章動蠻貊，恐妨談笑臥江湖。（《記纂淵海》卷 22、頁 9 涿州）

45，李 兌（3/2048）

一，義門裘氏

夫何於會稽，卓然有裘氏。同居六百年，相聚三千指。昔賢欽義方，列奏聞天子。詔恩表門閭，光華映閭里。（嘉泰《會稽志》卷 13、頁 22："平水雲門之間，有裘氏，自齊梁以來，七百餘年無異爨……至和中，李待制兌題詩有云云。"王十朋《會稽三賦》卷上、頁 35 史鑄增注引此詩，"裘"作"求"，"義方"作"義行"，"詔恩"作"旌詔"，"閭里"作"鄉里"。）

46，賈昌朝（4/2623）

一，失題

我扶黃雲去京闕，掛席欲進波連山。天長水闊厭遠涉，訪古始及平臺間。（《記纂淵海》卷 19、頁 16 上鄭州）

47，閻 詢（4/2624）

一，絳守居園池

勝地園池舊著夕，宗林遺咏鎖雲扃。壺中日月閑公室，枕下瀟湘野訟庭。苔閣晚涼喬木古，竹林秋齊遠山青。藩侯吏隱餘清景，忘却江南入畫屏。（成化《山西通志》卷 16、頁 1387）

48，葉清臣（4/2652）

一，詩寄宋公序、鄭天休

相先一龍首，對立兩螭頭。（《東原錄》頁 12："葉道卿嘗帶貼職知秀州，時狀元宋公序及同榜鄭天休已修起居注，道卿有詩寄二公曰云云，世稱爲警句。"）

49，文彥博（6/3469）

一，麟州知郡作坊以彥博昔年所題紅樓拙詩刻石復以墨本見寄輒成五十

六字致謝且寄懷舊之意云爾

昔年持斧按邊州,閑上高城久駐留。曾見兵鋒逾白草,偶題詩￼在紅樓(原注:樓在城上,對白草坪)。控弦挽粟成陳事,緩帶投壺憶舊游。狂斐更煩金石刻,腼顏多謝鎮西侯。(道光《神木縣志》卷8《藝文志》下)

二,天井關

千里驅車陟太行,秋風高拂鬢絲涼。關當天井聞靈籟,路出羊腸繞大荒。(《記纂淵海》卷23、頁25澤州)

三,失題

雪消山骨瘦,風停浪頭低。數里復登岸,群賢同杖藜。

四,失題

一派山光傾翠巘,暮春逐景最堪酬。

五,失題

長劍並彈霜氣肅,白虹半折秋雲高。濯纓洗耳更何處,世利回看輕鴻毛。(以上均見《記纂淵海》卷21、頁25懷州)

50,王　素(6/3814)

一,題御愛山

當日蒙塵極險艱,正由蒼翠強開顏。吾皇高拱嚴廊上,只愛生靈不愛山。(《記纂淵海》卷25、頁12下鳳州)

二,聽運使閱道殿院撫琴詩

中臺御史誰得名?卓然閱道持直聲。首冠豸角身衣繡,端想正色霜棱棱。上書言事語激切,表率百辟有典刑。前年乞守桐廬去,衆口稱屈嗟沉英。朝家惜才久難滯,東西兩漕來誇榮。銅梁巨屏實都會,邊御蠻夷州養兵。生齒繁盛版賦錯,歲餘百萬輸王庭。賢者閱道不聚斂,抑暴損重咸使輕。山園好茶甚比苑,佳釀珍果豪相矜。皇皇州縣交贈遺,途路馳走常縱橫。供須勞擾擔負苦,罔恤民力無時停。呵守責宰悉廢罷,嚴於軍令威連營。人士歡聲雜和氣,晝夕遍覆全蜀城。奸夫貪吏縮手脚,一道震懾今澄清。我與閱道略識面,傾蓋若舊都忘形。士之忠義共所守,必能感格推至誠。切磋博約日蒙益,迭相遜避無已能。閱道志節極勁挺,表裏瑩澈冬壺冰。舉族萍寓甬橋上,騰裝單騎趨此行。雷琴一張鶴一隻,唯將二物娛幽情。耽耽公屏大道左,間如隱者真禪扃。聯鑣曉入净衆寺,煙雲收拾初開晴。青松修竹綠陰合,其間瀟灑誰構亭?從容取琴撫數弄,斂襟拱手斜耳聽。數按慢舉別得法,盡出意外皆研精。曲名流水本宮調,碧溜嗽玉寒琤琤。坐中五月汗似雨,忽覺桐葉秋風生。閱道學琴有高趣,心惡鄭衛方鏗鈜。惜茲南薰存舊譜,千載之下猶分明。欲禪吾君躋舜德,追鑒古曲歸

昇平。（曹學佺《蜀中廣記》卷 70、頁 15）

三，句

偶因安帖都無事，空使淹留不見功。（《文潞公文集》卷 4《次韻答平凉龍圖王諫議素》注）

51，韓　琦（6/3962）

一，失題

破趙降燕漢業成，兔亡良犬日圖烹。功蓋一時誠不滅，恨埋千古欲誰明？（《記纂淵海》卷 21、頁 5 真定府）

二，失題

甘棠猶茂應存愛，植柳堪驚近過圍。魚游藻間適物性，月沉波底發禪機。

三，失題

白首三朝社稷臣，壺漿夾道擁如雲。金貂争看真宰相，竹馬猶迎舊使君。（同上頁 10 相州）

四，失題

中山古戰國，殺氣浮高牙。（同上頁 13 中山府）

五，失題

草自岡長暮驛賒，朔風終日起平沙。（同上卷 22、頁 6 燕山府）

52，趙　抃（6/4250）

一，和王仲儀知府聽琴詩

洪惟至樂生太初，一鼓萬類和以蘇。咸章杳默不再得，南風解慍歌有虞。霈恩協氣塞天下，推心置腹充肌膚。四門悦豫比物化，至今法度存諸書。嗟哉道遠樸散漫，遺音寂寞俄榛蕪。文侯聽古唯恐卧，仲尼疾世倡優誅。伯牙絶弦遂空默，季札審樂徒嘻吁。喧嘩焦殺雜然起，非音僻調衆耳娱。夭絲促柱日誇尚，正聲順氣誰持扶？天心厭物窮且變，澆醇欲判如秦吴。本根直使鬼神護，嶧陽茂育寒桐孤。鳴泉怪石竝左右，敲風撼雪孫枝疎。老雷一顧落斤斧，弦朱軫玉徽珊瑚。形模三尺韻鐘磬，價高直恐連城無。兹琴得傳數百載，敝囊古匣藏吾廬。攜之造次不暫舍，兩川萬里隨單車。自憐指下得古趣，古人不見如合符。不知誰人達公聽，招琴曉出遊浮圖。松筠颯灑塵埃絶，群喧屏息堂廡虚。更張疾徐鼓流水，清風灑灑生襟裾。曲終四座悄無語，賞音公獨勤諮諏。公歸三嘆意未已，大句落落投瓊珠。遂令巾衍益氣焰，況是黼繡增名譽。愚今以琴比公治，得之興頌非敢誣。公來西州未五月，教條一出民歡呼。善人得路惡失穴，飢者稻梁寒褲襦。竄排寇姦抑僥倖，損削浮費清庖厨。平刑決獄甚破竹，以身率下如冰壺。公政中和召協氣，斯民樂易琴與俱。報言坤維永安堵，九重西顧何憂

乎？（《蜀中廣記》卷70、頁16）

二，月夜聽僧化宜彈琴詩

蜀國有良工，孫枝斲古桐。逢師寫流水，爲我益清風。淡恐時心厭，幽蘄静耳聰。坐來明月滿，無語訟庭空。（同上頁17）

三，題御愛山

不是當時經御愛，此山還與衆山同。（《記纂淵海》卷25、頁13鳳州）

53，蘇　洵（7/4358）

一，句

歲月不知老，家有雛鳳凰。百鳥戢羽翼，不敢呈文章。（葛立方《韻語陽秋》卷18，第358條）

54，元　絳（7/4376）

朔風刮面歲華遒，閑擁豐貂一倚樓。四野凍雲隨地合，九河清浪着天流。（《記纂淵海》卷24、頁7朔州）

55，張伯玉（7/4723）

一，州宅詩

萬叠湖山煙水濱，朱門畫戟間松筠。登臨不踏紅塵路，燕寢長居紫府春。晝静欲驂風外駕，夜寒疑是月中身。我慚白首方爲吏，猶得蓬萊作主人。（《會稽三賦》卷下頁1史鑄注）

二，讀杜子美集

筆力追蓬萊。（同上頁8）

56，李師中（7/4866）

一，竹林大王祠

已枯斷竹再成林，天爲英賢眷獨深。仆木偃禾如不起，至今誰識大忠心？（駱天驤《類編長安志》卷5、頁318"廟祀"竹林大王祠："宋寇萊公貶死雷州，喪還，過荆南公安縣。民懷公德，以竹插地，掛紙爲祭，焚之。後生筍成林，民以爲神，因立公祠，目其竹曰相公竹，其祠號竹林大王。傳來長安，於安上街立廟。李誠之有詩曰云云。"）

57，姚嗣宗（7/4876）

一，三像寺

朝遊南山南，暮宿北崗北。安心虎豹穴，垂耳龍蛇谷。稻鋪常曲碧，木鎖樊川黑。行盡大和鄉，似得非所得。（《類編長安志》卷5、頁310寺觀，"三像寺，張注曰：三像寺，開元建，倚北原，高數百尺，寺依坡刻三大像，故曰三像寺。貞順皇后墓在彼，爲守墳寺。姚嗣宗題詩曰云云。"）

58，陸　　經(7/4880)

一，句

須信君王重儒術，一時同榜用三人。(《石林燕語》卷6、頁85。"王伯庸名堯臣榜，韓魏公第二，趙康靖公第三。嘉祐末，魏公爲相，康靖爲參知政事、伯庸雖先罷去，而魏公與康靖同在政府，當時號爲盛事。熙寧末，王荊公相，韓康公、王禹玉爲參知政事，三人亦皆同年，仍在第甲連名……荊公再入，仍與康公並相，尤爲難得。時陸子履作詩云云。")

59，司馬光(9/6007)

一，又和早朝書事

日氣曉先赤，天形秋轉高。風輕金彎勒，霜重毳衣袍。匹馬精神倦，前驪意思豪。近來君在告，連直幾番鼇。(宋本《增廣司馬溫公全集》卷10、頁4)

二，感懷寄樂道

對食寧無愧，銜恩豈免憂？愚公欲轉石，能者正操舟。衢路豺狼立，蓬蒿虺蜴遊。松筠不榮落，天地有春秋。潭底寒蟾滿，霜前紅葉稠。要之無可奈，萍梗任漂流。(同上卷11、頁3)

三，和君錫憶同遊龍門

昔曾陪五馬，勝跡昔經行。木落雙崖秀，煙收一水清。人回雲嶺路，鐘到國門聲。別後常東望，飛綬在帝城。(同上、頁4)

四，憶同遊瀍上劉氏園

茅茨依曲岸，桃李隱重扃。共入林間路，同刊洞口銘。柳陰分榻坐，石瀨執盃聽。自與山公別，彌年不復經。(同上)

五，感懷

黃河清濁定難變，白髮新陳空復多。勝事眼前無計奈，不遊不飲欲如何？(同上)

六，正月二十六日同子華相公遊王太尉園

閑說名園乘興來，小桃繁艷間寒梅。主人千里司宮鑰，寂寞殘英委綠苔。(同上、頁6)

七，和子華相公上元遊園二首

明月華燈忘衆樂，寒梅危榭與公遊。橫霄午枕躪春困，准擬連宵醉玉甌。

梅簇荒臺目可羞，相君憂賞忘宵遊。未言美實和羹味，且薦清香泛酒甌。(同上)

八，種竹

種竹不用多，更要堅如玉。但有歲寒心，兩三竿亦足。(同上)

九，又和景仁

峰巒步步新，興趣浩相因。草色如鋪褥，蟬聲若喚人。

謾成詩不記，自酌酒無巡。有路即前進，何須更問津。（同上卷15、頁8）

十，酬仲庶終南山詩

泰山魯所瞻，終南乃秦望。西浸井絡闊，北壓鄈野曠。條枚韞名材，金玉富珍藏。飄風何烈烈，萬物盡搖蕩。屹立不傾倚，勢與厚坤壯。有如牧伯賢，斯民蒙保障。雪霜舉自寒，千里獨重纊，病夫伏閭里，非能事微尚。顧無孤高實，藻飾安可强。景行雖不忘，誰敢承嘉貺。（同上卷22、頁1）

十一，酬永樂劉秘校庚四洞詩

貧居苦湫隘，無術逃暑曦。穿地作幽室，頗與諸夏宜。寬者容一席，狹者分三支。芳木植中堂，嘉卉同四垂。詎堪接賓宴，適足供兒嬉。自問安取法，前修果慕誰？非如太古民，營窟避寒威。又非學射人，空石專致思。又非沮漆俗，陶復習西夷。又非楚司馬，金奏相賓儀。又非鄭伯有，壑谷甘糟醨。又非越王子，丹穴免憂危。又非張巨和，崇嚴立師資。所慕於陵子，欲效蚓所爲。微竅足藏身，槁壤足充飢。養生既無憾，此外安敢知？唯析膏澤布，歌笑樂餘滋。豈羞泥土賤，甘受高明嗤。何言清尚士，善頌聲形詩。困剝固未嘗，並復敗終辭。（同上）

十二，御宴送李[宣]徽昭亮知真定府　致語

天文垂象，貴將陪扈於太微；地險流形，常山控臨於大漠。矧聖神之御極，懷荒遠以嚮風。秋塵無驚，夜户不閉。眷是股肱之郡，委於心膂之臣。武節兼人，雄規絕衆。元戎十乘，董銳士以啓行；清酒百壺，命賢王而出餞。榮生道路，威動塞垣。駐大旆於近郊，留朱輪於清禦。某叨居鄉部，幸對台光，不揆蕪才，敢獻口號。

秋風蕭瑟引華旌，祖宴高張出斗城。玉饌芳菲羅百品，鐵衣照耀擁千兵。驪歌未闋長楊苑，騎吹先臨細柳營。雨露釀恩何以報？沙場不惜樹功名。（按《全宋詩》所收，缺全部"致語"，内容也有出入，故據《增廣司馬溫公全集》卷28、頁5－6重録。）

60，趙　瞻（9/6244）

一，詠賀虜泉

賀虜神泉發何所？山深源大落溪滸。中分半派沾民土，餘波架高入州圃。激爲涌泉流數股，浸潤園葵不可數。百穀雖焦猶此取，有或盜奪怒亦與。民利神泉神有主，廟貌宜盛蓋云古。我欲謁神有苦語，利起爭端禍所買。願潴泉源成水府，待歲旱嘆如蓄貯。雲雷一掀天下雨，神之功德無乃溥。（成化《山西通志》卷16、頁1241）

二，郭林宗故宅

悲哉漢末之人士，虛名嘩衆世皆靡。奸邪憤怒相角掎，潰然天下黨錮起。黨禁根剔密如此，何歟漏網朱夫子？意者大儒照物理，逆鑒禍福以行□。□不蓋人行不詭，謙損涵納海之

水。又豈高卧安閭里，鴻飛鳳舉不可企。酋視亂國如復軌，明哲大邪之所美。有道進退能猶是，故宅莫問但遺址。然誰敢謂李元禮，其徒器識不能爾。（同上頁1408）

三，尹吉甫墓

周宣功烈中興王，薄伐嚴狁汾之陽。□寧待敵寧校量，肯與赤子搏虎狼。攻車搜乘營四方，勤歸勞還藥夷傷。大車行醉砰彭彭，策勳奏凱旋明堂。吾不見之聞雅章，但覺大聲振無□。誰其將者師律□，《詩》美吉甫維鷹揚。公瑱千歲名不亡，歷代出師祠其旁。中原獵火燒戰場，戎王虜帝搖旗常。豈無才傑徒猖狂，聽雞逐鹿投鋒鋩。要知文武憲萬邦，墳之路兮荊棘荒。（同上頁1351）

四，過介子推廟

公子重耳盡賢從，十九年矣復邦統。君臣憂樂情所共，大賞滂洋濯疑恐。襄賢犯親國已用，下有寸功必自誦。賜田莓莓畫郊葑，鄉庑子子輝素縫。居者衷言謀悉中，行者外御力尤眾。納亡立嗣時莫重，孰肯反唇參議諷？推閭之悲不敢慟，天憝晉禍久所痛。子繼孫及在謳訟，諸君何爲盜爵俸？介山云材眇幽空，賢母與甘菽水供。賞猶不出況火縱，終不能與諸人倡和迭褒頌。（同上頁1334）

五，段干木墓

□□彝廬君所式，今墓無表君之惑。世態自爾仁義塞，不獨子道久榛棘。□魏封履介強國，秦楚韓趙日剽逼。朝盟夕背無愧色，侵奪相尚豈知德？文侯禮賢以自立，子成其意直偃息。几杖嚴肅侯顏飭，經傳渾灝侯心得。此聲四馳郵插翼，鄰君憂之坐席側，大邦締好吐誠福，小城乞盟包疆域。世不尊儒事攻克，一得其師帖群慝。誰書厥功著標則？願掃墓隴金石刻。（同上頁1350）

61，王安石（10/6473）

一，黃河

泯出崑崙五色流，一支黃濁貫中州。吹沙走浪幾千里，轉側尾閭無處求。（成化《山西通志》卷16、頁1234）

62，李復圭（10/6806）

一，涌泉

史君家東南，樂彼山水秀。疊嶂叢翠列，飛泉鳴玉漱。嵯峨面城陴，汹潝下池囿。落花出秦洞，輕雲起巫岫。仿佛寫景象，紛紜從結構。信哉精力餘，皆以巧心就。我行止使節，延然布籩豆。共懷江外游，臨風徒引脰。（成化《山西通志》卷16、頁1242）

二，句

荊湘沅鼎澧，合沓五水流。（《記纂淵海》卷7、頁34洞庭湖條）

63,王文淑(11/7362)

一,次介甫韻

昔年送別向都城,邂逅今寬萬里情。壯觀已憐江路隔,高談却待月華生。君隨傳入隨堤去,我駕車從蜀棧行。兩處相逢知有日,新詩何幸慰西征。(《永樂大典》13344、頁 1)

64,王 臨(11/7384)

一,栖巖寺

山郭自然塵事少,携家況作栖巖行。千尋盡處暮雲碧,萬籟息時霜月明。林外扶疏竹影碎,嶺頭依約松風聲。他年若此卜幽隱,興來更遂登臨情。(成化《山西通志》卷 16、頁 1363,作者名下原注"宋知河中軍府事",時在元豐八年至元祐元年間,考詳余《宋代河中府職官考》,《山西地方志》1990 年 3 期。)

65,黃 通(11/7479)

一,馬侍中祠

巨唐文武盛衣冠,何事英風獨滿關。富貴一時隨涑水,功名千載壓孤山。雲藏古廟龍蛇活,日落重城草樹閑。欲問當年興廢事,不知神在有無間。(成化《山西通志》卷 16、頁 1330,原注:"宋安邑尹。")

66,沈 遘(11/7496)

一,失題

濟曲笛聲出禁墙,邊城一聽醉千觴。明朝便是南歸客,已覺身依日月傍。(《記纂淵海》卷 20、頁 33 雄州)

67,王安國(11/7540)

一,句

縱吟還勝白蘋洲。(《沈氏三先生集·西溪文集》卷 3《和平甫越州》注)

68,楊 邁(12/7898)

一,下巖

竹樹藤蘿密復疏,路回崖斷見精廬。龕藏衲子千年骨,神護涪翁半壁書。落日紅光浮户牖,曉雲空翠滴衣裾,塵勞獨愧山僧静,一飯跏趺不願餘。(《蜀中廣記》卷 23、頁 27)

69,蔣之奇(12/8020)

一,詠靈應殿

靈源符國姓,麗澤應州名。地脈薰來潤,雲根出處清。(《大明一統志》卷 35 鞏昌府)

二,升仙臺

主臺猶在碧山層,想像真仙爲勉登。況是仙風久傾挹,何當騎鹿共飛昇。(同上。《記纂淵海》卷 25、頁 4 秦州引"主"作"重"。）

三,題陸希聲宅

二十四亭蕪没盡,溪邊猶有故時橋。（咸淳《毗陵志》卷 18、頁 2）

四,慶陽臨川閣

陝右號名郡,慶陽乃雄鎮。臨拊多時才,結構甚閎峻。城端聳華閣,千里歸一瞬,不啻陵廟存,其傍接烽燧。人家住深崦,檐瓦俯可認。陶穴尚遺風,前書自傳信。俯窺鵝池泉,宛黑深萬仞。黄流繚如帶,潎激似湍迅。地險誠在兹,賊騎安可近?（《記纂淵海》卷 24、頁 52、《大明一統志》卷 36、頁 16 慶陽府）

70 程　顥(12/8229)

一,句

客求墨妙多攜卷,天爲詩豪剩借春。

二,句

千章古木限崖寺,一點清光守障燈。（以上均見《記纂淵海》卷 21、頁 29 衛州）

71,俞　充(12/8359)

一,王官谷十詠奉寄諸友

王官山水佳,況曾居耐辱。高名落世間,詠歌常不足。夫君詩之豪,晴空唳鸞鵠。願借驚人鳴,振響幽栖谷。庶令群聽清,稍識賢者躅。謾寄十短章,瓦礫列珠玉。（成化《山西通志》卷 16、頁 1396）

72,王欽臣(13/8703)

一,金城關

金城關上望皋蘭,嶺勢根磐復繞環。（《記纂淵海》卷 25、頁 32 蘭州）

73,蔡　碻(13/9076)

一,失題

南郊地勝少與侔,我來時與諸君遊。飛泉六月鳴琅球,桃花兩處夾涇流。（《記纂淵海》卷 24、頁 55 邠州）

74,蘇　軾(14/9082)

一,齊國孟嘗君

陰雲忽散晚霜天,畫戟門開見墜仙。錦絡繡衣兵十萬,玉簪珠履客三千。閑騎白馬敲金鐙,謾向青樓理管弦。幾度醉歸明月夜,笙歌引入華堂前。（《洛陽新出墓志》,文物出版社,1996 年,152 條《皇元故奉直大夫監察御史鄭公壙志》碑陰,詩後刻"元祐五年(1190)三月二日。東坡居士書。李伯時畫。"係至正十年(1350)據原件刻於石。）

75, 張舜民（14/9662）

一, 蠶蛛行

誰謂□□□, 謀身一□□。斯民患寒冽, 爾爲裳與襦。斯民患裸赤, 爾使曳且婁。餘事及□木, 自庇一縷無。彼蛛豈無絲, 結網緣庭除。朝昏伺群飛, 所得充膏腴。反顧爾蠶笑, 容容乃良圖。如何爲民害, 不自安其軀。屈平於國智, 晁錯於身愚。石顯以佞寵, 望之以讒誅。須知磊落人, 死耳不爲蛛。（謝維新《古今合璧事類備要別集》卷94、頁11）

二, 焦君以錦鷄爲贈文彩可愛性復馴狎然終日爲家猫所困遂復挈還仍嗣　短句

魯恭感物性能馴, 因把華蟲贈里仁。雖有文章堪悦目, 却無言語解媒身。只愁猫犬常窺汝, 胡不山林遠避人? 好在舊籠還舊主, 便當歸放澗之濱。（《古今合璧事類備要別集》卷70、頁5-6）

三, 句

天將秋氣蒸寒馥, 月借金波滴小黄。（《古今合璧事類備要別集》卷38、頁3）

四, 句

常憶之官潁上時。（《攻媿集》卷73《跋黄氏所藏東坡山谷二張帖》）, 原注: "常憶", 《集》作"憶昔"。）

五, 句

著靴騎馬。（同上, 原注: "騎馬", 《集》作"乘馬"。）

76, 遊師雄（15/9763）

一, 崆峒山

崆峒一何高, 崛起乾坤闢。峻極倚杳冥, 峥嶸亘今昔。

二, 笄頭山

笄頭舊傳名, 關塞曾控扼。

三, 廣成子洞

復聞廣成子, 不爲外慮役。至今洞猶存, 峭壁宛遺迹。

四, 西巖泉

西巖水泓澄, 沕沕緣罅隙。（以上均見《記纂淵海》卷25、頁17 階州）

五, 題翠屏山

最高翠屏山, 舉手星可摘。珠石信團圞, 群峰森劍戟。（同上頁19 涇州）

六, 題青龍洞

相傳雷雨收, 片片歸雲白。（同上）

七,題雪山

華夷分壤處,雪嶺白嵯峨。萬古消難盡,三秋積又多。寒光欺夏日,素彩爛天河。自笑經過客,相看鬢易皤。(同上頁 25 河州)

八,八景樓

行盡秦川路,誰如此一州。半湖無盡藏,八景最高樓。(《大明一統志》卷 35 鞏昌府)

九,題鹿玉山

玉井響侵獅子洞。

十,句

勢將玉繩齊,位據金野窄。(以上均見《記纂淵海》卷 25、頁 14 階州)

十一,句

此去陟參雲,危棧愈趑趄。會景亦可喜,周顧忘倦罷。(同上頁 19 涇州)

77,王 詵(15/10168)

一,題香城寺

不到香城二十年,長松怪柏憶森然。身留絳闕鄉關杳,千里唯將夢寐傳。(《類編長安志》卷 5 寺觀,"香城寺,在本府草場街……宋駙馬王詵題詩云云。")

78,張商英(16/10989)

一,題霍山

鷲翅垂三晉,鰲趺踞一方。丹書亡智伯,白髮詣秦政。展足承姑射,回巒揖太行。水涵千頃富,源發四渠長。鳥不栖靈木,雲常入帝鄉。柏根蟠老石,瓜蔓散平崗。叱咤生雷電,鞭共從豺狼。欲知雄氣象,衛、霍出平陽。(成化《山西通志》卷 16、頁 1203,《霍山志》卷 5)

二,峰房泉

水竇峰房涌,山頭鹿頂圓。風吹韝袋谷,雲罩簸箕天。(成化《山西通志》卷 16、頁 1243)

三,過靜樂

州昔廢爲邑,邑今興作州。廢興隨所見,今昔自悠悠。涌岸奪沙勢,交川當郡樓。邊民樂耕牧,一曲意休休。(同上頁 1141。原注:"村童擿香白芷莖吹之,謂之意休休,意休即休也。")

四,內前行

耗頭昨夜光照牖,是夕收芒如禿帚。明朝化成甘雨來,官家唤作調元手。(原注:商英視事,明日,始得雨,上喜甚,書商霖二字賜之。《續資治通鑑長編拾補》卷 29、頁 14)

五,題浮光山

野陂衰草淒荒城,千里浮光點太清。不與衆山爲伴侶,自然八面露峥嶸。(《記纂淵海》

卷 12、頁 20 光州）

　　　　　六，句

荆榛千里古黃國，此景葱菁浮煙嵐。（同上頁 21）

　　　　　79，黃　裳（16/11010）

　　　　一，挽陳伯修

不須更草玉樓記，已作僊官第六人。（《梁溪漫志》卷 3“聞樂異事”條）

　　　　　80，曾　肇（18/11883）

　　　　一，失題

重關深鎖白雲收，天際諸峰黛色流。北枕龍沙通絕漠，南臨鳳闕壯神洲。（《記纂淵海》卷 20、頁 34 霸州）

　　　　二，失題

煙生睥睨千巖曉，露濕芙蓉萬壑秋。王氣自應成五彩，龍文常傍日光浮。（同上頁 35）

　　　　　81，蔡　京（18/11943）

　　　　一，題寶峰亭

我行畏暑途，遵莽乘夜騖。霞散赤雲朝，雨暝炎風暮。駕言止益昌，陟彼寶峰路。有亭作者誰？（此下脱一句）逍遙步庭際，天宇在一顧。嘉川指掌平，劍嶺若跬步。執熱欲以濯，涼飇生牖戶。維南面崇崗，曉日披重霧。鳴鼉静巖壑，好鳥啼幽樹。十年遍四方，嘗懷百憂慮。倘佯散疏襟，邂逅慰羈寓。人生異憂樂，所樂惟所趣。我樂殊未央，不如早歸去。（蔡絛《西清詩話》卷中、條 79：“蜀道山川雄天下，至遂昌，遽見萬峰競秀，如排户牖而林立矣。家君紹聖初召還成都，盛夏過之，小憩官舍。舍依山，有亭曰寶峰，俯泉石，枕林谷，蘭森清冷，洗然忘倦，遂留詩，涉筆立成云云。至今每云，適意處無如此。”）

　　　　　82，喻　陟（18/12378）

　　　　一，玉繩泉

萬丈潭邊萬丈山，山根一竇落飛泉。玉繩自我題嚴石，留作人間美事傳。（《大明一統志》卷 35、頁 26 鞏昌府：“玉繩泉在飛龍峽之下，萬丈潭之旁。宋喻陟詩云云。”）

　　　　　83，吳　可（19/13012）

　　　　一，賦秘古堂

異錦於襄更妙好，中有玉窟藏漢草。（陶宗儀《古刻叢抄》頁 32，“漢永初討羌檄”條，宋乾道六年張駒跋：“宣和中，陝右人發地，得木簡一瓮，字皆章草，朽敗不可詮次，唯此檄完。中貴人梁師成得之，嘗以入石。永（民按：疑當作“未”）幾，梁卒，石簡俱亡，故見者殊鮮。吳思道親睹梁簡，故賦其秘古堂云云。”）

84，宋　肇（20/13448）

一，題下巖

古寺依叢壑，雲深暗薜蘿。山僧眉睫異，林鳥語聲和。絕壁疑無路，長江忽自波。暫來還趣駕，衰早倦經過。

二，下巖逢雨（三首）

地險重樓仄，巖虛古殿開。泉鳴風處瀨，石暗雨邊苔。黃葉曾攀柳，青梢未折梅。居僧應解笑，歲晚尚西來。

嵐光分碧瓦，江影動丹扉。林鳥拳晴竹，沙鷗印夕霏。風幡空自舞，雲岫幾時歸？石室君無問，塵埃萬事非。

盡把蕭疏鬢，難勝浩蕩愁。西風吹落日，小雨弄殘秋。埋沒千山瘴，掀騰萬壑流。宦途如客語，吾意轉悠悠。（以上均見《蜀中廣記》卷 23、頁 26）

85，崔　鷗（20/13477）

一，題天井關夫子回轍迹

霜風號空日欲墮，青天嘹亮邊鴻過。蒼顏禿髮徒步歸，老馬不行肩鬣破。川上行人川下水，素袂青泥君莫洗。君不見太行山頭千歲石，石上車轍深一尺。（成化《山西通志》卷 16、頁 1411）

86，鄭居中（20/13542）

一，雪山

爲愛詩名吟到此，風魂雪魄去難招。（《永樂大典》卷 22760、頁 19）

87，樓　異（22/14401）

一，與參寥師喜雨詩

一聲雷碾青山過，萬里風驅白雨來。（《攻媿集》卷 72《跋參寥詩》）

88，胡直孺（22/14762）

一，句

阿兄驚世才。（陸游《渭南文集·跋胡少汲小集》）

89，葛勝仲（24/15705）

一，句

妙行堂前聲碧鮮，壺中軒外疊礧砢。（嘉泰《吳興志》卷 13、頁 38 武康縣條：“静林寺，在縣西三里……寺有妙峰亭、妙行堂、壺中軒，載毛澤民及葛文康詩詞，葛公詩有云云，軒外疊石爲山也。”）

90，徐　俯（24/15831）

一，白下亭

廣陵纔過又金陵，白社還思白下亭。雁翅水連千里浪，峨嵋山出兩峰青。（《六朝事迹編類》卷3、頁44）

91，王安中（24/16016）

一，贈吳偕

田園就世四百載，儒學一門三千人。（《宋元學案補遺》卷1）

92，張　擴（24/16095）

一，二毫筆

包羞曾借虎皮蒙，筆障仍推兔作毫。未用吹毛强分明，即今同受管城封。（王明清《揮塵錄餘話》卷2、條439，李心傳《建炎以來繫年要錄》卷149紹興十三年六月甲辰注）

93，王　庶（27/17439）

一，失題

凍雲凝白雪漫漫，不是寒亭分外寒。六月大雹天不雨，請君來此憑闌干。（《記纂淵海》卷25、頁9隴州）

94，吳　激（27/17439）

一，失題

夙有滄洲趣，雲扃夢幾迴。臨深疑地盡，望遠覺天開。月湧冰輪出，濤翻雪陣來。無機同海客，鷗鳥莫相猜。

二，失題

潮聲三山島，烟橫萬里沙。蜃樓春作市，鼉鼓暮催衙。一曲水仙操，片帆漁父家。（以上見《記纂淵海》卷20、頁20河間府）

95，何　桌（31/19217）

一，贈范宗尹

漢庭初唱乙科時，陛楯何知亦嘆咨！天子方將前席問，將軍焉用免冠爲？高風已側諫臣目，異日應伸壯士眉。更向山中讀書去，功名如此不嫌遲。（樓鑰《攻媿集》卷77《跋范丞相江西唱和詩卷》）

96，張九成（31/19985）

一，挽陳伯修

凌波應作水中仙。（《梁溪漫志》卷3、頁7）

97，曾　憷（32/20426）

一，虞美人草歌

鴻門刁斗紛如雪，十萬降兵夜流血。咸陽宮殿三月紅，霸業已隨煙燼滅。剛強必死仁義王，陰陵失道非天亡。英雄本學萬人敵，何用屑屑悲紅粧。三軍散盡旌旗倒，玉帳佳人坐中老。香魂夜逐劍光飛，清血化爲原上草。芳心寂寞寄寒枝，舊曲聞來似斂眉。哀怨徘徊愁不語，恰如初聽楚歌時。滔滔逝水流今古，楚漢興亡兩丘土。當年遺事總成空，慷慨尊前爲誰舞？（祝穆《古今事文類聚後集》卷 32、頁 30）

98，姚孝錫（33/20885）

一，句

食貧豈復甘秦炙，客病空懷奏楚音。（周密《齊東野語》卷 11、頁 195）

99，邵　博（33/21024）

一，題漢充國城

山圍翠合水連雲，萬室樓臺照眼明。勝地風淳真樂國，四州惟説好充城。（《蜀中廣記》卷 27、頁 4）

二，同楊元澈遊草堂

萬里橋西路，幽居今尚存。共來披草徑，遠去問江村。冉冉花扶屋，蕭蕭竹映門。斯人隔今古，此意誰與論？（同上卷 2、頁 14）

三，果州

從昔遨遊盛兩川，充城人物自駢闐。萬家燈火春風陌，十里綺羅明月天。（同上卷 58、頁 5）

四，題順慶府仙鶴樓

春去秋來好風月，鶴樓端勝庾公樓。（同上卷 27、頁 3）

100，吳　芾（35/22009）

一，錢廣文采芹亭

多士欣逢樂育辰，一時席上盡懷珍。將攀丹桂廣寒裏，先采香芹泮水濱。味道固應甘若薺，緝章還更艷如春。扶持風教師儒力，慚愧當年戾止人。（《古今合璧事類備要後集》卷 76、頁 19）

101，程敦厚（35/22082）

一，獻秦檜詩

誕生聖相扶王室。（李心傳《建炎以來繫年要録》卷 162 紹興二十一年十一月戊戌）

102，李　燾（37/23211）

一，和黄豫章韻

山與蜀江並，巖從天漢開。禪僧若個住，詩客幾人來。金闕掛白練，石龕封綠苔。攜家

便堪隱,歸楫重徘徊。(《蜀中廣記》卷 23、頁 27)

　　　　二,失題

邛崍古道驚險絶,我行更遭連日雪。縱觀自古得奇勝,未審底處爲九折。(《記纂淵海》卷 16、頁 26 黎州)

　　　　　　　　103,宋孝宗(43/26864)

　　　　一,句

宴開芸閣儒風盛,坐對蓬山逸興長。(《記纂淵海》卷 19、頁 11 潁昌府)

　　　　　　　　104,黄人傑(47/29122)

　　　　一,題下巖

十月水痕瘦,維舟過下巖。鷗行沙作路,龍像石爲龕。風定烟光合,霜回日色酣。賦詩無好語,聊用志瞿曇。(《蜀中廣記》卷 23、頁 27)

　　　　　　　　105,張孝芳(50/31068)

　　　　一,句

平川麥穗藹如雲。(《蜀中廣記》卷 11、頁 22)

　　　　　　　　106,裘萬頃(52/32274)

　　　　一,與弟元德安樂窩詩

莫春浴沂風,爭咏歸氣象。(陳元晋《漁墅類稿》卷 5、頁 6《跋裘元量竹齋漫存詩》)

　　　　　　　　107,洪咨夔(55/34461)

　　　　一,失題

殿前將軍猛如虎,救得汾陽令公府。祖宗神靈飛上天,可憐九廟成焦土。(《宋史全文》卷 32、頁 5 紹定四年九月:"辛卯之火,比辛酉之火加五分之二,雖太廟亦不免,惟史丞相府獨存,洪舜俞有詩云云。")

　　　　　　　　108,朱　焕(59/36800)

　　　　一,下巖次令狐慶譽韻

勝地都無一點埃,脩脩野竹映樓臺。僧同巢鳥林端見,佛顯靈巖石面開。道者已隨鸞鶴去,世人特爲水雲來。登臨清興無窮盡,一下層巒暮色催。(《蜀中廣記》卷 23、頁 28)

　　　　　　　　109,汪元量(70/43991)

　　　　一,失題

柳摇楚館牽新恨,花落吴宮憶舊游。渴想和羹梅已熟,饑思進飯麥初收。(《記纂淵海》卷 20、頁 37 德州)

　　　　二,句

瀛洲歸去琅玕長，月朗風薰十二樓。（同上頁 45 永静軍）

110，蒲　瀛（71/45087）

　　一，束臺

城郭層臺逈，祇園細路通。小亭虛白日，老樹足秋風。閲世年年改，傷心處處同。黄泉魂在否？紅粉亦成空。（《蜀中廣記》卷 3、頁 4）

111，宋永孚（72/45157）

　　一，下巖

江漲桃花後，風薰荔子前。來瞻千億佛，去此十三年。巖溜翠常滴，林花紅欲然。因知山與石，本性亦虛圓。

　　二，下巖

兩山中斷曉天開，萬頃無波浸綠醅。巖外水簾垂到地，坐看烟雨過江來。（以上均見《蜀中廣記》卷 23、頁 27）

引用書目（以引用先後為序）

元·脱脱《宋史》，中華書局點校本，1977 年。

陝西碑林博物館《碑林集刊》，陝西人民美術出版社，1999 年。

宋·潘自牧《記纂淵海》，文淵閣《四庫全書》本，上海古籍出版社影印本。

宋·龔鼎臣《束原録》，上海書店影印本，1990 年。

明·解縉《永樂大典》，中華書局影印本。

宋·蔡絛《西清詩話》，《宋詩話全編》本，江蘇古籍出版社，1998 年。

明·李栻《歷代小史》，江蘇廣陵古籍刻印社影印本，1989 年。

宋·邵伯温《邵氏聞見録》，中華書局點校本，1983 年。

宋·李燾《續資治通鑑長編》，上海古籍出版社影印本，1986 年。

清·徐松《宋會要輯稿》，中華書局影印本，1957 年。

明·曹學佺《蜀中廣記》，文淵閣《四庫全書》本，上海古籍出版社影印本。

宋·陳公亮《嚴州圖經》，中華書局影印宋元方志叢刊本，1990 年。

明·黄仲昭　弘治《八閩通志》，福建人民出版社，1989 年。

清·黄以周等《續資治通鑑長編拾補》，上海古籍出版社影印本，1986 年。

宋·劉克莊《後村先生大全集》，四部叢刊本。

宋·賀鑄《慶湖遺老集》，文淵閣《四庫全書》本，上海古籍出版社影印本。

宋·王明清《揮麈録》，中華書局點校本，1961 年。

明·胡謐　成化《山西通志》，中華書局點校本，1998 年。

宋·徐度《却掃編》,叢書集成本。

宋·陳騤《南宋館閣錄》,中華書局點校本,1998 年。

宋·何薳《春渚紀聞》,中華書局點校本,1998 年。

宋·王質《雪山集》,文淵閣《四庫全書》本,上海古籍出版社影印本。

宋·費袞《梁溪漫志》,上海書店影印本,1990 年。

宋·王象之《輿地紀勝》,江蘇廣陵古籍刻印社影印本,1991 年。

宋·項安世《平庵悔稿》,宛委別藏本。

宋·李心傳《建炎以來繫年要錄》,叢書集成本。

宋·無名氏《南宋館閣續錄》,中華書局點校本,1998 年。

宋·樓鑰《攻媿集》,四部叢刊本、叢書集成本。

宋·魏了翁《鶴山先生大全文集》,四部叢刊本。

宋·史能之　咸淳《毗陵志》,中華書局影印宋元方志叢刊本,1990 年。

宋·陳元靚《歲時廣記》,叢書集成本。

宋·《楊文公談苑》(李裕民輯佚點校),上海古籍出版社 1993 年。

宋·葉夢得《石林燕語》,中華書局點校本,1984 年。

宋·王應麟《玉海》,文淵閣《四庫全書》本、上海古籍出版社影印本。

宋·王灼《頤堂文集》,文淵閣《四庫全書》本,上海古籍出版社影印本。

宋·謝維新《古今合璧事類備要》,文淵閣《四庫全書》本、上海古籍出版社影印本。

宋·趙抃《清獻集》,文淵閣《四庫全書》本,上海古籍出版社影印本。

宋·曾慥《類説》,文淵閣《四庫全書》本,上海古籍出版社影印本。

元·駱天驤《類編長安志》,中華書局影印宋元方志叢刊本,1990 年。

宋·張敦頤《六朝事迹編類》,上海古籍出版社點校本,1993 年。

宋·陳天麟《許昌梅公年譜》,《宋編宋人年譜選刊》本,巴蜀書社 1995 年。

宋·魏泰《東軒筆錄》,中華書局點校本,1983 年。

宋·曾敏行《獨醒雜志》,上海古籍出版社點校本,1986 年。

宋·王十朋《會稽三賦》,史鑄增注,文淵閣《四庫全書》本,上海古籍出版社影印本。

清·王致雲　道光《神木縣志》,神木縣標點本,1982 年。

宋·文彥博《文潞公文集》,文淵閣《四庫全書》本,上海古籍出版社影印本。

宋·葛立方《韻語陽秋》,《宋詩話全編》本,江蘇古籍出版社,1998 年。

宋·司馬光《增廣司馬溫公全集》(宋本),日本東京汲古書院影印本,1994 年。

《洛陽新出墓志》,文物出版社,1996 年。

釋力空《霍山志》,山西人民出版社標點本,1986 年。

明·李賢《大明一統志》,三秦出版社影印天順本,1990 年。

明·陶宗儀《古刻叢抄》,文淵閣《四庫全書》本,上海古籍出版社影印本。

宋·陸游《渭南文集》,文淵閣《四庫全書》本,上海古籍出版社影印本。

宋·談鑰　嘉泰《吳興志》,中華書局影印宋元方志叢刊本,1990 年。

清·王梓材等《宋元學案補遺》,四明叢書本。

宋·祝穆《古今事文類聚》,文淵閣《四庫全書》本,上海古籍出版社影印本。

宋·周密《齊東野語》,中華書局點校本,1983 年。

宋·陳元晉《漁墅類稿》,文淵閣《四庫全書》本,上海古籍出版社影印本。

元·無名氏《宋史全文》,文淵閣《四庫全書》本,上海古籍出版社影印本。

2000 年 10 月 4 日于西安,11 月 15 日增補

《史記·封禪書》《晋世家》標點、校勘商兌

周　文　德

一、標點

1. 二世元年，東巡碣石，並海南，歷泰山，至會稽，皆禮祠之，而刻勒始皇所立石書旁，以章始皇之功德。（《封禪書》1370頁）

按："並海"後當逗，"南"字下屬。標點應爲"二世元年，東巡碣石，並海，南歷泰山，至會稽……"。理由有四：其一，從句式上看，"南歷泰山"與"東巡碣石"相對爲文，"歷"、"巡"皆作"巡遊"講，"南歷"亦即"南巡"也。其二，從路綫上看，秦二世東巡碣石後，沿着大海（"並"音步浪反，讀傍），南遊泰山，最後到會稽。整個路綫是由北向南。而不是東巡碣石後，一下子到了海南，又返遊泰山，再到會稽。也不是傍海而南。其三，《史記·秦始皇本紀》記載二世此次巡遊："二世東行郡縣，李斯從。到碣石，並海，南至會稽……"。標點作"並海，南至會稽"。其四，《漢書·郊祀志》亦有此記載，標點正是"東巡碣石，並海，南歷泰山，至會稽"。《史記·秦始皇本紀》和《漢書》標點不誤。

2. 十三年，晋惠公病，内有數子。太子圉曰："吾母家在梁，梁今秦滅之，我外輕於秦而内無援於國。君即不起，病大夫輕，更立他公子。"乃謀與其妻俱亡歸。（《晋世家》1655頁）

按："起"後逗號當删，"病"字連上，標點當爲："君即不起病，大夫輕，更立他公子。"若依原標點，"病大夫輕"義不可解。這裏，"起病"乃是一個詞，意爲病愈，古文獻不乏其例。如《晏子春秋·諫上九》："晏子起病而見公。"張純一注："起病，病癒也。""起病"又作"起疾"。如《史記·春申君列傳》載：春申君與楚太子完在秦國作人質，楚頃襄王"病"，秦國不放春申君與太子回楚國，於是春申君向秦國人遊説："今楚王恐不起疾，秦不如歸其太子。""楚頃襄王病……不起疾"與"晋惠公病……不起病"語義相同。所以，"起病"一詞不可分拆。

二、校勘

1. 自威、宣、燕昭使人入海求蓬萊、方丈、瀛洲。此三神山者，其傅在勃海中，去人不遠；患且至，則船風引而去。（《封禪書》1369頁）

按："其傅在勃海中"，"傅"字乃"傳"字之訛。此句意爲蓬萊、方丈、瀛洲這三座神山，據傳説在渤海之中。繁體字"傳"與"傅"形近易訛。《漢書·郊祀志》作"傳"，臣瓚曰："世人相傳云耳。"顔師古認爲"瓚説是也"。此可證"傅"乃"傳"之訛字，當校改。

2. 其明年，趙人新垣平以望氣見上，言"長安東北有神氣，成五采，若人冠絻焉。或曰東北神明之舍，西方神明之墓也。天瑞下，宜立祠上帝，以合符應。"於是作渭陽五帝廟，同宇，帝一殿，面各五門，各如其帝色。祠所用及儀亦如雍五時。（《封禪書》1382頁）

按："天瑞下，宜立祠上帝，以合符應。"恐脱一"祠"字，應作："天瑞下，宜立祠，祠上帝，以合符應。"上"祠"字乃名詞，即下文"五帝廟"；下"祠"字乃動詞，意爲祭祀，即下文"祠所用及儀"。脱一祠字，"宜立祠上帝"義不可解。

3. 東海致比目之魚，西海致比翼之鳥，然后物有不召而自至者十有五焉。（《封禪書》1361頁）

公玉帶曰："黄帝時雖封泰山，然風后、封巨、岐伯令黄帝封東泰山，禪凡山，合符，然后不死焉。"（《封禪書》1403頁）

按：這兩處"然后"之"后"當是繁體字"後"。《史記》全書用繁體字排印，不可用"君后"之"后"代替"然後"之"後"。

4. 有句皆曰："聞昔泰帝興神鼎一，一者壹統，天地萬物所繫終也。"（《封禪書》1392頁）

按："有句"當是"有司"之誤，"司"、"句"形近易誤。《史記·封禪書》（1399頁）有"有司言"、"有司皆曰"。《漢書·郊祀志》作"有司"，不誤。

張炎交游人物新證

桂　栖　鵬

　　張炎由宋入元,在元代生活了四十餘年,其詞集《山中白雲》所收諸詞基本上作于元時。張炎以宋貴介公子入元後,落拓不遇,沉迹江湖,故其詞中所涉交游人物亦多非顯達之士,晦隱難知。清著名學者王昶《書張叔夏年譜後》云:"[張炎]朋好亦皆東南逃名遁世之士,如王碧山、周草窗、陳西麓、鄧牧心、吳夢窗、李商隱、仇山村、李篔房、白廷玉、韓竹間、鄭所南、錢舜舉、李仲賓、趙子昂、張伯雨,可考者十五人,餘皆聲沉響寂。以余𥳑陋,不復能稽其出處"。①由此可知,索見張炎交游人物確非易事。清乾隆年間,揚州學者江昱曾爲《山中白雲》作疏證,用力甚勤,"垂二十年,繙書不下萬卷",②對張炎詞涉及的人、地、事進行了較廣泛的疏證,多所發明。不過,限于當時條件,江昱的疏證亦頗有闕遺,有關張炎詞所涉交游人物的疏證闕遺尤甚。筆者好讀張炎詞,故閱讀舊籍之際,見能補江氏疏證闕遺之資料,輒加筆錄,現將有關張炎交游人物的部分聯綴成文,也許對張炎生平的研究和對張炎詞作的編年及理解均能有所裨益。

汪　菊　坡

　　《山中白雲》卷一《臺城路》詞序:"庚寅秋九月之北,遇汪菊坡,一見若驚,相對如夢,回憶舊游,已十八年矣,因賦此詞。"明水竹居本《玉田詞》此序作"庚辰(當作'庚寅'——引者)會汪蘭坡于薊北,想如夢,回憶舊游,已十八年矣。"

　　按:作汪菊坡是。汪菊坡,江氏未證。彭澤《弘治徽州府志》卷七《人物志》一:"汪漢卿,字景良,黟人。宋户部侍郎汪綱之孫,帥參泳之子。以祖蔭中銓,主龍泉簿,歷淮西運幹,除知貴池縣。歸元,除本縣丞。考滿趨京,值開館修史,翰林、集賢兩院交薦其才,授翰林國史院編修官。升應奉翰林文字同知制誥,累轉翰林修撰、承事郎。至大三年,以國子監丞、承德郎致事(仕)。爲人謙知樂易,博聞强記,在朝數十年,凡朝中討論典故,衆所不能識者,叩之應對不窮。卒年八十一。自號菊坡,有詩文二十卷,名《養浩集》,藏于家。"據此,汪菊坡即汪漢卿。汪漢卿出身于宋代徽州官宦世家,自其五世祖勃以下,顯宦盈門,③其祖綱在宋理宗紹定年間(1228—1234)仕至户部侍郎,《宋史》卷四〇八有傳。詞序中的"庚寅"爲元世祖至元二十七年(1290),這一年張炎應召赴大都(即水竹居本所云之"薊北",今北京)寫金字佛經,而此時汪漢卿正在大都任翰林國史院官員,故得相會。詞序云"回憶舊游,已十八年矣",由至元二十九年逆推十八年,爲宋度宗咸淳八年(1272),正當南宋被元朝滅亡的前夕,説明張炎與汪漢卿的交游始于宋末。他們二人均出身于宋代閥閱之家,彼此交游,正其宜也。兩位前朝故家子弟在新朝都城久別重逢,故張炎的這首《臺城路》充滿了懷舊之情與滄桑之感。汪漢卿在元廷任職亦見于元人記載,虞集《道園類稿》卷二一《送冷敬先序》云:"大德(元成宗年號——引者)中,集始來京師,江左耆右名家、故國衣冠之裔同仕于朝者,則有永嘉鄭公兄弟、新安汪君漢卿、都昌曹君伯明與翰林待制四明袁君伯長,數人而已。"另外,楊公遠詩集《野趣有聲畫》中有《次韻汪菊坡判丞》(卷上)和《次汪菊坡秋深韻》(卷下)詩,乃與汪漢卿唱和之作。

陳　文　卿

　　《山中白雲》卷二《臺城路》題"寄姚江太白山人陳文卿";卷三《風入松》題"陳文卿酒邊偶賦"。

　　關于陳文卿,江氏疏證僅録袁桷《寄陳文卿》七律,[④]對了解陳文卿其人無甚幫助。張伯淳《養蒙集》卷三《蕭山縣學重建大成殿記》:"至元壬辰歲,廉訪副使東平王公既宏辟郡學,行有餘力,重建斯學(指蕭山縣儒學——引者)。時教授王酉火亦能營治如家,不日而成,當(嘗?)有紀其事者。惟殿之成不遑擇木,曾未十稔,腐克弗支。大德戊戌,縣尉大名王振麟伯,教諭天台陳處久德可、四明陳適文卿首議撤而新之,⋯⋯德可與伯淳爲中表,⋯⋯且爲伯淳言:同僚名家子,文而才,事焉而弗迫⋯⋯"據這段記載可知:陳文卿名適,文卿當是其字,元慶元路(別稱四明,治今浙江寧波)人,大德二年(戊戌,1298)任蕭山縣(今屬浙江)儒學教諭。記稱其爲"名家子",當出身于宋代故家。張炎詞題中稱"姚江太白山人陳文卿",顯指陳適無疑。姚江,發源于餘姚,流經慈溪,至鄞縣境與甬江合流。[⑤]慈溪與鄞縣在元時均屬慶元路。太白山,在鄞縣東十里,"視諸山爲最高,⋯⋯山以太白星得名"。[⑥]"太白山人"當爲陳適之號,説明他應爲鄞縣人。筆者查閱戴枚《光緒新修鄞縣志》,在卷三一發現了陳適小傳,云:"陳適,字文卿,四明人,名家子也。大德二年,由舉人司訓蕭山,敏而好修,迪諸生惟以篤行爲先。重建大成殿,心維身任,早夜不少懈,越四月告成。"這一小傳大致以張伯淳之記爲藍本,但補充了陳適以薦舉而任學職的史實。

雲　屋

《山中白雲》卷四《小重山》題"賦雲屋"。

雲屋，江氏未證。顧嗣立《元詩選》初集壬釋善住小傳："善住，字無住，別號雲屋，吳郡僧也。嘗居郡城之報恩寺，往來吳淞江上，與仇山村、宋子虛諸人相唱和。所著《谷響集》近體詩若干首。"小傳中的"吳郡"，指元代平江路（治今江蘇蘇州）。善住的《谷響集》，今存《四庫全書》本，其中有不少與仇遠（號山村）的贈答唱和之作，仇遠《山村遺稿》中亦有《雲屋上人久別承寄以詩次韻以謝》一詩，説明善住與仇遠交情頗深。《谷響集》卷五有詩題曰《錢塘阻雨二首寄山村先生》，可知善住曾到過杭州。張炎爲杭州人，與仇遠爲至交，又在平江一帶活動了很長時間，其交于善住並爲之賦詩，完全在情理之中。

此外，宋元之際還有一位趙彌忠亦號雲屋。彌忠字資敬，徽州休寧（今屬安徽）人，宋末曾任某院院判，入元隱居不仕，與方回頗有交往，見《弘治徽州府志》卷九《人物志》三及方回《桐江續集》中有關詩文。但筆者在資料中未發現張炎與趙彌忠有何瓜葛，故張炎爲之賦雲屋者應爲釋善住而非趙彌忠。

邵　素　心

《山中白雲》卷四《南樓令》題"壽邵素心，席間賦"；同卷《燭影搖紅》題"答邵素心"。

邵素心，江氏未證。宋濂《宋文憲公全集》卷五十《故務光張公墓碣銘》："公諱明卿，字子晦，姓張氏，……遂爲天台人。……萊生莘夫，……逮入元朝，用薦者爲鄉郡儒學正，則公之父也。公始成童，即知家學是荷，朝磨夕淬，期以自立。弘齋林氏、素心邵氏，皆鄉先生行，公執經往從之。……二氏方毅，靳推與，咸曰'張氏有子矣！'"文中的"天台"並非指天台縣，而是作爲元台州路（治今浙江臨海，天台爲台州路屬縣）的別稱，張明卿爲台州路臨海縣（臨海爲台州路治之倚郭縣）人，王禕《王忠文集》卷二三《務光先生張君誄詞並序》有"臨海務光張君學殖原深"云云，可證。張明卿爲台州臨海人，邵素心爲其鄉之"鄉先生"，則亦當爲台州臨海人。張炎《南樓令》"壽邵素心"詞首云"一片赤城霞，無心戀海涯"，赤城亦爲台州之別稱，海涯爲台州之地況，則張炎所壽之邵素心無疑即臨海之邵素心。據宋濂所撰墓碣，張明卿生于元世祖至元十六年（1279），他童年時即執經從邵素心問學，則邵氏當爲由宋入元之儒人。邵素心既爲台州儒人，張炎在邵氏席間所賦之《南樓令》，必作于元成宗大德元年（1297）他游歷台州之時。[7]

杜　景　齋

《山中白雲》卷四《暗香》題"送杜景齋歸永嘉"。

杜景齋，江氏未證。方回《桐江續集》卷一四有《送杜景齋歸平陽二首》，均爲五律。第一首有云："每憶東甌郡，柑花入夢香。……年登猶足樂，何必次錢塘。"第二首云："君住平陽縣，無家不讀書。計諧今已廢，師授未應疏。兵革奔騰後，衣冠喪蕩餘。別懷似難寫，吾道竟何如？"據張炎詞題，祇知杜景齋爲元溫州路（別稱永嘉）人，而據方回詩題及詩中"君住平陽縣"之句，可知杜氏爲溫州路平陽縣（今浙江平陽）人。據"計諧今已廢，師授未應疏"之句，可知杜氏爲由宋入元之儒人，在宋時曾應科舉。據"豐年猶足樂，何必次錢塘"之句，可知杜氏乃由杭州歸平陽。方回的《桐江續集》，爲其本人親自編定，集中詩文皆以寫作時間先後爲序，⑧上述二詩從編排順序看，乃作于元世祖至元二十四年（1287）十月。張炎之詞與方回之詩同爲送杜景齋歸故里之作，應寫于同時，是張炎此詞亦作于至元二十四年，寫作地點在杭州。

束　季　博

《山中白雲》卷四《一萼紅》題"束季博園池，在平江（今江蘇蘇州——引者）文廟前"。

束季博，江氏未證。明朱存理《珊瑚木難》卷二錄《水村圖》書畫卷，卷中有錢重鼎撰《水村圖賦》，賦尾署"大德七年六月一日束從大書"；賦之後爲七言古詩一首，詩尾題"從大"二字。明趙琦美《趙氏鐵網珊瑚》卷一二亦錄《水村圖》卷，《水村圖賦》之尾"束從大書"作"重鼎書"，而七言古詩之尾除有"從大題"三字外，尚有"束季博"、"山園隱者"、"適安齋"等字樣，當爲題識或印文。兩書著錄同一書畫卷爲何有此差異，今不得而知，亦可置而不論，倒是這些差異使我們很容易判斷出：束季博即束從大，從大爲名，季博爲字。"山園隱者"當是束從大之號，而"山園"正是束從大家庭園林的名稱，牟巘《陵陽集》卷五有詩題爲《題束季博山園二十韻》，袁易《靜春堂集》卷二亦有詩題爲《……游束季博山園賦詩五首》，可證。"適安齋"爲束從大的書齋名，《靜春堂集》卷一有《題束季博適安齋》詩。《陵陽集》卷二亦有《適安齋》五古，當爲束從大而賦，有云："天地如旋磨，萬古幾曾息。……何如適安齋，燕處甘暇佚。此齋匪侈麗，易安取容膝。竹几對藜床，左右置書册。有時值佳友，從容逐竟日。……人生天地間，何事非吾職？……況君抱修能，當念踵前業。相期在萬里，無從守一室。精義以致用，龍蛇豈其蟄！"細味詩意，束從大當爲宋故家子弟而自甘隱逸者。

姜子野、程公明

《山中白雲》卷五《虞美人》題"題陳公明所藏曲冊子";卷六《石州慢》題"書所見寄子野、公明";卷七《法曲獻仙音》題"題姜子野《雪溪圖》"。

陳公明、姜子野,江氏未證。仇遠《金淵集》卷二有詩題爲《雨雪閉關,子野、公明、仲祥載酒遠慰,晚以詩見寄,和答》,詩之第一首有云"溧陽三日雪平地,城市十家九家閉",可知仇遠此詩作于溧陽(今屬江蘇,仇遠曾任溧陽州學教授),則子野、公明等皆居于溧陽附近;詩之第二首有云"深雪没履寒徹綿,誰子敲門四詩仙",是子野、公明等皆能詩之文人。公明姓程,張炎《虞美人》詞題作"陳",實誤。《金淵集》卷五有《九日次程公明韻》,卷六《題扇》第一首後注"程公明";《永樂大典》卷一一〇七七亦録有仇遠《程公明家玉蕊花》(今本《金淵集》乃四庫館臣從《永樂大典》輯出,此條漏輯)。《九日次程公明韻》云:"風簾獵獵傍檐斜,問酒來投野老家。……七里崗前歸路暗,月懸破鏡憶秦嘉。"此詩亦爲仇遠任溧陽州學教授時所作,詩中"野老"當即程公明,仇遠訪程公明可以當夜戴月而歸,可見程公明居處離溧陽州城不遠,當爲溧陽人。子野應即姜子野,《金淵集》中與此人唱和之詩甚多,如卷三有《和子野四首三疊》、卷五有《和子野郊居見寄》,等等。《和子野四首三疊》之再疊第四首云:"雪溪漁隱者,郊島是前身。乍見猶疑傲,相逢不説貧。鶴招窮處士,梅伴老詩人。時共論文酒,衰顔少借春。"詩中"雪溪漁隱者"顯指姜子野而言,"雪溪漁隱"或是姜子野之號,故其有《雪溪圖》而爲張炎所題咏。《和子野郊居見寄》之第四首有云"因子洮湖歸釣魚,西湖我亦念吾廬",仇遠家杭州,西湖指故里,則洮湖必姜子野之故里,故云歸也。李先榮《嘉慶增修宜興縣舊志》卷一《疆域志·山川》:"洮湖,一名長塘湖,在縣西百里,東西闊三里,南北長九十里,與溧陽、金壇分界。"據此,姜子野乃宜興(今屬江蘇)人也。程公明、姜子野皆仇遠任溧陽州學教授時所交之友,而張炎亦爲仇遠之至交,故張炎交于程、姜二人或以仇遠爲介。大德九年(1305)秋,張炎游寓溧陽,與時任溧陽州學教授的仇遠相會,⑨其交于程、姜二人當在此時,其題程之曲冊與題姜之《雪溪圖》兩詞亦當作于此時。

卞　南　仲

《山中白雲》卷八《摸魚子》題"爲卞南仲賦月溪";同卷又有《壺中天》、《南樓令》均題"壽月溪"。

關于卞南仲,江氏疏證云:"黄氏《書目》(指黄虞稷《千頃堂書目》——引者):卞南仲,字應午,長興人,著《溪居集》,又《江行集》。昱按:此則南仲其字也,録以備考。"其實,張炎詞題所稱卞南仲,乃稱名而非稱字,其人即黄氏《書目》所録之人。李景嶧《嘉慶溧陽縣志》卷一三《人物志·流寓》:"卞南仲,字應午,號月溪,其先長興人。能詩,元初以臺薦授彬州判官,有《溪居》、《江行》二集。卒葬城南燕之原(原注:案:此謂溧陽城南也,諸志似脱去'寓居溧陽'字樣,今亦未便臆添)。"趙定邦《同治長興縣志》卷二三《人物傳》上:"卞南仲,字應午,號月溪,能詩詞,美風度。……元初,南臺(江南行御史臺的省稱——引者)以茂異薦于朝,授潤州判官,有政聲,致仕後遂寓居溧陽。"元代既無彬州亦無潤州,故兩志所載卞南仲之官職皆誤。江進《弘治溧陽縣志》卷四載卞南仲爲溧陽州判官,應是,蓋卞氏以溧陽州判致仕後便寓居于任所也。卞南仲與仇遠交往頗密,仇遠的《金淵集》中有不少與卞南仲的唱和之作。從這些詩作中,不僅可以找到卞南仲寓居溧陽的證據,而且可以推考出卞南仲的卒年。《寄南仲》(《金淵集》卷二)云:"坡翁昔年五十二,翰林侍讀爲學士;溪翁年德與坡同,官職胡爲未相似?……翁今田園瀨水上,頗勝求田陽羨里。"詩中的"瀨水"即溧水,張鉉《至正金陵新志》卷五下《山川志》二:"溧水一名瀨水,在溧陽州西北四十里。"卞南仲之田園在瀨水之上,説明其確實寓居于溧陽。《予久客思歸……寄錢塘親舊》(《金淵集》卷一)第一首有云"自我來溧陽,四見木葉秋";第四首有云"去年冶城叟(原注:卞南仲也),采菊餐其英,今年隔存殁,使我心怔營"。仇遠始任溧陽州學教授在大德八年(1304)春,[10]"四見木葉秋"之"去年"卞南仲去世,其時爲大德十年(1306)。張炎大德九年秋游寓溧陽,其爲卞南仲所賦三詞皆當作于是時。

葉　書　隱

　　《山中白雲》卷八《聲聲慢》題"寄葉書隱",詞云:"百花洲畔,十里湖邊,沙鷗未許盟寒。早隱琴書,猶記渭水長安……"

　　葉書隱,江氏未證。陳謨《海桑集》卷七《鏡湖書隱記》:"會稽古名郡,鏡湖實天下奇勝,在唐賢有若賀知章,躋位通顯而老于其間;在宋賢有若陸放翁,隱處山陰而大顯,聞于時。自餘若二賢高躅者,宜亦多矣。葉君叔昂讀書鏡湖,得施翁宅西湖塘居之,面山臨水,鳧鷗出没,漁樵往來,遠城市而閲烟霞,賀、陸之清風雅韻隱約其間。及其筮仕,司徵于西昌,乃介余記之。……叔昂所讀之書,所隱之地,皆賀、陸之遺也。今兹發硎,未展素藴,行將受民社,獵公卿,立言立身,以與二賢相輝赫,然後返乎書隱。千秋觀之,荷花無恙也……"葉叔昂室名"書隱",與張炎詞題所稱"葉書隱"合。其居處在著名的紹興(今屬浙江)鏡湖邊,與張炎詞中"百花洲畔,十里湖邊,沙鷗未許盟寒"之句合。且紹興離張炎故里杭州不遠,張炎還曾游歷過紹興,故二人在地域上存在着交往的可能性。唯一需要解釋的是,二人在生活時間上是否存在着交往的可能性。《海桑集》作者陳謨,字一德,泰和(今屬江西)人,生于元大德九年(1305),卒于明洪武二十一年(1388),[⑪]所以,儘管後代把他列爲明人,但他主要生活于元代。張炎生于宋淳祐八年(1248),約卒于元延祐七年(1320),[⑫]張炎去世時,陳謨尚未成年。如此,便産生了一個問題,陳謨所交之葉叔昂有否可能交于張炎? 筆者以爲這種可能性是完全存在的,假如葉叔昂長于陳謨十五歲至二十歲,他便有可能先與張炎作忘年交而後交于陳謨。葉叔昂曾"司徵于西昌",所謂"司徵",當指任徵稅之吏員;"西昌"則指元泰和州,東漢設西昌縣,隋改名泰和縣,元升縣爲州,故陳謨以"西昌"代稱泰和。正是在泰和任徵稅吏員時,葉叔昂得交于陳謨,並請陳爲其作《鏡湖書隱記》。葉叔昂早年未仕,隱處鏡湖,出任吏職亦當在中年以後,蓋不遇之儒人也。

苗　仲　通

《山中白雲》卷八《清平樂》題"別苗仲通"。

苗仲通,江氏未證。楊維楨《東維子文集》卷一一《苗氏備急活人方序》:"餘姚醫學録苗君仲通論著《備急活人方》,會粹諸家所載、祖父所傳、江湖所聞及親所經驗者,筆成一編,世有奇疾,醫經所不備,醫流所不識,獨得于神悟理會而著爲奇中之方,此其難也。"李衛《乾隆浙江通志》卷二四七《經籍》七[元]:"《苗氏備急活人方》,餘姚醫學録苗仲通著,徐一夔序。"周炳麟《光緒餘姚縣志》卷一七《藝文志》上[元]:"苗仲通《備急救(活)人方》八卷。"據上述資料可知,苗仲通乃元餘姚州(今浙江餘姚)人,出身于醫學世家,曾任餘姚州醫學録(元代在各州縣設醫學,學録爲州縣醫學的教官),著有《備急活人方》八卷。爲苗氏醫書寫序的楊維楨、徐一夔均爲元代後期著名文人,惜徐氏之序不見于其文集《始豐稿》。

金　桂　軒

《山中白雲》卷八《清平樂》題"過金桂軒墳園"。

金桂軒,江氏未證。袁易《八聲甘州》序:"僕與湯師言、金桂軒、張叔夏、唐月心諸君爲至交,師言以一官在千里外,僕又驅馳南北。九月望後,夜泊吳江長橋,有懷諸友,在吳下時得相周旋,今各一方,意緒惻愴,爲賦《八聲甘州》一闋,以寫惓惓之意。"[⑬]袁易《解連環》題"與金桂軒虎丘送春"。[⑭]"吳下"指平江(今江蘇蘇州),"虎丘"爲平江之名勝,是金桂軒爲平江人,乃張炎游寓平江時所交之友也。袁易、張炎(叔夏)及袁易詞序中提到的湯彌昌(師言)、唐月心均爲當時頗負才名的文士,金桂軒與他們相周旋,亦當屬能文之士。

　　以上所證,共得十二人。這十二人中,除出仕元朝的汪漢卿、卜南仲以及高蹈叢林的釋善住之外,其餘諸人都是地位較低的江南士人。元朝時期,南人備受歧視,江南士人能通籍入仕者爲數不多,致身顯達者更屈指可數,因此,張炎所交之江南士人多沉迹不顯正屬常情,這些人也未必都是有意逃名遁世。張炎主要與這一類人交游,固因身份相近而然,但也在一定程度上反映了他的擇友意趣。

① 吳則虞校輯:《山中白雲詞·參考資料輯·傳記》,中華書局 1983 年版,第 160 頁。按:王昶所列十五人實爲十四人,宋遺民李彭老,字商隱,號篔房,故李商隱與李篔房乃同一人。又:錢選(舜舉)、趙孟頫(子昂)、李衎(仲賓)諸人,張炎僅在有關詞序中提及他們的畫作,不能説明張炎與他們有交往,列爲朋好,未確。
② 江昱:《山中白雲》疏證序》,《山中白雲》卷首,《彊村叢書》本。朱祖謀編《彊村叢書》所收《山中白雲》,乃據江昱疏證本翻刻,本文引用《山中白雲》及江昱疏證均用此本。
③ 彭澤:《弘治徽州府志》卷八《人物志》二,天一閣藏明代地方志選刊本。
④ 見袁桷《清容居士集》卷一二,四部叢刊本。
⑤ 參見周炳麟《光緒餘姚縣志》卷二《山川》,清光緒二十五年刻本。
⑥ 曹秉仁:《雍正寧波府志》卷七《山川》,清道光二十六年刻本。
⑦ 張炎游歷台州的時間,見舒岳祥《贈玉田序》,吳則虞校輯:《山中白雲詞·參考資料輯·序録》,中華書局 1983 年版,第 165 頁。
⑧ 方回:《桐江續集序》,《桐江續集》卷三二,影印文淵閣四庫全書本。
⑨ 《山中白雲》卷六《夜飛鵲》序:"大德乙巳中秋,會仇山村于溧陽……";同卷《新雁過妝樓》序:"乙巳菊日寓溧陽聞雁聲,因動脊令之感。"
⑩ 方回:《送仇仁近溧陽州教序》,《桐江續集》卷三四;馬臻:《送仇仁近之溧陽教授》,《霞外詩集》卷四,元人十種詩本。
⑪ 晏璧:《海桑集序》,陳謨:《海桑集》卷首,影印文淵閣四庫全書本。
⑫ 參見吳則虞校輯:《山中白雲詞·序言》,中華書局 1983 年版。
⑬⑭ 唐圭璋編:《全金元詞》第 842、845 頁,中華書局 1979 年版。

樂　律　與　宮　調(下)
——讀書筆記兩種

浦江清　遺著

二、樂律與宮調

沈括曰:"古之善歌者,有語,謂當使聲中無字,字中有聲,凡曲止是一聲,清濁高下如縈縷爾。字則有喉脣齒舌等音,當使字字舉皆輕圓,融入聲中,令轉換處無磊磈,此謂聲中無字,古人謂之如貫珠,今謂之善過度是也。如宮聲字而曲合用商聲,則能轉宮爲商歌之,此字中有聲也。善歌者謂之內裏聲。不善歌者聲無抑揚,謂之念曲,聲無含韞,謂之叫曲。"見《夢溪筆談》。

季本曰:"今按字音亦有宮商角徵羽,與樂之五聲不同。蓋字以喉舌牙脣齒而定,而樂則以清濁高下而諧,不因乎字也。但字本有音協之,樂聲或不能無拗,故沈氏謂當使融入聲中,令無磊磈,蓋亦得古人諧聲之意矣。"見《彭山全集》。

以上二節,朱載堉《律呂精義·外篇》卷二引。

江清按,聲中無字者為度曲家以一字分頭腹尾三口唱出,腹部最長,只是聲腔,純為母音,不可加入聲母,如"伊"音唱時誤成"幾"音之類,或混入不相干之字音,如皮黃唱《空城計》"我本是"作"我本那是",混入"那"字之類也。字中有聲者,字字斟量而出,既不背切音原理,不唱倒字,又能行腔圓整,全合工尺,發揮其字之音樂性,每字成為樂音,若只覺其是聲音者然,否則成念曲矣。沈、季兩解均未透徹。季本,明會稽人,朱書常引之,著有《樂律纂要》。

朱載堉曰:

宮調者,起調畢曲皆宮,韻脚或宮或徵(宮徵相生)。

徵調者,起調畢曲皆徵,韻脚或徵或宮或商(徵商相生)。

商調者,起調畢曲皆商,韻脚或商或徵或羽(商羽相生)。

羽調者,起調畢曲皆羽,韻脚或羽或商或角(羽角相生)。

角調者,起調畢曲皆角,韻脚或角或羽(角羽相生)。

朱氏舉例:

宮調韻脚	徵調韻脚	商調韻脚	羽調韻脚	角調韻脚
合四一合	合四合尺	合四一四	合四合工	合四合一

等,乃至　工尺工合　工尺一尺　工尺工四　工尺一工　工尺工一

等是也。

歷來論《詩經》,謂《國風》角調,《小雅》徵調,《大雅》宮調,《頌》羽調,《商頌》商調。亦有謂古只有宮調商調者。朱氏從前説,其作諸詩之譜,皆守此説。余頗疑之。如用黄鐘宮,則《國風》百數十首,皆姑洗起調,姑洗畢曲,《小雅》皆林鐘,《大雅》皆黄,《頌》皆南呂,古人若是其呆板耶?

《隋書·樂志》:"(鄭)譯與(蘇)夔俱云,案今樂府黄鐘乃以林鐘爲調首,失君臣之義,清樂黄鐘宮以小呂爲變徵,乖相生之道。今請雅樂黄鐘宮以黄鐘爲調首,清樂去小呂,還用蕤賓爲變徵,衆皆從之。"

朱載堉按:"今太常笙尺字簧長,合字簧短,此所謂林鐘爲調首也。譜有上字而無勾字,此所謂小呂爲變徵也。自隋以前,如此,非始於近代也。蓋亦有説焉。林鐘爲調首者古稱下徵是也。今民間笛六孔,全閉低吹爲尺,即下徵也。徵下於宮,故曰下徵,即林鐘倍律聲也。從尾放開一孔,低吹爲工,即下羽也。羽下於宮,故曰下羽,即南呂倍律聲也。放開二孔,低吹爲凡,即應鐘倍律聲。放開三孔,低吹爲合,即黄鐘正律聲。放開四孔,低吹爲四,即太簇正律聲。放開五孔,低吹爲一,即姑洗正律聲。六孔全開,低吹爲勾,即蕤賓正律聲。此黄鐘之均七聲也。其林鐘南呂應鐘正律之聲,及黄鐘太簇姑洗半律之聲,開閉同前,但高吹耳。臣謂民間之笛蓋古人遺法也。其宮商有清濁,而徵羽有上下,下徵二字見晋書、宋書《志》及《文選》註。夫一調内下有倍律濁聲,上有半律清聲,則黄鐘爲中聲明矣。管仲所謂徵數一百八,羽數九十六,宮數八十一,商數七十二,角數六十四,徵羽之數多,宮商角之數少,即此理也。近世律家,不明此理,往往强作解事,指黄鐘爲最濁,似是而實非也。今太常笛六孔全閉爲合,擬黄鐘之正律,六孔全開爲凡,擬應鐘之正律,譯等所改,即此笛耳。彼徒能改笛而不能改笙,今笛所存者古人遺法也。以理論之,黄鐘之均,無仲呂有蕤賓,譯等以爲去仲呂用蕤賓,其議是也。去林鐘倍聲則非也。"

江清按,朱論極是。惟六孔全開,低吹爲勾,今笛掩四五兩孔爲勾,六孔全開則六孔全閉之清聲,即林鐘正律聲。又從《隋志》,知隋以前當時清樂,實以小呂爲變徵,其調式合四一上尺工凡六,乃徵調,似清樂皆徵調也。清樂者南朝齊梁之音歟?

朱熹曰(《語録》):"或問《周禮·大司樂》説宮角徵羽與七聲不合如何,曰此是降神之樂。如黄鐘爲宮,大呂爲角,太簇爲徵,應鐘爲羽,自是四樂,各舉其一者而言之,以大呂爲角則南

呂爲宮，太簇爲徵則林鐘爲宮，應鐘爲羽則太簇爲宮，以七聲推之合如此。"

又曰"所謂黃鐘宮大呂角這便是調，如頭一聲是宮聲，尾後一聲亦是宮聲這便是宮調。若是其中按拍處那五音依舊都用，不只是全用宮。"

江清按，《周禮》此段最爲難解，疑有舛誤，或古時十二律位置未全，與今亦不同耳。

朱子解爲各種宮調，頗有曲解，何以四調恰爲宮角徵羽乎？

朱載堉曰："依杜氏《通典》，十二律皆有子聲（即半律），蓋唐制也。朱熹蔡元定從之者，或未嘗以歌聲試驗耳。無射長二寸有奇，其細已甚，恐無此理。"又曰："依《周禮》註，十六鐘磬，清聲惟四，蓋古制也。馮元楊傑，皆主此說，與今太常雅樂，鐘磬排簫制同，而與熹等所說不同，此理近是。"

江清按，朱熹蔡元定等，以十二律皆有清聲，故其安排十二旋宮圖，自黃鐘宮至應鐘宮聲音遞高，至應鐘宮則除應鐘宮聲外，餘皆清聲矣，最高至變宮無射清聲，試問歌者何能揭得起乎？

故朱載堉等皆主張清聲至于夾鐘，故自黃鐘宮至于應鐘宮所用音階相同。如應鐘爲宮時，音高至夾鐘清爲角，以上變徵是仲呂，徵爲蕤賓，羽爲夷則，變宮爲無射，皆用倍律也。此說得其實。

其表如下：

	黃	大	太	夾	姑	仲	蕤	林	夷	南	無	應	黃清	大清	太清	夾清
黃鐘宮	宮		商		角		變徵	徵		羽		變宮				
大呂宮		宮		商		角		變徵	徵		羽		變宮			
……																
姑洗宮					宮		商		角		變徵	徵		羽		變宮
仲呂宮	徵		羽		變宮	宮		商		角		變徵				
……																
應鐘宮						變徵	徵		羽		變宮	宮		商		角

觀此，知自仲呂宮以下，其徵羽在宮商前，非音階一概遞高，往而不返也。

家學　朱載堉《律吕精義·外篇》卷八,《論弦歌》章,舉出其父恭王之書名《弦歌要旨》,可知朱氏對於樂,實為家學。

平調清調瑟調　朱載堉曰:"按《魏書·樂志》曰平調以角為主,清調以商為主,瑟調以宮為主,已上三句,互見杜氏《通典》、《文獻通考》,而人不曉其義。蓋琴家謂琴一弦為宮,二弦為商,三弦為角,又謂黃鐘為諸均主。董仲舒曰,琴瑟不調甚者,必解而更張之。以角為主者,先上第三弦,吹黃鐘律管,令與散聲協,是為平調也。以商為主者,先上第二弦,吹黃鐘律管,令與散聲協,是為清調也。以宮為主者,先上第一弦,吹黃鐘律管,令與散聲協,是為瑟調也。由是推之,古調當先上第四弦,吹黃鐘以協之,而《魏志》不言者,蓋古調乃琴之正調,而平、清、瑟皆變調也。昔人論樂多云三調,皆指琴之變者而言,故不言正調也。然則各調皆當以其本律定弦,無律以笙代之,而笙簧或不全,故又以琴代之。……"

江清按,此說甚為新穎,但難為證明。至于古琴以第四弦為黃鐘,此乃朱氏一人之見,其七音琴圖即如此安排,每弦散聲主一音,為宮、商、角、變徵、徵、羽、變宮;一六與二七不同音,此說令人難信(琴之弦音,如笛之孔音矣)。觀古書上均云平清瑟三調,其平調即含有正調之意,安得于平調外,復有一正調,而指此三調皆變乎?

朱氏曰:"琴之徽十有三,惟第十徽與第九徽古人謂之中聲,乃琴之最要也,調弦定律不過二者之間而已。"

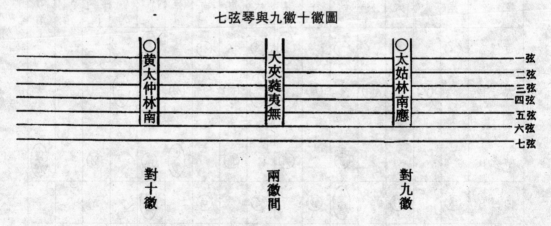

七弦琴與九徽十徽圖

江清按,以今崑曲及笛音推之,濁音可到林倍(低尺)(林倍以下高吹低唱矣),清音可到姑清(高乙)或仲清(高上),再高笛上無有,且唱者亦揭不起矣。(以上所言,均指正工調,若小工調則低音至合,合下高吹低唱,高音可至高凡耳。)余謂十二旋宮,其所用之音階當同,即大約自林倍或蕤倍,至夾清或仲清耳。此則琴笛及各種樂器上有辦法。今為圖表如下：

	蕤倍	林倍	夷倍	南倍	無倍	應倍	黃	大	太	夾	姑	仲	蕤	林	夷	南	無	應	黃清	大清	太清	夾清	姑清	仲清
黃鐘宮		林		南		應	黃		太		姑		蕤	林		南		應	黃		太		姑	
林鐘宮		林		南		應		△大	太		姑		蕤	林		南		應		△大	太		姑	
太簇宮	蕤		△夷	南		應		大	太		姑		蕤		△夷	南		應		大	太		姑	
南呂宮	蕤		夷	南		應		大		△夾	姑		蕤		夷	南		應		大		△夾	姑	
姑洗宮	蕤		夷		△無	應		大		夾	姑		蕤		夷		△無	應		大		夾	姑	
應鐘宮	蕤		夷		無	應		大		夾		△仲	蕤		夷		無	應		大		夾		△仲
蕤賓宮	蕤		夷		無		△黃	大		夾		仲	蕤		夷		無		△黃	大		夾		仲
黃鐘宮		林		南		應	黃		太		姑		蕤	林		南		應	黃		太		姑	
仲呂宮		林		南		應	黃		太		姑	△仲		林		南		應	黃		太		姑	
無射宮		林		南	△無		黃		太		姑	仲		林		南	△無		黃		太		姑	
夾鐘宮		林		南	無		黃		太	△夾		仲		林		南	無		黃		太	△夾		仲
夷則宮		林	△夷		無		黃		太	夾		仲		林	△夷		無		黃		太	夾		仲
大呂宮		林	夷		無		黃	△大		夾		仲		林	夷		無		黃	△大		夾		仲
蕤賓宮	△蕤		夷		無		黃	大		夾		仲	△蕤		夷		無		黃	大		夾		仲

有△號者，表示由上一宮，改至下一宮時，須改定之一律。

由上表得改調時所改定之律，為下表：

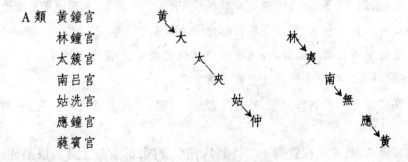

A類　黃鐘宮
　　　林鐘宮
　　　太簇宮
　　　南呂宮
　　　姑洗宮
　　　應鐘宮
　　　蕤賓宮

由黃鐘宮轉調歷林鐘、太簇、南呂、姑洗、應鐘而至蕤賓宮,皆由本宮宮聲緊一律而作成下一宮之變徵音。凡由黃鐘宮轉調歷仲呂、無射、夾鐘、夷則、大呂,而至蕤賓宮,皆由本宮之變徵音慢一律作成下一宮之宮聲。十二宮之轉調,如由黃鐘宮轉林鐘宮,一直用宮聲緊一律(即A類)以作變徵之辦法,至蕤賓宮以下,可歷大呂、夷則、夾鐘、無射而至仲呂宮,再轉至黃鐘宮,亦為一循環。十二宮之轉調,如用變徵慢一律以作下一宮之宮聲之辦法(即B類),則可由黃鐘宮而仲呂宮乃至蕤賓宮,蕤賓宮以下更歷應鐘、姑洗、南呂、太簇、林鐘,而復返至黃鐘宮,亦為一循環。今A、B兩類各取七宮者,取其均可自黃鐘出發,改調較近,在樂器上得便利耳。在事實上,A類僅可至南呂宮為止,姑洗宮以下距黃鐘宮已遠,不易轉改,B類僅可至夾鐘宮為止,夷則宮以下,距黃鐘宮已遠,不易轉改。故在一個樂器上,可以轉調者,大致有七宮,如用黃鐘宮出發,則為:

黃鐘──→林鐘──→太簇──→南呂,

黃鐘──→仲呂──→無射──→夾鐘。

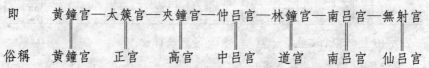

至于張炎《詞源表》等,以俗黃鐘宮當無射宮,正宮當黃鐘宮,此因比于雅樂之故,觀黃鐘、中呂、南呂三宮之名稱,可知俗樂自以此為次第也。

觀上表可說明俗樂只用七宮之故,取其自黃鐘宮左右出發尚便利耳。其後夾鐘宮之為高宮,亦遭屏棄。則距黃鐘最遠者惟南呂宮矣。

惟仙呂宮之商角二調稱林鐘商、林鐘角,照此理推,此兩調當名無射商、無射角,此不可解。

十二旋宮轉調圖:此圖位置與十二律隔八相生圖同,即黃鐘生林鐘以至仲呂律是也。

（一）

（二）

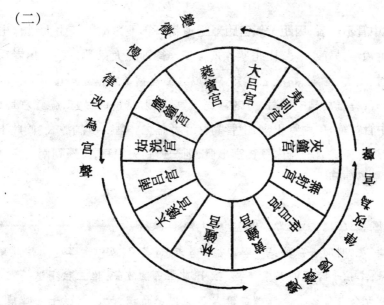

（三）

　　注:五宮爲中管不用者,因距黃鐘宮距離過遠轉調不便之故。若由大吕宮出發(即如有一調準之黃鐘琴,另設一琴,比此琴各弦定高一律即爲大吕琴),則可用者爲大吕、夷則、夾鐘、無射、蕤賓、應鐘、姑洗七宮矣。如以大吕宮當黃鐘宮之地位,則夾鐘宮爲正宮,姑洗宮爲高宮,蕤賓宮爲中吕宮,夷則宮爲道宮,無射宮爲南吕宮,應鐘宮爲仙吕宮矣。此應稱爲中管黃鐘宮,中管正宮,中管高宮等者是也。(張炎《詞源表》於此不同者,因仍比雅樂,推高二律之故。)若由蕤賓宮出發,則一邊到夾鐘宮,一邊到南吕宮,中管諸宮大用而特用,最爲便利。

姜夔之《七弦琴圖説》(見《宋史》卷一四二《樂志》)

　　"七弦散而扣之,則間一弦於第十暉取應聲。假如宮調,五弦十暉應七弦散聲,四弦十暉應六弦散聲,二弦十暉應四弦散聲,大弦十暉應三弦散聲,惟三弦獨退一暉於十一暉應五弦散聲。古今無知之者。竊謂黃鐘大吕並用慢角調,故於大弦十一暉應三弦散聲。太簇夾鐘並用清商調,故於二弦十二暉應四弦散聲。姑洗仲吕蕤賓並用宮調,故於三弦十一暉應五弦散聲。林鐘夷則並用慢宮調,故於四弦十一暉應六弦散聲。南吕無射應鐘並用蕤賓調,故於五弦十一暉應七弦散聲。以律長短,配弦大小,各有其序。"

　　此段文章相當難解,今先照姜氏之宮調定弦,圖表之如下:

		(散) 13.7	12.2	10.8	10	9	8.5	7.9	7.6	7.5	7	散聲合字譜
暉		卄	十三	十二	十一	十	九	八半	七九	七六	七半	七	
黃林	一弦	c	d	es	e	f	g	as	a	b	h	c^1	合
太南	二弦	d	e	f	fis	g	a	b	h	c^1	cis^1	d^1	四
仲黃	三弦	f	g	as	a	b	c^1	cis^1	d^1	dis^1	e^1	f^1	上
林太	四弦	g	a	b	h	c^1	d^1	es^1	e^1	f^1	fis^1	g^1	尺
南姑	五弦	a	h	c^1	cis^1	d^1	e^1	f^1	fis^1	g^1	gis^1	a^1	工
黃林	六弦	c^1	d^1	es^1	e^1	f^1	g^1	as^1	a^1	b^1	h^1	c^2	六
太南	七弦	d^1	e^1	f^1	fis^1	g^1	a^1	b^1	h^1	c^2	cis^2	d^2	五

今姜夔云，此是宮調。則所謂宮調者乃仲呂宮也（假定大弦散聲為黃鐘）。如以大弦散聲為林倍，而以三弦散聲為黃鐘（從朱載堉說），則此即黃鐘宮也。而姜氏云"姑洗、仲呂、蕤賓並用宮調"，則姜氏以為仲呂宮無疑。此則姜氏以大弦散聲為合字，亦即黃鐘。此七弦之散聲為合四上尺工六五。

由仲呂均轉黃鐘，則慢三弦。其律為黃太姑林南黃太。三弦為角，故曰"黃鐘大呂並用慢角調，故于大弦十一暉應三弦散聲。"即易三弦散聲 f 為 e。如此則此七弦之散聲為 c、d、e、g、a、c^1、d^1，即合四一尺工六五是也。

太簇宮用四一勾工凡，即 d、e、fis、a、h。須由黃鐘均再慢四六二弦。而姜氏云"太簇夾鐘並用清商調，故於二弦十二暉應四弦散聲。"此十二暉為十一暉之誤。四弦現慢為 fis，其六弦尚須慢為 h，姜氏未云"於四弦十一暉應六弦散聲"，可怪也。恐是漏去。若從原文，則為合四一上工六五；或不從慢角調轉，而直接從仲呂宮調轉，則為合四上上工六五，均不成調也。

其云"姑洗仲呂蕤賓並用宮調，故於三弦十一暉應五弦散聲"，解已見前。此琴定弦時因已以三弦十一暉應五弦散聲，不必改過，此即所謂宮調也。

其云"林鐘夷則並用慢宮調，故於四弦十一暉應六弦散聲"者，林鐘宮用林南應太姑（尺工凡四一）。此必亦從慢角調轉出，再慢六弦以取凡（應鐘）字是也。六弦為少宮，故曰慢宮。此時大弦不用，否則亦須慢一律，律本去矣。

其云"南呂無射應鐘並用蕤賓調，故於五弦十一暉取七弦散聲"者，南呂用工凡④一勾，必須從太簇宮轉出。慢七弦以取④（大呂）字是也。實則二弦亦須慢一律，姜氏未言之。且無射均用⑪合四上尺,其法只要於原有之宮調定弦法,五弦緊一律,即於三弦十暉應五弦散聲即得,更為簡便,何以稱為蕤賓調亦不可解,或者俗以上字當黃鐘,則凡字為蕤賓,但無射均用⑪,亦非凡也。

　　至於其以黃鐘大呂為一組,太簇夾鐘為一組,姑洗仲呂蕤賓為一組,林鐘夷則為一組,南呂無射應鐘為一組,則其理易明,即黃大以一弦為宮,太夾以二弦為宮,姑仲蕤同以三弦為宮,林夷以四弦為宮,南無應同以五弦為宮。作圖如下:

	一弦	二弦	三弦	四弦	五弦	六弦	七弦
黃鐘均	宮 黃	商 太	角 姑	徵 林	羽 南	宮 黃	商 太
大呂均	宮 大	商 夾	角 仲	徵 夷	羽 無	宮 大	商 夾
太簇均	羽 應	宮 大	商 姑	角 蕤	徵 南	羽 應	宮 大
夾鐘均	羽 黃	宮 夾	商 仲	角 林	徵 無	羽 黃	宮 夾
姑洗均	徵 應	羽 大	宮 姑	商 蕤	角 夷	徵 應	羽 大
仲呂均	徵 黃	羽 太	宮 仲	商 林	角 南	徵 黃	羽 太
蕤賓均	徵 大	羽 夾	宮 蕤	商 夷	角 無	徵 大	羽 夾
林鐘均	角 應	徵 太	羽 姑	宮 林	商 南	角 應	徵 太
夷則均	角 黃	徵 夾	羽 仲	宮 夷	商 無	角 黃	徵 夾
南呂均	商 應	角 大	徵 姑	羽 蕤	宮 南	商 應	角 大
無射均	商 黃	角 太	徵 仲	羽 林	宮 無	商 黃	角 太
應鐘均	商 大	角 夾	徵 蕤	羽 夷	宮 應	商 大	角 夾

　　觀上圖,則從姜氏之調弦法,須設兩琴,一為黃鐘琴,一為高一律之大呂琴。由黃鐘琴,得黃鐘、太簇、仲呂、林鐘、南呂(或無射)六均,由大呂琴得大呂、夾鐘、蕤賓、夷則、無射(或應鐘)六均。惟姑洗一均用一勾工凡四,姑蕤夷應大五律,在此兩琴上均不易即得。

　　按姑洗均可由五種方法得之。①夾鐘均各弦均緊一律,此不可能;②將太簇均慢二、五兩弦,此亦太遠;③將仲呂均各慢一律,此不可能;④由南呂均緊五弦一律,今南呂均本身須從太簇均轉出,亦迂遠;⑤由林鐘均緊二四弦,今林鐘均本身須由慢角調轉出,亦不直接也。故姑洗一均在兩琴上均迂遠。

　　姜氏以大弦為黃鐘,與朱載堉以三弦為黃鐘者異,故其基本調為仲呂宮(即燕樂之

道調宮也。此為法曲主要之宮)。據上,其琴上易轉之調如下:

仲呂宮 ──慢三──→ 黃鐘宮 ──慢一六──→ 林鐘宮 ──慢四──→ 太簇宮 ──慢二七──→ 南宮宮

　　　└──緊五──→ 無射宮 ──緊二七──→ 夾鐘宮 ──緊四──→ 夷則宮 ──緊一六──→ 大呂宮

　　今燕樂但取黃鐘、大呂、夾鐘、仲呂、林鐘、夷則、無射七宮而已。參前朱載堉琴圖。何以不取太簇與南呂。此比前說為劣。

　　今按何以只用七宮,因此七宮,在轉弦上便利,此外五宮不易轉到也。又此七宮,實可包彼五宮,如黃鐘琴上可轉此七宮,另設一大呂琴則可另轉出五宮,調弦法同。假如管樂,則黃鐘觱篥可轉七宮者,另設大呂觱篥即可得另外之五宮,此即所謂銀字管是也。又假定此七宮出於管樂者,則當出於具上尺工凡六五乙下七音之笛,即可有仲呂、林鐘、南呂、無射、黃鐘、太簇、夾鐘之七律。宋樂高二律,乃是夾、仲、林、夷、無、黃、大、七宮耳。具此七音之笛於轉調上可得七宮,惟其中半音之地位不準確,必須利用指法以補救之耳。

　　何以每宮只存四調? 當初有五調。北宋時漸缺徵調。據余之意見,徵調即包含在宮調之中。在民間實是徵調盛行。即:

　　　　1 2 3 4 5 6 7 1̂

而雅樂中為宮調:

　　　　1 2 3 4 5 6 7 1̂

所不同者僅有變徵與清角兩音之差。(清角一名"角變"。)

　　《隋書·音樂志》云:"(鄭)譯又與(蘇)夔俱云:案今樂府黃鐘乃以林鐘為調首,失君臣之義,清樂黃鐘宮以小呂為變徵,乖相生之道。今請雅樂黃鐘宮以黃鐘為調首,清樂去小呂還用蕤賓為變徵。眾皆從之。"此段文字可證明當南北朝時,北方之雅樂及南方之清樂,皆陰用徵調,陽稱宮調而已。樂府黃鐘宮乃以林鐘為調首者,此林鐘乃倍林鐘也:

合	四	一	上	尺	工	凡	六	五	乙	仜	(徵宮兩調之混合)
倍林	倍南	倍應	黃	太	姑	蕤	林	南	應	黃清	

　　　　　　(宮)(商)(角)(變徵)(徵)(羽)(變宮)

南方清樂以小呂為變徵者:

　　　合 四 一 上 尺 工 凡 六　　　　(徵調)

　　黄太姑^小林南應黄
　　　　　^呂

　　官商角^變徵羽^變
　　　　　^徵　　^宮

南北之音階實為一致,北方用宮徵混合之調,南方則用徵調耳。故如以合字作黄鐘,則調中實用小吕而不用蕤賓,即實用清角而不用變徵也。如以上字作黄鐘,則此調用蕤賓作變徵矣,此合于雅樂者也,奈又從合字起調,最低之音是合字,即倍林鐘而非黄鐘,此又無可奈何者也。鄭譯及蘇夔必欲以黄鐘為調首,又用蕤賓為變徵,以合作雅樂,即

　　合四一勾尺工凡六
　　黄太姑蕤林南應黄

恐民間必不易改。後世有人主張以上字當黄鐘(即宮音),有人主張以合字當黄鐘,其爭端即起于此。

　　徵調與宮調之差,如只為一仲吕與蕤賓之差,即變徵與清角之問題,此在五音制之樂曲上不成問題,兩種皆只一調,同稱為宮調可也。

　　隋時鄭譯用十二宮,每宮轉七調,得八十四調。原蘇祗婆有七聲五旦,共得三十五調。此三十五調,不知是七均、每均用五調(即變徵、變宮兩調不用),抑共用五均、每均用七調,王光祈《音樂史》於此含糊其辭,疑不能明。唐以後但存二十八調,有俗名者亦只二十八調,此時是用七均,每均用四調,即宮商角羽四調,已無徵調。此時徵調,非遺失也,必包含在宮調之中。觀五六凡工尺勾上一四合十字,内中五六與四合異字,可推當時實用九聲制,乃正副兩調合者。

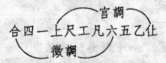

宮調既可包徵調,其餘三調每調亦可包一副調:

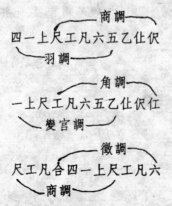

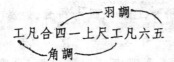

　　由此觀之，如正調為宮調，則副調必為徵調；正調為商調，則副調必為羽調；如正調為角調，則副調是變宮調；正調是徵調，則副調必為商調；如正調是羽調，則副調必為角調。宮商兩調如均存在，徵調可以不存，因宮調為正調時，其下半段即為徵調之副調，商調為副調時，上半段即為徵調之正調，有此宮商兩調之存在，則徵調已包含其中矣。角調亦可不存在，一屬于變宮調，一屬于羽調也。今宋時之角調，非正角調乃變宮調耳。角調與變宮調之混稱亦因此正副兩調合用之故。羽調固為商調之副調，但彼為正調時，其副調為角調，而角調今不存在，故仍須獨立，不能取消耳。

　　變徵調亦可以不存在，因其為副調時正調為變宮調今存在，其為正調時副調為宮調今亦存在也。

　　作下表：

1.宮調（包括徵調、變徵調）；

2.商調（包括羽調、徵調）；

3.羽調（包括角調、商調）；

4.閏調（包括變徵調、角調）。

閏調即變宮調。觀上表，凡有兩調可包括同一調子者，此被包括之調即可除去。故但存此四調。

　　四調為正調時連副調實可包含八調，其中惟重複羽調一種，正調既存在，而副調亦存在。其後又廢去閏調（俗名角調）不用，實際上廢去變宮、變徵兩調，而正角調則在羽調中尚包含有之。於是存為下列三調：

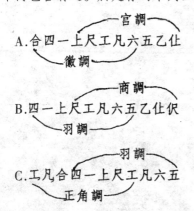

此三調實可稱為 A.宮徵調，B.商羽調，C.羽角調耳。此三調可有五個聲音作為基

音以起調畢曲，A調有上合兩音，B調有尺四兩音，C調有四工兩音，換言之，合四上尺工五音耳。亦即仲呂琴之五音，亦即1 2 3 5 6五音，無兩個變音耳。此事極為合理。故以上合起調者應是宮調，尺四起調者應是商調，四工起調者應是羽調耳。其中四字起調可屬商，可屬羽，到底誰屬，則疑不能明也。

姜白石見徵調缺，作徵調，其所謂徵調必須去母，即黃鐘徵，不用黃鐘。夫不用黃鐘，必用應鐘以成五音，即由黃太姑林南五律，轉成林南應太姑五律，豈非林鐘宮乎？非黃鐘徵也。黃鐘徵者用林南黃太姑五律，是必包含在宮調中耳。又姜白石所謂側商，據楊氏《琴學叢書》則為宮、商、角、變徵、羽、變宮、清商七音，而以商音（第二弦）始。若依余地山（《今虞琴刊》）解，則再慢一弦，以第二弦起音，實即太簇宮也。

《明史》卷六十一《樂志》，張鶚李時等議："蓋黃鐘一調，以黃鐘為宮，太簇為商，姑洗為角，蕤賓為變徵，林鐘為徵，南呂為羽，應鐘為變宮，舊樂章用合、用四、用一、用尺、用工，去蕤賓之均，而越次用再生黃鐘之六，此舊樂章之失也。若林鐘一調，則以林鐘為宮，南呂為商，應鐘為角，大呂之半聲為變徵，太簇之半聲為徵，姑洗之半聲為羽，蕤賓之半聲為變宮。邇者沈居敬更協樂章，用尺、用合、用四、用一、用工、用六，夫合黃鐘也。四太簇之正聲也，一姑洗之半聲也，六黃鐘之子聲也。以林鐘為宮而所用為角徵羽者皆非其一均之聲，則謬甚矣。"……"乃命鶚更定廟享樂音，而逮治沈居敬等。"

今按，上一事，黃鐘宮所用律並不錯失，黃鐘清音亦當用者，惟不用蕤應兩律此乃雅樂不欲用二變之聲，非其失也。下一事，沈居敬實用黃鐘徵調，非林鐘宮，其失恰與姜白石以林鐘宮調為黃鐘徵調相反，亦可異矣。沈氏既誤以黃鐘徵調為林鐘宮，則其所用合四一尺工五律皆不錯，六字亦可用。宮徵兩調本混，故又稱林鐘宮為徵調者（如姜白石），亦有稱黃徵調為林鐘宮者如沈居敬。此更足證正副兩調合用之說。

“邑姜”、“大姜”辨

——周武王后妃稱謂釋疑

沈　長　雲

　　從來學者以邑姜當周武王之后。《左傳·昭公元年》“當武王邑姜方震大叔”，杜注：“邑姜，武王后，齊大公之女。”何以武王之后稱“邑姜”？杜注無説，疏亦無解。《詩·大雅·大明》“摯仲氏任”句下，孔疏謂：“以其尊加于婦，尊而稱之，故謂之大姜、大任、大姒。皆稱大，明皆尊而稱之。唯武王之妻，《左傳》謂之邑姜，不稱大，蓋以避大姜故也。”這裏衹談到武王后不稱“大”的緣故，于“邑姜”之稱本身仍未做解説。

　　按古婦人之稱，其後一字多爲族姓，乃女子出身姓族之標識，如姬、姜、姒、嬴……之類，這是爲了配合當時社會實行的同姓不婚之制，此人所共知，勿庸贅言。其姓前一字，或以氏稱，如“褒姒”、“紀姜”、“琱娟”、“江芈”、“巴姬”之類；或以謚稱，如“文姜”、“敬姒”、“穆嬴”、“成風”之類；或尊稱，如“大姒”、“大任”之類；或以伯(孟)仲叔季等排行字分別稱之，如“孟姜”、“伯姬”、“仲姞”、“叔祁”、“季姒”之類。“邑姜”之稱，表明武王這位王后姓姜，此易于理解，不成問題，但“邑姜”之“邑”字，却與上述姓前一字所表達的意思皆不相協。就“邑”字的字義來説，見于文獻及古文字中的“邑”字絕大多數都作“邑落”、“國邑”解，衹有少數作爲“悒”的借字，當“不樂”、“憂鬱”講，如“於邑”、“邑邑”(即“於悒”、“悒悒”)之類，此于“邑姜”之“邑”皆不可通。總之，人們無從體會武王后起名邑姜之旨，古今學者未能對邑姜名義作出解釋者，蓋由于此。

　　鑒于以上情況，經反覆考慮，吾始疑此“邑姜”之“邑”爲誤字，乃它字傳寫之訛變者。查武王之后爲姜太公之女，姜太公又名吕尚，出自吕氏，《左傳·昭公十三年》稱太公之子吕伋爲“王舅也”，是武王后邑姜亦當出自吕氏。吕氏姜姓，然則邑姜之名當爲吕姜。所謂“邑姜”，實是“吕姜”之誤也。

　　“邑姜”之稱不見于先秦其它古籍，于《左傳》中亦僅上舉昭公元年這一例。《左傳》屬古文，成書于戰國時期，其書體當爲六國文字，漢初人已不多見，及劉歆之後，《左傳》復出，後漢以下人用今文傳抄,不免于文字上産生某些訛誤。六國文字多潦草簡率,其邑字,包括合體字中的邑旁,多作邑形(《古陶文香録》六·四),或邑形(《東亞錢誌》四:陽邑布),或邑形(《東亞錢誌》四:郎子布);而吕字的兩個口,亦常率作▽形(如《六書通摭遺》及《尊古齋古鈢集林》所引),致邑、吕二字極易相混。如趙國兵器銘刻中常見的建軀君(建信君),過去就多被認作建躯君,直到最近才得以糾正過來。因此,《左傳》中的"吕姜"被誤作"邑姜",也是不足爲怪的。

"吕姜"乃古婦人常見的稱謂,《左傳》中有吕姜其人,爲衛莊公夫人;金文中亦有吕姜的人名(《吕姜簋》,見《考古》1976 年第 1 期),故周武王后被稱作吕姜,實屬平常不過的事情。

非獨此也,吾疑先秦古籍中"大姜"的稱謂,亦屬周武王后的稱呼,"吕"以氏名,"大"則尊稱。上引《詩·大雅·大明》孔疏謂武王之妻不稱"大",並不正確。相反,倒是說周大王(公亶父)之妻稱爲大姜,却在先秦文獻中找不到證據。

查先秦古籍中的"大姜"一名僅見于《國語·周語》中的兩處記載。其《周語中》記富辰之語云:"昔摯、疇之國由大任,杞、繒由大姒,齊、許、申、吕由大姜,陳由大姬,是皆能内利親親者也。"大任爲王季之妃,大姒爲文王之妃,大姬爲成王之姊,依次序排列,大姜應是武王之妃。韋昭注說大姜是大王之妃,從排列順序上看,顯然是有問題的。且周與摯、疇二國之親由大任聯結,杞、繒二國之親由大姒聯結,嬀姓陳國之親由大姬聯結,齊、吕二國之親既由武王之妃聯結,則武王之妃正應是大姜。如以大姜屬之大王之妃,則大王與齊、吕、許、申並無姻親關係。故此段引言中的大姜只能是武王之妃。

《國語·周語下》曰:"我姬氏出自天黿,及析木者,有建星及牽牛焉,則我皇妣大姜之姪,伯陵之後,逄公之所憑神也。"天黿爲齊之分野,姬氏出自天黿,猶言出自齊,即出自齊姜。周與齊姜之聯姻是在武王時,故"我皇妣大姜"者,亦必指武王之后吕姜。如指爲大王之妃,則全文不好理解。韋注稱大姜爲大王之妃,逄(《左傳》作逢)伯陵爲殷之諸侯封于齊地者,並言其爲"大姜之祖",而大姜則是齊女,此說尤不可通。《詩·大雅·綿》明言"古公亶父,來朝走馬,率西水滸,至于岐下,爰及姜女,聿來胥宇",是大王妻乃渭水邊岐山下之姜女,非殷時山東諸侯之女也。如按韋說,周大王之時即與今山東地方諸侯結爲婚姻,豈可能乎! 《國語》此段話向稱難讀,韋解實起到治絲愈棼的作用。

逄(即逢)伯陵之國在銅器銘文中稱作夆國。周初銅器《塱方鼎》銘文説:"唯周公于征伐東夷,豐伯、蒲姑咸烖。"豐、逄二字相通,豐伯即逄伯,亦即逄國之君。此可見殷周之際逄國是受周人征伐的對象,說它是周大王的姻親,豈非無根據的臆説! 至于《國語》稱大姜之侄爲逄伯陵之後者,大姜之侄即齊吕伋之子,蓋齊立國之後,吕伋與逄氏族重新修好並結爲婚姻,其後人固可稱爲逄伯陵之後也。古稱"某某之後"者,非獨指男系,亦可指母方氏族之後。如禹父崇伯鯀就被稱作是“帝顓頊之後”，嬴秦祖先亦是“帝顓頊之後”，其實鯀禹及嬴秦族皆以帝顓頊爲其母系祖先的氏族。我以爲，《國語·周語下》這一段話祇有如此理解，才可以通讀。

《詩經》中未有“大姜”之稱，祇是毛傳在《詩·大雅·思齊》“思齊大任，文王之母，思媚周姜”下稱：“周姜，大姜也。”又在《詩·大雅·綿》“古公亶父……爰及姜女”下稱：“姜女，大姜也。”估計毛傳以大姜屬之公亶父（即周大王）之妃，蓋以公亶父既被尊爲大王，其妻自亦得稱爲大姜。可是周人給予武王的地位亦非低，《詩經》中有“大武”樂章，此人所共知；又《詩·大雅·下武》：“下武維周，世有哲王”，“下”讀爲“夏”，夏武亦即大武。武王既被尊爲“大武”，其妻何以不可稱爲“大姜”？可見毛傳終屬想當然耳。當然後來韋注、孔疏等跟從毛傳之説，就更沒有什麽理由了。綜上所述，大姜爲武王之后是證之有餘的。

釋尹灣漢簡的“薫毐”

——兼論“薫陸”一藥的輸入

張　顯　成

1993 年 2 月在江蘇連雲港發掘出的尹灣漢簡，共有 19 種文獻，它們都是極其珍貴的出土資料。[①]其中第六號木牘是《武庫永始四年兵車器集簿》（其書寫年代自然就在“永始四年”，即公元前 13 年），是一方雙面書寫的木牘，正面分六欄書寫，反面分五欄書寫，記載了漢王朝當時設置在東南地區的一處大型兵站的武器裝備及其它軍用物資情況，逐項詳列其名稱和數量。例如：

弩五十二萬六千五百廿六。（正面第三欄）

弓弦三千九百八十七。（正面第四欄）

劍九萬九千九百一。（正面第五欄）

戲車五百二乘。（反面第二欄）

鏡百五十六。（反面第四欄）

共記物品“二百卅物二千三百廿六萬八千四百八十七”，數量極其大。該文獻在歷史、考古、軍事、語言文字、中醫藥等方面都着重要的史料價值。兹僅考釋其中一個名物，順便說明其在中藥學史上的研究價值，木牘的反面第四欄記載了這樣一種物品：

薫毐八斗。

此“薫毐”爲何物，一直未得釋讀。1999 年 2 月科學出版社出版的連雲港市博物館、中國文物研究所合編的研究尹灣漢簡的論文集《尹灣漢墓簡牘綜論》,其中有一篇專門研究第六號木牘的文章,即李均明先生的《尹灣漢墓出土"武庫永始四年兵車器集簿"初探》,李先生在談到"薰毐"時說:"薰毐,疑指熏烟的原料藁艾之類。集簿見薰毐8斗,以容量計,當爲原料之類,非器物。"

我們認爲,這裏的"薰毐",即薰陸。其理由如次:毐,爲"毒"的省筆字。將"毒"省寫作"毐"在簡帛中多見,如銀雀山漢簡《孫臏兵法》374簡、《武威漢代醫簡》73簡均將"毒"寫作"毐"。毒,定母、覺部;陸,來母、覺部,二者韻相同,聲同爲舌頭音,故"毒"通"陸"。並且,"毒"從"毐"聲,《説文·屮部》:"毒……从屮,毐聲。"(依小徐本及段注)故也可直接說"毐"通"陸"。所以,薰毐,即薰陸。

薰陸,是一種藥物,也可作香料,爲橄欖科植物卡氏乳香樹的膠樹脂。從傳世文獻來看,"薰陸"一名最早見載于梁·陶弘景《宴通記》,其次是宋·蘇頌《本草圖經》。此物在本草書中多有記載,且又名較多,魏晉·佚名《名醫別錄》稱之爲"薰陸香"、"乳香",五代·李珣《海藥本草》稱之爲"馬尾香"、"乳頭香",宋·寇宗奭《本草衍義》稱之爲"西香",明·李時珍《本草綱目》稱之爲"天澤香"、"摩勒香"、"多伽羅香"、"浴香",等等。薰陸的主治功用是止痛長肉、調氣活血、治跌打損傷。《本草綱目·木部之一·薰陸香》(卷三十四)云:"(薰陸香,)消癰疽諸毒,托裏護心,活血定痛伸筋……乳香香竄,能入心經,活血定痛,故爲癰疽瘡瘍心腹痛要藥。"又引唐·佚名《日華子本草》云:"(此藥)止痛長肉。"上引《武庫永始四年兵車器集簿》所記該物爲軍中藏藥,顯然是戰備藥物。

薰陸中土不產,產于紅海沿岸至利比亞、蘇丹、土耳其等地,是外來藥。上舉該藥的"西香"、"摩勒香"、"多伽羅香"等名即是典型的外來藥的名稱。上舉李珣所著《海藥本草》,是專記從海外輸入中土或從海外移植至中國南方的藥物的本草書,故李珣收此藥于該書。關于該藥產自西域的有關情況,古文獻中多有記載:《本草綱目·薰陸香》引唐·葉庭珪《香譜》云:"乳香,一名薰陸香,出大食國。"又引《本草衍義》云:"薰陸,木葉類棠梨,南印度界阿吒厘國出之,謂之西香。"又引宋·掌禹錫《嘉祐本草》曰:"薰陸出大秦國。在海邊有大樹,枝葉正如古松,生于沙中。盛夏木膠流出沙上,狀如桃膠。夷人采取賣與商賈,無買則自食之。"宋·唐慎微《證類本草·木部上品·沉香》(卷十二)引《本草圖經》曰:"薰陸香,形似白膠,出天竺、單于二國。《南方草木狀》曰:薰陸出大秦國,其木生海邊沙上,盛夏木膠出沙上,夷人取得,賣與買客……《廣志》云:南波斯國松木脂,有紫赤如櫻桃者名乳香,蓋薰陸之類也。今人無復別薰陸者,通謂乳香爲薰陸耳……治血、止痛等藥及膏煎多用之。"大食國,即橫跨歐亞非的阿拉伯帝國。大秦國,即羅馬帝國。天竺,即古印度。單于國,即匈奴。波斯國,即伊朗。這些文獻記載均説明薰陸來自西亞,由商賈轉入中土。儘管上引文獻所記輸入地有些不確,但這顯然是由于古代交通不便,古人對薰陸到底源自何處不太明了,往往將輸入地誤認爲是産地而已。由上引木牘原文可知,此藥漢王朝設置在東南地區的大型兵站也僅藏了"八斗",顯然是藏于武庫的極其珍貴的軍用藥品,説明由于薰陸來自遥遠的西亞,非常難得。

由上述引可知,過去我們所見到的有關此藥的最早的文獻記載是魏晋時的《名醫別録》,而尹灣漢簡的發現,將此藥的記載提前了二百多年,並且説明,至少在西漢時期,此藥就已輸入了我國,作爲軍事藥品運用。所以,尹灣漢簡關于"薰陸"一藥的記載,在藥物史的研究上有着重要價值。

① 整理報告詳連雲港市博物館、中國社科院簡帛研究中心、東海縣博物館、中國文物研究所《尹灣漢墓簡牘》。北京:中華書局,1997。

《真珠船》與《珍珠船》

張　世　宏

《中國古典戲曲論著集成》第四集收録了明代戲曲理論家王驥德的著作《曲律》。這部戲曲理論名著在其"總論南北曲第二"條中,有這麼一段文字:

> 曲之有南、北,非始今日也。關西胡鴻臚侍《珍珠船》(其所著書名)引《文心雕龍》謂:涂山歌于"候人",始爲南音;有娀謡于"飛燕",始爲北聲……①

《中國古典戲曲論著集成》的輯訂者顯然是有感于胡侍及其作品不大爲人所知,特地作了一個説明。可是,這個説明未免流于失察,因爲:在這裏,王驥德犯了一個錯誤。按:《珍珠船》出自明代著名詩文作家陳繼儒,而不是胡侍。文中所指胡侍著作的真正名稱應該是《真珠船》。一字之差,張冠李戴了。

王驥德的這一錯誤還影響到了清代的姚燮。姚燮在其《今樂考證》之"南北曲"條中説:

> 王驥德云:"曲之有南、北,非始今日也。關西胡鴻臚侍《珍珠船》引《文心雕龍》謂……②

看得出來,姚燮在這個問題上已經是在以訛傳訛了。

1983 年出版的由陳多、葉長海兩位先生校注的《王驥德〈曲律〉》對"關西胡鴻臚侍《珍珠船》"作出注釋,説:

> 胡侍,字奉之,寧夏人,明正德進士,曾官鴻臚寺少卿。《珍珠船》是他所編撰的一部

類書,以下文字係節引自該書"南北音"則。③

這一注釋不僅没有糾正王驥德的錯誤,反而因爲援用《明史》裏的不正確材料而説錯了胡侍的字與籍貫。

胡侍究竟何許人?《真珠船》和《珍珠船》又是兩本什麽樣的書?是什麽原因使王驥德、姚燮等淹博之士于此竟也混淆如斯?

先從王驥德所稱的"關西胡鴻臚侍"説起吧。胡侍(約1490—1559)是明代中期的詩文作家,字承之,號蒙溪,陝西咸寧(今西安)人,與"前七子"中的康海及"吴中才子"文徵明等頗有交情。胡侍是正德十二年(1517)進士,曾官至鴻臚寺少卿,因爲在著名的"大禮議"案中據理力争,爲嘉靖帝所怒,謫出潞州府同知,不久又被宗室朱勛注奏劾,褫革爲民。胡侍的作品有《胡蒙溪文集》、詩集《蒙溪集》、雜著《野談》、《真珠船》等(《明史》、《四庫全書總目提要》等衆多文獻所載録的關于胡侍的籍貫、字號、生平及作品的材料有不同程度的舛訛不察之處。本人有另文考論,此不贅述)。

《真珠船》是胡侍晚年的一部筆記,共8卷,刊行于嘉靖二十七年(1548),卷首題"咸寧胡侍承之著",有署爲"嘉靖戊申八月之望關西蒙溪山人胡侍自序"的序文,曰:

> 王徽之有云:"觀書每得一義,如得一'真珠船'。余每開卷有得及他值異聞,輒喜而筆之,日攬月撷,間參獨照,時序忽忽,爰就兹篇,遂總謚曰《真珠船》……"④

胡侍爲自己的著作取了一個相當不錯的名字,可是,按《四庫全書總目提要》的説法,"觀書每得一義,如得一'真珠船'"一語出自唐代元稹。⑤這樣看來,序文裏的"王徽之"當是"元微之"之誤。這一不該出現的舛誤可能是由于刊刻的原因。

《真珠船》一書内容駁雜,涉及詩文、戲曲、音韻以及名物制度、異聞奇見,多以雜感、考證、簡叙等形式出之,語言輕簡質樸。雖然此書總的説來正如胡侍自序之所言:"疵類實繁,魚目混陳",《四庫全書總目提要》更鄙其"徵引拉雜,考證甚疏"。⑥但是汰沙得金,客觀地説,書中有一部分内容仍不失爲真知深見。江蘇古籍出版社1997年出版的《明詩話全編》就從《真珠船》中輯録了詩話七則(但《明詩話全編》在"胡侍詩話"篇中所提供的胡侍小傳錯訛迭出)。此外,《真珠船》中有"南北音"、"北曲"、"元曲"等曲論數條,對我們研究戲曲史和戲曲理論史有一定的參考價值,如"南北曲"、"北曲"二則都反映了明代正德、嘉靖之際北方文人士大夫關注南曲並開始從理論上研究南曲的動態,王驥德在《曲律》中所引的也正是此二則内容。"元曲"一條更爲清代著名戲曲理論家焦循所重視。焦循倒是没有把《真珠船》誤作《珍珠船》,他在《劇説》中引録道:

> 《真珠船》云:"元曲如《中原音韻》、《陽春白雪》、《太平樂府》、《天機餘錦》等集,《范張鷄黍》、《王粲登樓》、《三氣張飛》、《趙禮讓肥》、《單刀會》、《敬德不伏老》、《蘇子瞻貶黄

州》等傳奇,率音調悠揚,氣魄雄壯。後有作者,鮮與為京。蓋當時,臺省元臣、郡邑正官及雄要之職,中州人多不得為之,每沉抑下潦,志不得伸,如關漢卿乃太醫院尹,馬致遠行省務官,宮大用釣臺山長,鄭德輝杭州路吏,張小山首領官,其他屈在簿書、老于布素者,尚多有之,于是以其有用之才,而一寓之乎聲歌之末,以抒其拂鬱感慨之懷,所謂'不得其平而鳴焉'者也"。⑦

在對元曲和元曲作家們的整體觀照和深度考察之基礎上,胡侍以"不平則鳴"之說概而論之,從社會環境和時代情緒的層面叩問並發掘元曲作爲絕代之文學的成因。撇開胡侍在這裏的小錯誤(將《中原音韻》當成作品集)不談,毫無疑問,胡侍此論是深刻而恰當的,單從理論眼光上看,胡侍的這一論述已在很大程度上超越了前人,因爲在他之前的論曲諸家關注得更多的,要麼是文采辭章,要麼是音韻格律,甚或禮樂聲教。儘管我們很難說胡侍此論在某種具體程度上直接影響了其後的哪一家曲論,但是,即使把胡侍此說與王國維論元曲發達之原因或者我們今天對元代戲曲的看法進行比較,它依然能充分體現其理論價值。

《真珠船》現見錄于《叢書集成(初編)》、《四庫全書存目叢書》等少數叢書。其中,《叢書集成(初編)》、《四庫全書存目叢書》所收之《真珠船》是根據同一底本即《寶顏堂秘笈》本排印和影印的。這個《寶顏堂秘笈》的纂輯者就是前面提到的《珍珠船》之作者陳繼儒。

陳繼儒(1558—1639)是明代著名詩文作家,字仲醇,號眉公,華亭(今上海松江)人,高才博學,21歲補諸生,數年後瀟灑棄去,盡焚其儒生衣冠,退隱小昆山。陳繼儒交游頗廣,聲譽顯著,有"山中宰相"之譽。陳繼儒著述宏富,曾與書商合作,編輯出版了大量書籍。《寶顏堂秘笈》就是由他纂輯編訂的一部規模較大的叢書。"寶顏堂"是陳繼儒書室之名,他曾得到一幅顏真卿的墨寶真迹,故有此名。這部叢書由浙江秀水(今嘉興)一沈姓書商世家于萬曆後期陸續刻印刊行,包括所謂"正集"、"續集"、"廣集"、"普集"、"彙集"以及"秘集",共226種457卷,總稱《寶顏堂秘笈》。其中,"秘集"(即"尚白齋鐫陳眉公寶顏堂秘笈",1606年刊)收錄的全是陳繼儒自己的著作,故又稱"眉公雜著",《珍珠船》即其中之一。前文所說明代作家胡侍的作品《真珠船》被收入"普集"(即"亦政堂鐫陳眉公普秘笈",1620年刊),稱"寶顏堂訂正《真珠船》"。由于《寶顏堂秘笈》所收多爲罕見之書,加上陳繼儒名氣挺大,所以這部叢書面世以後很有影響。

《叢書集成(初編)》和《四庫全書存目叢書》亦都根據《寶顏堂秘笈》本收錄了《珍珠船》,此書共4卷,無序無跋,亦無目錄,僅在首頁題有"華亭陳繼儒纂,綉州沈德先校"。其內容全是輯錄各種奇聞異事,不下評論,也不作考證,大多三言兩語,極其簡略,雖時有精煉別致之筆,但總的說來未免草率粗疏,有些內容竟至于前後重複,且僅在少數條目下標明了出處。因此《四庫全書總目提要》批評道:"是書雜采小說家言,湊集成編而不著出處,既病冗蕪,亦有訛舛,蓋明人好剿襲前人之書而割裂之,以掩其面目。萬曆以後,往往皆然,繼儒,其尤著者也。"⑧

　　比較起來看,《真珠船》與《珍珠船》這兩部作品在内容、體例、風格等多方面都有相近或相似之處,"雜"是它們共同的鮮明特徵。更兼"真珠船"與"珍珠船"二詞在音、義兩方面都非常接近,因此,與《真珠船》和《珍珠船》這兩本書都有過接觸的人不慎把它們混淆,也是可以理解的。

　　王驥德創作《曲律》約始于萬曆庚戌(1610)年春,至該年冬天即基本完成,但他對該書的補充修訂工作可以説一直持續到天啓癸亥(1623)年秋。陳繼儒的《珍珠船》早在1606年即隨"尚白齋鎸陳眉公寶顏堂秘笈"的刊行而面世了。王驥德是浙江會稽人,"于學又無所不窺"(毛允遂語),他在寫作《曲律》時或者説在《曲律》結稿前接觸《寶顏堂秘笈》並由此而接觸《珍珠船》的幾率是極大的。而觀照王驥德在《曲律》中將《真珠船》誤爲《珍珠船》的事實,正可以説明這種影響。

①　《中國古典戲曲論著集成》第四集第56頁,中國戲劇出版社1959年8月第1版,1980年7月第2次印刷。
②　《中國古典戲曲論著集成》第十集第16頁。
③　陳多、葉長海《王驥德〈曲律〉》第34頁,湖南人民出版社,1983年9月第1版。
④　《叢書集成(初編)》第0338册,中華書局1985年新1版;《四庫全書存目叢書》子部102册,齊魯書社1997年10月第1版。
⑤⑥　《四庫全書總目提要》卷一百二十七,子部三十七·雜家類存目四,海南出版社1999年5月第1版。
⑦　《中國古典戲曲論著集成》第八集第90頁。
⑧　《四庫全書總目提要》卷一百三十二,子部四十二·雜家類存目九。

圖書在版編目(CIP)數據

文史.2001年.第4輯.總第57輯/中華書局編輯部編.
－北京:中華書局,2001.12
ISBN　7－101－02952－3

Ⅰ.文... Ⅱ.中... Ⅲ.文史—研究—中國—叢
刊　Ⅳ.K207－55

中國版本圖書館 CIP 數據核字(2001)第 040948 號

文　史

2001 年第 4 輯

總第五十七輯

中華書局編輯部編

＊

中 華 書 局 出 版 發 行
(北京豐臺區太平橋西里 38 號　100073)

北 京 冠 中 印 刷 廠 印 刷

＊

787×1092 毫米 1/16·18 印張·336 千字

2001 年 12 月第 1 版　2001 年 12 月北京第 1 次印刷

印數:1－3000 冊　定價:32.00 元

ISBN　7－101－02952－3/K·1250